普通高等学校"十三五"市场营销专业规划教材

郝渊晓　主编

市场营销学

（第二版）

主　编：郝渊晓　　费明胜
副主编：邹晓燕　　李社球　　王张明
　　　　薛　颖　　杨江萍

·广州·

版权所有　翻印必究

图书在版编目（CIP）数据

市场营销学/郝渊晓，费明胜主编；邹晓燕，李社球，王张明，薛颖，杨江萍副主编. —2版. —广州：中山大学出版社，2017.1
（普通高等学校"十三五"市场营销专业规划教材/郝渊晓主编）
ISBN 978-7-306-05962-8

Ⅰ.①市… Ⅱ.①郝… ②费… ③邹… ④李… ⑤王… ⑥薛… ⑦杨… Ⅲ.①市场营销学—高等学校—教材 Ⅳ.①F713.50

中国版本图书馆 CIP 数据核字（2017）第 006930 号

出 版 人：	徐　劲
策划编辑：	蔡浩然
责任编辑：	蔡浩然
封面设计：	林绵华
责任校对：	杨文泉
责任技编：	何雅涛
出版发行：	中山大学出版社
电　　话：	编辑部 020 - 84111996，84113349，84111997，84110779
	发行部 020 - 84111998，84111981，84111160
地　　址：	广州市新港西路 135 号
邮　　编：	510275　　　传　真：020 - 84036565
网　　址：	http://www.zsup.com.cn　　E-mail：zdcbs@mail.sysu.edu.cn
印 刷 者：	广州一龙印刷有限公司
规　　格：	787mm×1092mm　1/16　26.5 印张　612 千字
版次印次：	2010 年 8 月第 1 版　2017 年 1 月第 2 版　2022 年 1 月第 6 次印刷
印　　数：	8201 ~ 9200 册　　定　价：49.90 元

如发现本书因印装质量影响阅读，请与出版社发行部联系调换

内 容 提 要

  本书系统地介绍了市场营销学的研究对象与研究方法、市场营销环境与绿色营销、市场营销策划与市场营销战略、消费者购买行为与市场细分、市场营销调研与需求预测、企业形象识别与关系营销、新产品开发与服务营销策略、产品包装与品牌策略、营销价格策略与分销渠道策略、促销策略与公共关系策略、企业市场营销诊断与绩效评估等内容，从理论和实践两方面对市场营销学进行了深入的阐析。

  本书内容新颖，案例丰富，体现了理论性与实践性的结合，适合普通高等学校的市场营销、工商管理、经济贸易、物流等专业的学生做教材，亦适合企业管理人员及营销人员使用。

普通高等学校"十三五"市场营销专业规划教材
编 写 指 导 委 员 会

学术顾问	贾生鑫	(中国高等院校市场学研究会首任会长,现顾问,西安交通大学教授)
	李连寿	(中国高等院校市场学研究会原副会长,现顾问,上海海事大学教授、教学督导)
	符国群	(中国高等院校市场学研究会会长,北京大学光华管理学院营销系教授)
主　　任	周　南	(香港城市大学市场营销学系主任、教授,武汉大学长江学者讲座教授)
常务副主任	郝渊晓	(中国高等院校市场学研究会常务理事、副秘书长,西安交通大学经济与金融学院教授)
	张　鸿	(西安邮电大学经济与管理学院院长、教授)
	蔡浩然	(中山大学出版社编审)
副　主　任	王正斌	(西北大学副校长、教授)
	庄贵军	(西安交通大学管理学院市场营销系主任、教授)
	李先国	(中国人民大学商学院教授)
	惠　宁	(西北大学经济管理学院副院长、教授)
	董千里	(长安大学管理学院系主任、教授)
	侯立军	(南京财经大学工商管理学院院长、教授)
	王君萍	(西安石油大学经济管理学院院长、教授)
	马广奇	(陕西科技大学管理学院院长、教授)
	周建民	(广东金融学院系主任、教授)
	靳俊喜	(重庆工商大学教务处处长、教授)
	侯淑霞	(内蒙古财经大学副校长、教授)
	孙国辉	(中央财经大学商学院院长、教授)
	成爱武	(西安工程大学图书馆馆长、教授)
	靳　明	(浙江财经大学《财经论丛》副主编、教授)
	董　原	(兰州商学院工商管理学院院长、教授)
	徐大佑	(贵州财经大学副校长、教授)
	胡其辉	(云南大学经济学院教授)
	秦陇一	(广州大学管理学院教授)
	闫涛尉	(山东大学威海分校科技处处长、教授)
	周筱莲	(西安财经学院管理学院营销系主任、教授)
	张占东	(河南财经政法大学经贸学院院长、教授)

普通高等学校"十三五"市场营销专业规划教材
编 写 委 员 会

主　编　郝渊晓　（中国高等院校市场学研究会常务理事、副秘书长，西安交通大学经济与金融学院教授）

副主编　张　鸿　（西安邮电大学经济与管理学院院长、教授）
　　　　　董　原　（兰州商学院工商管理学院院长、教授）
　　　　　杨树青　（华侨大学工商管理学院教授）
　　　　　费明胜　（五邑大学管理学院教授、博士）
　　　　　蔡继荣　（重庆工商大学商务策划学院教授、博士）
　　　　　邓少灵　（上海海事大学副教授、博士）
　　　　　李雪茹　（西安外国语大学副校长、教授）
　　　　　肖祥鸿　（上海海事大学副教授、博士）
　　　　　彭建仿　（重庆工商大学商务策划学院市场营销系主任、教授）
　　　　　李景东　（内蒙古财经大学商务学院实践教学指导中心主任、教授）

委　员　郝渊晓　张　鸿　董　原　杨树青　费明胜　蔡继荣　邓少灵
　　　　　李雪茹　刘晓红　肖祥鸿　彭建仿　徐樱华　邵燕斐　赵玉龙
　　　　　李　霞　赵国政　郭　永　邹晓燕　薛　颖　梁俊凤　葛晨霞
　　　　　常　亮　余　啸　郝思洁　张　媛　何军红　史贤华　王素侠
　　　　　薛　楠　吴聪治　许惠铭　李竹梅　崔　莹　王文军　刘　仓
　　　　　李　燕　张芳芳　樊建锋　宋小强　荆　炜　郭晓云　关辉国
　　　　　赵　彦　周美莉　高　帆　杨丹霞　周　琳　韩小红　周　勇
　　　　　赵春秀　马晓旭　高　敏　崔文丹　蒋开屏　卢长利　符全胜
　　　　　祝火生　高维和　赵永全　迟晓英　张晓燕　任声策　甘胜军
　　　　　李　琳　陈　刚　李景东　张　洁　唐家琳　胡　强　赵春雷
　　　　　关　青　包迎春　王　磊　张守莉　孙梅红　安　艳　王　丹
　　　　　张　超　欧晓华　王　群　张成芬　常　春　王红亮　张秋会
　　　　　李晓鸿　韩黛娜　李社球　杨江萍　王张明　华慧婷

总　　序

党的十八大以来，我国经济发展逐步告别高增长的发展模式，进入经济增长速度换挡期、结构调整阵痛期、刺激政策消化期三期叠加的"新常态"发展阶段，同时将继续"坚定不移地推进经济结构调整、推进经济的转型升级"，努力打造全新的"中国经济的升级版"。随着宏观环境的变化、科学技术的发展，特别是大数据、云计算、电子商务、移动通信技术等的广泛应用，出现了诸如微营销、电子商务购物、网络团购等新的营销工具，这些新情况需要引起理论界和企业实务界的高度关注。

在这样的大背景下，高校市场营销专业如何培养能够适应未来市场竞争的营销人才，就成为理论工作者必须思考的问题。提高营销人才培养质量，增强学生对市场竞争的应变能力和适应能力，一方面必须进行教学方法改革，注重对学生的能力培养；另一方面要加快教材建设，更新教材内容，吸收前沿理论与知识，总结我国企业营销实践经验，以完善营销学教材体系。

为实现营销人才培养与指导企业实践融合的目标，为适应高校在"十三五"期间市场营销、贸易经济、国际贸易、电子商务、工商管理、物流管理、经济学等专业的教学需要，在中山大学出版社的建议下，由西安交通大学经济与金融学院教授、中国高等院校市场学研究会常务理事及副秘书长、西安现代经济与管理研究院副院长郝渊晓，牵头组织对2009年出版的"普通高等学校'十一五'市场营销专业规划教材"进行全面修订，出版新版的"普通高等学校'十三五'市场营销专业规划教材"。该系列教材一共10本，分别是：《市场营销学》（第2版）、《公共关系学》（第2版）、《消费者行为学》（第2版）、《现代广告学》（第2版）、《商务谈判与推销实务教程》、《分销渠道管理学教程》、《营销策划学教程》、《网络营销学教程》、《市场营销调研学教程》、《国际市场营销学教程》。

本次教材的修订，我们坚持的基本原则和要求是：尽量吸收最新营销理论的前沿知识、方法和工具；更换过时的资料数据，采用最新资料；充实国内外最新案例。本系列教材的编写，汇集了我国30多所高校长期从事营销学教学和研究的专业人员，他们有着丰富的教学及营销实践经验，收集了大量有价值的营销案例，力图整合国内外已有教材的优点，出版一套能适应营销人才知识更新及能力提升要求的精品教材。

    作为本系列教材的主编,我十分感谢中山大学出版社对教材出版的关心和支持,我也十分感谢每本书的作者为编写教材所付出的艰辛劳动。在教材的编写中,虽然我们尽了最大努力,但由于水平有限,书中难免还有错误和不足之处,恳请同行和读者批评指正。

郝渊晓
2014 年 10 月于西安交通大学经济与金融学院

目 录

第一章 市场营销学导论 (1)
  引导案例 市场营销创造需求 (1)
  第一节 市场营销学的产生与发展 (2)
    一、市场营销学的起源 (2)
    二、市场营销学的发展 (2)
    三、市场营销学在21世纪的发展趋势 (5)
  第二节 市场营销学理论在我国的研究与应用 (6)
    一、引进、认知时期 (6)
    二、传播、发展时期 (7)
    三、推广和初步应用时期 (8)
    四、扩展及广泛应用时期 (9)
    五、国际化时期 (9)
  第三节 市场营销学的研究对象与基本特征 (10)
    一、市场营销学的研究对象 (10)
    二、市场营销学的基本特征 (10)
  第四节 市场营销学的研究途径与方法 (11)
    一、市场营销学的研究途径 (11)
    二、市场营销学的研究方法 (12)
  第五节 市场营销模式的演进 (13)
    一、市场营销模式的演进过程 (13)
    二、四种营销组合模式的比较 (15)
  本章小结 (16)
  关键概念 (17)
  思考题 (17)
  案例 "老干妈"为何能够畅销全球 (17)

第二章 市场营销概念与营销观念 (19)
  引导案例 小天鹅的营销观念 (19)
  第一节 市场的概念、功能及结构 (19)
    一、市场的概念 (19)
    二、市场的功能 (20)

三、市场的结构 ………………………………………………… (21)
　第二节　市场营销的概念及其功能 ………………………………… (24)
　　一、市场营销的概念 …………………………………………… (24)
　　二、准确理解市场营销的概念 ………………………………… (29)
　　三、市场营销的功能 …………………………………………… (30)
　案例　"活力凝固酸奶"的市场营销 ……………………………… (31)
　第三节　市场营销观念的产生与发展 ……………………………… (34)
　　一、市场营销观念的含义 ……………………………………… (34)
　　二、市场营销观念的演变 ……………………………………… (34)
　　三、新旧营销观念的区别 ……………………………………… (37)
　第四节　全方位的营销观念 ………………………………………… (38)
　　一、数字经济时代企业塑造市场的三大要素 ……………… (38)
　　二、数字经济环境下企业全新的营销模式 ………………… (39)
　第五节　社会责任与营销道德 ……………………………………… (41)
　　一、社会责任与营销道德的含义 …………………………… (41)
　　二、营销道德的理论 …………………………………………… (41)
　　三、企业营销道德的评价标准 ………………………………… (43)
　本章小结 ……………………………………………………………… (44)
　关键概念 ……………………………………………………………… (44)
　思考题 ………………………………………………………………… (45)
　案例　TCL的营销管理哲学 ………………………………………… (45)

第三章　市场营销环境与绿色营销 ……………………………………… (47)
　引导案例　家乐福败走香港 ………………………………………… (47)
　第一节　市场营销系统 ……………………………………………… (48)
　　一、市场营销系统的概念 ……………………………………… (48)
　　二、市场营销系统的分类 ……………………………………… (48)
　　三、市场营销系统的特征 ……………………………………… (50)
　第二节　市场营销环境 ……………………………………………… (50)
　　一、市场营销环境的影响因素 ………………………………… (50)
　　二、市场营销环境的特征 ……………………………………… (51)
　　三、企业营销机会与环境机会 ………………………………… (53)
　　四、市场营销环境对企业营销的影响 ………………………… (55)
　第三节　微观市场营销环境 ………………………………………… (56)
　　一、微观市场营销环境概述 …………………………………… (56)
　　二、企业的内部环境 …………………………………………… (56)
　　三、企业的直接环境 …………………………………………… (57)

第四节　宏观市场营销环境 (60)
　　　一、政治法律环境 (60)
　　　二、经济环境 (62)
　　　三、社会文化环境 (63)
　　　四、人口环境 (63)
　　　五、竞争环境 (63)
　　　六、科学技术环境 (65)
　　第五节　绿色营销 (65)
　　　一、绿色营销的概念和特征 (65)
　　　二、绿色营销中的产品开发 (66)
　　　三、绿色营销的研究构架及发展趋势 (67)
　　本章小结 (69)
　　关键概念 (69)
　　思考题 (69)
　　案例　西班牙火烧"温州鞋" (70)

第四章　市场营销策划 (73)
　　引导案例　交广传媒的"一元旅游"策划 (73)
　　第一节　市场营销策划概述 (74)
　　　一、策划与市场营销策划 (74)
　　　二、市场营销策划的构成要素 (75)
　　　三、市场营销策划的类型 (76)
　　　四、市场营销策划的特征 (77)
　　　五、市场营销策划的意义 (79)
　　第二节　市场营销策划的程序与内容 (80)
　　　一、市场营销策划的程序 (80)
　　　二、市场营销策划的内容 (81)
　　第三节　市场营销策划方案的编制 (85)
　　　一、市场营销策划方案编制的项目和目的 (85)
　　　二、市场营销策划方案的内容 (85)
　　本章小结 (88)
　　关键概念 (89)
　　思考题 (89)
　　案例　关于在芜湖进行维美方便肉公共关系促销活动的策划书 (89)

第五章　市场营销战略 (92)
　　引导案例　德克士：三大营销战略成就西式快餐第三品牌 (92)

第一节 市场营销战略概述 ………………………………………… (94)
　一、市场营销战略的概念、特征及其作用 ……………………… (94)
　二、影响市场营销战略的因素 …………………………………… (97)
第二节 市场营销战略的制定 ………………………………………… (98)
　一、建立目标市场战略 …………………………………………… (98)
　二、市场发展战略 ………………………………………………… (98)
　三、市场进入战略 ………………………………………………… (101)
　四、市场营销组合战略 …………………………………………… (102)
第三节 大市场营销战略 ……………………………………………… (105)
　一、大市场营销对企业营销的意义 ……………………………… (105)
　二、市场营销与大市场营销的比较 ……………………………… (106)
　三、权力营销及其分类 …………………………………………… (106)
　四、权力营销的应用 ……………………………………………… (107)
第四节 市场营销竞争战略 …………………………………………… (108)
　一、市场竞争和市场竞争战略 …………………………………… (108)
　二、市场竞争者的主要战略形态 ………………………………… (108)
第五节 市场营销战略计划 …………………………………………… (113)
　一、市场营销战略计划的制定过程 ……………………………… (113)
　二、市场营销战略计划的执行与控制 …………………………… (119)
本章小结 ……………………………………………………………… (120)
关键概念 ……………………………………………………………… (121)
思考题 ………………………………………………………………… (121)
案例 格兰仕微波炉的市场营销战略 ……………………………… (121)

第六章 市场消费需求与消费者购买行为 …………………………… (123)
引导案例 优衣库通过线上线下互动刺激消费需求 ……………… (123)
第一节 市场消费需求及其理论 ……………………………………… (123)
　一、市场消费需求的概念 ………………………………………… (123)
　二、市场消费需求层次理论 ……………………………………… (124)
　三、消费者体验与体验营销 ……………………………………… (126)
　四、市场消费需求的基本形态 …………………………………… (128)
　五、研究市场消费需求的作用 …………………………………… (129)
第二节 市场消费需求的特征 ………………………………………… (130)
　一、消费品市场需求的特征 ……………………………………… (130)
　二、生产资料市场需求的特征 …………………………………… (131)
第三节 消费者购买行为 ……………………………………………… (132)
　一、消费品分类 …………………………………………………… (132)

二、消费者购买的心理活动过程 …………………………………… (133)
　　三、消费者购买动机 ………………………………………………… (134)
　　四、消费者的购买行为模式 ………………………………………… (136)
　　五、影响消费者购买行为的因素 …………………………………… (137)
　　六、消费者参与购买决策的角色及购买行为类型 ………………… (142)
　　七、消费者购买决策的过程 ………………………………………… (145)
　　八、AIDA 模型 ……………………………………………………… (147)
　第四节　生产者采购行为 …………………………………………………… (147)
　　一、生产者采购行为类型 …………………………………………… (147)
　　二、生产者参与采购决策的角色 …………………………………… (148)
　　三、影响生产者采购决策的因素 …………………………………… (149)
　　四、生产者采购决策过程 …………………………………………… (149)
　第五节　政府采购行为 ……………………………………………………… (150)
　　一、政府采购 ………………………………………………………… (150)
　　二、政府采购的方式及特征 ………………………………………… (150)
　本章小结 ……………………………………………………………………… (151)
　关键概念 ……………………………………………………………………… (152)
　思考题 ………………………………………………………………………… (152)
　案例　西门子：从用户出发挖掘潜在需求 ………………………………… (152)

第七章　市场细分与目标市场决策 ……………………………………………… (155)
　引导案例　唯品会的市场定位 ……………………………………………… (155)
　第一节　市场细分原理 ……………………………………………………… (155)
　　一、市场细分的概念及作用 ………………………………………… (155)
　　二、市场细分策略 …………………………………………………… (157)
　　三、市场细分原则 …………………………………………………… (158)
　第二节　市场细分的程序和标准 …………………………………………… (159)
　　一、市场细分的程序 ………………………………………………… (159)
　　二、消费者市场细分标准 …………………………………………… (159)
　　三、生产者市场细分标准 …………………………………………… (161)
　　四、产业市场细分标准 ……………………………………………… (163)
　第三节　细分市场的价值评估 ……………………………………………… (164)
　　一、细分市场价值评估的因素 ……………………………………… (164)
　　二、细分市场价值评估的方法 ……………………………………… (165)
　第四节　目标市场的选择方法及策略 ……………………………………… (167)
　　一、目标市场选择的方法 …………………………………………… (167)
　　二、目标市场的范围策略 …………………………………………… (168)

三、目标市场营销策略 …………………………………………………（169）
　　　四、影响目标市场营销策略的因素 ……………………………………（171）
　第五节　产品定位策略 ……………………………………………………（172）
　　　一、产品定位的概念 ……………………………………………………（172）
　　　二、产品定位的步骤 ……………………………………………………（172）
　　　三、产品市场定位策略 …………………………………………………（174）
　本章小结 ……………………………………………………………………（175）
　关键概念 ……………………………………………………………………（176）
　思考题 ………………………………………………………………………（176）
　案例　红罐王老吉品牌定位战略 …………………………………………（176）

第八章　市场营销调研与需求预测 …………………………………………（179）
　引导案例　错误的营销调研给企业带来噩梦 ……………………………（179）
　第一节　市场营销信息系统 ………………………………………………（179）
　　　一、市场营销信息的概念 ………………………………………………（179）
　　　二、市场营销信息的分类 ………………………………………………（180）
　　　三、市场营销信息获取的基本程序 ……………………………………（181）
　　　四、企业市场营销信息系统 ……………………………………………（182）
　第二节　市场营销调查的作用、内容、程序与方法 ……………………（184）
　　　一、市场营销调查的作用 ………………………………………………（184）
　　　二、市场营销调查的内容 ………………………………………………（185）
　　　三、市场营销调查的程序 ………………………………………………（186）
　　　四、市场营销调查的方法 ………………………………………………（188）
　第三节　市场营销调查技术 ………………………………………………（191）
　　　一、问卷调查技术 ………………………………………………………（191）
　　　二、抽样调查技术 ………………………………………………………（193）
　　　三、电子商务调查技术 …………………………………………………（194）
　第四节　市场需求测定与市场需求预测 …………………………………（196）
　　　一、市场需求测定的概念与作用 ………………………………………（196）
　　　二、市场需求测定的主要内容 …………………………………………（196）
　　　三、目前市场需求的测定方法 …………………………………………（199）
　　　四、未来市场需求的预测方法 …………………………………………（200）
　本章小结 ……………………………………………………………………（206）
　关键概念 ……………………………………………………………………（207）
　思考题 ………………………………………………………………………（207）
　案例　宝洁公司与其开发的一次性尿布 …………………………………（207）

第九章　企业形象识别与关系营销 (209)

引导案例　广发银行企业形象的改变 (209)

第一节　CI 概述 (209)

一、CI 的概念和特点 (209)

二、CI 的产生和发展 (210)

第二节　CI 策划的程序与内容 (212)

一、CI 策划的程序 (212)

二、CI 策划的内容 (213)

第三节　CI 战略在企业营销中的应用 (216)

一、CI 导向是营销管理发展的必然趋势 (216)

二、CI 战略与企业营销战略的区别 (216)

三、CI 战略在企业营销中的应用 (217)

第四节　关系营销及其策略 (219)

一、关系营销及其原则 (219)

二、关系营销组合策略 (222)

三、关系营销策略 (223)

本章小结 (224)

关键概念 (224)

思考题 (224)

案例　华为企业形象的衍变 (224)

第十章　产品与服务营销策略 (226)

引导案例　产品结构单一陷窘境，金嗓子转型卖饮料 (226)

第一节　产品与产品组合 (227)

一、产品的概念 (227)

二、产品组合的广度、深度及关联性 (228)

三、产品组合策略 (229)

第二节　新产品开发策略 (231)

一、新产品的概念和分类 (231)

二、新产品开发的意义和方向 (232)

三、新产品开发的困难和条件 (233)

四、新产品开发的程序 (234)

五、新产品的市场扩散 (235)

第三节　产品市场寿命周期及其策略 (236)

一、产品市场寿命周期的概念 (236)

二、产品市场寿命周期的阶段和特点 (237)

三、产品市场寿命周期各阶段的营销策略 (239)

四、延长产品市场寿命周期的途径 …………………………………… (241)
　第四节　服务营销组合与服务营销策略 ………………………………… (241)
　　一、服务的概念与服务产品的特征 …………………………………… (241)
　　二、服务营销组合 ……………………………………………………… (243)
　　三、服务营销策略 ……………………………………………………… (244)
　　四、服务营销策略的内容 ……………………………………………… (244)
　本章小结 …………………………………………………………………… (244)
　关键概念 …………………………………………………………………… (245)
　思考题 ……………………………………………………………………… (245)
　案例　润妍退市，宝洁无奈 ……………………………………………… (245)

第十一章　产品包装与品牌策略 …………………………………………… (249)
　引导案例　大白兔奶糖换法式包装后身价涨9倍 ……………………… (249)
　第一节　产品包装 ………………………………………………………… (249)
　　一、产品包装的概念及功能 …………………………………………… (250)
　　二、产品包装策略 ……………………………………………………… (251)
　　三、产品包装设计的原则 ……………………………………………… (251)
　　四、产品包装策略 ……………………………………………………… (253)
　第二节　品牌策略 ………………………………………………………… (254)
　　一、品牌的概念 ………………………………………………………… (254)
　　二、品牌策略的内容 …………………………………………………… (254)
　第三节　商标与名牌商品 ………………………………………………… (257)
　　一、商标的概念及其作用 ……………………………………………… (257)
　　二、商标的种类和设计 ………………………………………………… (258)
　　三、商标的注册和管理 ………………………………………………… (260)
　　四、名牌概念及其战略意义 …………………………………………… (260)
　　五、名牌商品的标准 …………………………………………………… (264)
　　六、企业名牌战略 ……………………………………………………… (266)
　　七、塑造品牌的三大法宝 ……………………………………………… (267)
　　八、品牌的国际化与本土化 …………………………………………… (268)
　本章小结 …………………………………………………………………… (269)
　关键概念 …………………………………………………………………… (269)
　思考题 ……………………………………………………………………… (270)
　案例　品牌精确细分，"动感地带"赢得新一代 ………………………… (270)

第十二章　营销价格策略 …………………………………………………… (274)
　引导案例　海尔最成功的一次价格攻略 ………………………………… (274)

第一节 营销价格及其影响因素 …………………………………… (276)
　一、营销价格 ……………………………………………………… (276)
　二、影响企业产品定价的因素 …………………………………… (276)
第二节 企业产品定价目标及程序 ………………………………… (280)
　一、企业产品定价目标 …………………………………………… (280)
　二、企业产品定价程序 …………………………………………… (282)
第三节 企业产品定价方法 ………………………………………… (283)
　一、成本导向定价法 ……………………………………………… (283)
　二、需求导向定价法 ……………………………………………… (286)
　三、竞争导向定价法 ……………………………………………… (287)
第四节 企业产品定价策略 ………………………………………… (288)
　一、新产品定价策略 ……………………………………………… (288)
　二、心理定价策略 ………………………………………………… (289)
　三、折扣定价策略 ………………………………………………… (290)
　四、价格补贴策略 ………………………………………………… (291)
　五、地理价格策略 ………………………………………………… (291)
　六、商业信用价格策略 …………………………………………… (292)
第五节 企业营销价格调整策略 …………………………………… (293)
　一、价格调整的原因和措施 ……………………………………… (293)
　二、购买者对价格调整的反应 …………………………………… (294)
　三、企业对竞争者降价的反应 …………………………………… (295)
第六节 非价格竞争策略 …………………………………………… (295)
　一、非价格竞争的概念 …………………………………………… (295)
　二、非价格竞争策略 ……………………………………………… (296)
本章小结 ……………………………………………………………… (296)
关键概念 ……………………………………………………………… (297)
思考题 ………………………………………………………………… (297)
案例　这个白酒旺季，涨价如同走钢丝 …………………………… (297)

第十三章　分销渠道策略 …………………………………………… (302)
引导案例　春兰公司是如何维系经销商的 ………………………… (302)
第一节 分销渠道结构模式 ………………………………………… (303)
　一、分销渠道的概念及功能 ……………………………………… (303)
　二、分销渠道的结构模式 ………………………………………… (303)
　三、分销渠道的主要特点 ………………………………………… (305)
第二节 中间商 ……………………………………………………… (306)
　一、中间商的概念及功能 ………………………………………… (306)

二、中间商分类 …………………………………………… (307)
　　三、批发商 ………………………………………………… (308)
　　四、零售商 ………………………………………………… (309)
　　五、零售商铺货策略 ……………………………………… (315)
　第三节　分销渠道策略的选择 ……………………………… (316)
　　一、影响分销渠道选择的因素 …………………………… (316)
　　二、分销渠道选择的策略 ………………………………… (317)
　　三、分销渠道方案的评估 ………………………………… (320)
　　四、分销渠道的发展趋势 ………………………………… (321)
　第四节　分销渠道管理策略 ………………………………… (322)
　　一、中间商的选择 ………………………………………… (322)
　　二、中间商的激励 ………………………………………… (323)
　　三、分销渠道的调整 ……………………………………… (323)
　　四、分销渠道的新变化 …………………………………… (324)
　第五节　物流与供应链渠道策略 …………………………… (325)
　　一、物流的概念及作用 …………………………………… (325)
　　二、市场物流系统模式 …………………………………… (326)
　　三、市场物流系统的空间传导方式：运输 ……………… (326)
　　四、市场物流系统的时间传导方式：储存 ……………… (327)
　　五、供应链渠道策略 ……………………………………… (330)
　本章小结 ……………………………………………………… (331)
　关键概念 ……………………………………………………… (332)
　思考题 ………………………………………………………… (332)
　案例　渠道为王——家电连锁业的国美时代 …………… (332)

第十四章　促销策略与公共关系策略 ………………………… (335)
　引导案例　最美的一度：润物细无声的软广告 ………… (335)
　第一节　促销与促销组合 …………………………………… (336)
　　一、促销的概念及作用 …………………………………… (336)
　　二、促销原则 ……………………………………………… (337)
　　三、促销活动中的信息传递 ……………………………… (338)
　　四、营销沟通 ……………………………………………… (339)
　　五、影响企业产品促销的因素 …………………………… (340)
　　六、促销宣传的内容和手段 ……………………………… (341)
　　七、促销组合及策略选择 ………………………………… (342)
　　八、促销策略的主要方式 ………………………………… (343)
　　九、促销宣传的效果 ……………………………………… (345)

第二节　人员推销策略 ……………………………………………… (346)
　　　一、人员推销的概念及特点 ………………………………………… (346)
　　　二、人员推销的功能 ………………………………………………… (347)
　　　三、推销人员的任务及推销过程 …………………………………… (347)
　　　四、推销人员的选择及绩效评估 …………………………………… (347)
　　　五、人员推销策略 …………………………………………………… (354)
　　第三节　广告促销策略 ……………………………………………… (356)
　　　一、广告的概念与目标 ……………………………………………… (356)
　　　二、广告的内容与设计 ……………………………………………… (357)
　　　三、广告媒体的选择 ………………………………………………… (358)
　　　四、广告策略 ………………………………………………………… (360)
　　　五、广告费用预算与效果评价 ……………………………………… (361)
　　　六、广告管理 ………………………………………………………… (363)
　　第四节　销售推广策略 ……………………………………………… (366)
　　　一、销售推广的概念和作用 ………………………………………… (366)
　　　二、销售推广策略 …………………………………………………… (366)
　　第五节　公共关系策略 ……………………………………………… (369)
　　　一、社会公众关系的策略 …………………………………………… (369)
　　　二、顾客关系策略 …………………………………………………… (369)
　　　三、中间商关系策略 ………………………………………………… (370)
　　　四、供应商关系策略 ………………………………………………… (370)
　　　五、政府关系策略 …………………………………………………… (370)
　　　六、企业内部关系策略 ……………………………………………… (371)
　　　七、营销危机及预防营销危机的公共关系策略 …………………… (371)
　本章小结 …………………………………………………………………… (372)
　关键概念 …………………………………………………………………… (372)
　思考题 ……………………………………………………………………… (372)
　案例　百事可乐：独特的音乐推销 ……………………………………… (373)

第十五章　企业市场营销诊断与绩效评估 …………………………… (378)
　引导案例　经济发展不景气下的营销诊断 …………………………… (378)
　第一节　企业市场营销诊断及其意义 …………………………………… (380)
　　　一、诊断与企业市场营销诊断 ……………………………………… (380)
　　　二、企业市场营销诊断的意义 ……………………………………… (380)
　第二节　企业市场营销诊断的内容 ……………………………………… (381)
　　　一、企业市场营销诊断的特点 ……………………………………… (381)
　　　二、企业市场营销诊断的内容 ……………………………………… (381)

三、企业市场营销诊断的步骤 …………………………………… (382)
四、企业市场营销效率诊断 …………………………………… (383)
第三节 企业市场营销诊断的程序及方法 …………………………… (386)
一、企业市场营销诊断的程序 ………………………………… (386)
二、企业市场营销诊断的方法 ………………………………… (388)
第四节 企业市场营销绩效评估 ……………………………………… (391)
一、企业市场营销绩效评估的程序和指标 …………………… (391)
二、企业市场营销绩效评估的方法 …………………………… (393)
本章小结 ……………………………………………………………… (396)
关键概念 ……………………………………………………………… (397)
思考题 ………………………………………………………………… (397)
案例 是什么原因让铱星陨落 ……………………………………… (397)

主要参考文献 ………………………………………………………… (399)

后记 …………………………………………………………………… (401)

第一章　市场营销学导论

本章学习目标

通过本章学习，要求学生掌握以下内容：①了解市场营销学的发展历史及营销学未来趋势；②了解市场营销学的学科性质、特征及研究方法；③了解市场营销学的研究对象；④了解市场营销模式的演进过程。

引导案例　市场营销创造需求

美国一间鞋业公司的董事长派他的财务主管到非洲国家去了解公司的鞋能否在那里找到销路。一星期后，这位主管打电报回来说："这里的人不穿鞋，因而这里一点市场都没有。"

接着，该鞋业公司的总经理决定派最好的推销员到这个国家进行仔细调查。一星期后，推销员打电报回来说："这里的人不穿鞋，是一个巨大的市场。"

鞋业公司总经理为弄清情况，再派他的市场营销副总经理去了解这个问题。两星期后，市场营销副总理打回电报说："这里的人不穿鞋，是因为他们有脚疾；但是，穿鞋对治疗脚疾是会有好处的。他们的脚比较小，所以我们必须再行设计我们的鞋子，而且我们必须在教育懂得穿鞋有益方面花一大笔钱；在开始之前还必须得到部落首领的同意。这里的人没有什么钱，但是他们有我未曾尝过的最甜的菠萝。我估计鞋的潜在销售量很大，因而我们的一切费用包括推销菠萝给一家欧洲连锁超级市场的费用都将得到补偿。总算起来，我们还可以赚得垫付款30%的利润。我认为，这件事我们应该毫不迟疑地去干。"

（资料来源：引自海天出版社2002年9月出版的《谁能把鞋子卖到非洲》）

市场营销学是一门建立在市场经济条件下的企业经营管理的应用经济学科。它有着自身特殊的研究对象，其原理、方法和策略具有广泛的适用性。

党的十八大进一步明确了我国全面改革的目标，是要建立中国特色社会主义市场经济体制，充分发挥市场在资源配置过程中的决定性作用，这为市场营销在我国的广泛应用创造了良好的环境条件。因此，研究应用现代市场营销理论与策略，对于促进我国社会主义市场经济体制的建立与完善，推动企业调整结构、转变发展方式、完善经营机制，建立具有中国特色的社会主义市场营销学，都具有重大的意义。

第一节　市场营销学的产生与发展

市场营销学是现代市场经济发展的动力和源泉，没有企业成功的市场营销活动，整个社会的再生产过程将会出现一种无序状态，人类的生存和发展将受到严重威胁。因此，资本主义国家的企业家都将市场营销看作"既是老师，又是魔鬼"，"它一夜之间可以使你笑逐颜开，也可以使其绝望跳楼"。马克思也将产品的"W—G"的实现过程比喻为惊险的跳跃，因此，企业要在激烈的市场竞争中求生存、谋发展，就应重视学习研究市场营销学。

市场营销学是一门建立在经济学、心理学、行为科学、现代管理学、统计学、会计学、军事学等多种学科基础上的经济应用学科。市场营销学于20世纪初产生于美国，第二次世界大战后，随着资本主义经济的发展，市场营销学与实践紧密结合得到了迅速发展。许多国家企业的高级管理人员都须经过市场营销学知识的专业培训，在发达国家的高等院校中，都普遍地开设了市场营销学课程，特别是市场营销学成为工商管理硕士（MBA）的必修学位课程，足以说明其价值。目前，大多数发展中国家和社会主义国家的大学里都在讲授市场营销学，企业界也将应用营销学原理、方法和策略，指导企业的营销实践，以提高企业的市场竞争能力，因此，就有必要了解市场营销学的产生及发展的历史演变过程。

一、市场营销学的起源

市场营销学是在资本主义市场经济条件下发展起来的一门新兴的经营管理应用学科。市场营销学的英文是 Marketing，作为一门学科的 Marketing 不同于作为一种营销活动过程的市场营销。英语学名 Marketing 的含义非常广泛。我国对 Marketing 的译名主要有以下几种：①市场学。其特点是简单明了，译出较早，目前已被大多数学者接受；缺点是只反映静态，好像仅研究市场制度、市场结构、市场供求。②行销学。其优点是反映了动态，但市场之意没有译出。③市场经营学。其优点是从卖方角度研究整个经营管理活动，但没有突出"销"的意思。④销售学。其突出了"销"的动态之意，但研究的范围太窄，仅限于流通过程。⑤市场营销学。既有经营管理之意，又有行销动态之意。此外，还有译为"市场管理""市务学""市场营运学""营销学""市场推销""营销管理"等等。我们认为，译为"市场营销学"或"市场营销管理学"比较确切。在我国习惯用"市场学"，但它容易误认为仅研究流通过程，是从"静态"的角度研究市场问题。市场营销学的译名，"营"就具有管理之意，包括计划、组织、协调、控制与决策；"销"是指产品通过促销活动销售给顾客。所以，市场营销学作为这门学科的名称，是比较合乎现代企业市场营销活动的实际。

二、市场营销学的发展

市场营销学是人类长期的市场营销活动实践经验的科学总结，于20世纪初期最早产生于美国。它的产生,一方面由于当时世界主要资本主义国家完成了工业革命,由自由资本主义向垄断资本主义过渡;另一方面,随着现代科学技术的发展,企业可以利用现代化的市场研究方法,预测市场变化趋势,制定营销战略计划、控制调节市场销售量。在这种环境下,市场营销学从经济学中分离出来,形成一门新的应用经济学科。

现代市场营销学的产生和发展,大致经历了以下四个阶段。

(一) 形成阶段

从19世纪末到20世纪30年代,一般称为市场营销学的形成阶段。当时,由于资本主义经济迅速发展,大量农村人口拥向城市,市场消费需求(包括生产资料)急剧增加,商品供不应求。企业经营的重点是如何增加产量和降低产品成本,泰罗以提高劳动效率为主要目标的"科学管理"理论和方法适应了这种要求,受到了企业家们的重视。许多企业纷纷实施"科学管理",生产效率迅速提高,一些产品生产量急剧增加。这时,有些商品的销路出现困难,一些具有远见的企业家开始重视产品推销和刺激消费者需求,研究推销战术和广告艺术。同时,理论界也根据实践的需要,开始着手研究产品的销售问题。1902年美国的密执安大学、加利福尼亚大学和伊利诺伊大学等三所大学开设销售课程。1912年,哈佛大学的赫杰特齐(J. E. Hegertg)教授在调查研究的基础上,出版了第一本以分销和广告促销为主要内容的《市场营销学》教科书。这本教材的问世,被公认为市场营销学作为独立学科出现的里程碑。当时的研究有两个特点:一是仍然以传统经济学的需求学说作为理论基础,以流通领域为主;二是研究主要是在大学课堂里讲授,没有引起社会及企业的足够重视。

(二) 发展阶段

从20世纪30年代到第二次世界大战结束,是市场营销学应用于社会实践,进入发展的阶段。1929—1933年资本主义经济大危机,震撼了整个资本主义,大批企业倒闭,产品大量积压,产品的销售更加困难,企业的生存受到了严重的威胁。市场环境完全变成了"买方市场"。这时,企业的主要任务是千方百计地把产品销售出去。市场营销专家帮助企业家提出了"创造需求"的口号,企业家开始重视市场营销的研究和应用,市场营销学也开始进入流通实践领域。

由于市场营销学进入流通领域,使理论界和企业界广泛接触,共同研究产品的推销问题,在美国便相继成立了许多市场营销研究组织。1937年美国成立了全国市场营销协会(American Marketing Association,AMA),并在全美设立几十个分会。协会不仅有理论界参加,而且吸收企业家参加。市场营销学理论与实践的结合促进了市场营销学的发展,但是,这时的研究仍然是以商品推销技巧、销售方法及销售渠道为主,还没有超出流通领域的范围。

(三) "革命"阶段

第二次世界大战后,国际经济环境处于相对和平时期,现代科学技术迅速发展,促进了社会生产力的发展和劳动生产率的提高,产品数量急剧增加,产品花色品种日新月异，买方市场的趋势日益明显，市场供过于求的矛盾进一步激化，传统的市场营销学理论已不能适应这种新的市场要求。当时，美国市场学家奥德尔逊（M. Alderson）和科克斯（R. Cox）合著了《市场学原理》一书，对"市场"赋予了新的含义，把"潜在需求"引进市场概念，把过去对市场是"卖方和买方进行商品交换活动的场所"的认识提升为市场"是生产者和消费者之间实现商品和劳务潜在交换的任何一种活动"。这样就使市场营销学的研究范围进一步扩大，使企业经营以消费者的需求为中心，而不是以生产为中心，市场不再是生产的终点，而成为生产的起点，使市场营销学发展到"革命"阶段。企业的职能首先是进行市场调查、分析和判断消费者的需求和愿望，并将这种信息传达到生产部门，使企业根据这些信息设计、生产适销对路的产品，满足消费者的需求，实现企业的赢利目标。把市场从生产的终点变为生产的起点，并且引入"潜在需求"的概念，这在西方国家称为是市场营销学的一场"革命"，有人甚至将它与资本主义工业革命相提并论，称之为企业经营中的哥白尼太阳中心说。

（四）应用阶段

20世纪60年代是西方资本主义经济高速发展的年代。许多科学技术从理论研究进入应用领域，实现了生产技术现代化，这在西方被称为是经济的"黄金时代"。20世纪60年代，市场营销学与企业管理理论相结合，到了20世纪70年代，市场营销学与经济学、心理学、社会学、运筹学、统计学等学科相融合，拓宽了研究的领域，从而也进入了现代市场营销的应用阶段。

1967年，美国菲利普·科特勒博士《营销管理：分析、计划、执行和控制》进一步发展了市场营销理论，该书成为20世纪60年代以来全球最畅销的营销学教材，被翻译为20多种文字出版，在全球产生了巨大的影响，被誉为营销学的圣经；科特勒教授也被称为"现代营销学之父"。目前，该书已出版到15版。

链接 现代营销学之父——菲利普·科特勒

菲利普·科特勒（Philip Kotler）生于1931年，是现代营销集大成者，被誉为"现代营销学之父"，现任西北大学凯洛格管理学院终身教授，是西北大学凯洛格管理学院国际市场学荣誉教授，具有麻省理工学院的博士、哈佛大学博士后及苏黎世大学等其他8所大学的荣誉博士学位。现任美国管理科学联合市场营销学会主席、美国市场营销协会理事、营销科学学会托管人、管理分析中心主任、杨克罗维奇咨询委员会成员、哥白尼咨询委员会成员。除此以外，他还是许多美国和外国大公司在营销战略和计划、营销组织、整合营销上的顾问。同时他还是将近20本著作的作者，为《哈佛商业评论》《加州管理杂志》《管理科学》等第一流杂志撰写了100多篇论文。

科特勒博士见证了美国40年经济的起伏坎坷、衰落跌宕和繁荣兴旺的历史，从而成就了完整的营销理论，培养了一代又一代美国大型公司的企业家。他多次获得美国国家级勋章和褒奖，包括"保尔·D. 康弗斯奖""斯图尔特·亨特森·布赖特奖""杰出的营销学教育工作者奖""营销卓越贡献奖""查尔斯·库利奇奖"。他是美国营销协会

(AMA)第一届"营销教育者奖"的获得者,也是至今唯一一位三次获得《营销杂志》年度最佳论文奖——阿尔法·卡帕·普西奖(Alpha Kappa Psi Award)者。1995年,科特勒获得国际销售和营销管理者组织颁发的"营销教育者奖"。

科特勒教授的主要代表著作及教材:《营销管理》《科特勒营销新论》《非营利机构营销学》《新竞争与高瞻远瞩》《国际营销》《营销典范》《营销原理》《社会营销》《旅游市场营销》《市场专业服务》及《教育机构营销学》,近年又出版了《亚洲新定位》《营销亚洲》及《市场营销管理》(亚洲版·第3版)。

三、市场营销学在21世纪的发展趋势

著名市场营销学者菲利普·科特勒教授在其著作中曾指出,进入21世纪后市场营销所面临的挑战有:非营利性营销的增长,信息技术的迅猛发展,迅速的全球化,不断变化中的世界经济以及更多的道德和社会责任的呼唤。正如菲利普·科特勒所说的那样,人类进入21世纪,全球市场营销环境正发生着巨大的变化,其中主要受到以下两个方面因素的影响。

(1)经济全球化浪潮的影响。自20世纪80年代末起,全球经济、全球化、全球政治、全球文化和经济全球化等概念在西方开始得到经济学家的广泛认同,并成为人们研究的热门课题。伴随全球范围内新的市场体制的构建与形成和跨国公司的大量出现与发展,促进了经济全球化步伐的进一步加快。

(2)新经济时代到来的影响。自20世纪90年代中期美国提出"新经济"概念以来,这一概念已经在世界范围内引起了广泛的关注和争论,并得到世界大多数国家的认同和重视。伴随着以计算机信息技术为代表的新经济时代的到来,全球社会生产力水平将大大提高。

正是在此背景下,国与国之间、地区与地区之间、企业与企业之间的市场竞争日趋激烈,且企业的竞争优势已不再仅仅体现于企业生产的产品本身或营销推广手段的策划与运用。市场营销工作的重点将主要转向真正以客户为导向,企业的一切营销活动必须建立在信息化基础上,大量引入包括电子商务、物流及供应链管理等在内的最新理论、方法和手段。可以预料,21世纪,我们将迎来又一次以新经济为主要背景、以电子商务应用为主要特征的"新营销革命"。

市场营销学理论及方法的演进如表1-1所示。

表1-1 营销理论及方法的演进

年 代	主要营销理论及方法
20世纪20年代	以实证数据为基础的市场分析
20世纪30年代	品牌经理制,市场研究论
20世纪40年代	定性研究方法,消费者测试技术

续表 1-1

年 代	主要营销理论及方法
20 世纪 50 年代	消费者行为研究，市场细分和差异化，市场营销观念，产品市场寿命周期，营销审计
20 世纪 60 年代	营销组合（4P），品牌形象论，价值观与生活形态研究，营销环境研究
20 世纪 70 年代	营销战略，社会市场营销观念，市场定位，服务营销，非营利性组织营销，营销伦理
20 世纪 80 年代	关系营销，全球营销，内部营销，直复营销，品牌资产论，营销组合（10P）
20 世纪 90 年代	4C 理论，整合营销传播，数据库营销，绿色营销，客户关系管理
21 世纪	电子商务营销，定制营销，物流管理与配送，营销信息系统管理，营销智能代理

第二节　市场营销学理论在我国的研究与应用

市场营销学是在市场经济高度发达条件下产生，并为市场经济发展服务的一门经济应用科学。1933 年，丁馨伯编译并由复旦大学出版了我国第一本以《市场学》为名的教材。但由于当时商品经济不发达，其范围仅限于几所设有商科或管理专业的高等院校作为教材使用。直到 1978 年以前，我国除台湾和港澳地区对市场营销学有研究和传播外，大陆的学术界和企业界对国外关于市场营销学的发展状况知之甚少。

党的十一届三中全会以后，党中央提出了"对外开放，对内搞活"的方针，全国掀起了改革开放的热潮，经济形势迅速好转，人民生活水平日渐提高，从而为我国重新引进和研究市场营销理论创造了有利的环境。同时，在新的形势下，我国企业经营环境也发生了许多重大变化，比如，取消了对企业产品的统购包销政策，使产销矛盾比较突出。面对这种情况，人们迫切需要找到一种理论、原则和方法，解决企业经营困难，填补理论空缺。1978 年，北京、上海、广州的部分学者和专家开始从国外引进市场营销学资料。在全国教育理论界、企业界的共同努力下，在其后的 30 余年时间，我国对市场营销理论的研究和应用已取得了可喜的成绩。从整个发展过程来看，市场营销学理论在我国的研究与应用大致可以分为以下五个时期。

一、引进、认知时期

1978 年以后，市场营销学很快受到国内学术界的重视，并开始着手引进和研究市场营销学，引进的途径和形式主要有以下三种。

（1）对国外市场学图书、杂志和国外学者的讲课内容进行翻译、整理和出版。1978 年，北京、上海、广州等地的有关专家学者开始阅读和研究国外市场营销学原著，并着手将原著翻译和编写成教学资料，如广州暨南大学编写了有关市场营销学的讲义、上海财经大学编写了《国外商业》讲义、陕西财经学院编写了有关教学参考书等。

（2）选派学者、专家和学生到国外考察和学习。自1978年以来，国家教委、经委派人到北美、西欧、日本以及东南亚各国去学习市场营销学课程和考察国外企业应用市场营销理论的情况。这些人员在学成归来后为我国市场营销学理论的引进和传播做了大量工作。

（3）邀请发达国家和地区的专家、学者来国内讲学。例如，1980年，大连高级管理培训中心开学，由美方六所大学联合组成的讲师团前来任教，并按美方的教学方案进行教学。在美方的课程设置方案中，市场营销学被作为一门核心课程。再如，1980年，广州一些高校邀请香港中文大学教授闵建蜀到学校讲授市场营销学课程。此后，闵建蜀又先后到上海、成都、西安等地多次讲授了市场营销学课程。

从总的情况来看，这一时期我国市场营销学的引进和研究取得了一定的成绩，但仍处于起步阶段。一方面，该学科的研究还局限于部分大专院校和科研机构，从事引进和研究的人员队伍人数都还很有限，对西方市场营销理论的认识也比较肤浅；另一方面，大多数企业对市场营销学还比较陌生，应用的兴趣不浓。但是，通过这一时期的努力，已经为我国市场营销学的进一步发展打下了基础。

二、传播、发展时期

经过前一时期的努力，全国各地从事市场营销学研究、教学的人员开始逐步意识到，要使市场营销学在我国取得进一步的应用和发展，必须首先做好以下几项工作：①成立全国及各地的市场营销学研究团体，以便相互交流和切磋研究成果，并利用团体的力量扩大影响，推进市场营销学研究的进一步发展。②做好市场营销学知识的传播工作，为企业应用市场营销理论，指导企业经营管理实践奠定基础。③要使现代市场营销思想为我国大多数企业所接受，必须将市场营销原理同中国的客观实际相结合，同我国的企业经营管理实践相结合，逐步建立起适合中国国情的社会主义市场营销学。

1983年6月，江苏省在南京成立了我国第一个市场学研究组织——江苏省市场调查、市场预测和经营决策研究会。同时，全国部分财经院校、综合大学的教学人员在西安召开会议，酝酿成立全国性的市场学研究机构，1984年1月，"全国高等财经院校、综合大学市场学教学研究会"在湖南长沙宣告成立，首任会长为陕西财经学院（现并入西安交通大学）贾生鑫教授；1987年7月在黑龙江哈尔滨召开的年会上更名为"中国高等院校市场学研究会"。目前，第五任现任会长为北京大学符国群教授。1991年3月，有政府经济管理部门、企业、科研教学单位参加的"中国市场学会"在北京成立。

目前，全国各地的市场营销研究组织已达100多个。这些学会、学术团体成立以后，都把推动市场营销学研究和应用作为组织的宗旨。各团体在做好学术研究和交流的同时，还做了大量的传播工作。在这一时期，市场营销学的教学工作也开始受到重视，并取得了较快的发展。首先，从开设市场营销学课程的学校来看，全国各综合大学、财经学院以及各地的工科院校都陆续开设了市场营销学课程，一些院校还把该课程作为学习经济理论和经营管理专业学生的必修课；其次，从教学的层次来看，不仅有大学本科生，而且有硕士（包括工商管理硕士）、博士研究生；最后，已形成一定规模的营销管理教学和科研队伍。

这一时期我国市场营销学研究发展的另一个重要成果，是全国各地编著的市场营销学著作、教材、论文在数量和质量上都有很大的提高。随着市场营销学研究的发展，建立我国社会主义市场营销学，已成为国内专家和学者在这一时期研究和议论最多的话题，应当说，建立具有中国特色的社会主义市场营销学是大家的共同愿望和要求。

三、推广和初步应用时期

1985年以后，我国经济进入了一个新的发展时期。一方面，政治、经济体制改革在各个领域逐步展开，各项改革措施相继出台；另一方面，由于许多改革措施还不配套，新的经济运行机制尚未建立，旧的体制又没有完全退出历史舞台，出现了新旧体制相互交错、相互矛盾的局面。而解决这一状况的唯一出路就是继续深化改革。1987年党的十三大召开，提出了社会主义初级阶段的理论，还提出了建立我国商品经济新秩序和加快我国市场体系建设等一系列改革设想和方案。1988年6月，党中央又提出加快价格改革，逐步取消"双轨制"。这一系列改革措施和方案使得我国的市场环境得到了逐步改善。

市场环境的改善为企业应用现代市场营销原理和策略，指导企业营销管理实践提供了有利条件。因此，在这一时期出现了许多企业成功应用市场营销原理的例子。例如，在开拓国际市场方面，外贸部门应用市场细分原理成功地将"蜂花"檀香皂打入了强手如林的香港市场；在国内市场方面，广西的"两面针"牙膏和安徽的"芳草"牙膏，都是依靠市场细分和广告促销手段成功地开拓了市场。但是，该时期应用市场营销原理指导企业经营实践的情况在各地区、各行业间的发展是不平衡的。从总体上看，我国的大多数企业，尤其是大中型国有企业仍然没有很好地应用市场营销思想指导企业经营管理的实践活动，其显著特点是多数企业还没有确立以满足消费者和用户需求为中心的市场营销观念。造成这一状况的客观原因是市场环境还不够完善，而主观上的原因之一，是企业推广和普及市场营销思想的工作做得还不够，缺乏应用营销理论的压力和动力。这一时期，我国市场营销学的应用主要表现在以下几个方面。

（1）全国各地的一些市场营销学研究组织，改变了过去只有学术界、教育界人士参加的状况，开始吸收企业界人士参加，其研究重点也由过去的教学研究转变为结合企业市场营销实践。这些改变使得国内的市场营销学研究人员能更多地同企业界人士接触，共同探讨和推动我国市场营销学在实践中的应用。

（2）各地的市场学研究对市场营销知识的推广和普及工作的重点，由过去的师资培训和市场营销原理的一般介绍，转变为同企业界人士共同研讨和向企业提供营销咨询服务为主。到目前，全国成立了数百家以营销策划为主的营销管理顾问咨询公司。企业聘请营销管理顾问，进行全方位的CI策划热情逐步增强。

（3）针对我国中小型企业、乡镇企业应用市场营销原理积极性较高的特点，把过去市场营销知识普及对象偏重于大中型企业，转变为大、中、小企业各层次兼顾，全民、集体、个体企业兼顾。

（4）致力于将市场营销学研究从消费品市场推广到生产资料市场、金融市场、旅游市场、保险市场、技术市场、劳务市场等各个领域，专业性市场营销教材大量出现。

（5）在发展外向型经济中，必须致力于国际市场营销原理与策略和研究的推广应用。近年来，我国国际市场营销活动正在全面地向纵深发展，企业通过应用营销理论，国际市场竞争能力增强。

四、扩展及广泛应用时期

在此期间，无论是市场营销教学研究队伍，还是市场营销教学、研究和应用的内容，都有了极大的拓展。全国各地的市场营销学学术团体，其研究重点也由过去的单纯教学研究，改为结合企业的市场营销实践进行研究。学者们已不满足于仅仅对市场营销一般原理的教学研究，而对其各分支学科的研究日益深入，并取得了一定的研究成果。在此期间，市场营销理论的国际研讨活动比较多，这极大地开阔了学者们的眼界。1992年，党的十四大召开，确立了我国经济体制改革的目标是要建立社会主义市场经济，充分发挥市场在资源配置中的基础作用。《中华人民共和国公司法》也于1993年12月29日通过，并于1994年7月1日起正式实施，建立现代企业制度，将为市场营销学走向实践，指导企业的营销活动创造良好的外部环境。

1992年春，邓小平同志南方谈话以后，极大地推动了全国改革开放的深化，学者们还对市场经济体制下的市场营销管理，中国市场营销的现状与未来，跨世纪中国市场营销面临的挑战、机遇与对策等重大理论课题展开了研究，这也有力地拓展了市场营销学的研究和应用领域。

五、国际化时期

1995年6月，由中国人民大学、加拿大麦吉尔大学和康克迪亚大学联合举办的第五届"市场营销与社会发展"国际会议在北京召开。中国高等院校市场学研究会等学术组织作为会议协办单位，为会议的召开作出了重要的贡献。来自46个国家和地区的135名外国学者和142名国内学者出席了会议。25名国内学者的论文被收入《第五届市场营销与社会发展国际会议论文集》（英文版），6名中国学者的论文荣获国际优秀论文奖。从此，中国市场营销学者开始全方位、大团队登上国际舞台，与国际学术界、企业界的合作进一步加强。

2001年我国加入WTO后，企业进一步加大了国际化步伐，一方面表现为国外跨国公司在我国的营销本土化；另一方面，我国企业逐步跨出国门，走向全球市场。因此，我国市场营销理论也真正逐步实现了国际化。

总之，我国市场营销学的研究已取得可喜的成绩，一些工商企业对应用市场营销原理和策略指导经营管理实践有了一定的认识，并取得了一些经验和成绩。如"海尔"集团成功的营销案例已进入美国哈佛大学的管理案例库。今后在继续引进西方市场营销学原理的同时，应把重点放在联系我国实际，总结我国企业成功的营销案例，结合社会主义市场经济的特点开展市场营销学全方位的研究，逐步建立和发展具有中国特色的社会主义市场营销学。

第三节 市场营销学的研究对象与基本特征

一、市场营销学的研究对象

市场营销学是对企业营销实践经验的科学总结,同时对企业的市场营销活动具有指导作用。市场营销学的研究对象,是研究以满足和实现消费者需求为中心的企业营销活动过程及其规律性,即研究企业在特定的环境中和调查研究的基础上,如何从满足消费者与用户现实及潜在需求和愿望出发,有计划地组织企业的整体营销活动,通过交换把产品从生产者手中转向消费者手中,以实现企业赢利目标的营销活动的全过程及其规律性。具体包括以下方面。

(1) 满足顾客需求和欲望是企业营销活动的出发点和中心。它包括以下四个方面的含义:①顾客购买的不是物品和劳务本身,而是欲望的满足;②消费者的需求不仅包括现实需求,而且包括潜在需求,并着眼于未来的潜在需求;③从消费者需求出发,是指通过市场细分,选择目标市场,从目标市场的顾客需求出发;④满足顾客的需求,是根据不同的目标市场的顾客,采取不同的市场营销策略组合来实现的。

(2) 满足消费者需求就要有计划地组织企业的整体营销活动。企业的整体营销包括以下几层含义:①销售活动是企业市场营销的出发点和归宿点,只有通过采取有效的销售策略,才能满足顾客的需求和欲望,实现企业的盈利目标;②市场营销的产品、定价、分销及促销四大因素相互配合,形成最佳的市场营销策略组合,以保证企业从总体上满足消费者的需求;③市场营销部门在企业中起着指挥与协调企业内部各职能部门的作用,即以市场营销部门为中心,使各职能部门相互配合与协调,以便保证企业营销活动顺利进行。

二、市场营销学的基本特征

现代市场营销学同早期的市场营销学相比较,具有以下基本特征。

(1) 现代市场营销学强调"以消费者需求为中心"的指导思想,从消费者的利益出发,把研究满足消费者的需求作为一条红线贯穿现代市场营销学的教学和研究。

(2) 现代市场营销学突出动态研究,重视供需之间的信息沟通。现代市场营销面临的是一个复杂多变的动态市场,因此,就决定了其研究方法必然是动态过程研究法。必须重视企业与市场之间的信息沟通,它成为企业进行市场营销的基本条件。企业市场营销的动态模型如图1-1所示。

(3) 现代市场营销学,强调营销活动的系统整体协调。它运用系统论原理,把企业的市

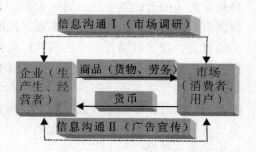

图1-1 企业与市场的动态模型

场营销活动看作一个系统加以研究。

（4）现代市场营销学把研究企业营销的战略和策略放在了重要地位。

第四节　市场营销学的研究途径与方法

市场营销学作为一门建立在经济学、行为科学、现代管理理论基础之上的应用经济科学，它的研究对象是企业的市场营销活动；在现代市场经济条件下，市场环境复杂多变，竞争态势日趋激烈，科学技术发展迅速，新功能、高质量的产品不断出现，产品更新换代周期日益缩短，所以，市场营销学主要研究市场营销活动，这就决定了它的研究途径和方法的多样性、系统性。同时，市场营销学的研究途径和方法也是随着市场营销活动的实践而变化的。20世纪50年代前，传统市场营销学的研究途径主要是商品途径、机构途径、功能途径；50年代以后特别是进入70年代以来，市场营销学日益吸收心理学、行为科学、社会科学等学科的研究成果，而形成一门综合性的经营管理科学。因此，就必须采用正确的研究途径和方法，才能取得良好的经济效益。

一、市场营销学的研究途径

（一）商品途径

商品途径是指一种以物为中心的研究途径，即以商品为主体，对某类商品如农产品、工业品、矿产品、消费品与劳务等，分别加以研究，研究这些产品的设计、生产、包装、厂牌、商标、定价、分销、广告等，以及每种产品如何开拓市场。这种研究方法的优点是能够分析各类商品在营销中出现的具体问题，并且寻找有效的途径加以解决。但耗资太大，重复性研究也大。

（二）机构途径

机构途径是指以研究市场营销组织制度为出发点，体现了以人为中心的研究方法。主要从市场体制、市场结构、流通渠道等来研究市场。市场营销结构，按有无处理商品的所有权分为经销商和代理商，按照在分销渠道中的地位可分为批发商和零售商。

（三）功能途径

功能途径是指研究产品从生产者到达消费者手中所进行的各种营销活动过程中，市场营销组织所发挥的功能或作用。市场营销的基本功能一般可分为：①交换功能，包括购买和销售；②供给功能，包括运输和储存；③便利功能，包括资金融通、风险、提供市场信息等。发挥这种功能的目的是保证顾客需求的满足和实现企业的利润目标。

（四）管理途径

管理途径是指以管理的观点，综合商品途径、机构途径和功能途径来研究市场营销活动的规律性方法。企业面对目标市场的需要，全面分析与研究其外部环境的变化，同时研究本身的资源条件，选择最佳的市场营销组合，提高企业的经济效益。

以上研究途径从不同的角度研究企业的市场营销活动，但目的都是为了通过不同的途径，达到满足消费者的需求，占领市场，增加销量，实现企业的盈利目标。

二、市场营销学的研究方法

市场营销学作为一门研究企业市场营销活动的应用经济科学，它的研究方法最基本的仍然是马克思主义唯物辩证法，因为它是人们认识、分析事物的基本方法论，它能够帮助人们揭示市场营销活动的本质及其发展规律。同时，市场营销学因其有特定的研究对象，所以也就有以下研究方法。

（一）系统分析法

系统分析法是把研究对象（市场）看作一个系统，分析其内部各因素的组合方式及相互关系。市场是一个由多要素、多层次组合的系统。既要研究企业内部系统各子系统如何协调、配合地进行市场营销活动，又要研究企业的营销活动与外部各种组织系统的关系与协调。运用系统分析的方法研究市场营销，便于经营者从整体上考虑企业的营销战略，从而作出正确的决策。

（二）案例分析法

案例分析法是以典型企业的经营作为例证，从而找出规律性的东西。运用案例分析法，一方面可以加深对理论的理解，总结实践经验，发展营销理论；另一方面又能指导企业的市场营销活动，提高企业的整体营销管理水平。

（三）定性与定量分析相结合的方法

企业的市场营销活动，是质与量的统一。研究市场，一方面要进行市场分析，以确定问题的性质；另一方面要进行定量分析，以确定市场活动中的各种数量关系。定性和定量分析的有机结合，不仅能做到对问题性质看得准，而且能提高市场营销活动的精确度，使其规范化。

（四）宏观分析与微观分析相结合的方法

市场营销是从企业的角度研究市场营销的一般规律，属于微观的范围，但是，企业属于国民经济宏观系统的一个组成部分，宏观经济环境的变化（如经济发展重点、投资方向等），对企业营销会产生一定的影响，这就要求我们把宏观分析和微观分析结合起来，以便在指导企业的市场营销活动中发挥更大的作用。

第五节　市场营销模式的演进

一、市场营销模式的演进过程

在市场营销学的发展过程中，营销模式经历了4P、4C、4R和4V四代的演进过程，顾客价值的研究意义也日渐凸显。

（一）第一代营销模式：短缺经济时代的"4P"营销组合论

"4P"是指以产品（Product）、价格（Price）、地点（Place）、促销手段（Promotion）为代表的，以生产为中心的营销四要素组合的总称。从全球来看，这一营销观产生于19世纪后期，盛行于20世纪初叶。这一期间，世界处于短缺经济时代，而且是严重的以数量为核心的包含数量、质量与结构的三重性短缺，由于数量上供不应求，因而是一种典型的卖方市场。企业只要增加产量和降低成本就能获得丰厚的利润。由于它是适应短缺经济时代而形成的，因此其营销在微观企业中只作为非常一般的功能，人们不会也不可能对营销给予更多的关注。人们更多的是关心产品的生产、产品的价格。

（二）第二代营销模式：饱和经济时代的"4C"营销组合论

第二次世界大战后，随着工业的飞速发展和工业黄金时代的到来，世界开始由短缺经济时代进入过剩经济时代。尤其是发达的资本主义国家，市场出现供过于求，买方市场取代卖方市场。企业开始把顾客的需要作为企业活动的中心和企业计划的出发点，世界进入"需求中心论"时代。企业营销的目标和重点定位于消费者所需要又能发挥自己优势的产品。在此背景下，以舒尔茨教授为首的营销学者从顾客的角度提出了新的营销观念与理论，即"4C"组合理论。它包括Customer（顾客的需求和期望），Cost（顾客的费用），Convenience（顾客购买的方便性）以及Communication（顾客与企业的沟通）。"4C"的具体含义有以下方面：

（1）忘掉产品，记住顾客的需求与期望。要了解、研究、分析消费者的需要与欲求，而不是先考虑企业能生产什么产品。

（2）忘掉价格，记住成本与顾客的费用。要了解消费者满足需要与欲求愿意付出多少钱（成本），而不是先给产品定价，即向消费者要多少钱。

（3）忘掉地点，记住方便顾客。要考虑顾客购物等交易过程如何给顾客方便，而不是先考虑销售渠道的选择和策略。

（4）忘掉促销，记住顾客沟通。以消费者为中心实施营销沟通是十分重要的，通过互动、沟通等方式将企业内外营销不断进行整合，把顾客和企业双方的利益无形地整合在一起。

总的来看，"4C"营销理论注重以消费者需求为导向，与市场导向的"4P"理论相比，有了很大的进步和发展。"4C"营销现象从其出现的那一天起就普遍受到企业的关注，此后的20世纪50～70年代，许多企业运用"4C"营销理论创造了一个又一个奇迹。

（三）第三代营销模式：客户经济时代的"4R"营销组合论

美国 Don E. Schultz 提出了"4R"模式，即关联（Relativity）、反应（Reaction）、关系（Relationship）、回报（Retribution）营销新理论，它阐述了一个全新的营销四要素组合：

（1）与顾客建立关联。在竞争性市场中，顾客具有动态性。顾客忠诚度是变化的，他们的忠诚度也会转移到其他企业。要提高顾客的忠诚度，就要通过某些有效的方式在业务、需求等方面与顾客建立关联，形成一种互助、互求、互需的关系，把顾客与企业联系在一起，这样就大大减少了顾客流失的可能性。

（2）提高市场反应速度。当代先进企业已从过去推测性商业模式，转变成高度回应需求的商业模式。面对迅速变化的市场，要满足顾客的需求，建立关联关系，企业必须建立快速反应机制，提高市场反应速度和回应力。这样可最大限度地减少抱怨，稳定客户群，减少客户转移的概率。

（3）关系营销越来越重要。在企业与客户的关系发生了本质性变化的市场环境中，抢占市场的关键已转变为与顾客建立长期而稳固的关系，从交易变成责任，把顾客变成拥护者，从管理营销组合变成管理和顾客的互动关系。

（4）回报是营销的源泉。对企业来说，市场营销的真正价值在于其为企业带来短期或长期的收入和利润的能力。一方面，追求回报是营销发展的动力；另一方面，回报是维持市场关系的必要条件。企业要满足客户的需求，为客户提供价值，但不能做"仆人"。因此，营销目标必须注重产出及注重企业在营销活动中的回报。一切营销活动都必须以为顾客及股东创造价值为目的。

（四）第四代营销模式：新经济时代的"4V"营销组合论

进入20世纪80年代之后，随着高科技产业的迅速崛起，高科技企业、高技术产品与服务不断涌现，营销观念、方式也不断丰富与发展，并形成独具风格的新型理念，即"4V"营销组合观。所谓"4V"是指差异化（Variation）、功能化（Versatility）、附加价值（Value）、共鸣（Vibration）的营销组合理论，"4V"的具体含义如下：

（1）顾客差异。在个性化时代，顾客差异更加显著。从某种意义上说，创造顾客就是创造差异。有差异才能有市场，才能在强手如林的同行业竞争中立于不败之地。差异化营销一般分为产品差异化、市场差异化和形象差异化三个方面。

（2）功能弹性化。功能弹性化是指根据消费者消费要求的不同，提供不同功能的系列化产品供给，增加一些功能就变成豪华奢侈品（或高档品），减掉一些功能就变成中、低档消费品。消费者根据自己的习惯与承受能力选择其具有相应功能的产品。20世纪八九十年代，日本许多企业盲目追求多功能或全功能，造成功能虚糜使功能缺乏弹性，而导致营销失败就是典型。

（3）附加价值化。目前，在世界顶尖企业之间的产品竞争已不仅仅局限于核心产品与形式产品，竞争优势已明显地保持在产品的第三个层次——附加产品，即更强调产品的高附加价值。因此，当代营销新理论的重心在"附加价值化"。

（4）共鸣。共鸣是指企业持续占领市场并保持竞争力的价值创新给消费者或顾客所带来的"价值最大化"，以及由此所带来的企业"利润极大化"；要注意将企业的创新能力与消费者所珍视的价值联系起来，通过为消费者提供价值创新使其获得最大程度的满足。

二、四种营销组合模式的比较

市场营销组合模式的比较见表1-2。

表1-2 市场营销组合模式（4P、4C、4R、4V）的比较

项目 类别	4P组合	4C组合	4R组合	4V组合
营销理念	生产者导向	消费者导向	竞争者导向	持续竞争导向
营销模式	推动型	拉动型	供应型	伙伴型
满足需求	相同或相近需求	个性化需求	感觉需求	效用需求
营销方式	规模营销	差异化营销	整合营销	体验营销
营销目标	满足现实的，具有相同或相近的顾客需求，并获得目标利润最大化	满足现实的潜在个性化需求，培养忠诚度	适应需求变化，并创造需求，追求各方互惠关系最大化	满足顾客追求个人体验和价值最大化需求
营销工具	4P	4C	4R	4V
顾客沟通	"一对多"单向沟通	"一对一"双向沟通	"一对一"双向或多向沟通或合作	"一对一"外部合作
投资成本和时间	短期低、长期高	短期较低，长期较高	短期高、长期低	短期高、长期极低

从表1-2中我们可以得出营销模式的演进模式（如图1-2）。

自20世纪70年代以来，理论界和企业界不断地探求顺应形势变化的市场营销形势变化市场营销新方法，从最初"以产品为中心"单纯注重产品质量，到"以顾客为导向"争取顾客的满意与忠诚，直至20世纪90年代顾客价值概念的提出，将市场营销理念推向了一个全新的高度。综观国际市场竞争，在现代产品价格构成中，由"价值提供"所构成的价格愈来愈占有相当大的比重，而"价值提供"从更深层次上提高了企业的竞争能力。价值创新的着眼点就是将企业的经营理念直接定位于消费者的"价值最大化"，通过强调"尊重顾客"和建立"顾客导向"，为目标市场上的消费者提供高

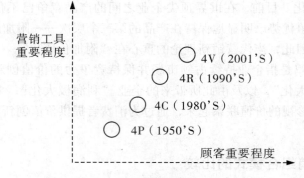

图1-2 营销模式的演进模型

附加值的产品和效用组合,以此实现向顾客让渡价值。

从关注顾客满意到顾客价值的过程,企业的经营侧重点存在差异。企业最初做顾客满意度评价,只是想了解顾客对于公司绩效的绝对性评价,后来逐渐演变为要求顾客对于公司绩效在整个业界的竞争地位的相对性评估,也就是顾客价值的研究。

注重顾客满意的企业关注是如何使购买自己产品和服务的顾客感到满意,而较少关注竞争对手与其顾客的情况,这类企业与顾客之间的关系往往是静态的,单方的"取悦",并通过这种"取悦"来获取现有顾客对自己产品的忠诚;注重顾客价值与竞争力相匹配的企业是基于自己的价值定位,向目标顾客提供超越竞争对手的价值,而顾客为了使自己获得的感知价值最大,也更加乐于和企业维持互动的关系。因此,争取顾客满意仅仅是企业营销中的战术问题,而创造顾客价值则是企业获取持久竞争优势的战略问题。应该指出的是,顾客价值并不是对顾客满意、顾客忠诚的否定,而是在新的市场竞争形势下对顾客满意、顾客忠诚的扩充与发展,它为企业进行战略选择、提升自身的竞争力提供了一个全新的理念与方法,是企业获取竞争优势的新来源。

本章小结

市场营销学作为一门经济应用学科,产生于市场经济高度发达的西方国家,它大致经历了形成阶段、发展阶段、"革命"阶段和应用阶段。该学科于20世纪70年代末进入我国并得到传播和发展;在借鉴、吸收发达国家先进科学的市场营销理论和方法的基础上,结合我国的实际,积极地探索和发展具有中国特色的社会主义市场营销学。

市场营销学的研究对象是以满足和实现消费者需求为中心的企业营销活动过程及其规律性。市场营销学的研究对象决定了市场营销学具有以下特征:满足消费者的需求贯穿于现代市场营销整个过程,重视供需之间的信息沟通,强调营销活动的系统整体协调,将营销战略和策略放在突出的重要地位。

市场营销学吸收了心理学、行为科学、社会科学等多门学科的研究成果,研究方法呈现多样化、系统化的特点。其主要的研究方法有系统分析法、案例分析法、定性和定量分析相结合的方法,以及宏观分析与微观分析相结合的方法。市场营销学的研究内容的体系结构是根据企业经营活动的内在规律和人们的认识逻辑顺序来确定的,主要包括市场营销基本理论、企业营销环境与战略、消费者需求与目标市场决策、企业营销组合策略、营销调研与评估和国际市场营销等。

关键概念

市场营销学　市场营销学的研究对象　系统分析法　案例分析法

思考题

(1) 简要分析市场营销学的产生发展过程。
(2) 简述市场营销学在中国的传播过程。
(3) 简述市场营销学的研究对象。
(4) 市场营销学的研究途径有哪几种？
(5) 研究市场营销学的方法有哪几种？
(6) 简述市场营销模式的演进过程。

案例　"老干妈"为何能够畅销全球

《网易财经综合》栏目一篇《老干妈从不打广告，为什么火遍世界》的报道，让我对"老干妈"陶华碧肃然起敬。文中提到"农村妇女，目不识丁，女性创业，不融资，不上市，大企业，等等，这些关键词融合在了一个人身上"。这些关键词是如此的对立，却又在"老干妈"陶华碧及她的企业统一了起来。

陶华碧是怎么做到的呢？她的辣椒调料都是100%的真料，每一个辣椒，每一块牛肉都是指定供货商提供的，绝对没有一丝杂质。她从不偷工减料、以次充好，用料、配料、工艺拿捏，让她的"老干妈"有了自己的特质，有了自己的味道，让顾客买起来放心，吃起来放心，这才是产品的良心和根本；她用良心做产品给社会，社会也会回馈给她和她的企业。

不打广告，对于现代企业来讲，"酒香不怕巷子深"的观念是不适宜的。然而，陶华碧的"老干妈"是怎样走进老百姓的生活并远销海外的，做到了"有华人的地方，就有'老干妈'香辣酱"。

1994年，刚起步的"老干妈"还不为人知。贵阳修建环城公路，昔日偏僻的龙洞堡成为贵阳南环线的主干道，途经此处的货车司机日渐增多，他们成了陶华碧"实惠饭店"的主要客源。陶华碧向司机免费赠送自家制作的豆豉辣酱、香辣菜等小吃和调味品，大受欢迎。货车司机们的口头传播显然是最直接、最真实的广告形式。短短时间，"龙洞堡老干妈辣椒酱"的名号在贵阳不胫而走，很多人甚至就是为了尝一尝她的辣椒酱，专程从市区开车购买陶华碧的辣椒酱，然后向亲朋好友推荐，一时间"老干妈"香辣酱远近闻名。陶华碧把做广告节省下来的资金用于保持新产品质量以及打假上，她甚至连产品包装都被外界称为"土"。对于这个"土"，陶华碧有自己的看法：包装便宜，那就意味着消费者花钱买到的实惠更多，省下来的可都是真材实料的辣酱，寻常百姓居家过日子，就是图个实惠，又不拿辣酱去送礼，自家吃只要质量好、味道好就行了。即使利润不高,陶华碧的企业却从不偷税漏税,文中述"1998年产值5014万元,2013年产值37.2亿元,15年间产值增长了74倍。1998年上缴税收329万元,2013年上缴税收5.1亿元,15年间增长155倍"。陶华碧就是这样用良心做产品、用良心做企业,踏踏实实做企业,专心做老百姓喜欢和熟悉的味道,这是她秉承的信念和企业文化。陶华碧不打广告,不偷税漏税,只踏踏实实地做质量和口味让人放心和顺心的一瓶小小的香辣酱。陶华碧的成功看起来简单,但其实并不简单!

(资料来源:《网易财经综合》2014年9月)

讨论

(1)陶华碧是如何发现市场机会的?
(2)陶华碧的成功主要运用了市场营销学的哪些主要策略?

第二章 市场营销概念与营销观念

本章学习目标

通过本章学习，要求学生掌握以下内容：①了解市场的概念与市场营销的概念；②了解市场营销观念的演变及市场营销新旧观念的区别；③了解营销道德与营销的社会责任。

引导案例 小天鹅的营销观念

小天鹅集团在实践中形成了自己有特色的营销观念。小天鹅用自己的营销观念指导营销实践，一步步走向成功。"0+0+1=100"就是典型一例。

0+0+1=100 的含义是"0"观念，是指一切从"0"开始："0"缺陷，是指要生产科技含量高、高质量、满足市场需求的没有缺陷的产品；"0"库存，是指不能积压产品。在一般概念中，"0"意味着没有。但是，没有了"0"，就不可能产生数学上的无穷变化。小天鹅将"0"概念吸收运用到生产经营活动中，开展"0"工程，并作为一项重大的市场驱动工程来抓。小天鹅认为，用户第"1"是小天鹅一贯的方针，用户满意了，企业的销量自然会增长，就能赢得一个满意的结果，所以"0+0+1=100"。

第一节 市场的概念、功能及结构

市场是企业营销活动的出发点和归宿点。只有准确理解市场的概念，才能做好企业的营销工作。

一、市场的概念

市场是商品生产和商品交换发展的必然产物。在人类社会经过了社会生产大分工后，市场也就逐渐地由原始市场发展为完善的市场。

对于市场的概念，主要有以下几种观点：

（1）场所论。这种观点认为，市场是指在一定时间、一定地点和一定条件下进行商品买卖的场所，它反映了商品交换活动的内容及其表现的时间与空间，被称为狭义的市场概念。

（2）关系论。这种观点认为，市场是指进行商品交换所反映的各种经济关系和经济活动现象的总和，把市场看作实现商品相互转让的交换活动的总体，被称为广义的市场概念。

（3）机制学说论。这一学说认为，市场存在商品生产和商品交换，通过市场信息的反馈，择优生产和等价交换，从而促进生产关系和生产力再生产活动的顺利进行，也就是发挥市场机制在资源配置中的基础作用。

（4）需求论。这种观点认为，市场即需求，也就是研究消费者的需求（不仅包括现实需求，而且包括潜在需求），以及企业如何满足消费者需求，以赚取应得的利润。

上述观点对市场从不同角度进行了研究，反映了市场在某一侧面的研究重点，但却存在着一定的片面性。从现代市场营销的角度来看，市场是在一定时间、一定地点和一定条件下，通过商品的交换过程以实现其满足消费者现实和潜在需求过程中所反映的交换关系的总和。它主要是从买方的角度研究市场。例如，菲利普·科特勒认为："市场是所有现实和潜在购买者的结合。"因此，市场规模的大小主要取决于三个因素：一是顾客的多少，二是购买力的大小，三是购买欲望的强弱。分析市场未来趋势，也必须研究这些因素。

市场要素是构成市场的基本因素，它构成了市场的矛盾运动，决定着市场的现状及其发展趋势。构成市场的基本要素主要有：①能够满足消费者某种需要的一定量的商品或劳务。它构成市场的物质基础，是市场总体的客体，是营销活动的交易对象；如果没有可供交换的商品和劳务，也就不存在市场了。②一定量的货币购买力所形成的有支付能力的需求。它构成市场总体的主体，其代表是买者（消费者和用户），要实现商品的价值，市场上必须存在这种需求，否则交易活动也难以实现，市场也将名存实亡。③由购买者需求所激发的购买动机。市场上一定数量的商品、劳务和一定的货币购买力，只是为交易活动提供了可能性；如果货不对路，不能激发消费者的购买动机，交易活动仍然不可能进行，对卖者来说，也就失去了市场的作用。

学者对市场有一个流行的看法，并形象地用公式表示为：市场 = 人口 + 购买力 + 购买动机。对市场来说，这三个因素互相制约、缺一不可。同时，从市场的总体来看，还必须有一定量的商品供应，否则，交易活动便失去了物质基础，最终不能形成市场。

二、市场的功能

市场的功能是指市场的各种要素组成的有机整体所具有的职能，这种职能是通过市场机体的各环节以及参加交换的当事人来实现的。在我国社会主义市场经济条件下，市场最根本的功能是要发挥其在社会资源配置中的决定性作用。

从营销角度来看，市场主要有三种基本功能。

（一）交换功能

在市场经济社会中，商品价值和使用价值是通过市场交换来实现的。商品生产者为了实现商品的价值，必须通过市场让渡自己的商品使用价值，能够把商品卖出去；商品的使用者欲使其需求得到满足，必须从市场购买所需商品，实现对商品使用价值的占有。这种活动在市场上经过多次交换，不断转手，通过多种渠道，实现商品在时间和空间上的转移，使商品从生产领域流向消费领域。由此可见，在市场经济条件下，任何组织、团体和个人，都和市场发生着密切的联系，都要通过市场出售商品和购买商品，这些行为构成市场的主体行为。商品的买卖行为是通过相互交换进行的。商品的交换活动成为市场的中心内容，这种买卖双方互相联系的运动，形成了市场的交换功能。正是这种交换功能，使所有市场主体形成了一个有机整体。

（二）供给功能

市场买卖活动顺利进行的基本前提条件是市场上存在可供交换的商品。市场如同一个大磁场，把众多商品生产者吸引来，形成了一个强大的商品供给源，然后通过市场交易活动，完成向消费者供应商品的任务。离开市场的供给功能，消费者无法购买到所需的消费品；生产者也无法买到所需的生产资料；整个社会经济发展就会受到严重影响，就不能保证市场的有效运行。

（三）反馈功能

市场不仅是消费者获取商品的场所，而且也是生产企业获取营销信息的重要途径。企业产品最终要接受市场的检验，得到市场的承认，才能实现企业生产的个别劳动向社会必要劳动的转化，形成商品的社会价值。市场上供求变化的各种信息，通过信息反馈传达到企业，企业依此进行生产结构和产品结构的调整，降低成本，提高质量，增加花色品种、规格和型号，以便做到适销对路，加速商品流通和资金周转，提高效益。市场信息反馈功能是通过对原始信息资料的收集、储存、检索、传递给需要部门来实现的。

市场除以上三种基本功能外，还具有调节的功能、分配的功能、约束的功能、结合的功能等。因此，市场功能是一个多种功能的综合体，市场就成为社会资源配置的重要场所和最有效方式。

三、市场的结构

市场结构是指市场经济活动中相互联系、相互制约的各个组成部分之间的组合比例及其相互关系，它是社会经济结构在市场流通中的反映，最终是由一定时期的社会生产力结构与社会生产关系结构所决定的。市场结构既包括市场主体结构，也包括市场客体结构，同时还包括市场的空间网络结构、运行机制结构、经营形式结构等。

（一）市场结构特征

在市场经济条件下，市场结构的特征主要有：①参加市场交易的买者和卖者的数量，特别是卖者的数量；②产品是否具有同质性；③市场进入的难易程度；④买者和卖者对价格的影响程度。

因此，按照上述特征，市场结构可以划分为完全竞争市场和不完全竞争市场两大类；不完全竞争市场还可进一步细分为垄断竞争市场、寡头垄断市场、完全垄断市场。市场结构如表2-1所示。

表 2-1 市场结构

市场结构＼特征	完全竞争	不完全竞争		
		垄断竞争	寡头垄断	完全垄断
1. 交易者数量	许多	许多	很少	一个
2. 产品差别程度	完全相同	有很多差别	差别很少	产品独特
3. 影响价格能力	没有	有限的	有一些	很大
4. 进入限制	没有	没有	有一些	不可进入
典型行业	农业	医药	汽车、钢铁	公用事业

(二) 市场类型分析

西方市场营销学理论对市场类型的分析，通常是根据顾客（即市场购买主体）进行分类，因此，一个国家的国内市场，可划分为消费者市场、生产者市场、转卖者市场和政府市场四种类型。

1. 消费者市场

消费者市场是指为了满足家庭及其消费者个人生活需要购买商品或劳务的顾客群，它是最终实现商品价值和使用价值的过程，是整个市场研究（主体）的基础。市场营销学研究消费者市场，核心是研究消费者的购买行为，也就是消费者购买商品的活动及与这种活动有关的决策过程。研究消费者的购买行为是在市场营销观念指导下的企业营销管理基本任务之一。

2. 生产者市场

生产者市场也叫产业市场或企业市场。它是指为了满足生产需要并以获得利润为目的而发生购买者活动的组织和个人，即我国所指的购买生产资料的直接用户，包括研究生产者市场的特点、影响生产者购买的主要因素以及生产者的购买行为等内容。

3. 转卖者市场

转卖者市场也称为中间商市场，它是由以盈利为目的，购买产品后再转卖或出租给他人的所有组织和个人所构成。转卖者市场可以分为批发商市场和零售商市场两大类。在市场经济条件下，由于社会分工的进一步发展，生产者生产的产品除少部分自己直接卖给生产企业或最终消费者外，大多数产品（特别是消费品）都需要通过转卖市场卖给生产企业或最终消费者。因此，转卖者市场对生产企业产品销售有着重要的作用。

转卖者在购买产品时，需要作出以下决策：

（1）购买什么产品决策。转卖者购买经营何种产品，主要取决于其经营方向和范围，通常有四种情况：①独家产品购买销售，即转卖者只购进经营某一家企业的产品，如某一零售商只销售"李宁"牌运动服装，因此这位零售商只须从一家生产企业购买产品。②单品种多家产品购买销售，即转卖者只销售多家企业生产的某一种产品，如某手机经销商同时销售"华为""三星""苹果"等多家企业生产的手机,形成一个手机的世界。这时,转卖者须同时向多家生产企业或批发商购买手机。③多种产品购买销售,即转卖者同时销售相同类型的多种产品,如某家电零售商,不单销售电冰箱,而且还销售电视机、录像机、空调、洗衣机等产品。这时,零售商就须向相关企业或批发商同时购买各种产品。④混合购买销售,即转卖者购买销售互不相关的多种产品,如某零售商,既经营家电、小五金,同时还销售服装、食品、饮料、化妆品等产品。这时,零售商就向上述各行业的生产企业或批发商购买产品。

(2) 购买谁家产品决策。购买谁家产品的决策也称为转卖者选择最佳供货者的决策,最佳供货者必须具备:①产品质量好,是消费者所喜爱的;②价格合适,是消费者容易接受的;③货源稳定,交易及时准确;④能够承担转卖者广告及其他促销费用的;⑤能够为转卖者提供与产品销售相关服务的;⑥付款条件优惠的。

(3) 组织进货决策。进货决策一般有两种情况:第一种是进货次数少,每次进货数量大。这种方法的优点是进货费用低,并享受数量折扣;缺点是库存量大,不利于资金周转。第二种是进货次数多,每次进货数量少。这种方法的主要优点是库存小,资金周转快;缺点是进货费用大,不利于享受折扣优惠。以上两种进货决策,主要受不同的转卖者、不同地区的供货单位和不同市场三种因素影响。不同的转卖市场,由于其大小和职能的不同,购买活动的决策者和参与者也不同。"夫妻店"的采购和经理集于一身,大型商店则设有专门机构从事采购工作。

4. 政府市场

政府市场是指为执行政府职能而采购或租用货物的各级政府机构组成,购买者是这个国家政府机构的采购部门;其收入来源主要是通过国家税收而获得的国民收入,这部分资金形成一个巨大的购买市场。政府机构的购买行为,主要是为了保证国家机器的运行。因此,其购买对象从军需品到民用品、从工业品到消费品、从有形商品到无形商品(服务),无所不包,形成一个引人注目的大市场。随着市场经济体制的建立,我国政府机构所需的各种商品也须通过市场来采购。因此,政府市场的采购行为,对企业的营销活动和整个市场的供需状况发生着重大影响。

我国政府市场的采购组织,主要是各级政府机构或军队的后勤管理部门。这些部门分别承担着本系统或本机关各种供应物资的采购任务,我国对有些商品的政府采购实行控制政策,即控制社会集团购买。

政府市场采购的方式及影响政府市场采购的因素有如下方面。

(1) 政府市场采购方式。

一是公开招标采购。所谓公开招标,就是政府采购机构在报纸或网上刊登广告或发出信息,说明要采购的商品的品种、规格、数量等具体要求,供应商在规定的期限内报价投标。供应商想做这笔交易,必须在规定的期限内填写标书,填写清楚可供商品的名称、品种、规格、数量、交货日期、价格等,密封后送交政府采购机构。政府采购机构在规定日期开标,选择价格最便宜并符合要求的供应商成交。采用此种方式,政府采购机构处于有利地位,但投标者之间竞争激烈。为了夺标,必须注意三个问题:①产品是否符合招标者的要求;②标价是否最低;③是否符合采购机构的特殊要求。

二是合同采购。所谓合同采购，是指政府采购机构和一个或几个厂商接触，最后选择一个符合条件的厂商签订采购合同，进行交易。

三是现金采购。对于需求量小、花钱不多的产品或者消耗大的低价产品，常常用现金在商店购买，如办公用品、卫生用品等。

政府采购行为应符合《中华人民共和国政府采购法》的规范和要求。

（2）影响政府机构采购决策的主要因素。

一是受大众团体及公民监督。

二是受政治、政策变化的影响。

三是受政府追求其他非经济性目标的影响。

第二节　市场营销的概念及其功能

一、市场营销的概念

市场营销，英文为 Marketing。它是现代市场营销学的一个非常重要的概念。正确地理解市场营销的含义，对于企业的营销活动有重大意义。"Marketing"一词有时指社会的某些经济活动或企业的营销活动，有时也指以市场营销活动为研究对象的市场营销学。所以，对于市场营销在不同场合的含义不能混淆。

有代表性的市场营销概念主要有：

（1）美国市场营销学会（AMA）在 20 世纪 60 年代对市场营销的定义："市场营销是引导产品与劳务从生产者流向消费者或使用者的企业活动。"

（2）麦卡锡（E. J. Mccarthy）认为："市场营销是引导货物及劳务从生产者至消费者或使用者的企业活动，以满足顾客需求并实现企业的目标。"

（3）史坦顿（W. J. Stanton）认为："市场营销是一个完整的企业活动，即以计划、产品、定价、推广和分销来满足现实和潜在的顾客需求。"

（4）菲利普·科特勒（Philip Kotler）在《市场营销管理》（第 10 版）认为："市场营销是个人或集团通过创造、提供和他人交换产品和价值，以获得其满足需要和欲望的社会和管理过程。"

（5）美国市场营销协会（AMA）在 2004 年 8 月更新了市场营销的定义，认为："市场营销是一种企业管理职能，是为顾客创造、沟通和传递价值及管理客户关系的一系列活动的总称，营销活动的收益者是组织和利益相关者。"美国市场营销协会更新的营销概念涉及了四个核心的概念：①顾客价值概念；②营销就是管理顾客关系；③营销是一种组织职能；④产品或服务的传递过程。

以上的市场营销概念各有优点，但也存在不足。总的来说，市场营销的核心概念包括以下方面。

（一）需要、欲望和需求

1. 需要（needs）

人类的需要和欲望是市场营销活动的前提和出发点。需要是指人类没有得到某些基本满足的感受状态。如人们需要食物、衣服、住房、安全、受尊重，同样需要创新、接受教育和娱乐。这些需要存在于人类自身生理和社会之中，而非社会或营销者所能创造的。

2. 欲望（wants）

欲望是指人类希望得到更深层次的需要的满足，是明确表达的满足需要的指向物。当市场上存在具体的商品能满足人们需要时，需要就转变为欲望了。如某日本人要吃寿司和米酒，上班时间穿漂亮套装，社交时穿和服，休闲时打高尔夫球，等等。这便是欲望。比起需要来，人类的欲望要多得多。欲望的形成受到社会形态的制约和各种社会力量诸如宗教团体、学校、家庭和企业的市场营销因素的影响。

3. 需求（demands）

需求是指人们有能力购买并愿意购买的某个具体商品得到满足的欲望。当具有购买能力时，欲望便转化为需求。例如，很多人都想有一套乡间别墅，但只有极少数人能够买得起。对于企业来说，有支付能力的欲望才能形成现实的购买需求。

（二）产品、服务及体验

产品是指能够满足人类需要和欲望的任何东西。一个产品最重要的是必须与购买者的欲望相吻合。一个企业的产品与消费者的欲望越吻合，在市场竞争中成功的可能性越大。美国通用公司在20世纪60年代将其在欧美非常畅销的家用面包烤箱推向日本市场，并大做促销广告，结果日本消费者反应非常冷淡。这是因为虽然日本人与美国人一样饥饿了需要吃东西，可日本人饥饿时的欲望是吃米饭而不是面包，面包烤箱是不能烤大米的。

有些产品的重要性并不在于拥有它们，而在于得到它们所提供的服务和体验。一个妇女购买口红是为了得到美的享受；一个人购买小汽车是为了得到它所提供的交通便捷。产品实际上只是获得服务的载体。这种载体可以是物，也可以是"服务"，如人员、地点、活动、组织和观念。当人们心情烦闷时，为了满足轻松解脱的需要，可以去参加音乐会，听歌手唱歌（人员）；可以到风景区旅游（地点）；可以参加希望工程百万行（活动）；可以参加消费者假日俱乐部（组织）；也可以参加研讨会，接受一种不同的价值观（观念）。市场营销人员的工作不仅是描述其产品的物理特征，而且是销售产品深层的利益和所能提供的服务，企业需要通过提出某种"价值主张"（value proposition）来满足顾客的需要，即满足顾客需要的一组利益。顾客利益的满足可通过具体的提供物（offering）来实现，如产品、服务、信息和体验的某种组合。

（三）顾客价值与满意

消费者面对繁多的产品和服务，作出购买选择的依据是他们对各种产品和服务所提供的价值的理解。顾客是在不同的产品和服务之间作出选择的，选择的基础就是那一种可以给他们带来最大的价值。价值是顾客所感知到的有形利益、无形利益与成本的综合反映，可以看作质量、服务和价格的某种组合，一般而言，价值感会随着质量和服务的提高而提升、随着价格的下降而增加。满意反映的是顾客对产品的实际表现与自己的期望所进行的比较。

1. 顾客价值

顾客价值是指顾客从拥有和使用某产品中所获得的价值与为取得该产品所付出的成本之差。顾客让渡价值是指顾客总价值与顾客总成本之差。

顾客总价值包括产品价值、服务价值、人员价值、形象价值。①产品价值是产品实体为顾客带来的价值。如产品的品质、性能、特色、式样等。②服务价值是围绕产品实体向顾客提供的各种服务所产生的价值。如送货、安装、维修、保证等。③人员价值是企业内部员工的思想水平、业务水平、知识水平、工作作风、应变能力等产生的价值。④形象价值是企业产品在社会公众中的总体形象所产生的价值。

顾客总成本包括货币成本、时间成本、精力成本、体力成本。①货币成本是构成顾客总成本的主要因素，是购买商品或服务的货币支出。②时间成本是顾客购买产品所花费的时间的多少，时间成本越低，顾客购买的总成本越小。③精神和体力成本是顾客购买产品时所耗费的精神和体力。因此，企业应尽可能采取措施，降低顾客购买的总成本，增加顾客购买的总价值。如，美国联邦运通公司的顾客所获得的众多利益中，最显著的一个就是快速和可靠的包裹递送；其次，顾客可以取得一些地位和形象价值。顾客在决定是否采用"联邦运通"公司时，会将这些价值与使用这些服务所付出的成本进行权衡比较。同时，顾客还会对使用"联邦运通"公司与使用联合邮政系统（UPS）、空运公司（Airborne）、实用邮政管理局（U. S. Postal Service）等其他承运公司的价值进行比较，从而选择能给他们最大价值的形象公司。

企业为战胜竞争对手，吸引更多的潜在顾客，就必须向顾客提供比竞争对手具有更多顾客让渡价值的产品，这样，才能使自己的产品为消费者所注意，进而让顾客购买本企业的产品。为此，企业可考虑从两方面改进自己的工作。一是通过改进产品、服务、人员与形象，提高产品的总价值；二是通过降低生产成本，减少顾客购买产品的时间、精力、体力的耗费，从而降低货币与非货币成本。

2. 顾客满意

（1）顾客满意要满足顾客购物的期望。顾客满意是指顾客对一个产品的可感知的效果与他的期望值相比较后，所形成的愉悦或失望的感觉状态。如果产品的效能低于顾客的期望，顾客会感到不满意，如果效能符合期望，顾客便会感到满意，如果效能超过期望，顾客就会感到十分惊喜。满意的顾客会再次购买并告诉别人他们愉快的体验，不满意的顾客则会转向竞争者并向其他的顾客抱怨该产品。

顾客购物期望来自于以往的购买经验、朋友的意见以及营销者和竞争者的信息与承诺，企业必须慎重地设定期望标准。

在大多数成功的企业中，有些企业把期望和可感知的效果相对应，以追求全面顾客满意，如"戴尔"公司在个人电脑业的快速增长，其中一部分原因就是该公司达到并宣传了它的第一流的顾客满意；日本本田公司的广告宣称"我们顾客之所以这样满意的理由之一是我们不满意"；施乐公司保证"全面满意"。

尽管企业在千方百计寻求比竞争对手高的顾客满意度，但不一定能达到顾客的满意度最高。首先，企业可通过降低价格和增加服务来提高顾客满意度，但这可能会导致利润率的降低。其次，企业可通过其他途径来增加利润，如增加设备投入和新产品研究开发投入等。再次，企业有许多利益攸关者（如雇员、供应商、股东等），增加了顾客满意方面的投入，就是转移了部分及未用于提高其他"合伙人"满意率的资金。最后，企业必须遵循：在总资源一定的限度内，在保证其他利益攸关者至少能接受的满意水准下，尽力提供一个高水平的顾客满意度。

（2）顾客满足要的是"占便宜"，而不是便宜货。相信很多人都知道这句话，这句话其实由来已久，应该说是点出了营销的精髓。因此，在品牌定位和定价上，值得我们所有营销人员思考。

从购买角度思考，顾客买东西是买的产品的价值，而不是产品本身，是买的需求，满足自己某一方面的需求，但价值这个东西是很虚的，所以我们只能从价格来判断价值。相信大家都听过"便宜没好货""一分价钱一分货"等，消费者从价格来判断产品价值，实际上延伸出来的就是品牌定位，好的产品本身定位要高，当然价格也高。但品牌定位也不能盲目定位，实际产品要与品牌定位相符合，特别是在网络信息非常透明的今天，把垃圾产品定位为高端，简直是侮辱消费者的智商，这样的品牌肯定会被淘汰。

从另一方面分析，很多企业在销售初期，都想先以低价吸引消费者，但一定要讲究技巧，顾客是感性的，所以他的脑子里就会形成这个概念，叫作便宜没好货，顾客要的不是便宜货，定价过低卖的肯定不是很好。那么顾客的心里是想占便宜，怎么占？这里面的学问就大了，举个例子，就是打折。为什么那么多大品牌都喜欢打折？打折到底意味着什么？打折意味着给消费者便宜了，意味着消费者感觉占便宜了。比如，三星高端手机，一开始上市价格都较高，后续就开始降价或打折，大家觉得便宜了，就赶紧跟进。当然也有很多中国企业，一开始就定个非常诱人的价格，之所以能让消费者感到占了便宜，就是用硬件配置来对比，同类的配置，一些品牌是什么价格。比如华阳ADAYO导航，推出九合一功能一键通导航的通用机，全国统一零售价999元，而消费者对比的是同类功能的产品，售价在2000元以上，感觉是便宜了，所以也全国热销。

网购已切切实实颠覆了很多人的购物方式，成为人们生活中不可或缺的一部分。越来越多的人准备网络购物的时候，首先访问的并不是最大网络购物商城而是比价购物网站。等他们对所关注的某种商品相关信息一清二楚了，下单前都会用网购比价与省省比价网比比价后才访问最合适的购物网站，并在那里下订单。而从2015年电商价格大战带动的一淘、省省比价网等比价购物类网站访问量的剧增，这些购物网站的强势崛起，帮助网购人群打消了被骗的念头，从而越来越多的网民们加入了网购这个行列。对大多数人来说，网络购物是一种精神享受，在下单的时候心情是愉悦的，完成了对压力的释放。许多网购消费者不是买便宜，而是想"占便宜"。"本来这件商品并不需要，但是一看它限时大幅打折，不少人就会忍不住去买"。所以对于电商而言，产品价格及促销的设定就更有学问了。

依靠广告拉动消费者的时代已经渐行渐远，营销是发生在消费者心智里面的一场战争。品牌灌输进脑海并不一定起到决定性作用，在销售的"临门一脚"，顾客满意——"占便宜"的想法却实实在在地改变了消费者的选择。只有洞悉消费者的心理，才能精准策划、有效营销。一切的营销活动，脱离了消费者，就等于打枪脱靶，没有任何效果。

（四）交换、交易和关系

1. 交换

交换是指通过提供某物作为回报，从别人那里取得所需物的行为。人们对满足需求或欲望的东西的取得，可以通过各种方式，如自产自用、强取豪夺、乞讨和交换等方式。其中，只有交换方式才存在市场营销。交换的发生，必须符合以下条件：①至少要有两方；②每一方都有对方需要的有价值的东西；③每一方都有沟通和运送货物的能力；④每一方都可以自由接受或拒绝对方；⑤每一方都认为与对方交易是合适和满意的。

2. 交易

交易是交换的基本组成单位，一旦交换达成协议、交易也就产生。如果双方正在协商并逐步达成一项协议，则称双方将要进行交换。如果达成了一项协议，就称发生了交易。

交易是双方之间的价值交换，若要发生交易，我们必须能够说"A 把 X 给 B 同时获取了 Y"。一次交易包括三个可度量的内容：①至少有两个有价值的事物；②买卖双方所同意的条件；③协议时间和地点。交易通常有货币交易和非货币交易两种方式。

3. 关系

一些专家将建立在交易基础上的营销称为交易营销。为了使企业比交易营销获得更多的顾客，就需要实施关系营销。关系营销是市场营销者与顾客、分销商、经销商、供应商等建立、保持并加强合作关系，通过互利交换及共同履行诺言，使各方实现各自目的的营销方式。关系营销的核心内容是与顾客建立长期合作互利互惠关系。与各方保持良好的关系要靠长期承诺和提供优质产品、良好服务和公平价格，以及加强经济、技术和社会各方面联系等来实现。关系营销可以节约交易的时间和成本，使市场营销宗旨从追求每一笔交易利润最大化转向追求各方长期利益关系的最大化。

（五）市场营销与市场营销者

市场营销意味着管理市场可带来有利可图的客户关系。在这里，卖主必须寻找购买者，识别他们的需要，设计卓越的营销供给，为产品定价、促销、仓储和运输。核心的营销活动包括产品开发、调研、沟通、物流配送和服务。

在市场交换活动中，如果一方比另一方更主动，更积极地寻求交换，那么，我们将前者称为市场营销者，后者称为潜在顾客。所谓市场营销者，是指希望从别人那里取得资源并愿意以某种有价值的东西作为交换的人。市场营销者可以是卖方，也可以是买方。当买卖双方都表现积极时，我们把双方都称为市场营销者，并将这种情况称为相互市场营销。

二、准确理解市场营销的概念

（一）要识别"宏观市场营销"和"微观市场营销"

宏观市场营销是指这样一种社会活动过程，通过某种整个社会的市场营销系统，引导某种经济的货物和劳务从生产者流向消费者或用户，在某种程度上有效地使市场供给与需求相适应，以实现社会经济系统的短期和长期目标。微观市场营销主要指企业为了实现营销目标而进行的一系列活动，以满足目标顾客的需求。现代市场营销主要从企业的微观角度研究市场营销活动，但它又受宏观市场营销的影响，二者构成社会市场营销系统。

（二）"市场营销"不等同于"推销"和"销售"

Marketing 是从 Market 引申而来的。Market 作为名词是"市场"，而作为动词是"销售"，但 Marketing 不能理解为推销（Selling）或销售（Sale）。因为市场营销的含义要更广泛。现代企业的市场营销活动包括市场研究、产品开发、定价、分销、广告宣传、促进销售、售后服务等等。而推销只仅仅是市场营销活动的一部分，而且还不是最重要的部分，它只是"市场营销冰山的尖端"。因为，推销或销售只是产品生产出来的一种活动，如果产品不是目标顾客所需要的，那么产品的推销就比较困难。如果企业的市场营销人员搞好市场营销调研，了解消费者需求，按照消费者需求设计产品，同时合理定价，该产品的推销就比较容易。

（三）"市场营销"的含义是不断发展的

市场营销的含义并不是固定不变的，它随着工商企业市场营销活动和实践的发展而发展。早在 20 世纪初，美国一些大公司内部就设置了市场营销研究（当时称"商业研究"）部门，主要任务是为销售部门提供市场信息，便于销售部门把产品推销出去，其途径主要是通过广告宣传、推销和销售活动。此时的"市场营销"与"推销或销售"为同义语。第二次世界大战后，在西方由于"买方市场"出现，以及工商企业推行"市场营销观念"新的营销哲学，所以市场营销的含义不断深化。应该看到，现代企业的市场营销活动，不仅包括企业产品的流通过程，而且还包括企业的"产前活动"和"售后服务"。"产前活动—流通过程—售后服务"，构成了现代市场营销的全部过程。

（四）市场营销活动的核心概念是"交换"

企业的一切营销活动，都是围绕市场和产品的实现展开的，都是与商品生产和交换紧密联系的，都是为了实现潜在交换，与其顾客达成交易。当人们决定通过交换来满足自己的需求时，市场营销才产生了。交换是人们获取所需商品的方式之一，是以提供某物回报而与他人换取所需产品的一种行为。因此，市场营销的核心概念是"交换"。

三、市场营销的功能

市场营销在社会经济生活中的基本作用就是为了解决产品的生产与消费的矛盾，以满足生活消费与生产消费的需要。生产与消费的矛盾主要表现为：一是时间上的分离；二是空间上的分离；三是产品品种、花色、规格、型号上的矛盾；四是价格上的矛盾；五是数量上的矛盾，即供求矛盾；六是信息上的分离；七是所有权的矛盾。这些矛盾都是企业必须解决的，但生产过程是无法解决这些矛盾的，而市场营销的基本任务就是通过交易努力解决生产与消费的分离，使商品的供求关系基本适应，实现生产与消费的统一，促进社会再生产的顺利进行。

市场营销是通过执行其功能创造经济效用的。一般来说，市场营销的功能主要表现在交换功能、物流功能和便利功能三个方面。

（一）交换功能

交换功能是指市场营销的基本功能，它包含两方面的含义，即购买和销售，二者都将发生商品所有权的转移。消费者的购买活动包括购买什么、向谁购买、购买多少、何时购买和在什么地方购买的决策；销售的功能主要包括寻找目标市场、开展销售促进、提供何种售后服务等决策。购买和销售都与价格有着密切的关系，价格成为交换的核心。

（二）物流功能

物流功能，又称为供给功能或实体分配功能，主要包括商品的运输和储存。运输是通过实现产品在空间位置的转移，以解决产品的生产和消费在空间上不一致的矛盾；储存是通过保护商品的使用价值，调节产品的生产和消费在时间上不一致的供需矛盾。因此，物流功能是实现交换功能的必要前提条件。

（三）便利功能

便利功能是指便利交换、便利物流的功能，主要包括资金融通、风险承担、信息沟通、产品分级和标准化等方面。

1. 资金融通

通过资金融通和商业信用能够控制或改变产品的流向和流量，在一定条件下给买卖双方带来交易上的方便和利益。

2. 风险承担

风险承担是指在商品交易和储运中必然要承担的部分市场风险，如因积压而降价、商品霉烂变质、丢失、碰撞破坏，运输中的意外事故，等等。

3. 信息沟通

信息沟通是指市场营销信息的收集、加工与传递，这对于生产企业、市场经营者、消费者或用户都是非常重要的。没有信息的沟通，交换功能和物流功能都无法实现。

4. 产品分级和标准化

产品分级和标准化，可以简化和加快交换过程，既方便运输和储存，又有利于方便顾客购买，使产品能够满足消费者的需要。

案例　"活力凝固酸奶"的市场营销

一、"活力凝固酸奶"的市场调查、分析和预测

"活力凝固酸奶"是长春市活力乳品有限公司于2000年开发上市的新产品。在该产品开发之前，公司老总通过对上海、北京、沈阳等城市的考察，认为凝固型酸奶将有较大的市场需求，打算开发一种品质优良、价位中等、包装档次较高的凝固型酸奶，个性化地进入市场。于是，要求公司的市场部围绕该产品进行周密的市场调查和市场需求预测。

市场部在市场调查中发现，长春市场上已经有多个品牌的凝固型酸奶在销售，如"卡夫""优诺""每日新""龙丹""天牌"等。这些产品都是塑杯包装，饮用比较方便，零售价一般在1.20～2.50元之间，这种价位消费者一般能够承受，所以上述品牌各有一定的消费群体。

市场调查还发现，凝固型酸奶的营养价值和口味，已被34%的乳品饮用者看好，尤其是有一定文化素养的消费者和消费层次较高的消费者，推出这一产品是符合消费趋势的，有很大的市场潜力。

市场部根据市场调查情况，为了减少市场风险，对公司和竞争对手进行了SWOT分析。

1. 优势与机会点

（1）在本地产乳制品中，公司的品牌知名度高，有着良好的口碑。

（2）消费者对乳制品的消费讲究"鲜"，公司的产品相对于外地产品，保鲜度高。

（3）公司有相当数量的乳制品分销网点，并且通路顺畅。

（4）在营销队伍和产品配送方面，公司有极大的优势，因为绝大部分外地企业在长春没有设立分公司或办事处。

（5）公司资金雄厚，实力强于外地企业在长春的经销商，在促销方面有较大的投入能力。

（6）公司的产品包装档次比竞争品牌高，更能满足消费者的需求。

2. 劣势与问题点

（1）本地的企业和外地企业生产的凝固型酸奶已经先期进入市场，有着"先入为主""先声夺人"的优势。

（2）有的竞争对手是国内大型知名企业，如"卡夫"，有着难以比拟的优势。

（3）本地的消费者有"外来的和尚会念经"的心理，即"崇外"心理。

（4）公司的凝固型酸奶品种比较单一，仅一种口味，而其他企业的产品有草莓、蜂蜜、菠萝、低脂等多种口味。

(5) 在包装方面，公司产品档次虽高，但不方便，包装的玻璃瓶需回收；有些消费者对回收的玻璃瓶的卫生问题也会产生疑问。

基于上述考虑，公司市场部对产品的上市方案进行了多次讨论，最后形成了"活力凝固酸奶"具体的营销策略。

二、"活力凝固酸奶"的营销策略

（一）"活力凝固酸奶"的定价策略

以中档价位进入市场。对中间经销商的供货价格为1元/瓶，对零售商的供货价格为1.20元/瓶，建议零售价格为1.50元/瓶。

（二）"活力凝固酸奶"的包装策略

采用上海市制造的、我国大城市普遍采用的玻璃瓶包装。销售时按0.50元/个收取押金，对包装瓶按0.50元/个予以回收，采用多种方式在零售网点回收空瓶。

（三）"活力凝固酸奶"的分销策略

对于大型商业网点，由公司销售部直接送货，并在1周内铺货完毕。

对于中等规模的商业网点，由市内的区域经销商铺货，并在2周内完成。

对于冷饮摊点和农贸市场，由市内的区域经销商铺货，在3周内完成。

对于学校食堂，则把主要精力放在大学食堂，由公司销售部完成推广任务，在4周内完成这项工作，产品由公司直送。

选择50个消费水平较高的市内小区进行推广，在小区内的便民店铺货，由公司市场部和销售部共同完成任务。任务执行期为1个月，开发后由区域经销商供货。

（四）"活力凝固酸奶"的促销策略

1. 人员推销

由销售部的业务员和区域经销商共同完成推广任务。

2. 销售促进活动

对消费者开展"活力凝固酸奶"的赠饮活动，让他们亲口品尝这一新产品，使其今后认牌购买。

对本公司销售部的业务人员实行利润提成，每瓶0.20元，以调动其积极性。

对区域经销商按其酸奶销售额的5%，当月返利。

3. 广告宣传

采用先铺货，后打广告的策略。

（1）以产品的特性为广告的主要诉求点，即"活力凝固酸奶"为纯奶制品，更营养，更有益于健康。

（2）以"健康人生，活力相伴"作为广告主题和宣传口号。

（3）在媒体方面，准备采用《长春晚报》、吉林卫视、路牌、公交车体发布广告，并进行媒介组合运用。

（4）广告发布以产品上市初期作为重点期，力求迅速打响知名度，尽量缩短产品的导入期。产品上市3个月后采用间歇性发布广告的策略，以节省费用。

（5）在进行小区推广时，要制作广告条幅、指定经销店店旗、广告展板、广告传单等等。

4. 公关活动

（1）面向市内经销商和零售商举办新产品上市推介会。

（2）在"五一"节举办"向市级以上劳模献爱心"活动。

（3）在"六一"儿童节开展"向孤儿和聋哑儿童献礼"活动。

（4）与《长春晚报》合办"2000乳品消费指南"栏目，引导消费。

5. 上市时机

4月份进入乳制品的销售旺季，选择销售旺季推出新产品，有利于市场快速成长，容易收到事半功倍、立竿见影的效果。

（五）"活力凝固酸奶"营销措施的实施

在按既定上市方案进行铺货时，出现了意外情况，长春乳制品市场上又杀出了两匹"黑马"：吉林农业大学乳制品厂生产的玻璃瓶包装的凝固型酸奶和向阳花生物技术公司生产的瓷瓶包装的凝固型酸奶，几乎和"活力凝固酸奶"同时上市，吉林农业大学的产品还要早2天。幸亏这两种产品铺货速度不快，面也不广，只是在一些商店出入口处的冷饮摊点和百事可乐、可口可乐的冷饮摊点铺货销售，广告力度也很小。活力乳品有限公司必须趁这两家企业的产品立足未稳时，全力与之争夺市场。公司市场部和销售部联合决定，紧急召开部内人员和市内区域经销商参加的业务会议，会上对上市方案作了以下调整和补充：

（1）把冷饮摊点的市场夺过来，行动要快，由销售部业务人员协助经销商开展工作，1周内完成铺货任务。

（2）加大对冷饮摊点业主的促销力度，调动其销售"活力凝固酸奶"的积极性。

（3）从产品上市起，立即发布广告，发布时间上有所提前。

（4）对区域经销商加大促销力度，每天配给2件酸奶作为赠品。

（5）进一步强化市场推广质量，拉动消费者对"活力凝固酸奶"的认知与消费。

会议召开之后，市场部、销售部和经销商又投入到紧张而有序的工作之中。对大、中型商业网点、学校、冷饮摊点、农贸市场的铺货和促销基本顺利，只是在小区推广时遇到一些困难。例如部分居民小区实行封闭式管理，工作人员无法开展推广工作。另外，为了取得更好的推广效果，活动时间定在下午4:30—7:00，这一时段是居民回家的高峰，个别小区的物业管理部门或居委会以扰民为由，对推广活动持排斥态度，加大了小区推广的难度。尽管如此，小区推广工作还是取得了显著的成果，1个月内完成预定目标90%的小区推广任务。

产品上市一个月后，"活力凝固酸奶"的销量由最初的每天销售几件上升到50多件，并且收复了一些"失地"。但又出现了一个问题：酸奶包装瓶的回收率不足60%，这样下去，将不利于包装瓶的周转，造成包装成本提高，从而影响产品的成本和利润。

经过调查分析发现，包装瓶回收率这么低，是因为公司对包装瓶回收宣传不够，回收点少，包装瓶的押金也过低，甚至低于包装瓶成本。于是，公司加大了回收包装瓶的宣传力度，同时广泛布点，押金也由0.50元提高到1元。调整后产品销量出现了一个短暂的"低谷"，随后又开始攀升，从此包装瓶回收的问题基本解决，回收率达到85%以上。2个月后，"活力凝固酸奶"的销售已达到了300件/天，把竞争对手远远地甩在了后面。

（资料来源：贾昌荣：《广告导报》，2000年第7期）

第三节 市场营销观念的产生与发展

一、市场营销观念的含义

市场营销观念，是指企业的决策者在组织和规划企业的营销实践时所依据的指导思想和行为准则。它是企业决策者对市场营销的基本看法或态度，即以什么为中心开展营销活动，它是一种商业哲学和营销管理思想。企业的一切营销活动都受市场营销观念的支配和影响，它决定着企业营销行为的方向和经济效益。所以，一个企业要在竞争中获胜，首先必须有正确的营销观念做指导，同时采取有效的营销策略，才能实现企业的盈利目标。

观念是现实在人头脑中的反映。市场营销观念是人们在营销活动实践中形成的，在市场经济发展的不同时期，企业的市场营销观念也是不同的。市场营销观念的产生是企业的决策者在特定的环境条件下为了实现企业的营销目标，在实践中逐渐产生和形成的。而营销观念一旦形成，就会反过来对企业的营销活动产生积极的促进作用，指导和推动企业的营销活动。

二、市场营销观念的演变

市场营销观念的演变，反映了社会生产力的进步，生产力与生产关系矛盾的发展，以及市场趋势从卖方市场为主向买方市场为主的转变。随着市场经济的发展以及营销环境的变化，以美国为代表的西方发达国家市场营销观念的演变，大致经历了以下四个阶段。

（一）生产观念

生产观念，又称为生产导向，它是在市场营销学初创时期企业营销的指导思想。20世纪20年代以前，资本主义经济和技术的发展都集中于制造业，市场需求过旺，多数商品处于供不应求的"卖方市场"环境下，企业只要有较好的产品、合适的价格，就不愁产品没有销路。企业的主要任务是致力于扩大生产，寻找资源，降低成本，生产更多的物美价廉的商品。赚取更大的利润，便成为企业追求的目标。在这种条件下，就形成了企业"以生产为中心"的营销观念。生产观念认为：消费者总喜欢用途广、价格便宜、性能良好的商品，企业只要付出一定的努力，就能取得满意的销售量和利润。所以，企业管理的重点是提高生产效率和扩大分销范围。生产观念的格言是："我能生产什么，就卖什么"。例如，美国皮尔斯堡面粉公司在当时的口号是："本公司旨在制造面粉。"美国福特汽车公司创办人老福特曾说："不管顾客需要什么颜色，我的汽车就是黑色的。"生产观念是典型的"以产定销"观念。

在生产观念指导下的企业市场营销活动具有以下几个特点：①企业的重点放在产品的生产上，途径是追求高效率、大批量，产品几十年"一贯制"，产品生命周期很长；②企业面临的主要问题是市场上产品的有无以及多少的问题，而不是消费者的需求是否能够得到满足；③企业经营管理中以生产部门为主体，仅设立一个销售部门，由销售经理直接管理，主要任务是管理销售人员。

（二）销售观念

从20世纪20年代末到50年代之前，西方资本主义市场发生了巨大变化，市场商品供应量急剧增加，而消费者具有货币支付能力的需求下降，许多商品出现供过于求的"买方市场"，市场竞争加剧，特别是1929—1933年资本主义经济大危机，使产品的实现变得十分困难。所以，产品的推销问题成为企业生存、发展的关键问题。在这种背景下，许多企业把主要的精力转向了产品的推销，致力于销售技术和广告宣传，以便大量销售产品，压倒竞争对手。企业经营活动的中心由生产转向了推销，即以销售为中心的企业营销指导思想。于是，便产生了市场营销中的销售观念。

销售观念认为，在市场商品供过于求的情况下，企业如果不采取一定的推销策略说服和诱导顾客，他们是不会购买本企业产品的。因此，企业必须采取进取型的推销策略和促销努力，在这种观念下，企业所关心的是产品的销售问题。销售观念的格言是："我们卖什么，人们就买什么。"美国皮尔斯堡面粉公司的口号也改变为："本公司旨在推销面粉。"销售观念仍然把立足点放在产品生产出来以后如何尽快地卖出去，所以，销售观念在本质上仍然是"以产定销"。

销售观念在市场营销活动中具有以下特点：①产品不变，加强了推销工作；②开始关心消费者，但其出发点是如何诱导顾客购买而不是满足其需求，售后信息反馈较差；③企业虽然设置独立的销售部门，但仍处于从属地位。

（三）市场营销观念

随着第三次科技革命的出现，资本主义生产力迅速发展，产品数量剧增，产品花色品种日益多样化，市场变为名副其实的供过于求，卖主之间竞争激烈，买方处于优势地位的"买方市场"。同时，随着经济的发展，销售者的收入水平和文化、生活水平迅速提高，他们对商品和劳务的要求越来越高，喜欢赶时髦，尚新奇，求便利，顾客对产品的挑剔性也越来越强。在这种市场环境下，便产生了市场营销观念，即以消费者需求为中心的市场营销的指导思想。

市场营销观念认为，消费者的需求已经成为市场营销活动的核心问题，企业要实现自身的发展目标，关键在于开发目标市场的需求与欲望，能比竞争对手更有效地满足消费者的欲望和需要。市场营销观念认为："顾客需要什么，我们就生产什么。"在这种观念指导下，企业的一切活动都以消费者的需求为中心，企业的主要任务不再是单纯追求销售量的短期增长，而是要通过调查研究，了解消费者的现实需求，预测其潜在需求，发现市场机会，以求长期占领市场，获取更大利润。因此，许多企业家喊出了"顾客至上""顾客就是上帝"的口号，正是市场营销观念的应用。

从销售观念到市场营销观念，使企业市场经营活动发生了质的变化，即从"以产定销"转向"以销定产"。

总之，在市场营销观念指导下，企业从以生产者为主转向以消费者为主，市场从企业市场活动的终点转变为企业市场活动的始点，从而使市场营销学发生了一次革命。它标志着传统市场营销学向现代市场营销学的转变。这种观念在市场营销中具有如下特点：①以消费者需求为中心与出发点，强调细分市场，满足目标市场顾客的需求与欲望；②运用市场营销组合手段，即产品、价格、分销及促进销售的综合运用，追求全面满足消费者需求；③刺激新产品开发，以多种多样的产品满足消费者的需求，同时，强调市场信息沟通、分销渠道、促销策略的作用，从整体策略上进行有效经营；④通过满足消费者需求，实现企业的盈利目标；⑤在企业中建立营销决策中心，市场营销部门成为指挥和协调整个企业经营活动的中心。

企业要真正树立市场营销观念，必须具备以下三个基本条件：①企业的各部门的管理人员都要树立"顾客就是上帝"的观念，克服"官商"作风；②改革企业的组织结构，使市场营销部门在企业中处于中心协调地位；③改变企业的经营程序和方法。

（四）社会市场营销观念

1. 社会市场营销观念的提出

20世纪70年代以来，市场营销活动进一步发展，市场营销观念在西方企业得到普遍实行，满足了顾客需求，增加了企业的利润，促进了社会经济的发展。但是，在实践的过程中也出现了一些新问题：一是在西方资本主义制度下，资本家只是把"满足消费者需求"作为其实现最大利润的手段，所以，消费者为维护自身利益，开展了"维护消费者利益运动"。二是推行市场营销观念导致了物资资源浪费、环境污染日益严重、加剧了产品的更新换代等一系列社会问题。因此，到了20世纪70年代，西方市场营销学家提出了一些新的观念，如"人性观念"（The Human Concept）、"明智的消费观念"（The Intelligent Consumption Concept）、"生态强制观念"（Ecological Imperative Concept）等，从不同方面对市场营销观念提出修正，但实质内容都是一致的。我们称之为"社会市场营销观念"或"现代市场营销观念"。

社会市场营销观念认为：企业提供的产品和劳务，不仅要满足消费者一时的需要与欲望，而且要符合消费者和社会的最大长期利益，实现企业利益、消费者的需求和欲望、社会利益三者的有机统一。

社会营销观念要求企业在营销活动中处理好社会与道德、平衡公司利润、消费者需求满足和公共利益三者之间的关系。企业推行社会营销观念,从宏观上可以保护消费者和企业生存与发展的良好营销环境,符合社会合理、有序发展的要求;从微观上可以提高企业在消费者心中的形象,为企业的持续发展创造一个稳定的环境。

我国一些企业在营销观念上存在认识上的误区,短期行为严重,侵害消费者利益,这些企业最终被市场淘汰出局。例如,南京"冠生园"事件就是典型,最终导致企业破产的案例。

2. 绿色营销的兴起

所谓绿色营销,是指企业为了实现自身利益、消费者需求和环境的统一的观念。企业的营销活动不仅要满足消费者需求并获得利润,而且要符合环境保护的长期要求。绿色营销能正确处理消费者需求、企业利润和环境保护之间的矛盾,做到统筹兼顾、相互协调。

1992年联合国环境与发展大会召开,标志着世界进入了一个"保护环境、崇尚自然、促进持续发展"的"绿色时代"。绿色浪潮的兴起,对人类的生产方式、营销方式、消费方式和思维方式都将产生重大影响,企业将面临绿色时代的严重挑战。

消费者已意识到环境的恶化影响到其生活质量和生活方式,要求企业生产及销售对环境无污染的绿色产品,以减轻对环境及人体伤害的消费方式。目前,绿色消费已成为西方国家消费的主要方式。德国在20世纪70年代实施"蓝色天使"计划,要求企业对生产和使用过程都符合环保要求,并且对环境及人体均无害的商品授予"蓝色天使"标志。1992年,"自然服""生态服"已成为欧美、日本等地的流行时装。1989年我国农业部提出绿色食品概念,实行绿色食品标志制度,目前全国已批准多种绿色食品认证。总之,绿色消费已成为一种趋势,它是人类与环境相互协调发展的重大进步。

现代企业的营销活动,必须确立绿色营销的观念,以便在21世纪的激烈市场竞争中占有一席地位。

三、新旧营销观念的区别

20世纪50年代以前的生产观念和销售观念的实质都是"以产定销",我们称之为市场营销的旧观念;20世纪50年代以后的市场营销观念和社会市场营销观念,其实质都是"以销定产",我们称之为市场营销的新观念。新旧营销观念主要区别如下。

(一) 营销活动的出发点不同

实行旧观念的企业,以产品为出发点,即先生产适当产品,再采取一定的推销手段,实现产品从生产领域转向流通领域,最后转向消费领域。实行市场营销新观念的企业,从消费者的需要出发,首先,进行市场调研,了解消费者需求;其次,组织产品设计使生产既满足顾客需求,又能使产品适销对路获取利润。市场营销新观念认为,实现企业营销目标,必须满足消费者的某种需求,而不是事先确定提供某一特定的商品或服务。

(二) 营销活动的重点不同

市场营销旧观念以产品为主,企业一切工作的出发点是产品,重点是产品的生产。

市场营销新观念以顾客需求为重点,发现顾客需求以及满足其需求就成为新观念指导下企业市场营销的主要任务。

(三) 营销活动的手段不同

市场营销旧观念把销售只作为一般的推销手段,认为销售仅是一种业务活动,所以,企业重生产轻流通,商业部门重收购轻销售。市场营销新观念则认为,实现企业的目标,必须加强市场调查和预测,运用整体营销手段,发挥市场机制的作用,满足顾客的需求。

(四) 营销活动的目标不同

市场营销旧观念指导下的企业营销,着眼于每次交易活动,急功近利,缺乏长远打算。市场营销新观念指导下的企业市场营销活动,则从市场整体出发,不仅考虑顾客的现实需求,更加注重顾客的潜在需求,不仅要占领已有市场,更加重视开拓新市场。市场营销新观念指导下的企业市场营销活动,从战略高度出发,寻找真正满足顾客需求的有效途径,追求利润的长期最大化。

现将新旧营销观念的区别以表2-2形式加以对照。

表2-2 新旧营销观念对照

营销观念		营销顺序	重点	手段	目标
旧观念	生产观念	产品—市场	产品	生产作业效率	销售量、利润
	销售观念	产品—市场	产品	销售与推广	销售量、利润
新观念	市场营销观念	市场—产品	顾客需求	整体市场营销	通过满足需求获取利润
	社会市场营销观念	市场—产品	顾客需求社会福利	整体市场营销	通过满足需求,增进社会福利,企业获得效益

第四节 全方位的营销观念

一、数字经济时代企业塑造市场的三大要素

在数字经济时代,企业要想获得营销的成功,就必须在业务发展和营销思维上实现全方位营销观念转变:从信息的不对称性转变为信息的民主化,从替少数人制造商品转变为替每个人制造商品,从先产后销转变为"先感应后回应",从本土经济转变为全球

经济,从报酬递减的经济转变为报酬递增的经济,从拥有资产转变为有渠道取得,从公司治理转变为由市场控制一切,从大众市场转变为专属个人的市场,从"及时生产"转变为"即时生产"。在数字经济环境下,一方面,消费者的购买能力出现了新的变化。例如,购买方购买能力的大幅增加,网上可以为消费者提供更多的可供选择的商品和服务,消费者可以随时随处获得所需的信息,买方可以和销售方进行互动沟通,买方之间可以通过网络进行沟通交流。另一方面,网络给企业的营销也带来了新的动力。例如,网络成为企业不受时空限制的重要信息传播渠道,企业与客户及潜在客户的双向沟通更加便捷,并提高了交易的效益,企业可以利用网络客户数据库并为客户进行量身打造、定制产品和服务,网络能够改善企业内外部沟通的流程,等等。

数字经济改变了市场的结构,实体市场及虚拟市场成为企业营销的主要平台。企业塑造市场的三大推动要素是客户价值、核心能力、合作网络(如表2-3所示)。

表2-3 企业塑造市场的三大要素

三大要素	企 业 要 务
客户价值	1. 经营一家"以客户为中心"的公司 2. 把重心放在客户价值和客户满意度之上 3. 发展出能回应客户偏好的通道 4. 以营销记分卡来发展并管理企业 5. 以客户的终生价值来获取利润
核心能力	1. 将他人能做得更好、更快或成本更低的活动外包出去 2. 以全世界的最佳实务作为标杆学习的对象
合作网络	1. 不断创造出新的竞争优势 2. 以管理各种流程的跨部门团队来经营企业 3. 同时跨足"市集"和"市场空间" 4. 把重心放在力求各种利害关系人利益的平衡之上 5. 慷慨地酬谢企业的合作伙伴 6. 只与较少数的供应商往来,并把他们转变为合作伙伴

资料来源:(美)菲利普·科特勒等:《科特勒营销新论》,中信出版社2002年版。

二、数字经济环境下企业全新的营销模式

在客户价值、核心能力及合作网络三大要素的推动下,企业营销模式发生了质的变化,已经超越了销售观念和市场营销观念,而进入了全方位营销观念。新营销范式的三个阶段如表2-4所示。

表2-4　新营销范式的三个阶段

名　称	起　点	重　心	手　段	结　果
销售观念	工厂	产品	推销和推广	通过销售量而取得利润
营销观念	客户不同的需求	适当的产品服务和营销组合	市场区隔、选择目标市场和定位	通过客户满意度而取得利润
全方位营销观念	个别客户的需求	客户价值、企业的核心能力和合作网络	资料库管理可联结协作厂商的价值链整合	通过掌握客户占有率、客户忠诚度和客户终生价值来达到获利性的成长

资料来源：（美）菲利普·科特勒等：《科特勒营销新论》，中信出版社2002年版。

在新的网络购物环境下，成功的营销者深感必须超越并突破传统的营销观念，实施一种更富有整体性、关联性的全面营销观念。表2-5列出了企业应该反对的十大营销原则与应该支持的十大营销原则。

表2-5　企业应该反对与应该支持的十大营销原则

应该反对的十大营销原则	应该支持的十大营销原则
1. 企业没有充分以市场为焦点，也没有做到完全的顾客驱动	1. 企业进行市场细分，选择最合适的细分市场并强化自己在所选择的每个细分市场上的地位
2. 企业并不十分了解自己的目标顾客	2. 企业关注顾客的需要、感知、偏好和行为，并激励利益相关者关注为顾客提供服务并满足顾客需要
3. 企业需要更好地界定并监视它的竞争对手	3. 企业知道谁是自己的主要竞争对手，并知道其优势和劣势
4. 企业并没有管理好与利益相关者的关系	4. 企业与利益相关者建立起伙伴关系，并给他们丰厚的回报
5. 企业不善于发现新的机会	5. 企业建立起识别机会、分析机会并选择最佳机会的制度或系统
6. 企业的营销计划和计划过程存在缺陷	6. 企业拥有相对完善的营销计划系统，并能够制定出富有见地的长期计划和短期计划
7. 企业需要实施从紧的产品和服务政策	7. 企业对自己的产品和服务组合有很强的控制力
8. 企业的品牌塑造和沟通力很弱	8. 企业通过经济有效的沟通与促销工具来塑造强大的品牌
9. 企业不能有效并高效地组织营销活动	9. 企业树立起营销领导地位并在各个部门形成了团队精神
10. 企业不能充分利用科技	10. 企业不断增强自己的技术实力并借此强化自己在市场中的竞争地位

资料来源：（美）菲利普·科特勒等：《营销管理》（第13版），格致出版社、上海人民出版社2009年版。

全方位的营销观念重视个别客户需求的开发与管理，其营销的主要任务是满足个别客户的需求，它超越了"客户关系管理"的业务营销观念，走向企业营销的"全面关系管理"的营销观念,即重视建立和客户、协作厂商、员工和相关组织关系,并维护这种关系的长期性。

第五节 社会责任与营销道德

一、社会责任与营销道德的含义

(一)社会责任的含义

社会责任是指组织将其对社会的正面影响最大化和将其负面影响最小化的一种职责。社会责任包括经济、法律、伦理和慈善等因素。其构成自下而上的金字塔状的排列结构。经济和法律因素属于社会责任的基本层面,紧跟这两种责任的是道德伦理。合乎道德伦理的企业营销决策会培育公众对其的信任感,有助于企业建立长期的营销关系。

企业社会责任问题涉及自然环境、消费者保护活动和社会关系三个主要方面。企业在日常运营和战略规划中必须考虑这三个方面。企业履行社会责任的一种通常方法是开发、保护和维护社会环境的产品,如绿色营销。凡是符合社会负责任的营销活动都会在当地的社区产生正面影响;同时,这些活动会直接为开展资助活动的企业赢得社会的好感、良好的声誉和潜在客户。

(二)营销道德的含义

企业营销道德是指调整企业与所有利益相关者之间的关系的行为规范的总和,是客观经济规律及法制以外制约企业行为的一种要素。道德是由一定社会的经济基础所决定并为一定社会经济基础服务的,营销道德在不同的社会制度下和不同历史时期的评判标准是有差异的。在社会主义市场经济条件下,营销道德的最根本的准则,应是维护和增进全社会和人民的长远利益。凡有悖于此者,皆属非道德的行为。

二、营销道德的理论

(一)判断营销道德的基本理论

西方伦理学家提出了判断营销道德的两大理论,即功利论及道义论。

1. 功利论

功利论(Utilitarian Theories)主要以行为后果来判断行为的道德合理性,如果某一行为的施行能给大多数人带来利益,该行为就是道德的;否则就是不道德的。这种理论最有影响的代表人物是英国的杰米里·边沁(Bentham)和约翰·穆勒。迄今为止,功利论已经形成多种流派,尽管这些流派存在分歧和差异,但它们的共同点是基本的,都是以行为所产生的效果来衡量善恶问题,并依此判断行为的道德性。

功利理论对行为后果的看法,主要有两种典型代表:一种是利己功利主义,它是以人性自私为出发点，但并不意味着在道德生活中因为自身利益去损害他人和集体的利益。因为自身利益有赖于集体和社会利益的增进，一味追求自身利益而不顾他人利益，最终会损害自己的利益。另一种是以穆勒为代表的普遍功利主义，他抛弃了利己主义原则。普遍功利主义认为，行为道德与否取决于行为是否普遍为大多数人带来最大幸福。同时认为，为了整体的最大利益，必要时个体应不惜牺牲个人利益。当代功利者大多倾向于采用普遍功利主义原则来确定行为的道德性。

2. 道义论

道义论（Deontological Theories）从处理事物的动机来审查是否具有道德，而不是从行动的后果来判断，并且从直觉和经验中归纳出某些人应当遵守的道德责任和义务，以这些义务履行与否来判断行为的道德性。

道义论认为，某些行为是否符合道德不是由行为结果，而是由行为本身内在特性所决定的。也就是说，判断某一行为是否具有道德性，只需要根据本身的特征可以确定，而不一定要根据行为的"善""恶"后果，即符合义务原则的要求时，便是道德的。例如，企业之间签订经济合同，企业必须履行合同义务，否则，经营活动便会瘫痪。

道义论还强调行为的动机和行为的善恶的道德价值。例如，有三家企业都进行同一个希望工程的投资，甲企业为了树立企业的良好形象，以便为今后更为顺利地开展经营活动；乙企业则为了捞取政治资本；丙企业是为了履行企业的社会责任。很显然，丙企业投资行为是来自尽义务的动机，因而更具有道德性。

义务论从人们在生活中应承担责任与义务的角度出发，根据一些普遍接受的道德义务规则判断行为的正确性，是有现实意义的。事实上，诚实信用、公正公平、不偷窃、不作恶和知恩图报等品行已经被大多数人视为一种基本的道德义务，而且这些义务准则已经被广泛应用于各个国家法律、公司政策及贸易惯例等方面。

在现实生活中，通常将功利论与道义论相结合来判断营销行为的道德性。

（二）营销道德标准与约束

1. 有关法律和法规

最基本的道德标准已被规定为法律和法规，成为全社会应遵循的规范，也成为企业营销道德的硬约束条件，企业必须遵守这些法律和法规。如消费者权益保护法、广告法、价格法、反对不正当竞争的有关规定等。

2. 其他道德标准

营销道德不仅指法律范畴，还包括未纳入法律范畴而作为判断营销活动正确与否的其他道德标准。这些标准既包括与一定的社会文化相适应的行为规范、道德准则，还必须与各个行业的特点相适应。例如，商业行业所制定"百城万店无假货"的有关规定，就是属于其他道德标准的范畴。企业经营者在经营活动中应当遵循这些营销道德。

（三）企业营销道德行为

企业的营销道德体现于企业营销活动全过程，包括市场调研、产品和服务的提供、价格的制定和信息传递、渠道的选择和运用、广告促销等过程。

提高营销的道德行为必须从以下三个方面着手：①社会应尽可能地应用法律来规范违法的、反社会的或反竞争的行为；②公司必须采用和发布书面的道德准则，建立公司的道德行为习惯，要求其员工加以遵守；③营销者必须在与其顾客和各类利益攸关者进行特定交易中实践"社会责任"。

三、企业营销道德的评价标准

一个成功的企业能否长期取得顾客的满意，是与其是否执行高标准的企业营销道德准则紧密结合在一起的。世界上最令人羡慕的公司都遵守为顾客利益服务的营销道德准则。

为了促进企业的营销道德建设，美国市场营销协会制定美国市场营销协会的成员必须遵守的营销道德准则。美国市场营销协会有关企业营销道德的评价标准如下。

（一）营销责任

营销者必须对他们活动的后果负责，并努力确保在他们作出决定和行为功能方面，满足顾客、组织和社会需要。

1. 职业行为标准

营销者的职业行为必须遵守以下方面：
（1）职业道德的基本原则：不故意损害他人。
（2）遵守所有适用的法律和规章。
（3）准确地介绍受过的教育、培训和经历。
（4）积极支持、实践和推广道德准则。

2. 诚实和公正

（1）诚实地为顾客、委托人、雇员、供应商、分销商和公众服务。
（2）在没有事先通知所有当事人前，不故意参与冲突。
（3）建立公平的收支费用标准，包括对日常的、惯例上的或法律上营销交易的报酬或收费。

（二）营销交易过程中各当事人的权利与责任

1. 营销交易过程参与者的权利

（1）提供的产品和服务是安全的和符合使用期望的。
（2）提供的产品和服务的传播无欺骗性。
（3）有关当事人在履行他们的责任、财务和其他方面是真诚的。
（4）有公正调换和重新修整不合格产品的一整套内部制度。

2. 营销者的责任

（1）在产品开发和管理方面：①说明关于产品或服务使用中的实际风险；②注明可能影响产品性质或消费者购买决策的产品主要成分；③注明额外成本追加的特征。
（2）在促销方面：①避免虚假和误导的广告；②拒绝高压操纵或误导的销售战术；③避免在促销中应用欺骗或操纵。

（3）在分销方面：①不要为牟取暴利而操纵产品；②不要在营销渠道中使用强迫方法；③不对转售者选择所经营的产品施加不适当的影响。

（4）在定价方面：①不要参与价格协定；②不搞掠夺性定价；③告知所有与购买有关的全部价格。

（5）在营销调研方面：①禁止在调研伪装下的销售或资金筹措行为；②不许歪曲或删改有关调研数据，维护调研成果的完整性；③公正地对待外部的客户和供应者。

（三）组织关系

营销者应该知道他们的行为可能在组织关系上影响其他人的行为。他们在与其他人（如员工、供应商或顾客）的关系上，不应该要求、鼓励或应用强迫手段以达到不道德目的。

（1）职业关系上涉及特许信息时，采用保密和匿名方法。

（2）对合同和双方协议及时地履行义务和责任。

（3）未经给予报酬或未经原创者或拥有者的同意，不得将他人成果全部或部分占为己有或直接从中获利。

（4）不许操纵和利用形势，不公正地剥夺或损害其他组织，为自己谋取最大利益。

美国市场营销协会的任何成员在被发现违反任何道德准则条款后，其成员资格将被暂停或取消。

本章小结

市场是企业营销活动的出发点和归宿点。从现代市场营销的角度来看，市场是在一定时间、地点条件下，通过商品的交换过程以实现其满足消费者需求过程中所反映的交换关系的总和，市场具有交换、供给和反馈功能。市场结构的一般可分为消费者市场、生产者市场、中间商市场和政府市场四种类型。

市场营销是指通过市场交易满足顾客需要的综合管理活动过程。一般来说，市场营销的功能主要表现为交换功能、物流功能和便利功能。

市场营销观念先后经历了生产观念、销售观念、市场营销观念和社会市场营销观念四个阶段。大市场营销理论是20世纪80年代市场营销战略思想的新发展，它是在市场营销组合基础上，加上政治权力和公共关系两个因素而形成的。

社会责任是指组织将其对社会的正面影响最大化并将其负面影响最小化的一种职责。营销道德是调整企业与所有利益相关者之间的关系的行为规范的总和，是客观经济规律及法制以外制约企业行为的一种要素。营销道德的最根本的准则，应是维护和增进全社会和群众的长远利益。

关键概念

市场结构　市场营销　市场营销观念　全方位营销观念　社会责任与营销道德

思考题

(1) 怎样正确理解市场的概念？
(2) 市场的构成要素有哪些？
(3) 简述市场的功能。
(4) 市场有哪几种形态？
(5) 何谓市场营销？如何正确理解这一概念？
(6) 如何理解市场营销观念？
(7) 试分析市场营销观念的发展过程。
(8) 试分析全面营销的三大要素。
(9) 简述企业营销道德的评价标准。

案例　TCL 的营销管理哲学

1998年，TCL集团以其总资产58亿元、销售额103亿元、实现利润8.2亿元的业绩，在全国电子行业排行表上跃居前五名。回顾17年前由5000元财政贷款起家的成长历程，这个地方国有企业集团的高层决策者体会到：建立并贯彻一套适应市场经济要求的经营理念，是公司生存和发展的关键。

TCL的营销管理哲学包括两个核心观念和四项支持性观念。

1. 两个核心观念

(1) 为顾客创造价值的观念。他们认为，顾客（消费者）就是市场，只有为顾客创造价值，赢得顾客的信赖和拥戴，企业才有生存和发展的空间。为此，公司明确提出"为顾客创造价值，为员工创造机会，为社会创造效益"的宗旨，将顾客利益摆在首位。每上一个项目，都要求准确把握消费者需求特征及其变化趋势，紧紧抓住四个环节：不断推出适合顾客需要的新款式产品；严格为顾客把好每个部件、每种产品的质量关；建立覆盖全国市场的销售服务网络，为顾客提供产品终身保修；坚持薄利多销，让利于消费者。

(2) 不断变革、创新的观念。他们认为，市场永远在变化，市场面前人人平等。唯有不断变革经营、创新管理、革新技术的企业，才能在竞争中发展壮大。为此，他们根据市场发展变化不断调整企业的发展战略和产品质量与服务标准，改革经营体制，提高管理水平。近几年来。集团除推出TCL致富电脑、手提电话机、锂系列电池、健康型洗衣机和环保型电冰箱等新产品外，对电视机、电话机等老产品每年也有各近20种不同型号新产品投放市场，并几乎都受到青睐。

2. 四项支持性观念

(1) 品牌形象观念。将品牌视之为企业的形象和旗帜，对消费者服务和质量的象征。花大力气创品牌、保品牌、不断使品牌资产增值。

(2) 先进质量观念。以追求世界先进水平为目标，实施产品、工艺、技术和管理高水平综合的全面质量管理，保证消费者利益。

(3) 捕捉商机贵在神速的观念。他们认为，挑战在市场，商机也在市场，谁及时发现并迅速捕捉了它，谁比竞争对手更好地满足消费者需要，谁就拥有发展的先机。

(4) 低成本扩张观念。认为在现阶段我国家电领域生产能力严重过剩，有条件实行兼并的情况下，企业应以低成本兼并扩大规模、为薄利多销奠定坚实基础。1996年，TCL以1.5亿港元兼并香港陆氏集团彩电项目；以6000万元人民币与美乐电子公司实现强强联合。仅此两项，就获得需投资6亿元才能实现的200万台彩电生产能力，年新增利润近2亿元。

TCL集团在上述观念指导下，建立了统一协调、集中高效的领导体制，自主经营、权责一致的产权机制，灵活机动、以一当十的资本营运机制，举贤任能、用人所长的用人机制，统筹运作、快速周转的资金调度机制。依据目标市场的要求，TCL投入上亿元资金，由近千名科技人员建立了三个层次（TCL中央研究院、数字技术研究开发中心、基层企业生产技术部）的战略与技术创新体系，增强自有核心技术研究开发能力，以此抢占制高点，拓展新产品领域。20世纪90年代初，TCL集团在以通讯终端产品为主拓展到以家电为主导产品的同时，强化了以"主动认识市场、培育市场和占有市场"为基本任务的营销网络建设。集团在国内建立了7个大区销售中心、31家营销分公司、121家经营部和1000多家特约销售商，覆盖了除西藏、台湾之外的所有省份，并在俄罗斯、新加坡、越南等国家建立了销售网络。

讨论

TCL的经营观念是否适应我国市场环境的要求？试评价这种观念对企业成长的作用。

第三章　市场营销环境与绿色营销

本章学习目标

通过本章学习，要求学生掌握以下内容：①了解市场营销系统的概念及其分类；②了解企业的营销机会与环境机会；③了解市场营销的微观环境与宏观环境；④了解绿色营销的概念及如何进行绿色营销。

引导案例　家乐福败走香港

继 1997 年年底八佰伴及 1998 年年中大丸百货公司在香港相继停业后，2000 年 9 月 18 日，世界第二大超市集团家乐福位于香港杏花村、荃湾、屯门及元朗的 4 所大型超市全部停业，撤离香港。

法资家乐福集团，在全球共有 5200 多间分店，遍布 26 个国家及地区，全球的年销售额达 363 亿美元，盈利达 7.6 亿美元，员工逾 24 万人。家乐福在我国的台湾、深圳、北京、上海的大型连锁超市，生意均蒸蒸日上，为何唯独兵败香港？

家乐福声明其停业原因，是由于香港市场竞争激烈，又难以在香港觅得合适的地方开办大型超级市场，短期内难以在市场争取到足够占有率。

家乐福倒闭的原因可从两个方面来分析。

一、从自身来看

（1）家乐福的"一站式购物"（让顾客一次购足所需物品）不适合香港地窄人稠的购物环境。家乐福的购物理念基于地方宽敞，这与香港寸土寸金的社会环境背道而驰，显然资源运用不当。这一点反映了家乐福在适应香港社会环境方面的不足和欠缺。

（2）家乐福在香港没有物业，而本身需要数万至 10 万平方英尺的面积经营，背负庞大租金的包袱，同时受租约限制，做成声势时租约已满，竞争对手觊觎它的铺位，会以更高租金夺取；家乐福原先的优势是货品包罗万象，但对手迅速模仿，这项优势也逐渐失去。除了已开的 4 间分店外，家乐福还在将军澳新都城和马鞍山新港城中心租用了逾 30 万平方英尺的楼面，却一直未能开业，这也给它带来沉重的经济负担。

（3）家乐福在台湾有 20 家分店，能够形成配送规模，但在香港只有 4 家分店，直接导致配送的成本相对高昂。在进军香港期间，它还与供货商发生了一些争执，几乎诉诸法律。

二、从外部环境来看

（1）家乐福在1996年进军香港的时候，正好遇上香港历史上租金最贵的时期，经营成本高昂，这对于以低价取胜的家乐福来说是一个沉重的压力，并且这期间又不幸遭遇亚洲金融风暴，香港经济也大受打击，家乐福受通货紧缩影响，一直无盈利。

（2）由于香港本地超市集团诸如百佳、惠康、华润等掀起的减价战，给家乐福的经营以重创。作为国际知名的超市集团，家乐福没有主动参加这场长达两年的减价大战，但几家本地超市集团的竞相削价，终于使家乐福难以承受，在进军香港的中途铩羽而归。

（资料来源：《市场营销学》，化学工业出版社2005年版）

第一节 市场营销系统

一、市场营销系统的概念

市场营销系统是指在有组织的、规范的市场交易场所中，所有相互关联的参与者、市场及市场营销流程组合的有机整体。由于现代市场营销参与市场活动的主体多元化、市场结构多层次化、市场流程复杂化，企业要实现有效配置资源和实现企业的盈利目标，就需要研究市场营销系统，以保证市场营销系统的高效、通畅运行。

二、市场营销系统的分类

市场营销系统，一般可分为全国营销系统、行业营销系统和公司营销系统三种。

（一）全国市场营销系统

全国市场营销系统是指国家用来生产和分配消费者所需产品的一套独特的组织和活动。其基本结构如图3-1所示。

从图3-1可以看出：全国市场营销系统由三种参与者（消费者、生产企业和政府）、两种市场（产品市场及资源市场）、三种流程（商品与劳务流程、资源流程和货币流程）

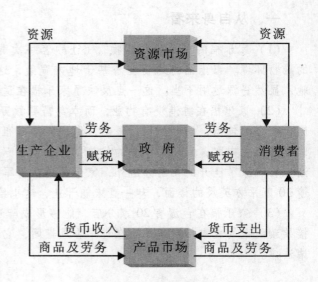

图3-1 全国市场营销系统

等组成。

1. 三种参与者

全国市场营销的参与者——消费者、生产企业和政府构成了市场行为的主体。生产企业的行为包括从资源市场取得资源的行为、支出货币的行为、推销产品的行为、收回货币的行为和上缴税收的行为。政府行为主要表现为依法征收税收，增加国家收入、间接调控市场、促进市场有效运行。消费者行为主要表现为购买商品行为、货币支出行为、上缴税收行为、出卖劳动力资源以获得货币收入行为等。

2. 两种市场

资源市场是保证企业生产经营活动顺利进行的前提条件，也就是指生产要素市场，如生产资料、劳动力、资金、技术、土地等。产品市场是满足消费者需求的场所，也是实现企业产品从实物形态向价值形态转变的关键。

3. 三种流程

商品与劳务流程，主要在生产企业、市场和消费者之间形成有机联系。生产企业向市场供应商品和劳务，构成市场营销的交易对象；消费者在市场上选择自己所需商品与劳务，如果购买行为发生，产品和劳务的销售也就实现了。资源和货币流程发生在资源市场、产品市场和企业及消费者之间。资源流程反映营销活动中的实体流通，货币流程反映了营销活动中的价值运动方式。与上述三种流程相联系的，有一条信息传播与反馈流程。

（二）行业市场营销系统

行业市场营销系统是指国民经济的各个行业的生产者，经过各种不同的分销渠道，将产品销售给全国范围的消费者所形成的分销网络。其基本结构是由各个行业中不同的参与者、市场及流程所构成，并促进该行业产品的生产、分配、销售和消费。例如，我国的电子行业、计算机行业、纺织行业等，都形成了各具特色的行业营销系统。

（三）公司的市场营销系统

公司的营销系统由6个层次构成（如图3－2所示）。公司是营销环境的中心，所有的机构和市场都在宏观环境内运转，并且受宏观环境的影响。

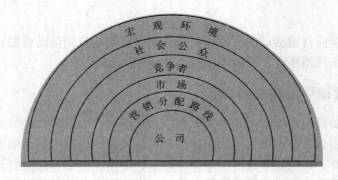

图3－2 公司的市场营销系统

在上述三种营销系统中，全国营销系统可称为宏观营销系统；行业营销系统可称为中观营销系统；公司营销系统可称为微观营销系统。市场营销学主要研究公司（企业）营销系统。

三、市场营销系统的特征

（一）功能

（1）实现的功能。即传递商品与劳务到达消费者手中，实现商品的价值和使用价值，并取得最佳的经济效益。

（2）开发的功能。通过营销环境的分析，寻找市场机会，不断开发新产品、新需求和新市场。

（3）引导与创造的功能。即市场营销系统对市场需求具有引导与创造的功能，能为公司创造一个良好的营销环境。

（4）协调功能。即以满足和创造需求为出发点，使公司内部的各项活动协调、稳定进行，把市场导向和竞争导向结合起来，为公司决策提供信息依据。

（二）绩效标准

任何市场营销系统运行的结果，都要以满足顾客的程度作为考核的标准。成本越低，顾客满足程度越高，说明营销系统的效率高、效果好；反之，就差。

（三）投入与产出

市场营销系统的运行，就是系统不断投入、产出的过程。市场营销管理的重要任务之一，就是要提高投入要素的使用效率和效能。效率是投入与产出之比，如广告投入与销售量增长之比。效能是指有效到达营销目的的能量，也即对消费者产生的影响程度。例如，展销会对消费者购物有刺激作用，消费者感兴趣，这就说明其效能大；反之，则小。

第二节 市场营销环境

市场需求是企业营销活动的出发点。企业要进行市场营销活动就要首先了解和认识企业所面临的市场营销环境，并能不断地适应环境的变化。

一、市场营销环境的影响因素

影响企业市场营销环境的因素分为可控因素与不可控因素两大类（见图3-3）。

可控因素是指企业在市场营销活动过程中可以控制的各种市场活动手段和因素，主要包括产品、定价、促销和渠道四个方面的因素，即企业市场营销组合。企业可以综合地运用这些活动手段，形成市场营销组合策略，以达到企业的营销目标。

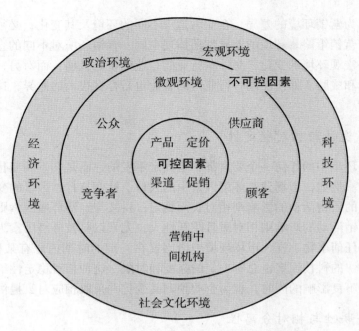

图 3-3 市场营销环境的影响因素

不可控因素是指企业在市场营销活动过程中不能控制,但可以识别和了解的外部环境。一般将其分为宏观环境和微观环境两个层次。宏观环境是指对组织的经营有间接影响的环境因素,它是由一些大范围的社会约束力量构成的,主要包括政治、经济、社会文化及科技环境,因此,宏观环境也叫间接环境。微观环境是指对组织的经营有直接影响的环境因素,也叫直接环境,主要包括供应商、营销中间机构、顾客、竞争者、公众等。营销环境按其对企业营销活动影响时间的长短,可分为企业的长期环境与短期环境,前者持续时间较长或相当长,后者对企业市场营销活动的影响则比较短暂。

二、市场营销环境的特征

(一) 客观性

环境作为营销部门外在的不以营销者意志为转移的因素,对企业营销活动的影响具有强制性和不可控性等特点。一般说来,营销部门无法摆脱和控制营销环境,尤其是宏观环境。但企业可以主动适应环境的变化和要求,制定并不断调整市场营销环境策略。事物发展与环境变化的关系是适者生存,不适者淘汰;对企业与环境的关系而言,也完全适用。有的企业不能适应环境的变化,就难免被淘汰。20 世纪 90 年代,一些名噪一时的企业最终被淘汰的重要原因就是那些企业未能了解环境,更没能适应环境。

(二) 差异性

不同的国家和地区之间,宏观环境存在着广泛的差异;不同的企业,微观环境也千差万别。正因为营销环境的差异，企业为适应不同的环境及其变化，必须采用各有特点且有针对性的营销策略。环境的差异性还体现在同一营销环境对不同的企业的影响是不同的，尤其是宏观环境的变化，对一些行业的企业来说是机遇，而对另一些行业的企业来说则是挑战和威胁。即使在同一行业内的企业也是存在很大的差异，这主要取决于企业各自的实际。

（三）多变性与相对稳定性

市场营销环境中的任何一个要素都不是固定不变的，而是在不断变化，只有变化的快慢强弱之分。例如，市场营销环境因素中的人口、社会与自然因素的变化相对较弱和较慢，对企业的营销活动的影响则相对长而稳定；科技与经济环境因素则变化相快和较强，对企业营销活动的影响则相对短且跳跃性大，尤其以科技环境因素为甚。

然而，同任何事物一样，市场环境中诸因素在一定的时期内总有某种相对稳定性，即使是变化最快的科技因素也总有一定的强度和时限。这种相对稳定性给企业的营销活动产生良好或不良影响的同时，也为企业预测其变化并采取相应对策提供了可能。

（四）关联性与相对分离性

构成企业营销环境的各要素之间存在着一定的关联性，即营销环境因素是相互影响的。一个环境因素的变化会导致其他因素的相应变化，尤其是宏观环境的变化会对身处其中的任何企业产生影响，包括企业营销环境的直接环境，这样就使企业的营销环境变得异常复杂。例如，国家宏观经济政策的变化，会对与其相关的所有企业生产影响。企业不仅要分析这种变化会给企业本身带来什么样的影响，还要分析对供应商、中间商、顾客、竞争者及财务机构等直接环境中的每个个体会产生什么影响，并进而影响企业本身。

在某个特定时期内，单从某些特定因素的特殊变化去考察，环境中某些因素又是彼此相对分离。环境因素的这种相对分离性使企业在分析营销环境因素时，能够分析主次因素，并把更多的资源和能力投入对企业营销活动影响重大的方面，以便"集中力量办大事"。

（五）环境的不可控性与企业的能动性

更多的营销环境因素是企业无法控制和改变的。如企业不可能控制国家的政策法令及社会风俗，更不能控制和改变人口的规模、结构及变化趋势，也不能控制竞争对手的营销活动等。但这并不能代表企业在面对营销环境时只有被动地适应环境变化，而无力改变其变化。例如，企业可以通过宣传给政府有关的政策制定施加影响，更可以通过自己的营销策略的制定和实施来影响竞争对手的营销行为。从博弈论的角度来看，市场竞争是不同企业之间的博弈行为，任何一个行为者开始展开行动之前，不能不了解和分析竞争对手的行为及其对自身的影响。企业要善于利用一切可以控制的手段影响自身的营销环境中的一些因素。这就是企业营销活动的能动性。

三、企业营销机会与环境机会

(一) 企业营销机会和环境机会分析

企业的营销机会是指对企业的营销活动有促进作用的那部分营销机会,确切地讲,就是对企业的市场营销活动具有吸引力,企业采取有关措施后可获得竞争优势的特定市场环境。而环境机会是指外部环境的变化,给企业扩大销售额、提高市场占有率、增加盈利带来有利的影响。

企业营销机会与环境机会见图3-4。

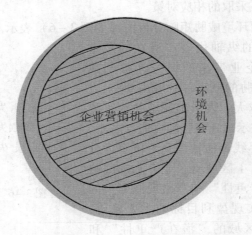

图3-4 企业营销机会与环境机会

市场机会具有公开性、时效性和不间断性等特点,企业市场营销的环境机会总是客观存在的,它只是在总体环境与相关环境变化时,才可能出现。因此,企业要能够抓住时机,打开企业营销的战略之窗,求得发展。

环境机会一般用市场机会矩阵图表示(如图3-5所示)。

在市场机会矩阵图中,纵轴表示潜在的吸引力,即企业只要利用这一机会,就能带来经济效益,它可用货币数额表示。横轴代表成功的可能性(概率),一般用0—1之间的概率值表示,数值越大,成功的可能性越大;反之,则小。在纵轴中以中等收入为分界线,在横轴中以0.5概率值为分界线,将矩阵分为四个区域。Ⅰ是最好的市场营销机会,其"潜在吸引力"和"成功的可能性"都大,企业应制定营销战略和计划,以便抓住和利用这一机会;Ⅱ区域的"潜在吸引力"小,但其"成功的可能性"大;Ⅲ区域的"潜在吸引力"大,但其"成功的可能性"

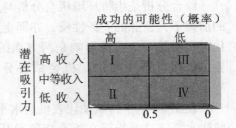

图3-5 市场机会分析矩阵

小；Ⅳ区域的"潜在吸引力"和"成功的可能性"都小，所以，无机会可言。所以，对于Ⅱ、Ⅲ区域，企业在进行营销决策时，要进行具体分析，权衡利弊，使其向着有利于企业营销的方向发展。

（二）企业市场营销环境威胁分析

企业市场营销的环境威胁，是指外部环境的变化影响到企业市场营销的销售量、市场占有率、盈利水平，给企业正常的营销活动带来严重的后果，甚至影响到企业的生存和发展。威胁对企业来讲是客观存在的。这些威胁对于企业营销活动的影响程度是不同的，有的大一些，有的则小一些，威胁分析的目的就是要分析环境威胁对企业的影响程度，以便决定企业应该采取的相应对策。

环境威胁一般采用环境威胁矩阵分析图（如图3-6）表示。

环境威胁矩阵图的纵轴代表"潜在的严重性"，即威胁出现给企业带来的损失（盈利减少）。横轴代表出现威胁的概率，一般用0—1之间的数值表示，数值越大，表示出现威胁的可能性越大；数字越小，表示出现威胁的可能性越小。纵轴以中等损失为分界线，横轴以0.5概率为分界线，形成四个区域。Ⅰ区域给企业带来的威胁最严重，其"潜在的严重性"和"出现概率"的可能性均高，是企业实现盈利目标的主要障碍，应给予特别重视。Ⅳ区域的"潜在严重性"和

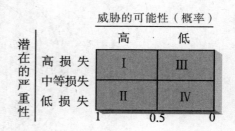

图3-6 环境威胁分析矩阵

"出现威胁的可能性"都低，不构成企业的威胁；Ⅱ区域"潜在的严重性"低，但其"出现威胁的可能性"高，构成企业的主要威胁；Ⅲ区域"潜在严重性"高，但其"出现威胁的可能性"低，不构成威胁。因此，企业应重点分析Ⅰ、Ⅱ区域，防止威胁给企业带来风险，对于Ⅱ、Ⅲ应严格监视，以防其向不利于企业经营的方向发展。

（三）综合分析

综合分析是指将环境机会分析与环境威胁分析综合起来，用于确定在环境条件一定的前提下，企业的业务性质，亦即企业的类型。因为在现实生活中，当某一环境因素变化时，对某一企业的影响是两方面的，既存在机会，也可能产生威胁。机会威胁分析矩阵如图3-7所示。

在图3-7中，纵轴代表机会水平，横轴代表威胁水平，这两指标在机会矩阵分析和威胁矩阵分析中得到。因此，企业可分为如下四种类型：①冒险的企业，即高机会水平和高威胁水平的企业；②困难的企业，即低机会水平和高威胁水平的企业；③成熟的企业，即低机会水平和低威胁

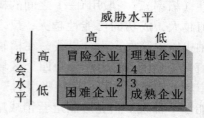

图3-7 机会威胁分析矩阵

水平的企业；④理想的企业，即高机会水平和低威胁水平的企业。

在企业的经营活动中，对环境机会与威胁的分析时一定要有超前性，因为当环境发生重大变化之后，企业再分析时已为时太晚，威胁已成为现实，机会已经损失。企业要取得营销的成功，关键在于要善于抓住机会，着力避免威胁。

（四）企业对环境机会与威胁应采取的对策

企业的市场营销活动既面临着有利的市场营销机会，又面临着严重的环境威胁。

1. 企业对环境机会的对策

对于市场环境机会，必须客观、认真、谨慎地评价机会的质量，然后作出决策，是否进入这个市场。可供企业选择的对策主要有以下两种：

（1）利用策略。企业应充分调动和运用自身资源与能力，利用市场机会开展营销活动，扩大销售，提高市场份额。

（2）放弃策略。当市场机会的潜在利益和出现的可能性都很小时，企业可放弃市场机会，以免造成资源的浪费。总之，针对市场机会企业一定要慎重对待，不要轻易作出决策。

2. 企业面对环境威胁的对策

面对环境的威胁，企业应正视现实，研究对策。可供企业选择的对策主要有以下三种：

（1）反抗策略。即试图限制或扭转企业所面临的环境威胁，如通过各种方式促使政府制定某些经济政策和法令等。

（2）减轻策略。即通过调整"市场营销组合"来改善"环境适应"，以减轻威胁给企业营销带来的不利影响。

（3）转移策略。即企业决策将业务转移到盈利水平更高的行业或市场，实现多角化经营。

四、市场营销环境对企业营销的影响

（一）市场营销环境对企业营销带来双重影响

如上所述，营销环境会不断地给企业营销带来新的威胁和机遇，营销环境中的许多不利于企业营销活动的因素给企业带来了威胁。为了保证企业营销活动的正常运行，企业应该重视对环境的分析，及时预见环境威胁，将危机减少到最低程度。同时，营销环境也会给企业带来机会。企业应注意加强对环境的分析与监测，及时把握环境机会，谋求企业发展。

（二）市场营销环境是企业经营活动的资源基础

市场营销环境是企业营销活动的资源基础。企业生产经营所需要的各种资源，如人才、信息、资金等都是由环境所提供。企业若想获取最优的营销资源以满足生产经营的产品或服务的需要，必须对环境进行认真分析。

(三) 市场营销环境是企业制定营销策略的依据

营销环境具有客观性，企业的生存与发展离不开外部的环境。企业应积极努力的发挥主观能动性，制定有效的营销策略去影响环境，适应环境，以期在市场处于主动，赢得成功。

第三节 微观市场营销环境

一、微观市场营销环境概述

市场营销学传统观点认为，企业市场营销环境分析，主要是对外部环境（即宏观环境）的研究，而且企业只能被动地去适应环境，或者通过其他渠道，对环境施加影响，但不可能改变环境。然而，现实营销中的许多问题，需要引起我们的思考：为什么在同样的外部环境条件下，有的企业销售大幅度滑坡，而有的企业销售不但没有下降，反而大幅度上升呢？为什么面对同一消费者，经营同种商品，甲顺利成交，而乙却束手无策呢？这些问题的解决，必须借助于企业微观环境的分析与研究。

微观市场营销环境（以下简称微观环境），是指介于宏观环境因素和企业内部可控因素（产品、价格、渠道、促销）中间的一些影响因素，其主要包括：企业营销渠道、竞争企业、顾客和各种社会公众，也可把企业内部的一些影响因素，如生产人员、营销人员、管理人员等的素质高低、协作关系作为微观环境研究的对象。微观环境和宏观环境的相同之处是二者都是企业外部因素的集合。二者的区别主要表现在：①微观环境对企业营销活动的影响比宏观环境更直接；②微观环境中的一些因素通过企业努力可以加以控制。

研究企业营销的微观环境，其必要性主要表现在：一方面可以分析企业营销中面临哪些更直接的环境影响因素；另一方面，企业可以采取相应的对策加以控制。同时，也有利于企业从自身内部寻找原则，以便求得扩大销售的有效途径。微观环境的研究是企业面临的一个新课题，应引起足够的重视。

二、企业的内部环境

企业的市场营销活动不是一个孤立的职能，它必须与企业内部环境设置的部门，包括人力、物力、财力、研发能力、管理能力等职能部门互动；各职能部门的合理分工、密切配合和相互协作是开展成功的市场营销活动的关键。

（一）人力

人力是企业的劳动力资源，包括企业的职工与领导者。人是企业营销活动、市场竞争中的主体因素，因而企业各个层次的人员对企业市场营销活动所持的态度，企业职员的各方面素质以及企业高层的经营哲学、管理水平等，对企业正确制定各种战略决策及营销策略,有着十分重要的影响。

(二) 物力

物力指各种劳动资料、劳动工具和劳动条件,也就是企业从事营销活动的物质基础。一般来说,企业拥有物质基础的数量越多,质量越好,就能生产更多更好的产品,并可使产品的物质消耗降低,从而有利于营销竞争的开展。从一般意义上讲,在其他条件相同的情况下,谁的设备先进、原料充足、能源供应有保障,谁的营销竞争能力就强。

(三) 财力

财力指企业内部各种生产经营资金,包括固定资金、流动资金、专用基金等。不言而喻,财大气粗者,营销实力就更强。

(四) 研发能力

研发能力是指企业所掌握和开发的产品技术、生产技术以及劳动者运用先进技术的能力。越来越多的企业认识到技术是企业生存和发展的重要条件之一。对科学技术的掌握,以及对其发展趋势的认识是企业研发能力的重要体现。"研发一代、储备一代、生产一代"的技术梯队战略越来越成为众多企业的技术战略的重要选择。

(五) 管理能力

企业的竞争力不仅表现在企业内部一系列的"硬"性条件,如资金、人力资源和各种物质资源等方面,还表现在企业的"软"实力,如管理能力。管理能力是企业有效地组织、控制和协调企业内外各种经营资源,进行低耗高效生产经营的能力。管理能力的强弱越来越成为企业在市场竞争中胜出的关键,尤其是在企业高速成长过程中,企业的管理能力能不能跟上企业的快速发展不仅成为竞争胜出的关键要素,甚至是许多企业能否生存的关键因素。中国许多"流星式"企业的案例已经充分说明了这一点。

总之,不论是市场营销活动,还是其他经营活动,企业不仅要"向外看",还要"向内看",重视"内功"的训练和提升。只有这样,才能更好地利用市场提供的机会和规避市场的风险。

三、企业的直接环境

越来越多的人认识到,一个企业不仅是股东的企业,而且还是企业所有相关群体的企业。企业的个体环境的成员包括供应商、营销中间机构、财务机构、顾客、竞争者、工会、特殊利益团体、社区、员工与股东。所有这些企业个体环境的成员都是企业的利益相关群体,他们的行为都决定着企业的生存和发展。

(一) 供应商

供应商系指供给生产厂商及其竞争对手所需的原材料与零组件等资源的上游厂商。

供应商对公司营运有相当大的影响,例如,主要原料与零组件的价格趋势与涨跌,会迫使生产厂商的产品价格跟着涨跌,间接影响组织的竞争力。另外,供应商来源之可靠性、供应来源短缺、罢工或其他事故,都可能影响主要原料与零组件的供应和交货,间接也影响产品的生产与交货。这不但使销售在短期内受到影响,长期而言,也会使公司丧失信誉和顾客的忠诚。因此,许多公司都同时保持数个同种原料供应来源,以免过度依赖某一家供应商而造成缺货所引起的供应商的任意抬价或减少供应量,所以,供应商是企业个体环境中一个重要因素。

(二) 营销中间机构

营销中间机构是指通过促销、销售以及配送等活动,帮助企业把产品送到最终顾客手中的那些机构和个人。它们为企业融通资金、牵线搭桥、推销或代理产品并提供从运输、储存、信息到咨询、保险、广告等种种便利营销活动的服务。这些中间营销机构主要包括中间商、实体运配机构以及营销服务机构等。中间商是指帮助组织寻找顾客或销售商品的公司,大致可分为批发商和零售商两种,它们最终构成了企业营销渠道的主要成员,帮助企业实现产品的流转。实体运配机构是指协助制造商储存与运送产品的机构,可分为仓储机构与运输机构。这些机构的效率会直接影响到企业产品的质量、安全以及销售与成本,并进而影响企业的整体绩效。营销中间机构是指协助企业更有效率地来执行其他营销活动的机构,典型的营销服务机构包括广告公司、营销研究机构和产品研发或设计公司等。

(三) 顾客

顾客是企业的衣食父母。企业最重要的市场营销活动就是研究顾客以及满足他们的需要。这是企业存在的根本,也是企业所有市场营销活动的出发点和归宿点。顾客是否喜欢企业的产品、顾客是否对企业忠诚以及对企业的满意都决定着企业市场营销活动的结果,乃至企业的生存。研究发现,保留一位老顾客的成本要远远低于开发一个新顾客的成本。现代营销学通常按顾客及其购买目的把顾客分成消费者市场、生产者市场、转卖者市场、政府市场和国际市场五种。

(四) 竞争者

每个公司都会面临着形形色色的竞争者。由于竞争者往往是和企业竞争同样的顾客,因此竞争者的一举一动无不影响着企业的命运。所以,从个体环境的分析来看,我们便不能疏忽对竞争者这一角色的分析。从竞争者竞争的层次来看,竞争者一般可分为四种类型:

1. 愿望竞争者

愿望竞争者是指提供不同产品满足不同需求的竞争者。由于每个人的收入都是有限的,而人的欲望却是无限的,因此,无限的欲望会彼此竞争有限的购买力。比如,生产彩电、洗衣机、冰箱的家电企业之间就是愿望竞争者。对于生产彩电企业来说,如何说服顾客首先购买彩电而不是其他家电,就是它的竞争力的来源之一。

2. 本质竞争者

本质竞争者也叫平行竞争者，是指能满足同一种需要的各种产品提供者。比如，对代步工具的需求，可以选择自行车、摩托车、小轿车等方式，它们的提供者之间就是本质竞争者。

3. 形式竞争者

形式竞争者是指满足同一需要的产品的不同形式的竞争者。如同一产品的不同型号、式样和功能之间的竞争。

4. 品牌竞争者

品牌竞争者是指满足同一需要的同种形式的产品的不同品牌的竞争者。如电脑有联想、方正、TCL、海尔、IBM、惠普以及戴尔等品牌，它们就是品牌竞争者。

（五）公众

企业营销环境的另一个重要力量就是公众。公众是指所有实际上或潜在地关注、影响一个企业达到其目标能力的群体。一般地，企业的公众有以下几种类型：

1. 金融公众

金融公众是指关心并可能影响企业获得资金的能力的团体，如银行、投资公司、证券公司、证券交易所和保险公司等。

2. 媒体公众

媒体公众是指报社、杂志社、电台、电视台和网络媒体等大众传媒。企业对这些媒体公众的利用和控制是企业市场营销活动的重要内容之一。

3. 政府公众

政府公众是指影响企业经营的政府部门。营销人员在开展市场营销活动时要特别重视对有关政府政策的关注，比如产品安全、卫生、广告真实性等方面的政策。

4. 特殊利益公众

特殊利益公众如消费者保护组织、绿色组织及其他群众团体，他们都直接或间接地影响着企业的市场营销活动的开展。

5. 社区公众

社区公众是指企业所在地邻近的居民和社区组织。任何一个企业都是在一定范围内的地区开展生产和市场营销活动的，所以，在经营过程中要注意与社区的居民和组织搞好公关关系，并尽力为公益事业作出贡献。

6. 一般公众

一般公众是指上述各种关系之外的社会公众。一般公众虽然不会有组织地对企业采取行动，但企业形象会影响他们的惠顾与否。

现代企业不再是股东或老板的企业，而是更大范围内的"利益相关群体"的企业。所以，企业在经营管理过程中，必须处理好与各方面的关系，这是现代企业经营中的一个重要职能。

微观市场营销环境的构成要素如图 3-8 所示。

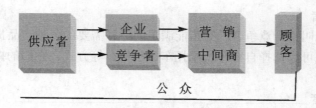

图 3-8 微观市场营销环境的构成要素

第四节 宏观市场营销环境

企业所处的宏观市场营销环境（以下简称宏观环境），不仅直接为企业的市场营销活动提供机会与威胁，还通过影响企业的微观环境，而间接地影响企业的经营活动。所以，企业在市场营销活动中要密切关注企业的宏观环境，判断其发展变化的趋势，努力做到适应宏观环境的变化，并且善于利用其中的机会和规避其中的威胁。影响企业市场营销的宏观环境因素主要有政治法律环境、经济环境、社会文化环境、人口环境、竞争环境以及科技环境等，简称 PEST（Politics、Economics、Society、Technology）。

宏观市场营销环境的构成要素如图 3-9 所示。

图 3-9 宏观市场营销环境的构成要素

一、政治法律环境

政治法律环境是指一个国家从本国的社会制度出发，为发展本国经济而制定的一系列经济政策及立法，它构成企业在国内市场上从事营销活动的基本行为准则。企业行为如果和这些政策、立法撞车，将会造成一定的损失。

政治法律环境包括的内容有以下方面。

（一）党和国家的方针政策及其变化

党和国家的方针政策直接影响社会购买力及其投资方向。例如，通货膨胀期间，压缩基本建设投资规模，则市场对生产资料的需求明显下降；国家提高或降低利率，就会直接影响居民的购买力，对企业的营销产生一定的影响。现阶段的主要政策有：

（1）人口政策。我国实行控制人口增长的政策，这将带来人口结构的变化，如人口老龄化问题，老年人用品需求增加，因而老年人市场在我国是一个有待开发的黄金市场。

（2）产业政策。国家决定重点发展的产业，企业进入这个领域从事生产与经营就有利可图。近期或较长时间内，清洁能源、智能交通、互联网通信、电子、生物工程、光伏产业、服务业、物流业等将是我国重点发展的行业，同时，第三产业也将得到迅速发展。

（3）能源政策。由于我国能源短缺，国家采取限制某些耗能高的产品的使用，像电饭煲、电热器、空调等产品的需求将受到影响，新能源（如太阳能）产品、核能产品将存在广阔的市场空间。

（4）物价政策。国家的价格政策，如实行管制或放开物价，都将影响企业的营销活动。随着社会主义市场经济的发展，国家的物价政策也应遵循价值规律，反映市场供求关系，以促进企业转换经营机制，面向市场，面向用户。

（5）财政、金融与货币政策。它是政府用来干预经济的最重要、最有效的手段。在我国，深化金融体制改革，建立资金市场，发行股票，居民投资多元化，必然对消费品市场需求产生影响，企业应适应这一环境变化。

（二）党和国家重大的政治、经济措施

这主要是指如深化改革、扩大开放、发展社会主义市场经济，外贸体制改革、税制改革、建立现代企业制度、经济全球化、企业转换经营机制等。

（三）政府的法令、法规

法规、法令对市场营销有较强的保护、限制和调节作用。对企业营销活动有直接影响的法律主要有：《中华人民共和国广告法》《中华人民共和国商标法》《中华人民共和国专利法》《中华人民共和国食品卫生法》《中华人民共和国环境保护法》《中华人民共和国药品管理法》《中华人民共和国反不正当竞争法》《中华人民共和国维护消费者权益法》等。

（四）经济体制转型

2003年以后推行的科学发展观，要求我国的经济体制必须转型，即要大力发展循环经济，强调经济社会的可持续发展。循环经济主要有四个特征：①全面综合利用资源；②尽量减少三废（废水、废弃、废渣）排放；③重视资源的回收利用；④加强无害化处理。

党的十八大后，我国经济进入新常态，国家实施"四个全面"总体发展战略，推行创新、协调、绿色、开放、共享的发展理念，企业必须适应新环境，转变发展思路。

任何企业都必须重视政治与法律环境的变化，并根据这些变化，及时调整自己的营销目标和营销措施，只有这样，才能争取营销主动。对于从事进出口业务的企业，还应重视分析研究国际政治、法律环境的变化，如东欧国家及苏联解体、欧元出现，世界新的政治格局的逐步形成，对企业都会造成不同程度的影响。

二、经济环境

经济环境是影响企业市场营销活动最重要的因素,它一般包括:国家和区域的GDP、消费者的收入水平和消费结构、居民的实际收入增长率、人口总量、人口增长率、性别与年龄结构等。这些因素对消费品市场营销活动有重要意义。

(一)消费者收入水平

消费者收入水平的高低,直接影响其购买力的大小,从而决定了市场容量和消费者的支出规模。党的十一届三中全会以来,由于实行改革开放,我国经济得到了迅速发展,人民群众的收入水平也呈上升趋势。同时,个人收入的结构也发生了变化,由过去主要依靠固定工资转变为包括工资、奖金、津贴、福利补贴等内容的新的收入形式,第二职业收入所占比重也呈上升趋势。这就要求企业的营销人员在分析消费者收入时,必须区分"货币收入"和"实际收入"。货币收入是消费者在某一时期以货币表示的收入量;实际收入是扣除物价变动因素后实际购买力的反映。所以,货币收入一定,实际收入和物价变动成反比。此外,还应考虑社会各阶层收入的差异性,不同地区、不同年龄、不同职业以及失业率的高低等都影响消费者的收入水平,进而影响消费者的消费水平。

(二)消费结构的变化

消费结构是指在生活资料的消费中,人们所消耗的各种生活消费品(包括劳务)的构成,或者说是各种消费支出占总支出的比例关系,优化的消费结构是优化的产业结构及产品结构的前提,也是企业开展营销活动的基本立足点。消费者衣、食、住、行支出比例的变化,会直接影响到企业的营销活动。我国目前的消费结构不合理,呈畸形发展。研究消费结构转型升级,有助于企业分析目标市场的需求特点,把握市场机会,确定营销策略。

(三)消费者储蓄的变化

对于一个消费者来说,其收入通常分为两部分:一部分立即作为支付手段使用,形成现实的社会购买力;另一部分暂不支出作为储蓄。当收入一定时,储蓄增大,现实支出数量就减少,从而影响企业的销售量;反之,储蓄数量越小,现实支出数量就越大,社会购买力就旺盛,就能为企业销售提供有利的销售机会。因此,国家通过利率来调整储蓄、信贷,也就调节了市场供求。提高利率,储蓄增加,市场现实需求下降;利率降低,储蓄减少,现实购买力增大,有利于企业营销。

一般来说,影响居民储蓄水平的因素主要有:①收入水平;②通货膨胀因素;③市场商品供求状况;④对当前消费和未来消费的偏好程度。同时,企业的营销人员还必须研究消费者的储蓄目的及其差异,储蓄目的不同,常常会影响到潜在的需求量、消费模式、消费内容和消费的发展趋势。只有明确消费者的储蓄动机,才能准确地预测消费的发展趋势及发展水平,以利于企业营销。

(四) 价格的变化

价格因素的变化，对市场需求总量及需求结构产生着重大影响，对于价格的上涨或下跌，企业营销人员必须能够作出科学的预测，以便及时调整企业的产品品种构成，进行购进决策，减少经营风险。价格的变动，必然引起需求量的变化，从而影响到企业营销。

三、社会文化环境

社会文化环境包括社会环境与文化环境。社会环境是指人们在社会交往中形成的联系，文化是人们在社会行动的规范和信仰，是一种历史现象。社会环境一般包括社会阶层、相关群体、家庭等；文化主要指教育水平、语言文字、生活习惯、社会风俗、宗教信仰与价值观念（指人们对事物的评价标准和崇尚风气）等。上述各因素，对企业的营销活动均发生重大的影响。

四、人口环境

现代市场营销学认为，市场是由那些想购买商品、又具有货币支付能力的人员构成的。这种消费者（人口）越多，市场容量也就越大。因此，人口便成为决定市场潜在容量的关键性因素；而人口的年龄结构、地理分布、婚姻状况、出生率、死亡率、人口密度、流动性、文化、教育等人口特性，都会对市场需求格局产生深刻影响。

任何一个企业，无论是面向国内市场，还是开拓国际市场，都必须对上面的人口特性及其发展动向进行分析预测，以调整企业营销战略，适应"人口环境"的变化。

我国目前人口环境的主要特点表现为：①人口的地理分布极不平衡，东南部国土一半占人口总数的94%，而西北半壁河山人口仅占6%，决定了我国市场营销的重点是人口稠密的东南地区；②人口构成较年轻，由于长期推行计划生育政策，2015年我国60岁以上人口2.22亿，占总人口的16.1%，65岁以上人口达到1.44亿，占总人口的10.5%，我国已经进入老年人社会，将来老年人健康、娱乐、休闲市场需求潜力很大；③农村人口比重大，深化农村改革，发展第三产业，新型城镇化建设、电子商务进农村热潮出现，都会带来需求的巨大变化；④家庭离婚率低，比较稳定，规模有向小型化方向发展的趋势，企业必须重视研究这种变化。上述这些特点，都会从不同的方面影响企业的营销活动，企业必须适应这种变化。

五、竞争环境

竞争是市场经济的必然产物，它是与市场紧密联系的，企业要转变经营机制，面向市场从事营销活动，就不可避免地要参与竞争。因此企业应从以下方面分析研究所面临的竞争环境。

（一）全面考虑竞争因素

现代市场经济从一定意义上来讲，可以说是一个竞争的经济时代，不仅竞争产品日新月异，竞争价格变化莫测，而且非价格竞争（服务竞争）日益受到企业家的关注。因此，企业必须调整自身的营销组合策略，了解和掌握竞争对手的策略和手段，做到"知己知彼"，争取竞争优势。要做到如上要求，企业必须全面分析如下竞争因素：①同行业是否存在大型联合企业集团？它控制了哪些企业？②本企业的真正竞争对手是谁？它有哪些优势？③竞争对手产品在质量、设计、性能等方面有哪些优势？④竞争对手采取了哪些非价格竞争策略？⑤竞争对手在扩大销售量和利润方面的战术是什么？⑥竞争对手采取何种促销策略？⑦竞争对手组织货源的渠道选择有哪些变化？⑧竞争对手的人员素质如何？

（二）企业的竞争策略

企业要适应不同的竞争环境，就必须重视建立自己的产品特色和经营特色，在对市场竞争形势客观分析的基础上，采取有效对策，创造出比竞争对手高出一招的经营特色，争取吸引更多的购买者。可供企业选择的竞争策略主要有以下方面：

（1）创新取胜策略。企业必须树立创新观念，产品要不断创新，更新换代要适应科技的发展和消费者需求的变化，开拓新的目标市场，最大限度地满足用户需求。

（2）优质取胜策略。质量是竞争取胜的关键，这就要求生产企业生产高质量产品，经营企业要严把进货关，防止伪劣假冒产品；同时，还必须提高服务质量，以增强竞争能力。

（3）价廉取胜策略。企业要在保证产品质量的前提下，通过降低流通费用的途径，为采取薄利多销的低价策略创造条件。

（4）快速取胜策略。企业要在竞争中快速取胜，就必须及时、准确地掌握各种信息，做到适应市场快、销售快、调整经营品种结构快，只有这样，才能增加占有市场的可能性。

（5）信誉取胜策略。讲信誉、守合同、按期交货，取得用户的信任，是企业竞争取胜的重要策略。

（6）服务取胜策略。企业提供良好的销售、技术、维修服务是打开市场、扩大销售的重要途径。对于生产资料中的机电产品，生活资料中的耐用消费品、家用电器等，经营企业必须同工业企业密切协作，搞好售前、售中和售后服务，不断开发新的服务方式，力争吸引更多用户。

（7）优势取胜策略。任何企业要有效地进行竞争，都必须从实际出发，客观地评价自己的竞争优势和劣势，以便做到扬长避短、发挥优势，形成自己独特的竞争策略，在竞争中争取主动。

（8）联合取胜策略。发展企业之间的横向联合，组建企业集团，要打破部门、地区、行业、所有制的限制，实行最优组合，以便发挥整体效能。

总之，竞争环境的分析与企业竞争策略的运用，是企业在市场竞争的海洋中取胜的关键。

六、科学技术环境

科学技术是第一生产力。任何一种先进的科学技术应用于实践都会给一些企业提供新的营销机会，或者产生新的行业，同时也会给一些企业造成环境威胁，带来经营困难，甚至破产倒闭，所以，西方有的市场学专家认为：新技术是一种"创造性的毁灭力量"。明智的营销者对此必须引起足够的重视。据统计，1920 年以前，新产品从试销到成熟平均为 34 年；1939—1959 年间，平均为 8 年；1960—1989 年，平均只有 3～5 年；进入 90 年代以来，新产品从试销到成熟期仅为 1 年。随着科技发展，未来影响我国及全球发展的五大技术为：新型计算机架构、基因组学、纳米技术、储能技术及机器人技术。这些技术的应用，将会出现五大趋势：①共享经济将成为社会的主要经济形态；②虚拟现实（VR）应用加快；③人工智能将成为人类的重要助手；④新能源将引领新的能源革命；⑤医疗健康技术全面延长人类寿命。这些新的发展趋势，将会带来巨大的市场机会和挑战。所以，企业要争取营销主动，就必须密切关注科学技术的发展动态，积极采用先进技术，开发新产品，提高竞争能力。

科学技术环境研究包括：①国家的科学技术水平和技术政策；②部门间、地区间技术结构的变化；③资源综合利用的技术水平。

新科学技术革命的出现，会给企业的市场营销活动带来巨大的变化，主要表现在：从产品策略上要求企业不断开发新产品，适应市场消费的需求；从分销策略上，超级市场、廉价商店、自动售货机迅速发展，实体分配由传统的以工厂为出发点变为以市场为出发点；从价格策略上，先进技术应用、产品成本降低、价格策略更加灵活；从促销策略上，广告媒体多样化，传真、电脑电话、电视电话、互联网、移动互联网成为企业与顾客接触的有效广告媒介。

市场营销的实践证明："科学技术是第一生产力"，是促进国家经济发展和企业营销成功的有力武器，谁认识到了技术进步的重要性，并且能够不断地向市场推出新产品、注重技术革新，谁就能取得营销的成功。所以，无论是生产企业还是流通企业，都应关心相关技术的发展动态，不断开发、研制新产品，并且对原有产品，采用新技术进行分析，寻找改进的途径。但是，新技术的应用，新产品的开发，必须建立在符合市场需求的前提下，才具有真实的价值。

第五节 绿色营销

一、绿色营销的概念和特征

绿色营销，是指企业为了实现自身利益、消费者需求和环境的统一，以及关于产品和服务的观念、定价、促销的策划和实施过程。企业的营销活动不仅要满足消费者需求并获得利润，而且要符合环境保护的长期要求，正确处理消费者需求、企业利润和环境保护之间的矛盾，做到统筹兼顾、相互协调。

绿色营销具有以下特征：

（1）绿色消费是开展绿色营销的前提。消费需求由低层次向高层次发展，是不可逆转的客观规律，绿色消费是较高层次的消费观念。人们的温饱等生理需要基本满足后，便会产生提高生活综合质量的要求，产生对清洁环境与绿色产品的需要。

（2）绿色观念是绿色营销的指导思想。绿色营销以满足需求为中心，为消费者提供能有效防止资源浪费、环境污染及损害健康的产品。绿色营销所追求的是人类的长远利益与可持续发展，重视协调企业经营与自然环境的关系，力求实现人类行为与自然环境的融合发展。

（3）绿色体制是绿色营销的法制保障。绿色营销是着眼于社会层面的新观念，所要实现的是人类社会的协调持续发展。在竞争性的市场上，必须有完善的政治与经济管理体制，制定并实施环境保护与绿色营销的方针、政策，制约各方面的短期行为，维护全社会的长远利益。

（4）绿色科技是绿色营销的物质保证。技术进步是产业变革和进化的决定因素，新兴产业的形成必然要求技术进步；但技术进步若背离绿色观念，其结果有可能加快环境污染的进程。只有以绿色科技促进绿色产品的发展，促进节约能源和资源可再生、无公害的绿色产品的开发，才是绿色营销的物质保证。

实施绿色营销对企业有着重大的意义：一是绿色营销是适应人类保护环境、顺应时代发展的必然选择，是现代市场营销的发展方向之一。二是绿色营销是实现环境保护战略的必然要求。企业如果生产符合环境保护的"绿色产品"，即对环境无污染、对人体健康无害的产品，就会受到消费者欢迎；反之，则遭抵制。三是绿色营销顺应了全球产业结构的调整。绿色产业在西方迅速发展，被称为"朝阳产业"。绿色产业的产品必然需要大批具有绿色营销观念的人去生产和推销。

二、绿色营销中的产品开发

（一）控制污染的产品

控制污染产品，就要开发保护环境、控制污染的产品，如"三废"处理设备、噪音防治设备、节水节能设备、空气净化设备，这是一个巨大的、有发展前途的潜在市场。

（二）开发绿色产品

绿色产品是指在产品的生产过程中，使用前后以及选用的材料都对环境不造成威胁。未来的市场，绿色产品将成为消费的主流。绿色产品开发包括如下内容：绿色食品、绿色农业和绿色工业品的开发，如生物农药、生物化肥、绿色冰箱、空调等产品。

（三）绿色包装服务产品

这种包装服务产品对环境、人体都无害，如对塑料胶袋包装物的更换。

三、绿色营销的研究构架及发展趋势

（一）绿色营销的研究构架

绿色营销的研究构架主要包括三大因素：一是影响绿色营销的外部因素；二是影响绿色营销的内部因素；三是绿色营销成功的因素（如图3-10所示）。

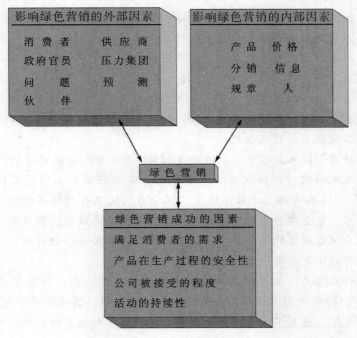

图3-10　绿色营销的研究构架
（资料来源：摘自甘碧群，1996年）

图3-10是在全面分析影响企业绿色营销的内部因素、外部因素的基础上，通过实施有效的绿色营销策略（绿色产品策略、绿色分销策略、绿色价格策略、绿色促销策略），以实现企业绿色营销的目标，促使企业的可持续发展。例如，我国冰箱行业从"普通冰箱→保鲜冰箱→抗菌冰箱"的转变，就说明绿色营销是企业在市场竞争取胜的重要策略。

链接　海尔的绿色营销观念——海尔首台不用洗衣粉的洗衣机问世

21世纪是自然资源日益短缺的时代，每一个公民、每一个企业都要把环保看成一种责任，只有大家都来呵护自然，我们才能和自然和谐相处，一个负责任的企业都应当把关爱环保、支持环保当成自己的责任，争当环保先锋。

最近，海尔集团就推出了首台真正不用洗衣粉的"环保双动力"洗衣机，并首家

通过了国家家用电器质量监督检验中心的洗净性能检测,洗净率达到 0.875,按国标要求加洗衣粉的洗衣机洗净率为 0.7,洗净率比普遍使用洗衣粉的洗衣机还提高 25%。据悉,海尔"环保双动力"是目前唯一通过国家检测的既不用洗衣粉又符合洗净标准的洗衣机。这款高科技环保洗衣机采用了独特的 MW 专利活水处理技术,不受水质及衣物脏污程度等条件限制,真正不用洗衣粉,洗完后的衣服洁净、健康又柔顺。

众所周知,洗衣服使用洗衣粉费钱、费时、费力,洗完衣服,为漂洗干净洗衣粉泡沫还费水,怎么漂洗也漂洗不干净衣服上残留的洗衣粉,而残留在衣物上的洗衣粉会刺激人的皮肤,损害人体健康。更受社会关注的是,洗衣粉产生的废水成了最大的环境污染源。因此,不用洗衣粉的洗衣机成了一种必然的消费趋势。

一段时间以来,国内外洗衣机厂家也都在研究不用洗衣粉的洗衣难题,也自称开发出来了"不用洗衣粉的洗衣机",但其洗涤效果受到中国水质差异大及衣物脏污程度差异大等诸多因素的制约,只能洗只穿一天且不脏的衣服,洗涤效果达不到国家标准,满足不了消费者洗净要求,还得使用洗衣粉。但从个人健康和社会环保等方面,市场仍然迫切呼唤真正不用洗衣粉的洗衣机。

海尔通过借力全球水处理专家,并对全国 42 个城市水质取样分析后,成功地推出首台真正不用洗衣粉的"环保双动力"洗衣机,在洗涤效果上实现了质的突破。这款"环保双动力"以正在市场上十分畅销的"双动力"洗衣机为技术母本,通过采用 MW 专利水处理技术,完全适合中国市场自来水质差异大及衣服脏污程度差异大的特点,使自来水进入洗衣机后通过化学、物理反应,产生如洗衣粉一样的效果,不仅彻底洗干净衣服,而且可自动实现杀菌消毒,使衣物更加柔顺。

海尔"环保双动力"由于不用洗衣粉,减少了漂洗次数,缩短了洗涤时间,实现了省水约 30%。按照中国家庭市场每周洗衣 3 次的习惯,其使用寿命可达 10 年。考虑到人们的使用习惯,这款不用洗衣粉的洗衣机还保留了加洗衣粉程序,消费者可根据需要自由选择使用。

环保是公益事业,关爱环保的企业更能赢得社会的接纳。随着环保及人们卫生保健意识的提高,不用洗衣粉的环保型洗衣机将成为未来洗衣机行业发展的必然趋势。海尔推出的真正不用洗衣粉的洗衣机可谓生逢其时,无论对于消费者的眼前,还是对大自然、对人类的未来环保都是一大利好。相信随着其市场化速度加快与规模的扩大,必将带动中国洗衣机行业的健康良性发展,同时提升中国洗衣机在世界上既大又强的地位。

(资料来源:陕西《三秦都市报》,2003 年 12 月 8 日)

(二)绿色营销的发展趋势

在市场经济条件下的可持续发展,实质是市场的可持续发展,而绿色营销则是实现市场可持续发展的重要手段和工具。在人类面对环境日益恶化、生态平衡破坏,企业发展面临严峻挑战的背景下,企业营销必须树立以绿色营销作为主导的营销观念。

绿色营销作为未来企业营销的发展趋势,其主要表现为如下原因:

(1) 社会可持续发展的必然要求。保护自然资源、治理环境污染,实施经济的可持续发展,这是我国政府的一项重大政策和战略目标。从宏观上除国家制定有关政策外,从企业微观的角度,要求企业的营销活动同自然环境、社会环境的发展相联系,使企业的营销活动有利于促进环境的保护,企业应从可持续发展的战略高度重视绿色营销。

(2) 绿色消费将成为一种消费主流。随着经济发展和消费者收入的增加,消费者迫切要求提高生活的质量,对环境、产品将会提出更高的要求,即要求高质量的生活环境和高质量的消费,如服装要纯棉天然的,食品要求无添加剂的,水果、蔬菜要求无化学农药污染的,等等。绿色消费时代的到来,也要求企业实施绿色营销战略。

(3) 企业发展的客观需要。是否推行绿色营销,将会成为决定企业在 21 世纪能否获得竞争优势的重要决定因素。因为企业将面临三大挑战:一是宏观环境的挑战,如政府立法、环境保护等;二是消费者要求绿色消费的挑战;三是市场竞争的挑战,绿色营销将成为企业实施差异性营销战略,提高竞争能力的重要手段。

(4) 政府宏观政策及立法的调控导向。从国家经济发展战略考虑,合理开发资源,保持人类与环境的协调,将成为较长时期的战略目标;要求企业的营销活动要适应这一新的变化。

本章小结

市场营销环境分为宏观环境和微观环境两大类。企业市场营销的宏观环境主要有政治法律因素、经济因素、科学技术因素、社会文化因素、竞争因素等。企业微观环境是指介于宏观环境和企业内部可控因素(产品、价格、渠道、促销)中间的一些影响因素,其主要包括企业营销渠道、竞争者、顾客和各种社会公众。

企业通过对所处的营销环境进行分析,掌握市场环境信息,针对企业所面临的环境机会与威胁(即风险),一般采用"机会和威胁矩阵"来分析,对于市场环境机会,必须客观、认真、谨慎地评价机会的质量,然后作出决策。而面对环境的威胁,企业应选择反抗、减轻和转移的对策,以求得企业的生存与发展。

绿色营销是企业应该重视的一个关系企业发展的战略问题,企业应以绿色营销为导向,积极开发和生产生态型、环保型的绿色产品。

关键概念

营销环境　微观环境　宏观环境　经济环境　绿色营销

思考题

(1) 市场营销环境有哪些特征?
(2) 什么叫环境机会?企业应如何分析环境机会?
(3) 什么叫环境威胁?企业应如何分析环境威胁?
(4) 企业营销宏观环境分析包括哪些内容?
(5) 企业营销微观环境分析包括哪些内容?
(6) 企业为何要积极开发和生产绿色产品?

案例　西班牙火烧"温州鞋"

2004年9月17日，"欧洲鞋都"——西班牙东部小城埃尔切的中国鞋城，约400名不明身份的西班牙人聚集街头，烧毁了一辆载有温州鞋集装箱的卡车和一个温州鞋商的仓库，造成约800万元人民币的经济损失。这是西班牙有史以来第一起严重侵犯华商权益的暴力事件。

仅仅六天后的9月23日，当地又爆发了一次针对中国商人的示威游行，示威者扬言以后将每周举行一次抗议示威，以抵抗中国商人的廉价产品给西班牙本地商人带来的不公平竞争。连续发生的上述事件让在当地经营的温州鞋商感觉到不可思议，也引起了国际多方人士的关注。

事实上，有资料显示，从2001年开始，温州鞋海外遭抵制事件年年都有发生，且有上升趋势：

2001年8月至2002年1月，俄罗斯曾发生过一次查扣事件，温州鞋卷入其中。那次查扣货物历时最长，整个浙商损失大约3亿元人民币，个别企业损失达千万元以上。

2003年冬，20多家温州鞋企的鞋类产品在意大利罗马被焚烧，具体损失不详。

2004年1月8日，尼日利亚政府发布"禁止进口商品名单"，温州鞋名列其中。

2004年2月12日，俄罗斯内务部出动大量警力查抄莫斯科"艾米拉"大市场华商货物，包括温州鞋商在内的中国商人此次损失约3000万美元。

相关数据和背景资料显示：温州外销鞋产量早在2001年就猛增了40%，接近总产量的30%，仅从温州海关出关的皮鞋就价值4.6亿美元。温州排名前10位的鞋厂里好几家以生产外销鞋为主，如"东艺""泰马"等，包括"泰马"在内的几家温州鞋厂也和沃尔玛签订了生产协议，为这个全球零售业霸主大量生产供超市出售的廉价皮鞋。

我国是世界上最大的鞋类生产和出口国，目前有各类制鞋企业两万多家，出口企业超过5000家，2003年全国制鞋总产量近70亿双，占世界总产量的53%，鞋类出口占世界出口总量的60%以上，并处于主导地位，在资源、劳动力、价格等方面有比较大的优势，"中国鞋"出口的主要市场是美国和欧盟，其中美国市场占出口的50%以上。

从产品层次看，目前我国鞋业出口绝大部分仍是中低档品种，价格较低，一般在10～30美元之间，很多甚至低于10美元。今年9月发生在西班牙的"焚鞋"事件中被烧掉的鞋平均单价只有5欧元。出口鞋中高档及自有品牌所占比例很小，且出口产品多以贴牌生产（OEM）方式进行。例如，我国生产的鞋类产品大都在美国的低档鞋店销售，虽然在美国的中、高档鞋店中也可觅到"中国鞋"的影子，但价位明显低于意大利、西班牙、巴西等国的产品，而且所有中国制造的皮鞋都没有自己的品牌，均使用国外商标和品牌。一些同档次鞋价格在国外市场都要低于原产国产品，有些甚至低于越南、泰国等国的出口产品。从出口企业看，民营企业占绝大部分；从出口地域看，主要分布在浙江温州、福建晋江、泉州以及广东、山东、四川等地区，并已建立起多个鞋业制造基地；从出口规模看，目前出口金额在 10 万美元以下的企业超过 2200 家，占出口企业总数的近一半。

在传统东方文化"财不外露"思想的影响下，华商在国外一般本着"多一事不如少一事"的态度，只管埋头赚钱而极少"参政"。这种低调的姿态刚开始还是可行的，但随着当地华商数量越来越多、生意越做越大，必然会引起一系列的问题。"海外华商必须学会组织起来，用团体力量去影响当地的政治生态，如有意识地去游说当地政府，从而确保自身权益得到有效保护。"商务部研究员梅新育进一步指出："如果海外华商能从这次事件中有所警醒，不再是一盘散沙，坏事也许可以由此变成好事。"事实上，为了使温州鞋更好地参与国际竞争，温州鞋革协会早在 2003 年就开始筹办"鞋类出口委员会"，筹备组由东艺、泰马、吉尔达等外销鞋大户组成。去年 3 月，鞋类出口筹备委员会在柏林进行了第一次大动作，"组织 13 家企业联手在柏林开了一个新市场，统一了价格、装修和竞争策略，这样我们就以集体的形式参与竞争，会更强一些"。温州鞋革协会秘书长朱峰表示，以后肯定要推广这一模式，西班牙事件加速了我们的筹备进程。

"西班牙事件中，我们更需要思考的是品牌。我们还没有世界知名品牌，这是中国鞋在国际竞争中的最大困难。"康奈常务副总经理周津淼接受记者采访时说。温州轻工业进出口公司外贸员陈伟似乎比任何人都清楚中国鞋在国际市场的品牌困境，陈伟说："欧洲著名的连锁超市 BATA，有很多来自世界各地的鞋，但我从来没有发现过有超过 100 欧元的中国鞋。中国鞋在世界上根本没有品牌，只能以低档鞋参与竞争。西班牙烧鞋正是低端竞争的结果。"

目前，我国鞋业生产能力过剩，出口企业数量过多，相当一部分制鞋企业，特别是一些规模不大的企业普遍存在着短视行为。一方面，企业不注重科研、开发、设计，多以来样加工或以相互模仿、抄袭为主，很少投入必要的资金研究、开发产品，很少投入时间和精力去搞系列的市场调查、分析等。这种状况导致企业在国际市场上信息不灵通、产品设计式样滞后、花色品种单一、舒适性差等问题，致使出口档次提不高，价格卖不上去，总在中低档市场徘徊。而中低档市场也已面临越南等新兴鞋类生产国的竞争，鞋类出口已经受到严重威胁。对此，一些出口企业不练内功，反而采取降价手段应对。一些新的出口企业为挤入国际市场，多以低价策略为先导，另外，"外商招标"压价成风也使得鞋价无法提高。在"广交会"上，中国企业自相残杀、恶性竞争，而外商从中渔利的现象并不少见。另一方面，由于企业规模小，不注重产品的开发和质量，最终使中国鞋在国际市场上长期摆脱不了低价路线。如今中国的迅速崛起正给世界利益格局、市场格局和资源格局带来深刻的变化，在这一形势下，也许这个问题更具价值、更值得探讨和反思。因为在很长一段时间里，"我们左右不了国际环境，能够改变的只有自己"。

从 2005 年 1 月 1 日起，欧盟将取消从中国进口部分鞋类产品的配额，这意味着温州鞋将在欧洲获得更为广阔的市场空间。究竟是进还是退，是摆在每一个温州鞋商面前的生死抉择。

(资料来源：《每日新报》，2004 年 9 月 24 日)

讨论
（1）你如何理解"我们左右不了国际环境，能够改变的只有自己"的含义？
（2）对于我国鞋类等劳动密集型产品在海外市场的发展，你有何建议来克服"劳动力优势"可能带来的问题？

第四章 市场营销策划

本章学习目标

通过本章学习，要求学生掌握以下内容：①了解市场营销策划的概念及构成要素；②了解市场营销策划的类型及特征；③了解市场营销策划方案的内容和格式；④了解市场营销策划对企业发展的意义。

引导案例 交广传媒的"一元旅游"策划

在河南省委省政府大力提倡"把旅游的高门槛降下来"号召的背景下，广交传媒策划出降低旅游门槛的"一元旅游"方案。在"一元旅游"运作之前，经多方考证，结果是：景区认为"一元旅游"数量有限，不会影响品牌形象；旅行社觉得"一元旅游"不会影响销售景区门票。广交传媒在经调查论证认为，"一元旅游"在预期非常乐观的情况下，"一元旅游"活动才向前推进。

活动见报的当天上午，2000多个咨询电话打进《河南商报》旅游工作室，置疑的，报名的，询问的，感谢的，不一而足。交钱的群众在《河南商报》报社门前排成了长龙，现场的工作人员给老年人准备了凳子，给年轻人准备了景区画册，现场火爆而秩序井然。热度持续了有三天，还有电话打入旅游景区咨询景区的这一活动。

"一元旅游"活动策划达到了预期目标：《河南商报》报社获得了良好的社会公益形象和火爆的人气；景区明星般地切入市场，群众得到了实惠。旅行社和记者也采风考察了景区的情况：云梦山古灵山一元旅游（50人），嵩县六龙山一元旅游（50人），信阳灵山一元旅游（50人），郑州凤凰岛开业庆典一元旅游（500人），等等，这时活动逐步把"一元旅游"推向了顶点。比如交广传媒旅游策划咨询机构建议新开发的景区实行短期内有效的"一元门票抢购风"促销活动，强力拉动市场关注和网络口碑。对于营销网络成熟的景区，针对奔驰、宝马、保时捷等名贵车型俱乐部的成员还可以实行"一元门票"的政策，引起网络甚至主流媒体的讨论，从而提高了经济效益。

交广传媒旅游策划营销团队经过实战总结，将娱乐营销的精髓归纳为：旅游策划人要会玩儿！旅游策划专家要把玩搞成两半——"王"和"元"，当你玩成"大王"了，"人民币"就来了。

(资料来源：http://www.cctc.net.cn/show.asp? act=content&cha)

第一节 市场营销策划概述

一、策划与市场营销策划

（一）策划

策划在《辞海》中的释义为计划、打算。美国哈佛企业管理丛书编纂委员会认为："策划是针对未来发生事情做的当前决策。换言之，策划是找出事物因果关系，衡度未来可采取之途径，作为目前决策之依据。亦即策划是预先决定做什么、何时做、如何做、谁来做。策划如同一座桥，它连接着我们目前之地与未来我们要经过之地。"

我们认为，策划是人们为实现某一特定目标，在付诸行动之前所进行构思谋划等一系列运用脑力的理性行为。它是依据相关信息，运用专业知识，遵循一定程序，对未来事情发展变化趋势进行科学合理的分析判断，并制定出可行的行动方案的具有创造性的思维活动。

策划的含义包括以下三层意思。

1. 策划具有目的性

任何策划都有其明确的目的，都是针对特定的具体目标而产生的，都是为实现特定的目标而服务的。因此，策划一定要围绕既定的目标展开工作，依次解决需要解决的问题。

2. 策划具有系统性

策划是遵循一定程序运作的系统工程。策划活动一般都要经过调研、确定目标、制定方案、评估、实施、反馈、修正方案等程序。这种策划的程序性保证了各有关活动有机衔接，各个子系统相互协调，从而形成一个有机的策划系统。

3. 策划具有指导性

是针对未来和未来发展趋势及其发展结果作出的决策，能有效地指导未来工作的开展。"先谋后事者昌，先事后谋者亡。""谋"就是策划的意思，人类的任何一种有目的的活动都要求人们在事前思考规划，然后针对具体目标提出基本原则和战略决策去指导行动。

策划不同于计划，策划更多地表现为前瞻性、指导性的战略决策。侧重于把握实践的原则和方向。而计划在很大程度上是为实现策划的目标而设计的具体的可操作性方案，与策划相比，挑战性较小，灵活性较差。策划离不开创意，但不仅仅是创意，好的创意是策划成功的有力保证，创意是策划中必不可少的一环。

（二）市场营销策划

营销策划是市场营销实践日益成熟的产物。市场竞争的激烈，市场环境的复杂都要求企业有效地组合各项经营要素，围绕企业的经营目标进行周密的筹划和实践，以达到最佳的经营效果。企业的营销策划活动犹如战场上对垒双方进行运筹帷幄，斗智斗勇，出奇制胜。

那么，什么是市场营销策划呢？我们认为，营销策划是企业为实现一定的营销目标，在分析相关的营销信息的基础上，遵循一定的程序，运用才智和谋略对未来市场营销活动进行创造性筹划。

市场营销是以对营销信息的分析和市场趋势的判断为前提的，这种分析判断的准确与否直接关系到营销策划的成败。一个成功的营销策划必须建立在对营销信息准确无误的分析判断的基础之上，没有这个前提的市场营销策划就是盲目的冒险行为。

市场营销策划就是企业对未来的营销行为的筹划。需要设计和运用一系列的计谋并制定周密的计划，作出精心的安排以保证一系列谋略运用成功。因此，这种筹划需要借助于丰富的实践经验和卓越的创造才能，审时度势，优化组合诸多营销要素，制定营销方案和行动措施。

市场营销策划所涉及的营销方案必须具有可操作性，不能操作的方案，创意再好也没有任何价值。不易操作的方案必然会耗费大量人力、财力、物力，而成效也不会显著。营销方案还要有一定的灵活性。我们知道市场营销策划是一种超前行为，它不可能预见到未来市场上的一切变化因素，必然会出现营销方案与现实不适应的情形。因此，任何策划方案一开始都是不完善的，都需要在实施过程中根据实际情况的变化进行调整。可见营销方案必须有灵活性，这样才能因时制宜、因地制宜，实现预期的目标。

二、市场营销策划的构成要素

（一）策划主体

策划主体是指进行营销策划活动提出策划方案的策划者。

策划主体既可以是个人，也可以是某一机构组织；既可以是企业内部成员，也可以委托专门策划咨询机构。由于营销策划是智力密集型的创造性活动，因而对策划主体有着特殊的知识、素质、能力的要求。策划人员应具备一定的专业理论知识，丰富的社会经验，良好的心理素质，敏锐的洞察能力，不屈不挠的坚定意志，等等。正确选择营销策划主体是策划成功的根本保证。

（二）策划对象

对于企业而言，不是所有的营销活动都需要进行系统策划的。企业能顺利进行和开展的营销业务是不需要策划的。策划对象一般是影响企业营销全局甚至决定企业生存发展而解决又有一定难度的问题，是企业营销活动中的重点难点问题，正确的选择策划对象才能有的放矢，充分利用营销资源达到企业经营目标。策划对象随时间、空间的变化而变化。策划对象既可以是单一目标，也可以是复合目标。单一目标是就营销活动中某一具体策略问题进行策划，例如，对新产品上市定价策划。复合目标是对两个或者两个以上的目标进行策划，例如同时对价格、渠道、促销、服务等各项活动的预定目标进行策划。

(三) 营销策划信息与物质手段

营销策划是一种筹划谋算过程，它不是靠凭空想象主观臆断，而是以占有大量第一手材料、掌握足够的营销信息为依据的。它要求建立广泛的信息网络，尽可能全面地搜集与策划有关的各种材料，以增强策划准确性，从而减少其盲目性和风险性。同时，营销策划也离不开必要的物质技术手段。如利用计算机实现对策划方案进行模拟试验和检验，进行定量分析，寻求最佳策划方。

三、市场营销策划的类型

（一）按策划内容分，市场营销策划可分为营销战略策划和营销战术策划

（1）营销战略策划是从总体上、全局上对企业生存发展出发，依据企业经营战略的要求对企业发展方向、发展目标进行的宏观策划。具体来说，营销战略策划包括：企业创立策划、企业兼并策划、企业经营危机策划、企业竞争战略策划、CIS 策划等。这类策划的内容综合性强，涉及企业发展的各个方面，具有全局性、长期性、系统性。

（2）营销战术策划是在战略性策划的基础上，针对营销活动中的某一具体问题、某些具体活动进行的策划。具体包括：市场定位策划、产品策划、价格策划、品牌策划、分销渠道策划、促销策划、广告策划、公关策划、服务策划等。其目的是把战略性营销策划规定的内容落到实处，是实现企业战略目标的手段和方法。因此，在企业确定营销战略策划之后就必须制定营销策略和战术，没有相应的策略与战术作为支撑，营销战略策划则是一纸空文，毫无意义。同时，营销战术策略也必须服务、服从于营销战略。这类策划具有针对性强、可操作性强的特点。

（二）按营销目的分，市场营销策划可分为产品主导型营销策划、客户管理型营销策划和市场竞争型营销策划

（1）产品主导型营销策划。企业经营的核心是产品，企业生产与社会需求是通过产品有机衔接在一起，企业与市场的联系也是通过产品来实现的。产品如何进入市场、占领市场便是企业市场营销活动的重点和目标。以产品为主导的策划也就成为营销策划的核心内容。企业在进行营销策划活动中有许多营销策划就是以产品推广为主要内容而展开的。例如，产品在生命周期不同阶段的营销策划、新产品开发上市、推广的营销策划等等。这些策划活动可能只涉及战术型营销策划，也可能涉及战略性营销策划，那就需要从企业经营的全局出发，以产品为轴心综合考虑价格、促销、分销、服务等各种策划要素，展开策划活动。

（2）客户管理型营销策划。顾客是企业营销活动的对象，企业的产品从开发到占领市场的过程也是争取顾客、满足顾客的过程。因此，营销策划可以以客户消费行为特征为中心构思制定营销策划。如客户导向营销策划、顾客沟通营销策划、顾客满意营销策划。

（3）市场竞争型营销策划。随着生产和流通的发展，产品越来越丰富，进入市场

的企业越来越多，而有限的消费需求制约着市场容量的扩张，为争夺市场份额和有利地位，企业间不可避免要展开激烈的竞争。企业产品进入市场、占领市场、争取顾客总是要面对各种竞争者，目标市场随时有可能因为竞争者的侵入而变得狭小甚至丧失。以竞争手段战胜对手已经成为企业经营活动中的基本指导思想。市场营销的任务也就是打败竞争对手确立竞争地位。

总之，在许多情况下，企业可以根据自身面临的竞争态势进行竞争策划作为其市场营销策划的主要内容。

（三）按策划主体划分，可分为自行营销策划和委托营销策划

1. 自行营销策划

自行营销策划是由企业内部的相关职能部门直接承担策划职能进行策划活动。由于策划人员比较熟悉企业内部的经营状态、资源条件，熟悉行业市场状况，由其制作的策划方案可操作性强，但是，也受到企业文化、企业领导人性格与观念以及管理体制等因素的影响，方案设计往往缺乏创新意识。自行营销策划根据参与主体数量不同又可分为个人策划和集体策划。所谓个人策划就是完全由一个人对未来经营活动方案进行全程策划而没有其他人参与。其优点在于意见易于集中、策划过程相对简单、策划成本较低；但其策划质量完全由个人能力、素质、经验所决定，有一定局限性，适合于小型企业的策划活动。集体策划则是有两个或两个以上的策划主体参与的营销策划活动。其优点在于便于集思广益、取长补短，在比较、选择、整合中产生策划方案；不足之处在于策划过程复杂、意见难于统一、策划成本较高，适合于大、中型企业的营销策划活动。

2. 委托营销策划

委托营销策划是指企业委托专门从事营销策划的经济组织为企业提供营销策划服务、制定营销策划方案。其特点是策划起点高、创意新颖、指导性强。但由于对企业缺乏深入、细致、全局性的了解，由其制定的策划方案可操作性可能不强。随着营销策划的职业化、专业化程度的提高，相应的各种专门从事营销策划的企业和机构大量出现，营销策划活动会更多地游离于企业内部营销管理活动而借助于外来的智慧。

（四）按策划方法划分，可分为定性营销策划、定量营销策划、定性定量相结合营销策划

定性营销策划运用逻辑推理、归纳、演绎等思维方法对策划活动进行文字性表述并提出方案。定量营销策划则是借助于各种数学手段对各种策划要素进行定量分析，通过一定的技术手段对各种数据进行计算、分析、比较，以此为基础制定策划方案。把二者相结合的方法就是定性定量相结合的营销策划，这是今后市场营销策划的发展趋势。

四、市场营销策划的特征

（一）创造性

营销策划的创造性是指营销策划运用创造性思维围绕营销目标提出新创意、新理

念、新生活方式和新消费观念，引起消费者的注意和欲望，为消费者提供新的满足，如新产品的创造发明、赋予老产品新的功能作用、富有吸引力和刺激性的促销活动等，在激烈的市场竞争中适者生存。企业面临的市场营销环境复杂多变，遇到的营销问题层出不穷，制定出一个一劳永逸、永远立于不败之地的营销策划方案是不可能的。因循守旧、固步自封只能被残酷的市场竞争所淘汰，企业必须面对新变化，利用敏锐的洞察力、丰富的想像力，独特的视角和灵感，提出新策略、新方法，为消费者创造需求，为产品找到市场。创造性是企业发现市场机会的钥匙，创新是营销策划的灵魂。但是，创新绝不是异想天开、不着边际，其效果的产生立足于符合客观规律的基础之上，而不仅仅是一种主观臆想。它只有根植于科学合理的市场调研的土壤之中才能焕发出勃勃生机，达到出奇制胜的效果。

（二）预见性

营销策划本身就是针对未来一定时期内的营销活动进行的筹划。这种立足于现实，指导未来行动的策划必然要求策划活动具有预见性。这种预见性贯穿于营销策划活动的全过程。首先，它体现在策划活动开始之前对一定时期的营销发展态势的科学预见。准确地把握与策划目标有关的营销活动发展趋势，果断地按新的发展趋势进行策划活动，才能有效地指导未来营销活动的开展。这就要求策划者在掌握大量实际材料的基础上，善于通过现象看到本质，真正认识事物发展的客观规律。其次，营销策划的预见性体现在对营销方案执行过程中遇到的障碍和难点的预测，以及对各种营销环境变化情况的准确判断。这使得策划者在策划时就事先尽可能多地考虑到各种应变的对策和措施以防不测，做到有备无患，把未来因不确定性因素造成的损失减小到最低限度。最后，其预见性还体现在对营销策划效果的正确估计。营销活动是一种经济活动，因此，必须要考虑其所能带来的经济效益，而对经济效益的估计直接影响到对所策划的营销方案的评估和选择。

（三）系统性

市场营销策划是企业在整个营销过程中通过分析、评价，以及采取可以达到目标的各种行动的一种逻辑思维过程。其系统性表现在它必须考虑通过一系列的营销活动来达到最终的营销目标，初始的活动为以后的活动得以顺利开展做好铺垫，前呼后应、环环相扣、层层推进，最终达到预期目标。在现代营销活动中，生产和消费的多变性增强，影响市场营销的因素不断增加，企业营销活动更趋复杂。要进行营销策划应注意使策划的各个组成部分、各个子系统之间相互协调，各种内外因素之间的相互联系和有机衔接，一个环节的疏漏就有可能导致整个策划方案的失败。

（四）动态性

市场营销的过程是企业可控因素与环境的不可控因素之间的动态平衡过程。营销策划的动态性表现在策划方案的设计和实施过程中。随着不可控制的外部营销环境的动态变化，营销方案在进行不断调整，以增加营销策划的灵活性、应变性和调适性。企业总是处于复杂多变的市场环境之中,营销策划如果僵硬、机械就失去了活力,突发事件一旦出现而又无应对措施的情况下,很有可能导致策划的破产或失误。因此,营销策划必须能够随机应变,根据市场态势的变化对策划方案进行有效的调整,使变动中的营销策划方案与变化的市场情况相适应。

(五) 可行性

市场营销策划是一种思维活动,但不能只是提出开拓市场、创造市场、扩大市场的思路,还必须具有很强的可行性。可行性包含两个方面的内容:一是方案要具有可操作性,即在现有条件下可以操作、易于操作,是经过努力可以实现的方案;二是方案要具有可执行性,即通过对营销方案实施所带来预期效益和产生成本的比较分析,论证该方案是否具有实施价值。

五、市场营销策划的意义

(一) 有利于提高企业竞争力

竞争是市场的基本原则,也是市场经济条件下的一种必然现象。在市场态势处于买方市场的条件下,企业之间的产品争夺市场的竞争越来越激烈,商场如同战场,战争不仅仅是精兵利器的较量更是谋略与智慧的较量,善于谋划者可以以小搏大、以弱胜强。同样,好的营销策划是企业角逐市场、竞争制胜的锐利武器。尤其在现代市场竞争中,一个企业不但会遇到国内竞争对手的竞争,还会遇到国际竞争对手的竞争,竞争对手各显其能,要想从众多的竞争对手中胜出,就必须借助于精心周密的策划。好的策划有利于提高企业竞争力。

(二) 有利于优化企业资源配置

优化资源配置是市场经济的内在要求。市场营销策划作为一种经济活动也是以实现最佳经济效益为出发点的。它的一个主要作用就是通过对企业营销资源的分析,按照营销策划目标对企业资源进行合理配置、利用,以尽可能少的资源投入带来尽可能多的收益。在评估选择策划方案时,资源投入与产出的比较分析是确定最佳策划的首选目标。因此,针对一定资源条件,精心策划可以提高企业资源利用效率避免浪费,准确及时的策划活动还可以独辟蹊径、出奇制胜,使同样的资源投入获得超出常规经营的额外收益,这在营销策划中也是屡见不鲜。

(三) 有利于增强企业抵抗风险能力

企业从事经营活动的过程中,风险无时不在,无处不存。经济、政治、法律、文化、科技、伦理道德等诸多不可控因素中的任何一个发生变化都可能给企业带来某种风险;竞争对手竞争策略的改变、本企业某个突发事件、其他市场不确定因素的出现等等,都会给企业经营活动带来风险。如何在获取收益的同时又有效的规避风险,是摆在每个企业面前的一个难题。通过营销策划可以预测和发现企业营销潜在的风险,只要企业采取适当措施预防因风险产生的危机或减少危机出现带来的损失还是有可能的,甚至可以通过巧妙的策划使危机逆转为机遇,为企业带来意想不到的经济效益。

(四) 有利于树立良好的企业形象

现代企业间产品的竞争实质上也是企业整体形象的竞争。推销产品首先要推销企业,塑造企业独具个性、富有魅力的整体形象成为企业竞争的又一武器。通过相应的营销策划实现完整的企业形象设计,使企业理念识别系统、行为识别系统、视觉识别系统有机统一,塑造完美企业形象,使企业知名度、美誉度不断提高,企业的无形资产也随之不断增加。我国一些知名产品如"娃哈哈""海尔"等,都是通过对企业和产品形象的整体策划不断提高知名度的。

第二节 市场营销策划的程序与内容

一、市场营销策划的程序

现代市场营销策划是一项相当复杂的工作。它是在科学理论的指导下,运用各种科学原理和方法,严格依照逻辑程序进行的,不论营销策划的内容方式如何,其策划的程序和过程大同小异,一般要经过以下流程(如图4-1所示)。

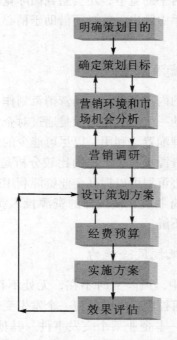

图4-1 市场营销策划程序示意

二、市场营销策划的内容

（一）明确营销策划目的

任何一项策划首先要明确其目的。这也是开展市场营销策划工作的第一步。营销策划是为了解决企业在营销过程存在或可能遇到的各种问题，这些问题的解决也正是营销策划的目的之所在。营销策划的目的大致有如下几个方面：

（1）企业初创阶段，尚无一套系统的营销方略，因而需要根据企业特点、市场态势策划出一套行之有效的营销方案。

（2）企业发展壮大使原有的营销方案难以适应进一步发展的需要，因而对方案进行重新设计。

（3）企业经营方向改变需要相应地调整营销策略。

（4）企业原来的营销方案严重失误，需要对原方案进行重大修改或重新设计营销方案。

（5）市场行情发生变化，原营销方案不能适应变化后的市场。

（6）企业在总体营销方案确定的前提下，需要根据市场态势的变化设计和选择新的阶段性方案。

（二）确定具体目标

明确策划目的之后，就要围绕其目的来确定一个个具体的目标。企业的营销目标是指一定时期内企业市场营销活动预期达到的结果。事实上，企业的营销目标不是唯一的，它是由最终目标、阶段目标和战术目标形成的一个企业营销活动的目标体系。

最终目标反映企业营销活动的重点和主攻方向，是企业在一定时期内营销活动总的指导思想，它贯穿于这个营销活动的全过程。

阶段目标是对企业最终目标的分解，规定了企业营销活动在某一具体时间段中的运行内容。

战术目标是为实现企业营销最终目标而服务的，是将其分解成更具体、更基本的操作目标，从而落实到每一个环节甚至每一个人去实现最终目标的具体对策和措施。具体说来，就是指导企业以何种价格、渠道、促销策略等手段向目标公众提供合适的产品。

在确定目标时我们应注意：①目标应有层次性。即根据目标主次地位、要求实现的程度和层次、达到目标所规定的时限等对其进行排列。②目标应当量化。目标不能只是抽象、空洞的概念化，应当具体化、数量化，规定目标在范围、内容、数量、质量、时间、程度等各方面的具体要求。例如，不能简单地把"提高市场占有率"作为目标，而是应明确说明市场占有率应提高的具体数据。③目标应当切实可行。目标的设定原则上应以适应环境变化的需要和企业能力为依据，不能贪大求全而脱离客观现实。④目标之间应当相互协调。由于企业策划目标是个体系，因而他们相互之间应当密切配合协调，确保最终目标的实现。

（三）营销环境和市场机会分析

发现和把握有利的市场机会是企业营销目标能否实现的前提条件，也是营销策划的重要任务。市场营销环境是在不断变化的，这既能给企业带来市场威胁也能给企业带来市场机会。何谓营销环境？科特勒认为："一个企业的营销环境是由企业营销管理机能外部的行动者与力量所组成。这些行动者与力量冲击着企业管理者发展和维持同目标顾客进行成功交易的能力。"营销环境可分为包括人口、经济、自然、科技、政法和文化在内的宏观环境，以及包括生产商、中间商、顾客、竞争对手在内的微观环境。在对营销环境信息评估分析的基础上，预测未来环境变化趋势之后，结合企业营销现状，进一步分析各环境因素的变化对企业造成的影响，估计影响的性质、程度和发生的时间、概率等，从而明确企业在未来可能受到的威胁和可以利用的机会。

（四）营销调研

成功的营销策划依赖于对市场信息及时广泛的了解和把握。市场信息的了解和掌握离不开系统而有目的的营销调研。在制定营销策划方案之前要进行专门的营销调研，为科学的制定方案提供可靠的依据。

营销调研是一项有目的、有步骤、技术性较强的工作，从一般的营销调研活动看，它大致包括以下一些基本步骤。

1. 制定调研计划

制定一个切实可行的调研计划可以把整个调研工作顺利有序地进行，以达到预期的调研目的。调研计划的内容一般包括：调研目的、调研方法、调研对象、调研人员组织、调研时间、调研地点、调研费用等等。其中，调研人员在展开调研之前必须先明确调研目的。营销调研活动都是围绕着一定的营销目标开展的，因此，可以从营销目标着手确定市场调研目的。调研对象实质上就是调研的信息源，调研对象选择正确与否，在很大程度上影响着信息质量和调研成本，可靠有效的市场调研必须建立在正确选择调研对象的基础之上。调研方法的选择对于提高调研的效率和保证调研的质量也是很重要的。营销调研的主要方法有观察法、问卷法、座谈法、深度访问法、实验法等。调研人员组织包括调研人员的选拔、使用、培训和管理。调研时间包括每个阶段调研时间的安排以及整个调研时间的要求。调研费用是对该项调研所需经费进行估计汇总以便对调研费用进行控制。

2. 设计调研方案

在调研计划拟订好之后，应根据调研计划的要求来设计调研方案。调研方案是对调研活动的设计。主要包括以下几项内容：

（1）确定所需信息及其来源。就是确定调研中搜集哪些资料及搜集的范围。

（2）设计调查表。市场调研要使用一定的调查表来搜集资料。

（3）设计抽样方法。根据所需调查的市场规模和对象范围进行选择、设计抽样方法。决定抽样数和样本单位。样本的适度、准确是营销调研中必须加以注意的问题。在大多数市场调研活动中都会采用问卷的方式进行。问卷主要是将调研者要了解的情况以问题的形式系统地传达给被调查者。问卷设计应根据调研计划中的调研内容来进行一般包括：①调查对象的一些基本情况，如性别、年龄、职业、收入、文化程度等；②调查对象对某类产品或服务需求态度和购买意向；③调查对象对某个产品或服务的态度。要使问卷发挥其应有的效用就必须符合下列要求：一是问题的设计要有的放矢、全面、系统、简洁明了不能有所遗漏。二是问题要通俗易懂，便于回答。三是问题编排顺序要符合人们逻辑思维，由浅入深、分门别类、自然过渡。四是问题数量应适度。

3. 实施调查方案

做好上述准备工作后，就可以按照调研方案的要求开展调研活动。在具体调查中要不厌其烦、千方百计争得调查对象的理解、支持并积极配合，客观真实地反映营销信息，切不可简单行事甚至弄虚作假。这就要求做好调查人员的组织监督和管理工作，出现问题及时解决。

4. 整理分析资料

搜集来的原始资料在没有经过整理之前是杂乱无章无法使用的。为了更好地发挥资料的作用，就需要对搜集来的资料进行系统的整理分析。通过对资料分类、核对、编号、列表等整理工作，运用某些统计方法对资料进行检验和分析。

5. 编写调研报告

在整理分析材料的基础上写出正式的书面调研报告。整个调研报告内容力求客观、务实、重点突出，报告的文字要言简中肯、通俗易懂；整个报告要紧扣市场调研的目的做到论证科学、分析有据、推理严谨，为营销方案设计提供依据。

（五）设计营销策划方案

依据提交的调查报告，企业营销策划人员即可着手设计营销方案。营销策划方案设计就是依据企业营销中存在的问题和所发现的机会，针对企业营销目标提出具体解决问题的方案。

营销策划方案内容一般包括：①策划目的，即营销策划所要达到的具体目标；②目标市场的选择，即企业及其有关产品准备进入哪些细分市场；③市场营销组合策略的选择，就是对选定的目标市场你用什么样的产品、价格、分销、促销策略去占领目标市场，通常会有各种不同的营销策略组合方案可供选择；④实施步骤，即采取行动措施的具体过程和时间安排，应注意的问题、采取行动过程中可能出现的问题及其防范措施。

从营销操作实务上看，营销方案设计一般要经历以下几个阶段：①准备阶段。为营销方案的正式设计进行信息准备；②酝酿拟订阶段。利用信息、知识和经验构思各种可行方案；③论证选择阶段。对设计好的方案的可行性进行评估论证，以选择最佳方案；④选点试行。有的营销策划方案由于涉及面大、投入多，除了在理论上进行论证评估外还要在一定范围内进行试运行，从而确定方案的可行性；⑤形成文案阶段。当策划方案经过论证认为可行时就可以将设计好的方案用文字、表格等形式表达出来，写成可具体操作的策划书。策划书要具体、明确、简洁、周密，详细说明做什么、何时做、怎样做、谁来做。

（六）经费预算

根据营销策划方案预算整个营销策划活动所需要的成本费用。一般而言，它包括用于策划的费用和执行策划的费用。用于策划的费用有以下几项：

1. 市场调研费

市场调研费的多少取决于调研规模的大小和难易程度。规模大、难度大，费用必然高；反之，则低。

2. 信息搜集费

信息搜集费主要包括信息检索费、资料购置费、复印费、信息咨询费、信息处理费等，其数量由搜集的规模来决定。

3. 人力投入费

策划过程要投入必要的人力，其费用的多少通过投入人力的多少确定。

4. 策划报酬

用于支付给策划人的报酬。如果由本企业内部人员策划就没有这笔开支，如果外聘策划专家或利用专业策划机构进行策划就要支付策划报酬。

执行策划的费用是执行策划方案的各种营销策略、政策所需要的费用。是用于营销策划方案执行中各个环节、各种营销手段运用的费用。

充足的经费是策划具有可操作性的物质保证，准确的经费预算可以使企业财务部门事先做好足够的资金准备，保证策划工作顺利开展进行。

（七）实施方案

在经费预算获得有关部门的批准之后即可着手实施营销策划方案。在方案实施过程中应注意下述问题：

1. 稳定性与灵活性相结合

营销方案一经确定就应当具有相对稳定性。但稳定性并不排斥灵活性，在执行营销策划方案的过程中营销状况可能会发生一些新的变化，这时就应对方案做适当的调整以使方案得到更好的发挥并达到预期目的。

2. 程序性与随机性相结合

营销方案是按既定程序严格执行但并不意味着把偶然性的机遇排斥在外。对随机事件的发生所带来的良好机会的把握，可以使营销方案的实施得到意想不到的效果。

3. 更替性与交叉性相结合

更替是指一个步骤结束之后再进入下一个步骤，交叉性是指多个步骤之间交叉进行。更替性与交叉性相结合，不仅可以大大节省实施时间，而且可以优化活动结构，提高营销水平。

（八）效果评估

方案实施后，还应对方案的设计和执行情况作出科学的评估分析。检查是否达到预期的要求，有哪些经验值得借鉴，存在什么问题和不足。客观评价整个方案的实施效果，为以后更好地进行营销策划提供指导和依据。此外，在方案实施过程中也可以进行阶段性测评，为下一阶段更好的实施方案提供一些指导和建议。

第三节 市场营销策划方案的编制

一、市场营销策划方案编制的项目和目的

在收集并分析有关市场营销策划方案所需的信息之后，就可以着手编制书面文件以将其有效传达给企业相关人员，以保证策划实施、反馈、调整、改善，最终实现企业目标。书面策划方案必须简洁明了易于阅读。市场营销策划方案编制的项目和目标如表4-1所示。

表4-1 市场营销策划方案编制的项目和目的

项 目	目 的
1. 目录	便于检索
2. 内容提要	使有关人员迅速把握策划的核心及要点内容
3. 营销状况分析	提供市场、产品、竞争、销售现状和宏观环境状况
4. 营销机会与问题分析	指出市场机会与威胁、优势与劣势及企业面临主要的问题
5. 营销目标	确定所要达到的市场份额、利润率、销售量等方面的目标
6. 营销策略	描述为实现目标而采取的主要营销手段
7. 执行程序	说明具体实施策划方案的主体、时间、地点等
8. 营销策划预算	说明策划所需成本以及其收益
9. 方案控制与更新	说明如何监督方案实施
10. 附录	必要时利用附加材料说明相关内容

二、市场营销策划方案的内容

（一）目录

一份完整的营销策划方案应在起始页列出目录表。列出方案各个组成部分的内容目录并标明页码，以便读者很快找到方案中各项内容的确切位置。

（二）内容提要

内容提要说明该方案制定背景、制定原因、制定目的，还要对营销策划目标和拟采用的策略概括说明，使有关人员迅速把握策划的核心内容。上述内容可根据具体方案不同而加以删减合并，但其核心目的不能改变就是要突出该方案实质。例如，在我国某设

备制造公司（以下简称公司）对英国市场营销策划方案中，其内容提要如下：①序言。英国销售量这几年一直停滞不前。公司虽一直向水利工业出售一定量的产品，但水利工业并未成为公司主要的销售活动区域。因此，我们对该工业或是我们产品在该市场的潜力知之甚少。随着欧盟对水治理和水处理指令的下达，水利工业正在实施一项大规模资本改进计划。所以销售和营销部主任认为公司有必要分析自己的市场定位。利用水利工业增加投资的机会为扩大销售做准备。②执行摘要。尽管公司在英国市场上总销售量有所下降，但过去三年里过滤器的销售量却增长了三倍，主要是对水利工业销售量的增加。公司的问题产品是球形阀门，公司的球形阀门只有10%的市场份额。在水利工业的销量较低。目前，公司在水利工业领域拥有的市场份额中，过滤器为10%，阀门为5%，公司相信我们能够在这个不断扩大的市场上获取更多的市场份额。此外，过滤器和阀门的组合产品也将给公司带来竞争优势。本方案的目标是在今后三年内在英国销售额增长10%。使过滤器在水利工业的销量翻一番，达到20%，并使球形阀门在计划市场上的销量翻一番，达到10%。

（三）营销状况分析

这部分内容应提供关于市场、产品、竞争、销售和宏观环境的概况和简要分析。

1. 市场态势

市场态势分析包括该类产品市场总体评估和企业自身该类产品市场评估。

总体评估是对该类产品总的市场潜量、产品结构、营销手段、消费需求、购买行为的变化趋势等情况进行分析。

企业自身评估是对市场范围大小、细分市场数量、规模、发展趋势，以及过去几年的总销售量和增长速度，各个细分市场的销售比例、顾客需求状况和影响其购买行为等因素进行分析。

2. 产品形势

列出企业产品的销售状况、增长幅度、预期销售额等，说明企业产品结构，每一种产品的销售量、价格、收益率等，老产品的市场前景、新产品的开发状况。

3. 竞争状况

列出主要竞争者，用文字、数据、图表等形式列明各个竞争者在企业规模、产品质量、市场份额、营销目标、营销策略、技术实力、竞争手段等方面的情况，并进行说明。

4. 分销渠道

列出企业产品在不同销售渠道上的销售量说明不同的渠道对产品销售的影响程度，并对该产品市场上的销售商、代理商或其他分销方式进行评价分析。

5. 宏观环境状况

列出政治、经济、文化、法律、科技等宏观环境要素的现状及发展新趋向，分析其对企业营销活动带来的影响。

（四）营销机会与问题分析

在这一项中列出企业本身的优势和劣势，分析企业存在的市场机会和面临的威胁。

分析企业本身的优势和劣势通常采用 SWOT 分析,以确定在营销策划中必须注意的主要问题。

下面我们以某设备制造公司球形阀门的 SWOT 分析为例列表说明(见表4-2)。

表4-2 某设备制造公司球形阀门的 SWOT 分析

优势(S)	劣势(W)
产品规格齐全、质量高	原材料有限
是英国一大集团公司的一部分	销售人员不足
金融和技术资源充足	高成本/高价格
机会(O)	威胁(T)
母公司正在投资组建一个新的销售部	欧元疲软
已经创建了新的研究开发机构即将开发新产品	来自亚洲的廉价进口品
将在亚洲开设一家低成本工厂	来自美国的低价产品

(五)营销目标

营销目标包括市场占有率、销售额、利润率、投资利润率、分销范围等。这些目标有确定完成期限、度量标准,各目标间应彼此协调,具有一定层次性,做到科学合理、切实可行。

现以某设备制造公司在英国营销方案中营销目标为例,说明如下:

(1) 今后三年使英国的销售量上涨10%。
(2) 三年内使水利工业的球形阀门的销售量翻一番。
(3) 三年内使产品组合的销售量增加50单位。
(4) 到2017年使过滤器在水利工业的市场份额翻一番。
(5) 到2017年使苏格兰和北爱尔兰的分销量翻一番。
(6) 到2017年使整体总利润额从39%上升到43%。

(六)营销策略

列出为达到上述目标而采取的手段和方法。包括目标市场的选择、产品组合策略、价格策略、分销策略、广告策略、服务策略等。

例如,某酒厂某品牌系列产品营销策略如下:

1. 目标市场的选择

(1) 确定省内、省外两个市场主体,目前以省内市场为主体。
(2) 省外市场主要是河南、上海、北京、广东等地。

2. 产品组合策略

(1) 产品组合延伸策略。向下延伸,开发20度的"某品牌子系列";向上延伸,并开发新产品。

（2）产品组合家族品牌策略。所有上下延伸产品都使用某品牌，便于树立品牌形象。

3. 价格策略

（1）撇脂定价策略。所有品牌产品均定较高价，现有产品不低于38元。向下开发的低度酒不低于40元。

（2）系列化定价策略。即每一个子系列取1～4个价位，并形成明显价差，满足差别需求。

（3）统一定价策略。即统一厂价、统一批发价、统一零售价，如有价格的调整，应由总公司统一规划、统一执行。

4. 分销策略

包括分销区域、分销量规划、分销新路、分销网络、分销方式，以及对销售人员奖励政策。

5. 宣传广告策略

策划一次对某产品独特的、影响面广的、重大的宣传活动，以提高某知名度。有一定品牌知名度后再采用提醒式广告策略。以公关活动和营业推广为主。

6. 服务策略

（1）开设营销热线服务咨询中心，解答消费者对产品的询问同时开展电话销售。

（2）对质量有问题产品予以调换。

（3）对远距离的单个顾客一律免费送货。

（七）执行程序

执行程序上可采用计划表的形式把各项策略措施具体落实到人、财、物等要素组合上。逐项列出行动方案的名称、内容、时间、主管人、预计费用、参与部门等，这样能够比较好地阐明行动内容、时间、主体、成本等问题。

（八）营销策划预算

制定该方案预计损益表，在预计收入方列出预计销售数量平均实现价格，在支出一方列出生产成本几个相应费用，二者差额为预计利润。营销预算用以表明该方案能给企业带来的利润，报经有关部门审核批准可作为实施方案的依据。

（九）方案控制与更新

在方案控制与更新方面要阐明：方案控制与更新实施的标准及方式、方法，有关的保障措施和应变计划，将各行动执行期的实际工作情况与所定标准进行对比，对策划执行进行有效监督以及时纠正失误。对于意外情况做好相应准备，在执行过程中因营销条件变化而要对营销策划方案进行更新，等等。

本章小结

市场营销策划，是指企业为达到一定的营销目标，在分析相关的营销信息的基础上，遵循一定的程序，运用才智和谋略对未来市场营销活动进行创造性筹划。成功的市场市场营销策划必须具备三个要素：策划主体、策划对象及策划信息与物质手段。市场市场营销策划可以根据不同的标准分为不同的类型，市场市场营销策划具有创造性、预见性、系统性、动态性和可行性五个方面的特征。

市场市场营销策划的流程可以分为明确策划目的、确定具体目标、营销环境和市场机会分析、营销调研、设计市场营销策划方案、经费预算、实施方案和效果评估八个步骤。一个完整的市场市场营销策划方案包括目录、内容提要、营销状况分析、营销机会与问题分析、营销目标、营销策略、执行程序、市场营销策划预算、方案控制与更新和附录十个部分。

关键概念

策划　市场营销策划　市场营销战略策划　市场营销战术策划

思考题

（1）营销策划按不同的分类方法可以分为哪几种类型？
（2）简述营销策划的特征。
（3）简述营销策划的意义。
（4）试编制一个具体的营销策划方案。
（5）简述市场营销策划方案的内容。

案例　关于在芜湖进行维美方便肉公共关系促销活动的策划书

委托方：××肉联厂方便肉制品分厂
策划方：××市公共关系服务公司

一、活动主题

通过芜湖市场大品尝，宣传"图便当、图实惠，就要吃维美方便肉"的观念。

二、活动目标

（1）使芜湖市有关各界（重点为家庭主妇、各单位工会或行政科干部、食堂饭店的主厨与采购员）了解维美方便肉，并产生好感，形成潜在的长期市场。
（2）在1993年秋冬季的芜湖市场上，实现维美方便肉销售26吨的目标。

三、活动时间

1993年10月下旬的某个双休日。
理由：
（1）气温变低，肉食需求量增大，并便于保存。
（2）赶在1993年11月1—20日芜湖国际菊花节之前，既可为菊花节期间的市场做铺垫，又可避免菊花节的节庆气氛冲淡了促销活动效果。

（3）深秋天气晴朗，便于活动宣传。

四、活动方式

1. 产品品尝及信息发布

分为两种形式：

（1）举办"维美方便肉冷餐会暨信息发布会"。参加人为：市分管经贸的领导，各大企业组织的工会与行政科负责人，各大食堂、大饭店、食品商场售货员、各新闻单位记者。举办地点：市物资大厦会议厅。举办方式：准备各品种方便肉的冷盘及啤酒，供冷餐品尝。同时现场配菜，进行炒、熘、烧、烫的表演。另外，在与会者离去时赠0.5～1公斤左右的方便肉，并与有关人员签订意向性订货单。

（2）街头及菜场品尝。即在闹市街口、大菜市，设"维美方便肉品尝点"，把方便肉切成薄片，请行人与购菜者品尝，并散发宣传单。同时，进行销售。

2. 广告宣传

多种方式立体进行，即：

（1）印制广告宣传单50000份散发。

（2）电视广告。

（3）报纸广告。

（4）礼仪广告队。聘请礼仪小姐以横幅、绶带上街宣传，并散发广告传单。

（5）在主要街道与各菜场悬挂广告横幅，广告语统一为："维美方便肉，方便千万家"或"维美——味美、方便、实惠"。

五、活动步骤

（1）以委托厂家通过公共关系促销策划为起点。

（2）组织品尝用及第一批销售用的方便肉运抵芜湖。

（3）邀请参加冷餐会的宾客。

（4）物色各菜场方便肉专售户。

（5）报纸进行品尝预告，并拉出广告横幅。

（6）雇请广告礼仪小姐及烹制表演的厨师。

（7）准备电视广告。

（8）统一实施。

（9）新闻见报，并展开销售。

（10）活动结果调查。

六、活动经费预算

（1）冷餐会及信息发布会：10000元。

（2）街头及菜场品尝：5000元。

（3）广告传单：8000元。

(4) 报纸、电视广告：20000元。
(5) 广告横幅：3000元。
(6) 礼仪广告队：2000元。
(7) 杂费（接待、礼品等）：3000元。
(8) 劳务费：5000元。

七、活动建议

应控制零售价，即控制零售商在活动期间及第一批方便肉销售时的利润率限定在一定的幅度内，以薄利多销占领市场后，再逐渐放开价格。

总策划：舒咏平

（资料来源：李道平：《实用策划学》，中国商业出版社1995年版）

讨论

试分析此策划书的基本要素与格式。

第五章　市场营销战略

本章学习目标

通过本章学习，要求学生掌握以下内容：①了解市场营销战略的概念、特征及意义；②了解影响企业营销战略制定的影响因素；③了解市场营销战略四个阶段的主要内容；④了解大市场营销战略。

引导案例　德克士：三大营销战略成就西式快餐第三品牌

据中国连锁经营协会（CCFA）2006年4月7日的统计：截至2005年年底，德克士在我国的总店数超过500家，稳居我国西式快餐品牌第三位，并在店铺数量上紧逼在我国西式快餐第二名的麦当劳。德克士的成功关键在于其制定的三大营销战略。

一、选址战略：农村包围城市

地域的选择对连锁经营企业来说是战略性的选择，它意味着连锁经营企业进入什么样的地域市场，在什么样的地域与什么样的对手进行竞争。

实际上，德克士在1996—1998年间，与麦当劳、肯德基在一线城市曾进行正面对抗，短短两年间就在13个大城市建立了54家直营店。但由于品牌影响力太小、运营成本居高不下，德克士持续亏损。在这种情况下德克士不得不忍痛断腕，关闭北京、上海、广州等地区分店。

德克士随后吸取教训，采取"农村包围城市"战略，面向麦当劳、肯德基无暇顾及的国内二三级城市进军，主攻西北市场。在进入城市选择上，德克士只选择那些非农业人口在15万人以上、居民年平均收入在4500元以上的地级市和那些非农业人口在10万人以上、年人均收入在6000元以上的县级市；在商圈选择上，除了秉承在"城市内最繁华地段或人流量最大的大型超市或商场"这一基本地选址要求外，德克士主要选择在主商圈、社区以及学校周围等商圈进行其不同规格店铺的选址。

德克士的选址战略避实就虚，避免了和肯德基、麦当劳的正面对抗，使德克士在几乎是西式快餐空白的市场得到快速发展。在很多城市，由于最先进入，德克士成为该城市的西式快餐第一品牌，即便是后来肯德基或麦当劳也进入了该市场，但不论是品牌影响力还是单店的营业额，德克士都处在领先地位。

二、连锁战略：以特许加盟主导

在连锁模式上，相对于麦当劳、肯德基在特许加盟上的谨慎做法，德克士采取了

"加盟连锁为主、直营连锁为辅"的战略。其中在加盟连锁方式上，德克士以特许加盟为主、以合作加盟为辅。特许加盟是为愿意全额投资并全心经营的加盟者提供的合作模式；而合作加盟是针对投资型加盟者，由加盟者与德克士共同投资，德克士以设备资本作为投资，加盟者以场地、装修等资本作为投资，德克士负责餐厅经营并承担经营风险，加盟者提取固定利润。

正是因这两种加盟方式充分考虑到了国内中小投资者的不同处境和经营观念，再加上德克士根据不同地点、不同面积推出的不同店型并设计合理的加盟费用，使德克士很快吸引了大批加盟者。

在投资额上，相比肯德基、麦当劳上千万元的投资额，德克士的普遍投资额仅为100万元，并且营运成本也被严格限定在适当的范围内，从而使每个德克士餐厅的成本远低于肯德基、麦当劳，也就大大增强了生存和竞争力。根据德克士总部对多例与麦当劳、肯德基发生直接竞争的案例进行的测算，德克士的运营成本平均比麦当劳、肯德基低10%~15%，而物业租金由于品牌、进入时间先后等因素的影响更低。因而，在同一个城市，如果麦当劳、肯德基亏损的话，德克士很可能还会活得不错。

德克士灵活的特许加盟模式以及低成本扩张策略使德克士迅速壮大，品牌影响力也不断增强。到2005年肯德基新开店铺达300家，总店数超过1500家；紧随其后的麦当劳新开店约70家，总店数约700家；排名第三的德克士新开店铺160家，总店数超过500家。就店数而言，德克士与位于第二位的麦当劳的差距在逐渐缩小。

三、差异化营销战略

"农村包围城市""特许加盟战略"本身就是德克士与麦当劳、肯德基进行差异化竞争的重要策略。除此以外，德克士在产品开发、促销方式等方面相比麦当劳、肯德基等洋快餐严格执行的"千店一面"更具有个性化特色。

在产品开发上，虽然德克士的主打产品和肯德基一样都是炸鸡，但德克士在口味选择上非常注意与后者形成区别。德克士炸鸡采用开口锅炸制，因而鸡块具有金黄酥脆、鲜美多汁的特点，并以此与KFC炸鸡形成鲜明差别。另外，在德克士开发的产品中，有很多是具有东方口味的美食，比如玉米浓汤、米汉堡、鲜肉芙蓉堡、咖喱鸡饭等。近年，德克士还推出烧鸡肉饭、红烩牛肉饭等饭类产品。

在促销上，德克士有别于麦当劳、肯德基自上而下的全国性或区域性促销体系，采取自下而上与自上而下相结合的促销策略。德克士的每个加盟店都可以根据自身情况随时提出新的促销措施，经过与德克士公司讨论通过后，第二天就可以实施。而麦当劳要搞促销的话，一个签呈就可能要在内部走半年。正是凭借这种贴近市场和消费者需求的灵活而快捷的促销方式，德克士能以更低的成本和更有效的方案吸引越来越多的回头客。

德克士的差异化营销使德克士具有强大的竞争能力，加上德克士的投资额以及运营成本相对麦当劳、肯德基要低，加盟商具有更大的营利空间，因而很多德克士的加盟商在开办了第一家加盟店后，往往又在几年内开办了第二家、第三家加盟店。

(资料来源：中国营销传播网，2008-10-15，作者：文志宏)

第一节　市场营销战略概述

一、市场营销战略的概念、特征及其作用

(一) 市场营销战略的概念

"战略"一词始用于军事，是指将军的韬略和艺术，因为在市场经济中，商场如同战场，所以战略一词也就广泛地应用于经济活动中。战略是相对于战役和战术而言的，战略是指一个组织在一定时期内对带动全局的方针与任务的运筹谋划；而策略是指为实现战略任务所采取的手段。战略和策略之间的关系是全局与局部、长远利益与当前利益之间的辩证统一关系。

市场营销战略是企业战略管理的一个组成部分，战略管理已经成为现代企业管理的一种最重要的手段。市场营销战略是指企业在环境分析的基础上，从全局长远性的观点出发，在不断变化和竞争激烈的环境中努力把握机会，有效配置资源，创造竞争优势，以实现企业营销目标的行动方案。这个定义指出了战略的基本要素：环境、机会、威胁、企业条件的优势与劣势、目标等（如图5-1所示）。

图5-1　市场营销战略的概念图示

从图5-1可知，企业战略规划的目的，就是合理配置企业资源，实现一定的目标。环境中的机会对目标的实现是正效应，而威胁则是负效应。恰当地处理这些要素之间的关系，就构成了战略规划的基本框架。战略决策是由企业高层领导决策的，战略管理是企业的高层管理。

现代市场营销学认为，营销战略既是一门艺术，也是一门科学。企业科学的营销战略的制定，主要应依靠科学的情报信息资料。日本企业在汽车市场，以高超的营销战略，在美国市场获得成功。因此，营销战略已经成为制约企业生存与发展的关键因素。

(二) 市场营销战略的特征

市场营销战略的特征，既决定营销战略的性质，又是制定营销战略的基本原则。市场营销战略的特征主要有以下方面：

1. **全局性**

全局性原则，是市场营销战略的基本特征，战略总是对全局而言的。全局性要求企业必须从国家、社会公众的全局利益和长远利益出发制定营销战略。要以企业为中心，权衡时间、空间、环境、条件、趋势，使营销战略最有效地利用内外资源，使营销目标协调于环境，实现营销战略的最优化，不断提高经济效益。而营销战略中的经济效益是一个广义的概念，泛指社会经济效益、资源经济效益、环境经济效益以及企业自身经济效益的有机统一体，并要兼顾当前经济效益与长远经济效益、局部经济效益与全局经济效益。

2. **计划性**

战略指导全局，必然具有计划性的特点。它既是根据国家产业政策要求、社会需求及企业的中长期发展战略目标而制定的，又是企业制定经营计划的纲领性文件。具体来说，计划性是根据企业营销思想和营销方针，把要做的工作的具体内容、方针、步骤、时间规定下来，按年（季）度付诸实施，从而形成企业长远营销的定量安排。

3. **系统性**

系统性要求企业以营销的外部环境到内部条件，从营销思想、方针，营销方向、目标、策略到行动计划等方面作出系统性谋划。可见，系统的营销战略必须是不同层次、不同结构、不同功能、不同方法的，并把他们结合起来形成多维结构的营销战略。企业应将营销战略作为一个整体系统工程统筹规划，追求整体发展的最大效益。

4. **长期性**

战略着眼于未来，要指导和影响较长时期的企业营销行为，所以市场营销战略具有长期性的特征。也就是说，企业应该有发展的观念，要处理好企业眼前利益和长远利益之间的关系，并使二者相互衔接、相互协调。

5. **风险性**

由于营销环境的多变性和复杂性以及企业内部条件也在不断变化，同时战略总是相对未来而言，因此使企业的营销战略具有风险性特征。然而，风险总是与机遇同时存在的，而且还是可以互相转化的。企业营销战略的实施也就是抓机遇、避风险的过程，如20世纪70年代的石油危机，对几乎所有工业国家的企业都形成巨大的风险，而日本的汽车工业却从中获得了更有利的竞争地位。

此外，市场营销战略还有科学性、经济性、时效性、可行性、灵敏性、竞争性等特征。

（三）市场营销战略的作用

在市场经济条件下，一个企业在激烈的竞争中能否生存，能否获得成功，主要取决于企业的管理者能否制定切实可行的营销战略，这已经成为影响企业生存与发展的一个关键因素。《孙子·计篇》中说："夫未战而庙算胜者，得算多也。未战而庙算不胜者，得算少也；多算胜，少算不胜，而况于不算乎；吾以此观之，知胜负矣。"其意思是说，在用兵打仗前，要了解对方和自己的实情，对作战中的各种情况，包括好的、坏的、优势和劣势进行充分估计，估计得越准确（即"得算多"），则战争中取胜的把握越大。这就是说,企业在制定营销战略时,要未战先算,通过多方面地反复分析对比,选择最合适的战略是成功的诀窍。

当今,世界500强企业都不惜代价,努力寻求好的企业营销战略,著名市场学家菲利普·科特勒教授在其《新竞争》(*The New Competition*)一书中,把日本企业在全球经济竞争中的成功归因于日本企业市场营销战略的灵活运用。该书认为,"在日本企业的成功案例中,市场营销战略扮演了一个主要角色"。由此可见,重视营销战略的制定,具有重要的现实意义和必要性。

市场营销战略对企业的营销活动有以下作用:

1. 市场营销战略是企业生存与发展的关键

保持与动态变化环境的相适应,是企业在竞争中生存发展的关键,而这种相适应是建立在对环境变化作出科学性判断与预测的战略决策,只有做到这一点,才能保证企业营销的成功。

2. 市场营销战略有利于增强企业的应变能力

市场营销战略的制定,建立在对未来环境综合分析的基础上,战略方案往往都有两个以上,所以当外部环境变化时,企业可随时从中选择较佳方案,提高了企业的适应能力。

3. 市场营销战略有利于发挥企业的相对优势

企业要想在激烈的市场竞争中享有较理想的市场占有额,就必须找到最能发挥自己优势的领域和范围。例如,美国通用电器公司卖掉家用电器部,转而经营医疗设备,就是在识别市场机会的基础上,充分发挥优势的成功范例。

4. 市场营销战略有助于提高企业的整体管理水平

市场营销战略是全面的、长远的经营目标,要保证其实现,企业就必须从各方面加强内部管理,提高管理水平。西方营销学者的研究表明,成功企业的营销取决于七个因素:①战略(Strategy);②结构(Structure);③系统(Systemes);④风格(Style);⑤技能(Skills);⑥职员(Staff);⑦价值观(Shared Values)。在上述七个因素中,前三个称为营销成功的"硬件",后四个是成功的"软件",简称"7S"。如图5-2所示。

图5-2 "7S"模型

5. 市场营销战略有利于增加企业盈利

市场营销战略是决定企业实际盈利水平的关键因素。战略追求的是长期盈利的最大化，而不是斤斤计较的眼前利润。

二、影响市场营销战略的因素

影响市场营销战略的因素主要有以下方面。

（一）社会需求

社会需求为企业提供了生存与发展的机会。但是，由于受社会政治、经济、技术等因素的影响，社会需求是在不断变化的。这种变化为经营者的发展既提供了机会，也孕育着一定的风险，这就需要企业制定营销战略。社会需求既有现实性又有一定的潜在性，即社会需求要靠经营者的创造，而创造社会需求就要借助一定的营销战略。同时，社会需求又有一定的弹性和可替代性，这种弹性与经营者的营销战略有着密切的关系。正确的营销战略可能把社会需求吸引过来，不切时宜的营销战略可能把社会需求推向他处，给企业经营带来风险。因此，社会需求是决定营销战略的第一要素。

（二）企业的营销结构

企业的营销结构是指能用来满足社会某种需要，维持其生存和发展的一切手段，它包括人力、物力、资金等资源结构，还包括企业的生产技术、设备结构、产品结构、营销结构、营销的组织结构等。企业的营销结构是企业制定营销战略的物质基础和后盾。没有必要的物质基础，营销战略只能是纸上谈兵。但是，若有了一定的物质基础，没有出色的营销战略去有效地利用资源，企业也得不到应有的发展。

（三）竞争者

市场营销的环境是一个竞争十分激烈的环境。竞争者的存在不仅使企业制定营销战略更显得必要，而且竞争者的营销战略对企业营销战略的制定及实施有着重大影响。所以，企业在制定营销战略时，必须认真研究竞争对手的战略，以便知己知彼，扬长避短，在竞争中取得优势，并保持其优势地位。

影响企业市场营销战略的上述因素是三个不同的矢量（如图5-3所示）。企业的营销战略就是要在这个空间中寻找自己应有的适当位置。

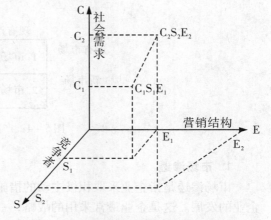

图5-3 影响企业市场营销战略的因素

当社会需求发生了由 $C_1 \rightarrow C_2$ 的变化、竞争者的战略也发生了相应的由 $S_1 \rightarrow S_2$ 的变化、企业的营销结构就发生了由 $E_1 \rightarrow E_2$ 的变化时，企业的市场营销战略就应由 $C_1 S_1 E_1$

的位置转移到 $C_2S_2E_2$ 的位置。

第二节 市场营销战略的制定

企业的营销活动大都是在市场上进行的,实施有效的市场营销战略,是企业在营销竞争过程中立于不败之地的重要保证。一般来说,企业的市场营销战略过程大致分为四个阶段:建立目标市场战略、市场发展战略、市场进入战略和市场营销组合战略。

一、建立目标市场战略

制定企业的市场营销战略,首先遇到的是用什么产品进入市场的问题,即目标市场选择。一般有三种战略可供选择:差异性市场战略、无差异性市场战略、密集性市场战略。

二、市场发展战略

企业在选择和进入目标市场后,还要谋求在目标市场中发展壮大。为此,就要制定企业的市场发展战略(或新增业务计划),即企业扩大再生产、开拓市场、发展经营的战略。一般地讲,有密集型市场发展战略、一体化市场发展战略和多角化市场发展战略三种。

(一)密集型市场发展战略

密集型市场发展战略是一种在企业现有的业务范围内寻找未来发展机会的战略。因此,就须分析现有产品和市场是否存在可开发的机会。在市场营销中,企业常采用"产品/市场矩阵法"分析(如图5-4所示)。

	现有产品	新产品
现有市场	1.市场渗透	3.产品开发
新市场	2.市场开发	4.多元化发展

图5-4 产品/市场矩阵法

1. 市场渗透

市场渗透是指企业采取积极主动的措施在现有市场上扩大现有产品的销售,以求得企业的发展。这是企业最常采用的战略,一般有三种渗透方法:①千方百计促使现有顾客多购买、多消费本企业的现有产品。例如,高露洁曾用10万美金诚征"创意",最后选定"将高露洁牙膏的管口放大50%"的创意。每天消费者在匆忙中多消费50%,自然就多购买50%,因而,销量也就增加了50%。②力争把竞争对手的顾客诱导过来,使其购买本企业的产品。③努力开发潜在顾客，即说服从未买过本企业产品的顾客购买。如针对不刷牙的消费者，通过宣传口腔卫生知识，激励其购买。

2. 市场开发

市场开发是指企业用现有产品来满足新的市场需求，从而增加销售。它一般采用两种方式：一是开拓新市场，扩大销售区域，占领新的细分市场；二是通过发现老产品新用途来扩大市场。

3. 产品开发

产品开发是指企业向现有市场提供新产品或改进的产品（如增加花色、品种、规格、型号等），以满足现有顾客的潜在需求，扩大销售。

4. 多元化发展

这是当新产品、新材料、新能源进入新市场时，要求企业在产品、价格、分销及促销等方面采取多元化发展战略，以促使新产品尽快占领市场、打开销路。

（二）一体化市场发展战略

一体化市场发展战略是指生产企业、供应商、销售商实行一定程度的联合，融供、产、销于一体，以提高企业的发展和应变能力。当企业的业务很有发展前途，而且在订货、促销、服务等方面实行一体化能提高效率、加强控制、扩大销售、增加利润的情况下，可采用一体化发展战略，以发挥各自优势，促进企业发展。一体化市场发展战略如图5-5所示。

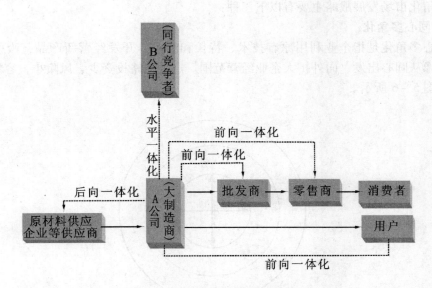

图5-5 一体化市场发展战略示意

1. 前向一体化战略

前向一体化战略是指生产企业通过收买或兼并若干商业企业，建立自己的分销系统，实行产销一体化，自产自销。同时，企业如用自己的产品生产其他产品，也叫作

"前向一体化"，如木材公司生产家具、批发企业开设零售商店等。

2. 后向一体化战略

后向一体化战略是指企业通过收购或兼并若干原材料供应企业，控制原材料的生产或销售，实行供产一体化。如某汽车制造厂，以前向轮胎公司采购轮胎，现在自己建厂生产轮胎，就是一种"后向一体化"战略。

3. 水平一体化战略

水平一体化战略是指企业收购或兼并若干个竞争者同类型企业，组成联合企业或企业集团，以扩大生产经营规模，中外合资经营企业也属于水平一体化。近年来，一体化经营作为一种新的方式被我国企业界广泛采用，出现了工业自销、工商联营、工贸联营等多种经营方式。

（三）多角化市场发展战略

多角化市场发展战略是指企业尽量增加经营品种和产品种类，跨行业经营多种产品或业务，扩大企业的生产经营范围，使企业优势充分发挥，使企业的人力、物力、财力资源得到充分利用，从而提高经济效益，以保证企业的生存与发展。

现代企业大都推行多角化经营，从"鸡蛋到导弹"无所不包。近年来，经营范围更广泛，而且更加注重开发尖端技术的新产品。近年来，我国企业多角化经营已成为一种趋势，多角化战略可以减少风险，增强企业实力。但也会分散企业资源，出现管理漏洞导致企业失败，如"巨人集团"等。

多角化市场发展战略主要有以下三种：

1. 同心多角化

同心多角化是指企业利用原有技术、特长和经验，开发经营新产品，吸引新的顾客，就像从圆心出发，向外扩大企业经营范围。这种战略投资少、风险小，容易获得成功，如图 5-6 所示。

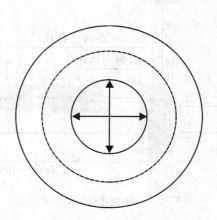

图 5-6 同心多角化

2. 水平多角化

水平多角化是指企业利用原有市场，采用不同的技术发展新产品，增加产品的种类和品种，如某收割机公司，面向农村市场，开发经营农药、化肥等化工产品，就是水平多角化。

3. 集团多角化

集团多角化是指企业通过收购、兼并其他行业的企业，或者在其他行业投资，组建企业集团，开发新产品，开拓新业务，以发挥综合优势。例如某钢铁公司经营金融业、旅馆、餐饮、证券、房地产等。实施这种战略的企业，一般都是财力雄厚、人才济济、技术先进的大公司。

三、市场进入战略

企业进入目标市场时，还要进一步考虑何时、何地、何法、何渠道进入的问题，并相应采取不同的战略。

（一）市场定位战略

市场定位是指企业确定什么样的市场或顾客群作为自己的目标市场或营销对象。市场定位将在第七章中详述。

（二）市场定时战略

1. 时间战略

时间战略就是要考虑投资及购买力在时间上的分布。什么时间购买力旺盛？对商品的需求有何特点及变化？对季节性强的商品及原材料供应，更应强化时间观念。

2. 时机战略

市场开拓、资源开发、商品投放、企业集团的组建都要掌握火候、把握战机。这是战略决策应有的观念。

3. 时尚战略

商品都存在风尚、时尚、时髦和流行性等问题，经营这些商品应以新奇、灵巧、美观取胜。

（三）市场进入战略

1. 联合进入战略

联合进入战略是指与对方建立联产、联营、联销关系，发挥各自的天时、地利、人和的优势，进入目标市场。

2. 独立进入战略

独立进入战略是指在目标市场建立本企业的销售网络，或者通过购买对方商店、商标、产业而进入有关国内、国际市场。

3. 分销战略

分销战略是指在目标市场上寻找合适的代理商、经销商等，通过代理商或中间商进入市场,这有利于利用其人熟、地熟、业务熟及当地的营销优势,缩短产品进入市场的时间。

4. 合资战略

合资战略是指与外商、港澳台商合资,兴办企业或开发资源,搞补偿贸易和双边贸易,这样有利于产品迅速进入国际市场。

四、市场营销组合战略

(一) 市场营销组合的因素

市场营销组合是现代市场营销学的一个十分重要的概念,也是企业市场营销策略的枢纽。这一理论是由美国营销学家尼尔·鲍顿教授(Neil Bordaen)1953 年首先提出的。影响企业市场营销的因素复杂多样,但一般可将其分为可控因素和不可控因素两大类。不可控因素即企业外部宏观社会经济环境,在第三章环境分析中已做了专门的分析研究。可控因素指企业内部可改变、控制的因素,主要包括:产品(Product)、价格(Price)、营销渠道(Place)、促销(Promotion)。由于这四个因素英文的第一个字母都是 P,所以简称为 4P 组合。在企业的营销活动中,尽管上述四因素是可以控制的,企业的营销不仅受自身资源及目标的影响,而且还受宏观社会经济环境的影响和制约。这些环境力量能够给企业的营销造成许多环境机会与环境威胁。因此,企业必须将两类因素结合起来,综合应用。

所谓市场营销组合,是指企业系统地综合运用可以控制的因素,实行最优化的组合,以实现企业的营销目标,为顾客提供服务,取得最佳的经济效益。在 4P 因素中,任一因素的改变,都会形成一个新的组合。而且这四个因素的每一因素又包含许多因素,还可形成新的组合力量,形成一个 P 次级组合。如果从每一 P 因素选择 4 个次级因素,市场营销组合实质上包含了 16 个因素,组成 4 个次级组合。围绕目标市场,企业的营销活动就形成了一个开放型的组合系统(如图 5-7 所示)。

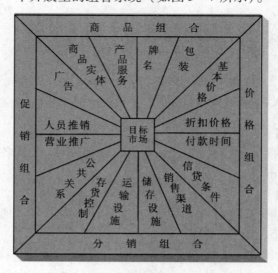

图 5-7 市场营销因素组合系统

(二) 市场营销组合的特点

1. 市场营销因素的可控性

对于企业来说,4P 因素是可以控制的,企业有自由选择的余地。但是,企业的市场营销组合因素还要受不可控因素的影响,只有保持可控因素与环境因素的相适应,才能促进企业市场的扩展。

2. 市场营销组合的动态性

营销组合是依据企业的内外环境条件而确定的。随着环境的变化,营销组合的各因素也在变化;任一因素的变化,都会形成一个新的组合战略。因而市场营销组合不是固定不变的静态组合,而是随着环境条件的变化而变化多端的动态组合。

3. 市场营销组合的复合性

由于市场营销组合中的每一因素又包含许多因素,就形成了新的次级组合。企业在运用营销整体手段时,不但要综合运用主级 4P 因素组合,还要利用各种因素自身的次级组合力量。因而,市场营销组合是由主、次级组合成的有机整体。其复合性如图 5-8 所示。

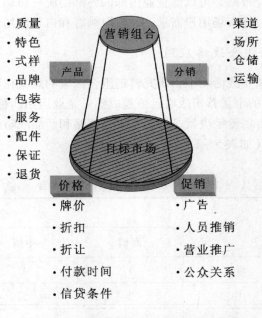

图 5-8 市场营销组合复合性示意

4. 市场营销组合的统一性

企业内部的各部门在市场营销机构的协调下,充分利用企业的一切资源,实行整体营销手段,以实现企业的营销目标,保证营销活动的有效性。

5. 市场营销组合功能的放大性

这是指营销组合的功能大于各因素功能之和,即 $1+1+1+1>4$。$4-1 \leqslant 0$ 即营销组合运用不当所形成的营销力不是"4-1=3",而是等于零甚至负值,即可能导致营销失败。实施组合战略,配合得当,可以避免各因素功能的相互抵消,便于发挥整体功能。

(三) 市场营销组合的作用

市场营销组合既关系着企业营销目标的实现,又关系着企业的兴衰成败,对于企业搞好市场营销具有十分重要的作用。其作用具体表现在以下方面。

1. 企业制定营销战略的基础

营销战略实质上是市场营销组合的扩展,只有企业营销组合因素选择适当,企业的整体营销战略才能发挥作用。

2. 企业竞争的有力武器

市场环境的变化,竞争对手的策略也在改变,企业要在竞争中取胜,就必须灵活、巧妙地运用营销组合各因素,像变"魔方"一样,能够推出新的组合方式,战胜竞争对手,取得良好的营销效果。

3. 协调企业内部关系的纽带

运用市场营销组合策略,可以使企业内部的各部门统一协调,既分工又协作,形成一个整体,共同满足目标市场用户需求,去争取顾客和占领市场。

(四) 市场营销组合战略应用

在现代企业的营销实践活动中,研究营销组合因素的意义在于其结合起来的独特方式;围绕4P建立企业的市场营销战略已更趋成熟。企业运用四种策略的不同排列组合,就可作出多种多样的市场营销决策。例如,价格战略和产品战略的不同组合,就有9种不同的市场营销决策(如表5-1所示)。

表5-1 价格战略和产品战略组合

战略 价格	产品	产品战略		
		高档	中档	低档
价格策略	高	1	4	7
	中	2	5	8
	低	3	6	9

日本索尼公司是世界上著名的家用电器制造企业。该公司在20世纪50年代中期率先开发出第一代晶体管收音机,并主攻美国市场。该公司副总裁盛田昭夫当时制定的市场营销策略如表5-2所示。

表5-2　索尼公司开发第一代晶体管收音机的市场营销组合

产品策略	便携、实用、优质、新颖，不惜代价，坚持用自己的商标进入国外市场
价格策略	单价29.95美元，以5000台为批量做价格起点，10000台为折扣价格最低点，此后购买量越多价格越高，避免新市场的需求不稳定、生产能力不足带来的风险，以提高质量而不以降低售价为主要手段
渠道策略	直接寻找美国企业为经销商，而不通过在美国设有分支机构的日本贸易公司
促销策略	通过熟悉美国市场和法律的代理商，重点宣传产品的新技术信息和巨大效益

第三节　大市场营销战略

大市场营销理论是由美国当代营销学权威——美国西北大学教授菲利普·科特勒（Philip Kotler）提出的。1986年美国《哈佛商业评论》第2期上刊登了科特勒的《大市场营销》一文，系统地论述了大市场营销理论，它使传统的市场营销组合理论受到了严重的挑战，它是20世纪80年代市场营销战略思想的新发展。

科特勒认为，成功的市场营销正日益成为一种政治上的活动。市场经济的充分发展，使交换的深度和广度不断扩大，世界经济正向区域化、集团化方向发展，使世界贸易保护主义有所抬头。在贸易壁垒增高和贸易摩擦时有发生的情况下，企业要想进入这样的封闭市场，除了运用营销组合的4P外，还必须加上另外两个P——权力（Power）和公共关系（Public Relation），科特勒把这种战略思想称为"大市场营销"（Megamarketing）。

所谓大市场营销，是指企业为了成功地进入某一特定市场从事业务经营，在策略上协调地运用经济的、心理的、政治的和公关的手段，以博得外国或当地有关方面的合作与支持，从而打开进入市场之门，顺利地进入目标市场。

一、大市场营销对企业营销的意义

大市场营销是对营销观念的延伸，是企业市场营销组合的新发展，因而对企业的营销实践有积极的意义。它主要表现在以下方面。

1. 发展了市场营销组合理论

大市场营销理论在对传统营销组合理论给予肯定的同时，充实和扩展了市场营销组合的理论，即由4P'S发展为6P'S，从而给企业的市场营销人员及决策者以新的启示，开拓了新的视野和思想，为企业产品进入新的市场打开了一条通道。

2. 突破了不可控因素与可控因素的分界线

传统的营销观念认为，环境力量对企业是不可控的，企业只能顺应它、适应它，不能改变它。而大市场营销认为：企业有意识地通过各种活动，如院外活动、立法方面的活动、谈判、广告、公共关系和战略性的合伙经营等，来改变某些环境因素，以利于企业营销。

3. 强化了市场营销的功能，扩大了营销活动的范畴

传统营销功能以消费者为中心，生产适销对路产品，并运用4P组合策略，使消费者需求得到满足。大市场营销不仅强化了这一功能，而且使企业营销范围、功能扩大到可以对一个国家或地区的政治、法律、文化、思想、风俗习惯等因素施加影响，使其朝着有利于企业营销的方向发展。所以，企业应同政府部门、立法部门、公共利益团体、宗教机构等处理好关系，并把营销同政治力量结合起来，借助政治力量促进企业营销。

二、市场营销与大市场营销的比较

大市场营销是在市场营销基础上产生的，又是对市场营销的发展与创新，二者在营销目标、手段、诱导方式等方面都不相同。因此，比较二者的异同，一方面对市场营销的一些基本方面进行重新考察；另一方面又对大市场营销进行有效地评价。二者的比较如表5-3所示。

表5-3 市场营销与大市场营销比较

内容 \ 分类	市场营销	大市场营销
市场营销目标	满足消费者需求	为了满足消费者需求，或开发新的需求，改变消费习惯，而争取进入市场
涉及的有关方面	消费者、经销人、商人、供应者、市场营销公司、银行	除一般介入者外，还包括立法者、政府机构、工会组织、改革团体、一般公众
营销手段	营销调研、产品开发、定价、分销渠道、促销	除一般手段外，还要运用权力和公共关系
诱导方式	积极性的诱导和官方的诱导	积极性诱导（包括官方和非官方的）和消极性诱导（施加压力）
时间	短	长得多
投资成本	低	高得多
参加人员	营销人员	营销人员加上公司高级职员、律师、公共关系和公共事务的职员

三、权力营销及其分类

大市场营销是在市场营销组合（4P组合）基础上，加上政治权力（Political Power）和公共关系（Public Relations）两个因素而形成的。

权力，是一种强制性力量，一般用在政治领域。科特勒认为，权力营销对企业的营

销活动是至关重要的。

权力营销有以下几种类型：

1. 强制型权力

强制型权力是指生产者对中间商有绝对制约的一种能力。如：中间商如不与生产者配合，生产者可以用取消代理或经销权为条件，胁迫中间商接受某种条件。但要注意只有在商品供不应求、中间商过度依赖生产者时，这种权力才是有效的。即使在这种情况下，强制型权力也不宜滥用，因为这样会招致中间商的反抗，当市场供求关系变化时，企业就会失去市场。

2. 报酬型权力

报酬型权力是指生产者有付给中间商特殊报酬的权力。如：经销商开拓了新市场、提高了市场占有率、为生产者进行了商品宣传等，生产者可依据贡献给予奖励。

3. 契约型权力

契约型权力是指生产者有按照合同要求行使某种行为的权力。在特许销售合同中，对经销商的某些行为，就有严格的限制和约束。生产者的权力，从另一方面来讲就是经销商的责任。

4. 专家型权力

专家型权力是指生产者在技术或者在管理、人才培训等方面具有优势，能够吸引中间商的一种力量。如生产者统一支付广告费用，对经销商就有一定的吸引力。当中间商也成为专家时，对生产者就会形成一定的威胁。这时生产者的任务在于维护自己的优势，以便使中间商愿意与本企业合作。

5. 咨询型权力

咨询型权力是指生产商能够为中间商提供某些方面咨询的权力，如技术指导、维修服务等，经销商通常愿意接受这种咨询。

四、权力营销的应用

(一) 运用权力营销，进入特定市场

企业产品要进入某一目标市场，障碍因素主要来自掌握一定权力的"守门人"，如政府官员、市场管理者及有一定决策权的人。企业的任务在于一方面要寻找出每个守门人，另一方面要找出打开"大门"的钥匙。当企业产品要进入这个市场时，在掌握一定权力的人中，企业要明确谁的态度积极，谁是反对者，谁是中立者。企业为了实现进入市场的目标，要进行"分化瓦解"，即要做到战胜反对者，团结同盟者，争取中立者。企业可采取的总体营销战略为：①补偿反对者损失，使其保持中立；②与支持者组成联盟，形成利益共同体；③通过施加影响，使中立者转化为同盟者。在市场竞争中，企业应研究向"守门人"提供什么样的刺激是合适的？在什么情况下可得到"守门人"的默许进入？应积极主动地向"守门人"发起攻势，以创造企业产品进入市场的机遇。

(二) 充分利用行政渠道，为产品进入市场打开通道

行政组织依法行事，具有很大的权力，对各企业、事业单位、群众团体及个人都有一定的约束力。同时，行政组织还掌握着国家重要的经济信息及法律、法规的制定和实施。如公安部门规定所有高层建筑必须安装火灾报警器；交警部门规定所有汽车必须使用低铅汽油，等等，都会给企业的发展提供机遇和挑战。行政渠道作为信息通道具有稳定性和权威性的特点，它是企业一条重要的营销渠道，也就是在企业产品进入市场时，借助行政渠道为产品打通一切障碍，使之长驱直入。

（三）关注政府这个大"用户"

政府机构的运行，需要购买各种商品，这些商品形成了一个巨大的潜在市场：政府市场。这个市场不同于消费者市场和生产者市场。在我国主要表现为社会集团购买力，这种购买力受国家有关政策影响较大。企业要善于开发适应于政府机构使用的产品，如办公室自动化产品、高档办公用品。在营销时，要善于采取"变通"与"转嫁"策略。如我国政府机关不得购买进口轿车，日本企业家将其小轿车改装为"客货两用车"，这样就可进入我国政府市场。

权力营销是市场经济条件下的一种新的营销战略，其实质是巧妙地运用目标市场决策者（即"守门人"）的权力和营销者自身的权力，借助行政渠道传递信息，促进企业营销目标实现。在我国运用权力营销时，要防止因滥用权力导致腐败。要区分权力和特权的关系，严禁特权与金钱结合而产生的"权力寻租"，以保证市场的规范运行。

第四节 市场营销竞争战略

一、市场竞争和市场竞争战略

市场竞争，是指不同的利益主体在市场上为争夺有利的市场地位而进行的竞争。这种竞争包括卖方之间为争夺顾客而进行的竞争、买方为争夺货源而展开的竞争、卖方和买方之间为争取各自利益展开的竞争。营销学主要研究卖方之间的竞争，其竞争的核心是争取顾客，争夺市场销路，力争扩大本企业产品的销路，提高市场占有率，以增强竞争能力，获得最佳经济效益。市场竞争是市场经济的基本特征。只要存在商品生产和商品交换，就必然存在竞争。

企业的营销活动必须在市场经济的规则下运行，研究竞争规律，掌握竞争战略，不仅要满足目标顾客的需求，还须研究竞争对手的优势及策略，做到"知己知彼"，以便在竞争中立于不败之地。

市场竞争战略，是指企业为了自身的生存与发展，并在市场竞争中为保持或发展自己的实力而确定的企业目标和为达到目标而采取的各种战略。

二、市场竞争者的主要战略形态

同一行业的各企业可以推行不同的竞争战略，也占有不同的竞争地位，如支配的竞争地位、强大的竞争地位、有利的竞争地位、守得住的竞争地位等。企业应该明确自己的市场竞争地位，以便制定有效的营销战略，作出投资、维持、缩小或撤退的决策。

在市场营销学中，根据企业在行业中的营销行为，将市场竞争者分为市场领导者、市场挑战者、市场追随者和市场补缺者，其结构如表5-4所示。

表5-4 市场竞争者结构

市场竞争者	市场领导者	市场挑战者	市场追随者	市场补缺者
市场占有率	40%	30%	20%	10%

（一）市场领导者战略

所谓市场领导者，是指在某一行业或领域，被大家公认或推举的处于绝对优势的企业。如通用汽车公司（汽车）、柯达公司（照相业）、可口可乐公司（软饮料）等。市场领导者掌握了40%的市场，拥有最大的市场份额。它通常在价格变化、新产品引进、分销及促销策略强度上，对其他公司起领导作用。因此，市场领导者便成为竞争的导向点，其他公司可以向他挑战，也可模仿或避免与其竞争。

市场领导者的地位时刻面临新的挑战，要保持统治地位，可采取如下竞争战略：

1. 扩大整个市场需求

整个市场需求扩大了，居支配地位的市场领导者获益最大，其地位也就巩固了。常采用三种策略：①开发新用户；②开发推广产品新用途；③扩大使用量。

2. 市场防御战略

市场领导者为维护统治地位，保护市场占有率，可以采用"以攻为守"和"堵漏洞"以防竞争对手的进攻，不给竞争对手有可乘之机。如图5-9所示。

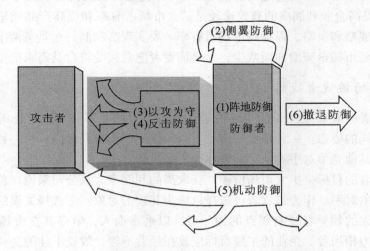

图5-9 市场领导者的市场防御战略

从图5-9可见，市场领导者的防御战略形态主要有以下方面。

（1）阵地防御。从军事上讲，防御是指沿着领土四周构筑坚不可摧的防御工事。在市场营销中，生产观念和产品观念就是阵地防御战略的思想表现，盲目认为只要产品好就有人买，固守原有产品，不思创新，这是一种营销近视病，对企业的竞争是十分危险的。

（2）侧翼防御是指建立侧翼前沿阵地。作为防御阵地，必要时又可作为反击的前沿基地。加强侧翼防卫力量，可以消除潜在的威胁。

（3）以攻为守防御。在竞争对手进攻之前，先发制人抢先攻击；保持竞争优势，使竞争对手处于被动防御；还可利用"空城计"的心理战术，发出某种信号，迫使竞争对手取消进攻。

（4）反击防御。这一战略是针对竞争者的进攻，为保护阵地而进行的，市场领导者可以选择迎击对方的正面进攻、迂回攻击对方的侧翼，或发动钳式进攻，截断进攻者的后路等策略。

（5）机动防御。这是指企业在防守现有阵地的同时，还要将其阵地扩展到可作为未来防御和进攻中心的新领域。常采用市场扩展和市场多元化经营，可增强企业战略的回旋余地，使其有能力抗击竞争对手的连续进攻，并能发动报复性的反击。

（6）撤退防御。这是一种主动性的战略撤退，其目的在于增强特定据点的防御力量，等待时机反攻。有计划撤退，不是放弃市场，而是一种加强和巩固市场竞争力，以便集中优势兵力的行动。在经济增长缓慢时期，企业可采取撤退部分产品线或细分市场重组，以集中优势，稳固基地。

3. 扩大市场占有率

即使在市场规模不变的情况下，市场领导者也应努力扩大它的市场占有率。国外关于营销战略对利润的影响的研究表明，盈利率是随市场占有率线性上升的。例如，在美国咖啡市场占有率的一个百分点的价值是4800万美元，软饮料市场的一个百分点就是1.2亿美元。提高企业利润率的有效途径是扩大市场占有率和提高产品质量。企业应采取创新的营销战略和策略，以提高市场占有率。要实现高利润，而具备两个条件：一是产品单位成本随市场份额增加而减少，二是消费者愿意接受符合其需求的溢价产品。

（二）市场挑战者战略

市场挑战者一般掌握30%的市场份额，是竞争中的亚军队。这类公司在市场上可以采取两种不同的姿态：一种是参与市场竞争，但不干扰市场局面；另一种是向市场领先者进攻或向其他竞争对手竞争，后者称为市场挑战者。

市场挑战者的目标是扩大市场份额，获取高的利润率。从公司来说，首先必须明确谁是主要的竞争对手。作为进攻者可选择目标为其攻击对象：①选择失误的领导者。挑战者应选择失误的领导者或有弱点的领导者，以乘虚而入，争夺其在市场上的主导地位。②选择实力相当者。企业的主要目标应放在经营不善、效益不佳的企业上，以便在竞争中夺其阵地。③选择地方性的小型企业，地方性小型企业财务困难，大企业可在帮助其过程中将其兼并。

市场挑战者的营销战略主要以进攻为主（如图5-10所示）。

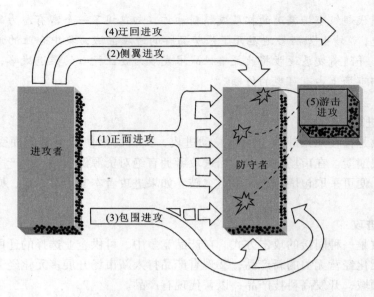

图 5-10　市场挑战者以进攻为主的战略形态

从图 5-10 可见，市场挑战者以进攻为主的战略有以下五种形态。

1. 正面进攻

这是进攻者集中全力，向竞争对手的主要方面发动进攻，而不是攻击对方的弱点和失误。

由于正面进攻往往是攻敌之强，而非攻敌之弱，所以，胜负取决于双方实力及持久力的强弱。进攻者的综合实力如不绝对优于对方，很难取得最后胜利。因此，进攻者没有十足的把握，不宜贸然采取这种战略。

2. 侧翼进攻

从军事上讲，战场上的兵力部署，都将其最强的兵力布置在最可能遭敌人进攻之处。因此，在侧翼及后方往往兵力较弱。有可乘之机，现代进攻作战的主要原则是"集中兵力攻敌弱点"，通常采用正面佯攻，牵制其防守兵力，侧翼则发动猛攻，一举取得成功。

侧翼进攻在市场营销中非常重要，特别适合于弱势兵力的进攻者。企业常常采用的侧翼进攻战略有两种：①地理攻击，是指进攻者向竞争对手在全国乃至整个世界经营不善的地区进攻；②细分市场转移。即进攻者通过市场细分，寻找对方的弱点，作为本企业的目标市场，以便占领该市场。历史证明了"间接方式"是最有效和最经济的进攻战略形式。

链接　"妙士"应用侧翼进攻，在乳制品行业获得了竞争的优势

在液态奶市场上，已经形成"光明""伊利"等强势品牌向全国拓展市场的竞争格局。作为一个区域性品牌的"妙士"，要想突破区域市场的限制，将会面临奶源、品牌、资金、网络等众多难以跨越的障碍。但是这些企业的强势品牌重视的是传统的社区订户渠道和现代超级市场渠道的拓展或精耕细作,却忽视了一个富有潜力的渠道——餐饮渠道。于是,"妙士"巧妙地避开了强势品牌的进攻区域,集中企业的资源,全力拓展餐饮渠道,并随着发展逐步将此策略性战术发展为企业核心的渠道战略,从而在竞争激烈的液态奶市场上占有可观的份额。

3. 包围进攻

包围进攻是指在几条战线上同时发动进攻,其目的是使竞争者四面受敌,难以行动,最后全线崩溃。在市场竞争中,当进攻者拥有绝对资源优势,可生产多种款式、规格的产品时,便可采取包围进攻,多点突破。如果进攻者本身力量不足,则往往因此而陷入危境。

4. 迂回进攻

迂回进攻是一种间接的攻击方式。在产品竞争中,可供企业选择的迂回进攻战略主要有:①多元化经营无关的新产品;②现有产品打入新市场开展多元化经营;③蛙跳式跃入新技术领域,开发高科技产品,以替代现有产品。

5. 游击进攻

游击进攻是一种向对方发动小规模的多次进攻,以骚扰敌人,使之疲于奔命,最终巩固阵地。这种战略适宜于资金短缺的小公司。游击进攻者经常采用有选择的降价、爆发式的促销活动、公共关系、法律等攻击对方。

(三) 市场追随者战略

这是一种尽量避开由于竞争而导致两败俱伤的策略。在资本密集的同质产品(如钢铁、肥料、化学工业等)领域,由于产品差异化和形象差异化不明显,对价格的敏感性较高,因此随时可能爆发价格之战。追随者在寻找一条既不引起竞争性报复的成长途径,又必须在追随过程中防止被动,突出本企业的独特个性,以求得发展。追随者常采取如下三种战略形态。

1. 紧密追随

紧密追随是指追随者在各细分市场和营销组合方面,尽可能与市场领导者保持一致,采用这种战略,要防止被领导者误认为是挑战者,而招致报复。因此,追随者应和领导者和睦相处,给其形成和善形象,以便利用它的投资而生存和发展。

2. 有距离追随

有距离追随是指追随者在主要方面,如产品款式、价格、分销等方面追随领导者,但在其他方面仍保持一定的差异。这种战略不会受到领导者的干预,因为追随者的市场占有率有助于领导者遭受实行垄断的指责。因此,追随者利用这种机会,可以收购同行业较小的公司,以求得发展壮大。

3. 有选择追随

有选择追随是指追随者有明确的目标,在某些方面与领导者趋于一致,但在另一些方面则独立行事,把仿效与创新有机地结合起来。这类企业虽然不直接参与竞争,但在跟随过程中常常发展为挑战者。所以,企业领导者对这类追随者应保持高度警惕。

（四）市场补缺者战略

市场补缺者是指一些小型企业，它们拥有较低的市场占有率（10%），无力与大企业抗衡竞争，而专门寻找被大公司遗忘的市场"角落"。精心服务于市场的细小部分或空档，通过专业化经营来占据有利的市场位置，如我国的乡镇企业在发展的初期，就是通过对大企业的拾遗补缺、专业化道路而发展壮大的。一些资金短缺或实力不强的中型企业也采取这种战略，以寻找安全有利的市场位置。

一个有利的市场位置应具备如下特征：①有足够的市场规模和购买力；②营销利润有增长的潜力；③该市场位置对主要竞争对手吸引力较小；④企业的能力和资源足以占领该位置；⑤企业有能力挤垮潜在竞争者；⑥该位置有利于挖掘企业的营销潜力。

企业要想占领有利的市场位置，必须借助市场细分，选择大企业不愿进入或疏忽的市场作为自己的服务领域，进行专业化经营，使企业在最终用户、垂直层次、顾客规模、特殊顾客、地理区域、产品或产品线、产品特点、质量与价格水平、服务或配销渠道等方面成为专家。专业化经营能提高企业资金有效利用率，有利于企业创立名牌产品，也能提高顾客的满足程度。但专业化经营风险较大，如果市场上出现替代产品，企业往往会面临严重的威胁甚至倒闭。

第五节 市场营销战略计划

企业为了在激烈的市场竞争中求得生存与发展，一是要善于利用战略计划进行企业经营业务的决策；二是要善于利用市场营销战略计划，采取系统的方法来识别未满足的市场需求和市场机会，并把这种市场机会变为有利可图的公司机会，使企业在竞争中立于不败之地。

一、市场营销战略计划的制定过程

企业的市场营销战略计划的制定过程是指企业在营销目标、能力等不断变化的市场营销机会中，如何发展和保持其战略性适应的过程。制定切实可行的营销战略计划，有利于协调企业内部的各种活动，为改善企业管理而创造良好的氛围环境，防止企业营销行为的盲目性和短期化。因此，战略计划是维系企业生存与发展的关键。

企业市场营销战略计划的制定过程如图 5-11 所示。

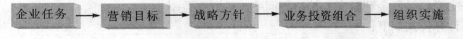

图 5-11 企业市场营销战略计划的制定过程

（一）企业任务

企业的任务就是要确定企业的业务性质，即企业为哪一类顾客服务。企业的任务随着环境的变化，也应作出适当的调整。企业在确定任务时，一定要以市场为导向，即以市场需求为中心来规划企业的任务。防止以"产品"或"技术"来规划企业任务。企业任务确定后，必须能调动全体员工的积极性，引导全体员工朝一个方向努力，使他们同心协力地工作。

确定企业营销任务，是关系企业发展的一个战略问题，它一般由企业最高管理层决策。在确定任务时应符合如下原则：一是适应市场需求；二是任务切实可行，能鼓舞士气；三是实现任务的方针、措施明确具体。

（二）营销目标

企业在确定任务后，还应将其具体化为企业的目标，形成一整套目标体系，使每一位管理者都有明确的目标，并将目标数量化，以保证实现。这种制度被称为"目标管理"。企业的营销战略目标体系主要包括五大指标（如图 5-12 所示）。

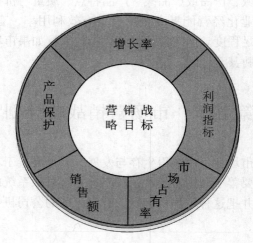

图 5-12　企业营销战略目标示意

1. 利润指标

利润指标是企业营销战略中最主要的目标。它是衡量企业经济效益的重要指标，是企业生存和发展的基本条件。企业的利润指标，有利润额和利润率。利润额是企业营销活动中所取得的纯收入，即销售收入减去总成本的余额，它反映了企业经营管理水平的高低，企业经济规模的大小。利润率是表示企业营销利润水平及工作质量的一个重要指标，它主要包括资金利润率、销售利润率、投资收益率。

其计算公式如下：

$$销售利润率 = \frac{销售利润}{销售额（收入）} \times 100\%$$

$$资金利润率 = \frac{销售利润}{企业资金占有总额} \times 100\%$$

$$投资收益率 = \frac{企业纯利润}{企业投资总额（自有资金）} \times 100\%$$

2. 市场占有率

市场占有率是指在一定时期内某企业的某件产品的销售量（额）在同一市场上同类产品销售总量（额）中所占的比例，又称为市场份额。它是企业的重要战略目标，关系着企业的知名度和形象，是企业竞争能力的综合体现。市场占有率的高低与企业的获利水平密切相关。

市场占有率的计算公式为：

$$市场占有率 = \frac{本企业某种产品销售量（额）}{该产品市场销售总量（额）} \times 100\%$$

在一般情况下，若企业市场占有率上升，则表明企业营销效益提高；反之，则为下降。据美国一份调查资料表明，当企业产品占有率低于10%时，企业的平均投资收益率为9%；当超过40%时，其平均投资收益率达30%。因此，企业要提高经济效益，就应该努力扩大企业产品的市场占有率。但是，企业在提高市场占有率时要注意，追加的费用一定要能够被市场占有率的提高所获得的利润予以补偿。

3. 销售额

销售额或销售收入是企业营销活动中的一般战略目标，常用价值指标表示。它表示企业实际的营销规模和水平，反映了企业对社会需求的满足程度及为顾客服务的程度。

4. 增长率

增长率可用销售额、利润、资产、市场占有率、净值利润率等的增长百分数表示。它是企业营销的战略性目标，反映了企业营销效果的好坏，标志着企业实力的增强。一般来说，增长率高，说明企业营销的效果好；反之，则差。

5. 产品保护

产品保护是指一种产品能顶住竞争对手欲削弱其市场地位的一种保护手段。它可通过企业采取促销措施后，产品市场销售量的变化来进行分析，这种分析叫保护分析法。要实现产品保护的目标，就必须进行产品创新，不断开发新产品，树立企业的良好形象，稳固地占领市场，增强其竞争能力。

链接　海尔："人单合一"的目标管理

海尔的目标是迅速占领市场和创新。为实现其目标，海尔采取了"人单合一"的经营模式。"人单合一"就是每个人都有自己的订单，而每张订单都有人对它负责。如果每个客户都是一个"飞靶"，那么靠一个企业把所有"飞靶"都研究清楚是不可能，因为每一个"飞靶"都是不一样的。所以，这就需要每一个员工都直接面对市场，每一个人都和他的订单、市场结合在一起，这样就可以准确迅速地占有市场。对于创新，海尔认为非常重要的一点是每一个人都在"人单合一"的前提下，对自己所应该拥有的市场进行创新。海尔的"人单合一"体系的具体运作方式是目标管理的深入与发展。

海尔通过"人单合一"的目标管理将每个员工和市场用订单联系起来，直接为市场服务，并更好地占领市场，这种方式不仅突出了市场的主导地位和以客户服务为中心的理念，而且将快速的市场占有和创新的目标落实到业务方面，让每位员工都有任务和责任。此外，"人单合一"的经营模式为企业合理设计业务流程提供了基础。

(三) 战略方针

企业的营销战略方针是遵循营销目标,结合具体的环境、条件,要求制定具有现实性、针对性和适应性的基本方针,在制定营销方针时,要重视环境预测、市场信息等因素的分析。

(四) 业务投资组合

任何企业的资源总是有限的,对从事多种经营业务的企业,在制定营销战略时,必须对各种产品业务进行分析、评价,以确定其是发展、维持,还是缩减、淘汰。这一过程称为制定产品投资组合,其目的是确定企业的竞争优势,从而有效地利用市场机会。

制定企业的业务投资计划最重要的是对企业现有业务组合分析,分析时可分以下两个步骤:

(1) 确认企业的主要业务。一般来讲,把企业的主要业务称为"战略业务单位"(Strategic Business Units),简称SBUs。一个典型的战略业务单位应具备:①它是单独的业务或一组有关的业务;②具有特定的任务;③有自己的竞争对手;④有专人负责经营;⑤掌握一定的资源;⑥它能从战略计划中得到好处;⑦独立地完成其他业务。一个战略业务,可能是企业中的一个或几个部门,或者是某个部门的某产品线,或者是某种产品或品牌。

(2) 战略业务单位的评估与分析。评估分析的目的是为资源配置决策服务,即决定企业的哪些业务单位(产品)应当发展、维持、减少、淘汰。西方企业常采用两种主要的评估分析方法:一是波士顿咨询集团法,二是通用电器公司法。

波士顿咨询集团是美国一家著名的管理咨询公司。该公司1970年首先建议企业用"市场增长率—市场占有率矩阵"来分类和评估各战略业务单位(如图5-13所示)。

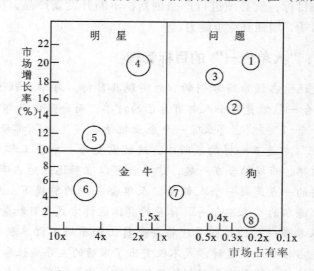

图5-13 市场增长率—市场占有率矩阵

图 5-13 中的纵坐标代表"市场增长率",表示公司的各"战略业务单位"的年增长速度。假设以 10% 为分界线,10% 以上为高增长率,10% 以下为低增长率。

图 5-13 中的横坐标代表"市场占有率",表示公司战略业务单位的市场占有率与同行业中最大竞争者的市场占有率之比。假设以 1.5 为分界线,1.5 以上为高相对占有率,1.5 以下为低相对占有率。如果相对市场占有率为 0.2,则表示本公司战略业务单位的市场份额为最大竞争对手市场份额的 20%;相对市场占有率为 10,则表示本公司战略业务单位的市场份额为最大竞争对手市场份额的 10 倍。

图 5-13 中的 8 个圆圈代表公司的 8 个"战略业务单位",这些圆圈的位置表示公司"战略业务单位"的市场增长率和相对市场占有率的高低,每个圆圈的面积大小则表示公司各个"战略业务单位"的销售额占企业总销售的比重。

根据对图 5-13 的分析,可将公司的战略业务单位分为以下四类。

1. 明星类

明星类是市场增长率和相对市场占有率都高的战略业务单位。这类战略业务由于市场增长迅速,企业需投入大量现金,以支持其发展。当增长率降下来时,这类业务单位就由"现金使用者"变为"现金提供者",即成为"金牛类"。

2. 金牛类

金牛类是低市场增长率(10% 以下)和高相对市场占有率的业务单位。这类单位能为公司提供大量的现金,可用来支持其他业务单位的生存与发展。从上图可以看出,公司只有一个大现金牛,这种财务状况是很脆弱的。这是因为:如果这个现金牛的市场占有率突然下降,公司就不得不从其他单位抽回现金加强这个现金牛,以维持其市场领导地位;如果公司把这个现金牛所放出的现金都用来支持其他单位,这个强壮的现金牛就会变成脆弱的现金牛。

3. 狗类

狗类是一种低市场增长率和低相对占有率的业务单位。这类单位盈利少或亏损多,不可能为公司提供现金。从上图看,公司有两个"狗类"业务单位,对公司的发展显然不利。

4. 问题类

问题类是一种高市场增长率,而低相对市场占有率的业务单位,其前途命运难以预测。对这类单位是大量投资使之转入明星类,还是精简合并乃至淘汰,公司的最高管理者应权衡利弊,并果断作出决策。

在图 5-13 中,公司各业务单位的位置及规模并不是固定不变的,而是随着时间的推移不断变化的。其变化过程一般表现为两种态势,一是对企业有利的变化趋势"问题→明星→金牛"。二是对企业不利的变化趋势"明星→问题→狗"。可见,战略业务也有其生命周期。

在对业务单位分析评估的基础上,公司就应制定业务投资组合计划。可供选择的投资战略主要有以下四种:

(1)拓展战略。目标是提高产品的相对市场占有率,必要时放弃短期利益。它适宜用于"问题类"产品,采取有效的促销组合,促使其迅速转化为"明星"类产品。

（2）维持战略。目标是保持战略业务单位的现有相对市场占有率。适用于"现金牛"产品。因为这类产品是处于"成熟期"，为企业提供大量现金收入的产品，维持的目的是使其继续为企业提供大量现金。

（3）收割战略。目标是追求短期收益，特别适用于弱小的"现金牛"产品，因为其前景黯淡，使其在短期内为公司提供较多现金。它也适合于计划放弃的"问题类"业务单位。常采用的方法主要有：减少投资、减少促销费用、提高价格等。

（4）放弃战略。这种战略的目的是变卖或处理某些业务单位，促使公司资源向能够盈利的业务单位转移，实现资源的合理配置。此战略主要适用于给企业带来亏损负担的"狗类"和"问题类"产品。

链接　通用电器公司法

通用电器公司（General Electric）分析业务或产品组合的方法称为"战略业务网络法"（简称 GE 法）。这种方法考虑的因素分为两大类：一是行业吸引力（Industry Attractiveness），二是企业的业务实力（Business Strength）即竞争能力。行业吸引力，其中包括的因素有市场大小、市场年增长率、历史的利润率、竞争强度、技术要求和由通货膨胀所引起的脆弱性、能源要求、环境影响以及社会、政治、法律的因素等。企业的业务实力，即战略业务单位在本行业中的竞争能力。如果行业吸引力大，企业的战略业务单位的业务力量又强，则这种业务是最好的业务。

（五）组织实施

战略计划的组织实施，主要应做好三方面的工作：①组织。就是要发挥一切职能部门的作用，协调公司的营销组织结构，使它适应战略计划的要求。②严格控制战略计划的执行程序，按照规定的方针开展营销活动，按照规定的目标进行考核。③依据外部环境的变化与公司自身条件的改变，主动地调整与修改战略目标与战略方针。

链接　七步完善营销战略计划

你的企业最强有力的战略规划工具之一就是营销计划。我并不会多提学校里市场营销教科书中的理论运用。你的营销计划应该是一份简单的文件（在某些情况下，可以是单页），明确回答你是谁，你是做什么的，谁需要你，以及打算怎样吸引他们的注意。这是计划过程和完成行动计划的组合。

请遵循下列七个简单步骤以建立完善的营销战略计划。

第 1 步：收缩你的市场焦点。

尽可能精确地描述你的理想客户和最详细的条款，就像你正在面对一个推荐人进行介绍一样。

第 2 步：定位你的业务。

找出你最擅长的和目标市场最想要的。可以是你如何服务于细分市场，也可以是如何包装你的产品。如果你对此并不清楚，那就给三四个客户打电话询问一下，他们为什么从你这里进行购买。构思出一种核心的营销信息，可以帮你迅速把业务变得与众不同。

第3步：创建出以培训市场为基础的营销资料。

重新准备你所有的营销资料，包括你的网站，以聚焦于培训市场。确信在所有营销素材中的每句话都会提及你的核心信息及目标市场。

第4步：不打无准备之仗。

确保你所有的广告都与创造愿景相关，而不是直接客户。你必须在销售之前找到培训客户的办法。你的目标市场需要了解你如何通过某种方法提供价值，这是他们愿意为你的服务或产品付费的原因所在。你根本不可能在一个3英寸×4英寸的广告中做到这一点。你的广告必须是观众想要了解更多信息。然后，你就可以着手进行销售了。在你精确界定目标市场之前，要确保已准备好所有关于培训客户的信息。

第5步：赢得媒体关注。

列出一个覆盖你所在行业或社区的记者清单，并建立起关系，让彼此成为可靠的信息资源。制定出一整年的新计划，你可以按季节或者按项目进行推广。

第6步：期待推荐。

创建一个推荐营销引擎，可以将每一个客户和推介网络都系统地转化为免费促销。你必须把推荐营销心态注入企业文化之中。争取让每名客户都帮你营销后成为业务推荐人。标注清楚每一个联系人，并建立起已推荐为关注核心的流程。

第7步：按日程表工作。

在完成了第1—6步后，确定你需要做的事情并付诸行动。然后写出一个年度营销日程表，标注你每月、每周和每日必须进行会面的客户，从而推动你的计划向前发展。

（资料来源：John Jantsch 文、Aisen 译，载于《创业邦》2009年第4期）

二、市场营销战略计划的执行与控制

企业制定营销战略计划不是"纸上谈兵"，装饰门面，而是为了指导企业的市场营销活动，实现企业的战略任务及目标。因此，制定战略计划仅仅是市场营销管理工作的开始，企业还必须做好战略计划的执行与控制工作。

（一）企业营销战略计划的执行

企业为了保证营销战略计划的顺利执行，应做好以下工作：

（1）设计合理能够实施营销战略计划的营销组织，通常由营销副总经理负责。
（2）将计划任务落实到人，并要求在规定的时间完成任务。
（3）合理分配企业的营销费用预算。

（二）企业市场营销战略计划控制

市场营销控制包括年度计划控制、利润控制和战略控制。

1. 年度计划控制

年度计划控制的目的是保证年度计划规定的销售、利润等指标的实现。年度计划控制主要包括：①确定每季或每月应完成的任务或目标；②确定衡量计划执行情况的工具；③查明计划出现偏差的原因；（4）确定修正行为，改进计划执行的方法。

2. 利润控制

企业应对经营的不同产品、顾客群、分销渠道和订货量的利润进行定期分析，寻求实现利润计划的途径。

3. 战略控制

由于市场营销环境的迅速变化，企业原来制定的战略计划会与环境不相适应。因此，企业还要进行战略控制，定期对企业营销的战略计划进行再评估，调整企业的营销战略计划。

总之，企业在制定营销战略计划时，应依据企业战略中规定的任务、目标、增长战略和产品投资业务组合，全面分析各种影响因素，客观评价市场机会，以制定出各种产品切实可行的营销战略计划。这些影响企业市场营销战略计划的因素如图 5-14 所示。

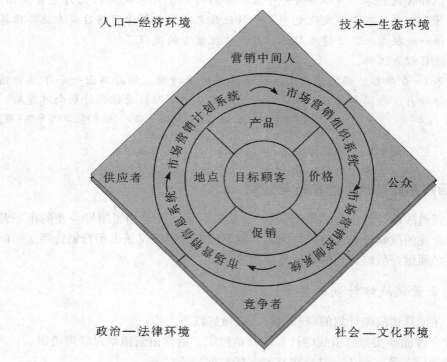

图 5-14 影响企业市场营销战略计划的因素

本章小结

企业的市场营销战略是企业战略管理的一个组成部分。

市场营销战略，是指企业在环境分析的基础上，从全局的、长远的、发展的观点出发,处理营销中遇到的重大问题,以实现企业的营销战略目标。市场营销战略具有计划性、全局性、系统性、长期性和风险性等特征。

企业的市场营销战略制定过程大致分为建立目标市场战略、市场发展战略、市场进入战略和市场营销战略组合等四个阶段。目标市场战略可供选择的有差异性市场战略、无差异性市场战略、密集性市场战略。市场发展战略具体包括密集型市场发展战略、一体化市场发展战略、多元化市场发展战略。市场进入战略主要考虑何时、何地、何法、何渠道进入的问题,并相应采取市场定位战略、市场定时战略及市场进入战略。市场营销组合指企业系统地综合运用可以控制的因素,实行最优化的组合,以实现企业的营销目标,为顾客提供服务,取得最佳的经济效益。

根据企业在行业中的营销行为,将竞争者分为市场领导者、市场挑战者、市场追随者和市场补缺者,企业应该明确自己的市场竞争地位,以便制定有效的营销战略。

企业市场营销战略计划的制定过程如下:明确企业任务,确定企业的营销目标,确定企业的营销战略方针,制定企业的业务投资组合计划和战略计划的组织实施。

关键概念

市场营销战略　多角化发展战略　市场营销组合　大市场营销　权力营销　市场竞争

思考题

(1) 什么是市场营销战略?它有什么特点?
(2) 影响营销战略的因素有哪些?
(3) 简述企业的市场发展战略。
(4) 何谓市场营销组合?其特征如何?
(5) 什么是大市场营销?对比大市场营销与市场营销的异同?
(6) 什么是权力营销?在实践中如何应用权力营销?
(7) 企业竞争的战略形态有哪几种?
(8) 简述市场领导者的防御战略。
(9) 简述市场挑战者的进攻战略。
(10) 企业的市场营销战略计划过程包括哪几个阶段?
(11) 企业营销的战略目标体系包括哪些指标?
(12) 企业的投资战略形态有哪几种?

案例　格兰仕微波炉的市场营销战略

经过激烈的竞争,格兰仕攻占国内市场 60% 以上的份额,成为中国微波炉市场的代名词。在国家质量检测部门历次全国质量抽查中,格兰仕几乎是唯一全部合格的品牌,与众多洋品牌频频在抽检中不合格被曝光形成鲜明对比。1998 年,格兰仕投入上亿元技术开发费用,获得了几十项国家专利和专有技术;1999 年,格兰仕将继续加大投入，使技术水平始终保持世界前列。

由于格兰仕的价格挤压，近几年微波炉的利润空间降到了最低谷。今年春节前夕，甚至出现个别韩国品牌售价低于300元的情况，堪称世界微波炉最低价格。国内品牌的主要竞争对手一直是韩国产品，它们由于起步早曾经一度占据先机。在近几年的竞争中，韩国品牌落在了下风。韩国公司在我国的微波炉生产企业，屡次在一些重要指标上被查出不合标准，并且屡遭投诉，这在注重质量管理的韩国公司是不多见的。业内人士认为，200多元的价格水平不正常，是一种明显的抛售行为。它有两种可能：一是韩国受金融危机影响，急需扩大出口，向外转嫁经济危机；二是抛库套现，做退出前的准备。

面对洋品牌可能的大退却，格兰仕不是进攻而是选择了暂时退却。日前，格兰仕总部发出指令，有秩序地减少东北地区的市场宣传，巩固和发展其他市场。这一决策直接导致了春节前后一批中小企业进军东北，争夺沈阳及天津市场。这些地区已经平息的微波炉大战，有重新开始的趋势。

格兰仕经理层在解释这种战略性退让时指出，其目的在于让出部分市场，培养民族品牌，使它们能够利用目前韩国个别品牌由于质量问题引起信誉危机的有利时机，在某一区域获得跟洋品牌直接对抗的实力，形成相对的针对洋品牌的统一战线，消除那些搞不正当竞争的进口品牌。

从长远看，格兰仕保持一些竞争对手，也是对自己今后的鼓励和鞭策。格兰仕的目标是打出国门。1998年，格兰仕微波炉出口额5000万美元，比上年增长两倍，在国内家电行业名列前茅，其国际市场价格平均高于韩国同类产品25%。前不久，在世界最高水平的德国科隆家电展中，第二次参展的格兰仕不仅获得大批订单，而且赢得了世界微波炉经销商的广泛关注。

今年格兰仕的出口目标是再翻一番。

为继续扩大规模，格兰仕将有选择地在国内微波炉企业中展开收购工作。1998年收购安宝路未果后，公司总结了经验教训，今年将重点联合政府部门实现新的目标。鉴于亚洲金融危机的影响短期内可能不会消除，格兰仕表示，并购工作对海外品牌企业一视同仁。

（资料来源：1999年3月24日《市场报》，有删改）

讨论

（1）试分析格兰仕微波炉当时面临的战略环境。
（2）试述格兰仕微波炉的一般性竞争战略及其特点。

第六章 市场消费需求与消费者购买行为

本章学习目标

通过本章学习,要求学生掌握以下内容:①了解市场消费需求的概念、特征及消费者购买行为模式;②了解马斯洛的"需求层次论"的理论;③了解生产者采购决策的主要因素和过程;④了解影响消费者购买行为的因素和政府采购的方式。

引导案例 优衣库通过线上线下互动刺激消费需求

拿出手机,在优衣库的店内扫描商品上的条码,就能看到该款产品的详细介绍,如产品材质、价格、款式、搭配等,还配有该系列产品的广告视频。通过商品查询,在具体的产品页面还可以查询距离最近的门店库存和分享商品。与其他零售企业不同,优衣库欢迎消费者在店内"掏出手机的动作"。当消费者想了解产品的更多信息时,可以掏出手机;当这个型号在这家店内断货,消费者可以通过手机看看其他分店或者天猫店内是否有货并立刻下单。

(资料来源:《成功营销》2014年第12期)

第一节 市场消费需求及其理论

一、市场消费需求的概念

市场消费需求,是指人们对市场上的生产资料和生活资料的需求欲望,它一般包括生产消费和生活消费。任何经济活动,首先要受欲望的支配。对生产资料的需求,来自投资和扩大再生产的欲望,对生活资料的需求,来自消费和满足生活需要的欲望。没有欲望,就没有生产、没有交换、没有消费,社会再生产过程就无法正常进行。

消费者的欲望是多种多样的,并不是所有的欲望都能够得到满足的。因此,从欲望满足的程度来划分,消费需求可以分为潜在的需求和有支付能力的需求。潜在需求是指人们对现存的产品和劳务还不能满足其需求,或者由于某种条件暂时不能构成现实的、有支付能力的、潜在愿望的要求。马克思指出:"说商品有使用价值,无非就是说它能满足某种社会需要。"人们的这种需要，受社会生产能力和消费者支付能力的制约，不一定能得到充分的满足。人们的消费需求最后都必须通过市场进入商品交换，才能最终得以实现。这种市场交换活动，对消费者来说，不仅具有对商品使用价值的欲望，而且必须具有货币支付能力。市场消费需求，就是指购买者在市场上获得所需要的生产资料和生活资料（包括劳务）的具有货币支付能力的要求与欲望。这种需求不仅从商品的使用价值出发，而且必须考虑到商品价值的因素，所以它有别于人们的潜在需求。但是，市场消费需求与人们的潜在需求又是紧密联系的。人们的潜在需求是在有支付能力需求的基础上，一旦条件成熟，它就转化为有支付能力的需求。

建立社会主义市场经济新体制，是我国经济体制改革的总目标。然而，目前我国的生产力水平还不高，为保证国民经济稳定、快速、协调发展，必须加强宏观调控，保持社会总供给与总需求的基本平衡，要防止消费膨胀；从消费者个人来讲，大多数人们的购买力还有限。因而，人们日益增长的需求有很多属于潜在需求，在目前还暂时得不到满足。但是，随着经济改革的不断深化，大力发展社会主义市场经济，人民群众的购买能力将会逐步提高，这种消费需求的满足程度将会不断增强。因此，企业在市场营销活动中研究消费需求时，更应重视消费者潜在需求的研究，不断开发新产品，以满足消费者不断增强的需求，更好地实现社会主义生产目的。

二、市场消费需求层次理论

满足消费者需求，是现代企业市场营销的中心任务。因此，研究消费需求、发现消费者新的需求并予以满足，是企业营销活动的目的。

马斯洛（Abraham H. Maslow）是美国著名的心理学家，他在20世纪50年代初创立了"需求层次论"。其理论的要点为：①每个人同时都有许多需求；②这些需求的重要性不同，可按阶梯排列；③人总是先满足最重要的需求；④人的需求从低级到高级具有不同的层次，只有当低一级的需求得到基本满足时，才会产生高一级的需求。一般说来，需求强度的大小和需求层次的高低成反比，即需求的层次越低，其强度越大。

马斯洛依据需求强度的次序，将人类的需求分为五个层次：①生理的需求；②安全的需求；③社会的需求；④尊重的需求；⑤自我实现的需求。这五种层次的排列如图 6－1 所示。

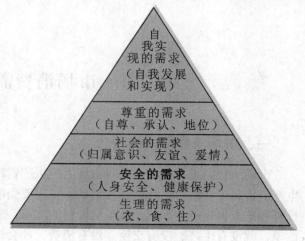

图 6－1　马斯洛的需求层次示意

1. 生理的需求

这是人类为了生存、维持生命而产生的最低限度的基本需求，如满足饥饿、防寒、睡眠等方面的需求。

2. 安全的需求

这是指人们为了保障身体安全，以免遭受危险和威胁而产生的需求，如对人身、财产保险的需求，对保健品、医药品等的需求。

3. 社会的需求

人们在社会中生活，非常重视人与人之间的交往，希望成为某个集团或组织的成员，得到同志的尊重和友情，如对鲜花、礼品等的需求。

4. 尊重的需求

人类所具有的自尊心和荣誉感，对名誉、地位的欲望及个人能力和成就能得到表现，并能为社会所承认的需求。包括威望、成就、自尊、被人尊重、显示身份等需求，如有的人购买别墅或高级轿车，以显示自己的地位和富有。

5. 自我实现的需求

这是人类的高级需求，包括对获得成就的欲望，对个人行使自主权，对理想、哲学观念的需求。自我实现的需求往往与受表扬的需求、追求地位的需求密不可分，人们都希望以不同的方式显示自己的成就。

人的需求在同一时间不可能得到满足，马斯洛通过研究发现，一般人只要在生理需求方面能获得80%，便感到满足；安全需求得到70%、社会需求得到50%、自尊需求得到40%、自我实现的需求得到30%，便感到满足。马斯洛认为：一种没有得到满足的需求，便成为消费者购买行为的推动力。需求未得到满足前，人们都有一种紧张、恐惧、不安的表现，需求满足后，也就减少了对行为的刺激作用。

"需求层次论"的各层次与企业市场营销活动的关系如表6-1所示。

表6-1 消费者的需求层次与企业市场营销活动的关系

	主要需求商品	主要的权利	企业的义务	主要的满足	推销活动
生理的需求	·要求摆脱饥饿（食品、餐厅） ·充足的睡眠（被褥、住所） ·方便生活（日常用品）	·生存权 ·要求获得维持生活的各种商品	·保证维持供应符合顾客需求的商品	·商品使用价值的满足 ·方便、好用的商品	·以个人生活的基础衣、食、住为中心 ·唆使说服
安全的需求	·要求逃脱痛苦、恐怖（医药、医院） ·要求免受风雨袭击（衣服、房屋） ·生活防卫品（防盗锁、防盗门）	·安全的权利 ·禁止危害健康、生命的商品销售	·按照公害对策，提供有安全保障的产品	·能信赖有安全保障 ·售后服务好 ·对索赔处理很满意	·威吓说服

续表 6-1

	主要需求商品	主要的权利	企业的义务	主要的满足	推销活动
社会的需求	·追求爱情（礼物、纪念品） ·认识、要求参加（流行商品集会） ·生活多样化商品	·被告知的权利 ·反对虚假广告 ·接受正确情报	·开展正当竞争 ·开展正当的促销	·被社会所认识活动	·同类意识的活动 ·理论说服 ·计数说服
尊重的需求	·追求发迹、名誉、权力 ·经济能力（社会地位） ·生活情绪商品（选购品、专用品）	·选择权利 ·选择自己喜欢的商品和商店 ·反映意见的权利	·商品差别化 ·市场的扩大	·第一流商品的名牌形象	·效用说服 ·幻想
自我实现的需求	·要求幸福和满足（学校） ·创造生活的商品（教养、教育人才）	·满足的权利 ·理解、追求真实、诚心诚意	·永远发展 ·满足的提供 ·追求效率	·创造有价值的商品 ·创造性和自我实现的发展	·社会性劝导

三、消费者体验与体验营销

随着科技、信息产业日新月异的发展，人们的需求与欲望、消费者的消费形态也相应地受到了影响。人们的消费需求在体验经济时代发生了新的变化。适应体验经济时代消费需求的变化，体验营销也应运而生。

（一）体验与体验经济

认识"体验"是研究体验经济与体验营销问题的前提。

1. 体验的概念

体验是个人的心理感受，是人们受个别事件的某些刺激的响应。体验会涉及人们的感官、情感、情绪等感性因素，也会涉及知识、智力、思考等理性因素，同时也包括身体的某些活动。体验是人们的一种客观的心理需求，如星巴克咖啡厅。

2. 体验的性质

（1）产出间接性。企业是无法直接生产体验并提供给顾客的，他们只能提供体验产生的土壤，体验只能是顾客自己产生并被自己消费的。

（2）消费主动性。无论是在体验的生产过程中，还是在体验的消费阶段，顾客都具有较大的主动性，体验正是这种主动参与所形成的。

（3）不确定性，或称即景性。体验强调的是顾客心理所发生的变化，不同的情景有不同的感受、不同的体验、不同的价值。

（4）差异性。由于体验是情感性的提供物，而每个人的心智模式都不一样，所以，即使同样的情景也会产生不同的体验。

3. 体验与服务的区别

体验与服务都强调生产与消费的不可分割、生产者与消费者互动，但是，体验与服务并不相同。服务以生产者为价值创造主体，消费者的消费属于"被服务"；而体验则以消费者作为价值创造主体。可以说，体验作为产品才使营销成为真正意义的以消费者为中心的互动过程。

4. 体验经济是人类社会发展的必然结果

在人均 GDP 较低的时代，人们疲于追求满足温饱，无暇体会感觉，体验不可能成为商品，只有当物质生活水平达到一定程度以后，才可能出现所谓的体验经济。

5. 体验经济时代的消费需求

（1）在消费结构上，情感需求的比重增加。在体验经济时代，人们购买商品的目的不再是出于生活必需的要求，而是出于满足一种情感上的渴求，或是追求某种特定产品与理想的自我概念的吻合，人们更偏好那些能与自我心理需求产生共鸣的感性商品。

（2）在消费内容上，大众化的标准产品日渐失势，对个性化产品和服务的需求越来越高。在体验经济时代，人们越来越追求那些能够促成自己个性化形象形成、彰显自己与众不同的产品或服务。消费者出现个性化回归的趋势。

（3）在价值目标上，消费者从注重产品本身转移到接受产品时的感受。在体验经济时代，人们似乎不仅仅关注得到怎样的产品，而是更加关注在哪里，如何得到这一产品。或者说，人们不再重视结果，而是重视过程。

（4）在接受产品的方式上，人们已经不再满足与被动地接受企业的诱导和操纵，而是主动参与产品的设计与制造。主要表现在消费者从被动接受厂商的诱导、拉动，发展到对产品外观要求个性化；再发展到不再只满足于产品外观的个性化，而是对产品功能提出个性化的要求。

（二）体验营销的概念与营销战略

1. 体验营销的概念

体验营销，是指企业以服务为舞台，以商品为道具，以消费者为中心，创造能够使消费者参与、值得消费者回忆的营销活动过程（如图 6 - 2 所示）。

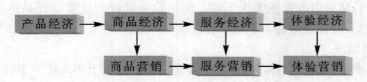

图 6 - 2　体验营销模式的演进过程

2. 体验营销的层面

（1）感官层面。此层面通过视觉、触觉、味觉和嗅觉为顾客创造审美上的愉悦、兴奋和满足。

（2）感情层面。此层面通过诉诸顾客的内在感情来创造美好的消费体验。

（3）思想层面。此层面通过诉诸顾客的心智来创造解决问题的体验。这一营销方式特别适用于技术产品。

（4）行动层面。此层面的营销试图影响顾客的有形体验和生活方式。

（5）观念层面。此层面的营销诉诸顾客自我提高和寻找归属的愿望。

3. 体验营销战略

（1）营销理念以"增加客户体验"为主。努力贴近顾客，体会顾客的要求与感受，进行"情感营销"，以满足顾客的心理需求。

（2）营销重点以满足、创造顾客的个性化需求为主。企业应努力建立"柔性生产"和"柔性营销"新营销模式，迎合顾客个性化心理回归的发展趋势。

（3）营销手段应当突出顾客参与，加强企业与客户的互动。企业可以通过让顾客体验产品、确认价值、促成信赖后自动贴近产品，成为忠诚客户。不仅要强调企业和客户的互动，更要强调客户与客户的互动，塑造品牌内涵，强化顾客对产品的情感诉求。

四、市场消费需求的基本形态

市场消费需求形态可分为正需求、负需求和零需求三种形态。

（一）正需求

1. 潜在需求

潜在需求是指市场上消费者对某种商品有了明确的需求欲望，而这种商品目前还暂时没有研制出来。随着社会经济的发展和人们收入的增加，潜在需求的内容和层次也将更加多种多样。具有战略眼光的企业家，应该深入研究市场潜在需求，果断决策，创新开发新产品，积极引导顾客使用和选购新产品，将顾客的潜在需求转化为现实需求，实施开发性营销策略。

2. 下降需求

下降需求是指市场上某种商品的需求逐渐减少，出现了动摇或退却的现象，因此，也称为动摇性需求。主要原因是新商品的投放市场，使老商品需求动摇下降，如彩色电视机投放市场后使黑白电视机需求下降。解决这一问题的重要途径是进行"重复性营销"，其目的是开发潜在市场，刺激顾客需求。

3. 不规则需求

不规则需求是指市场上需求量和供应能力之间在时间上不均衡，表现为有时供过于求，有时又供不应求。企业应采取"同步性市场营销"，采取适当措施来调节某种商品或劳务的市场需求，使这种商品或服务在时间上相适应。

4. 充分需求

充分需求是指市场上需求水平和需求时间与企业预期的需求和时间基本一致，供需基本平衡。企业应采取"维持性营销",主动进取,以保持稳定、扩大市场需求。

5. 超饱需求

超饱需求是指市场需求超过了企业的供应能力,呈现供不应求的现象。此时企业应采取"减少性市场营销"策略,如提高价格、减少促销,目的是使顾客需求暂时降低。

(二) 负需求

1. 否定需求

否定需求指顾客对本企业产品不但不产生需求,反而采取拒绝使用的态度。针对这种情况,企业应采取"刺激性营销",采取措施创造需求。

2. 有害需求

有害需求是指对消费者、社会利益和企业利益,都会带有危害的需求。如"不安全的家电""含量不够的药品""含有色素、添加剂的食品、饮料"等,对于这些产品及其需求,企业应采用"反击性营销"策略,指出其危害,促使顾客放弃需求,如保护消费者利益的宣传等。

(三) 零需求

零需求又称为无需求,它是指由于消费者对商品缺乏了解或不具有使用条件,而对商品无需求。其原因主要有:①对熟悉的商品认为无价值;②有价值的商品在特殊条件下无价值;③缺乏对商品性能的了解。因此,企业应采取"刺激性营销"策略,促使无需求转变成需求。

五、研究市场消费需求的作用

在我国,所有生产的商品或提供的服务都是为了满足人们生产和生活的需要。认真研究市场消费需求及其变化趋势,对于企业营销活动有非常重要的作用。

(1) 研究市场消费需求,是实现社会主义生产目的和发展社会生产力的需要。恩格斯在论述社会主义生产时曾经指出:这个社会应生产出人们所需要的"生活资料、享受资料、发展和表现一切体力和智力所需的资料。"[①] 保证最大限度地满足整个社会经济增长的物质和文化需要,就是社会主义生产目的和发展社会生产力的需要。所以,只有全面研究市场消费需求的现状及变化,使企业做到"以需定产",使社会主义生产目的得到很好实现,推动社会生产力的发展。

(2) 研究市场消费需求,能够更好地促进商品的流通,有利于发展大流通,建设大市场,更好地满足社会需求。

(3) 研究市场消费需求,能使企业从中找出需求变化的规律,准确地制定生产经营计划,确定生产经营方向和规模、做到产品适销对路,是提高经济效益的关键。

(4) 研究市场消费需求,有利于企业的营销活动,真正建立在"以消费者需求为中心"的现代市场营销观念下,促使生产和销售协调发展。

---

① 参见《马克思恩格斯全集》第 22 卷,人民出版社 1965 年版,第 243 页。

第二节　市场消费需求的特征

一、消费品市场需求的特征

消费品市场需求，是指消费者在市场获得必要生活资料的有货币支付能力的欲望和要求。从这一定义中可见，构成消费者需求的因素有：消费者因素、购买力因素和购买欲望因素。这三种因素相互作用，就构成了消费者需求。我国消费品市场的需求特征，主要表现在如下几方面。

（一）消费者需求的多样性

由于各个消费者的收入水平、文化程度、职业、性格、年龄、民族和生活习惯的不同，自然会有各式各样的爱好和兴趣，对商品和服务的需求就是千差万别。消费者这种不同的需求差异性，就是消费需求的多样性。

（二）消费需求的发展性

这是指随着经济的发展和消费者收入水平的不断提高，消费者对商品和服务的数量、质量、品种、档次等的需求都在提高。一种需求满足后，另一种新的需求又会产生。总的趋势是由低级向高级，从简单到复杂，由追求数量上满足向追求质量上的充实发展。热门畅销货变滞销，潜在需求变成现实需求，都表明消费者需求是不断发展的。

（三）消费需求的伸缩性

消费者购买商品，在数量、品质等方面往往随购买力水平的变化而变化，即需求受价格的制约和影响。一般来说，需求随价格的变化而变动，就称为有伸缩性（即弹性），生活必需品伸缩性较小，高中档商品和耐用消费品选择性强，消费需求的伸缩性比较大。在通常情况下，当货币收入增多，购买力提高，或者降低销售价格，推出换代新产品，消费者需求就会明显增多；反之，则减少。

（四）消费需求的层次性

消费者的需求存在着一个由低级向高级的排列顺序，在低层次的最基本生存需求满足的基础上，才会产生较高层次的社会交往需要、享受的需要等。恩格斯将人的需求分为生存需求、享受需求和发展需求。随着经济的发展和消费水平的提高，人们的消费需求也必将逐步由低层向高层发展，这是一种必然的趋势。

（五）消费需求的可诱导性

消费需求是可以引导、可以调节的。也就是说，消费者需求在企业营销诱导下，可以发生变化和转移，潜在需求可以变为现实的消费。因此，工商企业不仅应当适应和满足人们的需求,而且可以启发、诱导人们的消费需求。

企业的营销活动,一定要认真分析研究消费者需求的特点,将其作为企业新产品开发的依据,使产品能真正满足消费者需求。

二、生产资料市场需求的特征

生产资料市场需求,包括农业生产资料市场消费需求及工业生产资料的市场需求,它们与消费品市场需求有明显不同。

(一)工业生产资料市场需求的主要特征

工业生产资料市场需求,是指工业、基建、交通运输、邮电通信等部门在市场上获得生产资料的有货币支付能力的欲望和要求,其主要特征如下。

1. 工业生产资料消费需求属于派生性需求

工业企业购买生产资料的最终目的,是为了生产生活资料,所以生产资料消费需求是由生活资料消费需求派生而来的。列宁指出:"生产消费(生产资料消费),归根到底总是同个人消费联系着,总是以个人消费为转移。"(《列宁全集》第4卷,人民出版社1958年版,第44页。)例如,食品加工厂对面粉与食品加工机械的需求是消费者对面包之类食品的需求所引发的。建筑公司购买建筑材料(钢材、木材、水泥等),是由于人们收入增加、消费水平提高后对改善居住条件的要求引起的。

2. 工业生产资料消费需求的弹性较小

"弹性"是指价格的变动对需求(或供给)变动的影响程度。工业企业购买者对生产资料的需求受价格变动的影响不大。这主要是因为生产资料消费需求主要受国民经济增长速度、投资方向及重点、能源政策等的直接影响,企业购买具有较强的计划要求等,而且对所需生产资料的数量、规格、质量等都有严格的要求,因而需求的价格弹性较小。

3. 工业生产资料的消费需求是波动性需求

生产资料与生活资料消费需求相比波动较大。这是因为,生产资料的消费需求是由生活资料需求派生出来的,因而生活资料消费需求的变化会直接导致生产资料消费需求的变化,由于经济学上"加速原理"的作用,生活资料需求量的微小变动,可以引发一系列生产资料需求量的较大变动,因而波动性较强,如人们对住房需求的增加,导致对建筑材料需求量的大幅度增加,价格因此大幅上涨。

4. 工业生产资料的购买者的选择性小

工业生产资料消费专业性强,通用性和替代性都不如生活资料显著,转移性小。因此,购买者在市场上的选择就有一定程度的限制。

5. 工业生产资料消费需求的结构比例性强

工业企业在生产过程中所需的各种生产资料之间的配套性强、替代性差,所以,其需求结构具有很强的比例性。同时,工业生产资料的需求主要取决于国民经济结构的比例与发展速度,受国家宏观政策的影响大,这也要求购买者按比例购进生产资料。

6. 工业生产资料属于专家购买

生产资料的购买是以盈利为目的，是一种理性购买行为，通常由技术专家和高级管理人员领导采购工作，由受过专门训练的购买专家具体组织采购。

除上述主要特点外，工业生产资料还有直挂——即供需双方直接挂钩成交，不经过中间商；互惠——即购买者和供应者互相购买对方产品，互相给予优惠；租赁——用户通过租赁可获得某些设备的使用权。

（二）农业生产资料市场需求的主要特征

农业生产资料市场需求，是指各种农业生产单位（包括国有农场，农村乡镇集体、个体户等）通过市场获得生产资料的有货币支付能力的要求和欲望，其主要特征，除与上述工业生产资料市场的特征外，还有如下方面的主要特征。

1. 地域性强

由于我国幅员辽阔，各地的自然条件、农业机械化程度不同、生产经营的项目不同，所以对农业生产资料的需求，在品种、规格、性能等方面存在着明显的差异。

2. 季节性强

由于农业生产的季节性，所以表现在对农业生产资料的需求就带有明显的季节性，如化肥在播种时需求量大，农药在田间管理期间需求量大，收割机械在农作物收获季节需求量较大。

3. 服务性强

一般来说，农村的文化技术水平较低，所以，在购买生产资料时，都要求提供使用技术和维护修理技术，这就要求从事农业生产资料供应的企业应做好服务工作。

4. 需求分散

随着我国农村经济体制的变革，家庭联产承包责任制建立、发展和巩固。因此，个体户、民营中小企业是主要购买者，与城市工业企业相比，规模小、数量多而且分布在广大乡镇，这就决定了农业生产资料的需求较为分散。

第三节 消费者购买行为

一、消费品分类

消费品是指个人或家庭为生活需要而购买的商品和服务。市场营销学常常按照购买习惯和耐用程度对消费品进行分类。

（一）便利品、选购品和特殊品

按照消费者的购买习惯，消费品可分为便利品、选购品和特殊品三种类型。

1. 便利品

便利品也称为日用品，是指消费者需要经常购买的商品，不必花费较多的时间和精力从事购买选择的生活必需品,如毛巾、牙膏、香皂、洗衣粉等。便利品价值低,消费者有丰富的购买经验,应建立广泛的销售网点,以满足消费者随时随处购买的需求。

2. 选购品

选购品是指消费者购买时需花较多的时间进行比较和选择的消费品,如家具、服装、化妆品等。选购品价值较大,消费者缺乏购买经验。对于选购品,应重点选择知名度高、信誉好的中间商经销。

3. 特殊品

特殊品是指消费者购买时以商品的品牌、企业信誉以及本身的偏好为依据而购买的消费品,如电视机、电冰箱、照相机、计算机、电话等。特殊品一般价格较贵,技术性能指标较多,使用时间较长,在销售中应有使用保修期。

(二)耐用品、非耐用品

按消费品的耐用程度,消费品可分为耐用品和非耐用品两种类型。

1. 耐用品

耐用品是指那些可以多次长期使用的消费品,如家用电器、摩托车、汽车、家具等。

2. 非耐用品

非耐用品是指使用时间短、次数少的消费品,如大多数的日用工业品、食品及各种饮料。

二、消费者购买的心理活动过程

消费者在消费需求的基础上产生购买动机,在购买动机的支配下,便发生购买行为。正如恩格斯所指出的:"推动人去从事活动的一切,都要通过人的头脑,甚至吃喝也是由于通过头脑感觉到的饥渴引起的,并且是由于同样头脑感觉到的饱胀而停止。"① 消费者在为满足需求而采取购买行为之前,有一系列心理活动过程(如图6-3所示)。

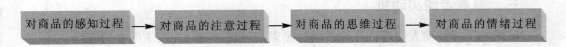

图6-3 消费者购买心理活动过程

(一)对商品的感知过程

消费者对商品的认识,首先从感觉开始。所谓感觉,是人脑对直接作用于感觉器官的客观事物个别属性的反映。商品的形状、大小、色彩、气味等刺激了消费者的感觉器官,使消费者感觉到商品的个别属性。感觉是最基本、最简单的心理现象。

---

① 参见《马克思恩格斯选集》(第4卷),人民出版社1972年版,第228页。

消费者在对商品感觉的基础上，把感觉到的个别商品的特性有机地联系起来，形成对这种商品整体的反映，这就是对商品的知觉过程。消费者对商品的感觉和知觉，都是商品作用于消费者感官的反映，但消费者的感觉反映的是商品的个性，而知觉则反映商品的整体。消费者感觉到的商品个别特性越丰富，对商品的知觉也就越丰富、越完整。感觉和知觉之间既有区别又紧密联系，不可分割，因此称为消费者对商品的感知过程。

（二）对商品的注意过程

对商品的注意是指消费者购买商品心理活动中的指向性和集中性。消费者在同一时间内不可能感知许多商品，只能感知其中少数商品。消费者对商品的指向性，显示了其对商品的选择。消费者对商品的集中性，是指他们的心理活动较长久地保持在选择的商品上。消费者对商品的注意，强化了消费者对商品的认识过程。

（三）对商品的思维过程

消费者对商品的感知过程，是对商品的直接反映。在此基础上，消费者根据自己的知识经验和其他媒介，进一步来认识这种商品，并作出分析、判断和概括。这就是消费者对商品的思维过程。消费者通过思维过程，将对商品的认识从感性阶段上升到理性阶段。

（四）对商品的情绪过程

消费者购买商品，有一个从感性到理性的认识过程。当然，在现实生活中，并非所有的购买行为都是理智思维的结果。在许多购买中，则是感情在起作用。这是因为，伴随着认识过程产生了情绪和情感，这是人们心理活动的一个重要方面，是对商品的一定态度。消费者对商品可能采取肯定或否定的态度，当采取肯定的态度时，会产生满意、喜欢、愉快的情绪；当采取否定态度时，就会产生不满意、不喜欢、不愉快甚至厌烦的情绪。消费者对商品的情绪，直接影响到他们的购买行为。

三、消费者购买动机

动机，是指推动人们进行各种活动的愿望和理想，是行为发生的直接原因，并规定了行为的方向。

动机是由需要产生的。人们的需要复杂多样，动机也就多种多样。在一定时期内，人们在众多的动机中只有一个最强烈的动机，这一动机最能引起人们的行为。

需要、动机、行为三者之间相互联系，相互影响，构成了一个购买循环过程（如图6-4所示）。

消费者的购买动机是指消费者为了满足某种需要，产生的对某种商品的购买欲望和意向。动机是人们的一种心理状态，它由需求所激发，并导致人们产生购买行为。

一般来讲，购买动机产生的原因，可分为两类：一类是由于需求而引起的购买动机；另一类是由于外界影响而激发的购买动机。消费者的购买动机由认识、感情等心理活动过程而引起，因此，购买动机可分为感情动机、理智动机和惠顾动机三类。

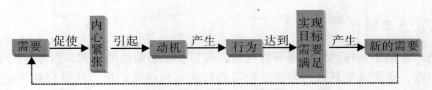

图 6-4 购买循环过程示意

（一）感情动机

感情动机包括情绪动机和情感动机两种。凡是由于好奇、高兴、快乐等情绪引起的购买动机，都叫情绪动机，如节日购买礼品、食品，儿童因欢乐购买玩具，等等。这类购买的特点是具有冲动性、即景性和不稳定性。

情感动机是由人的道德感、集体感、美感等高级情感而引起的购买动机，如人们为了美好的欣赏购买艺术品、工艺品，为了友谊而购买礼品，等等。这类购买具有较大的稳定性，往往可以从购买中反映出消费者的精神面貌。

感情动机表现在购买行为上，有以下几种：①求新购买，即注重商品的新颖，追求时尚、流行；②求美购买，即注重商品的造型，讲究格调，追求商品的艺术欣赏价值；③求奇购买，即追求商品的奇特，充分表现出购买的与众不同，并充分表现其个性。

（二）理智动机

理智动机是建立在消费者对商品的外形、性能、质量等特征，经过思维分析后产生的动机。在理性动机驱使下的消费者购买行为主要有：①求实购买，即注重商品的质量，追求商品的实用价值；②求廉购买，即追求商品的物美价廉，对商品价格的变动反应非常灵敏；③求安全购买，即追求商品的使用操作灵便、安全性高，有可靠的服务保障。

感情购买动机和理智购买动机分别如表 6-2、表 6-3 所示。

表 6-2 感情购买动机

感情购买动机	购买的产品或服务
安全需求	报警器、空气清新器、化妆品
娱乐刺激	鲜花、音乐、卡拉 OK、假日旅行、体育用品、赛车
自尊感、显赫感	豪华轿车、珠宝首饰、雇女佣、手机
自我表现	独特的装饰品、个性化的 T 恤衫、流行商品

表 6-3 理智购买动机

理智购买动机	购买的产品或服务
经济及成本	冰箱、空调、家具
质量与可靠性	高档手表、淋浴器、电饭煲
便利品	快餐店、干洗店、遥控电视机

(三) 惠顾动机

这是一种基于某种感情和理智的判断，购买者对某商品的品牌、服务等产生特殊的信任和偏好，驱使其重复地、习惯地购买消费的一种行为动机，所以也称为惠顾动机。消费者之所以产生惠顾动机，其原因主要有以下方面：

（1）产品质量可靠。即对某企业生产的质量高且稳定的名牌商品，信得过，用了放心。

（2）品种齐全。企业经营的商品品种多、花色全，包装精致，便于购买者选择。

（3）服务周到细致。销售人员能够提供全面优质服务，产生良好的形象，如送货上门、全天24小时服务等。

（4）物美价廉。同等质量、数量的商品或服务，但价格适中，购买者乐于接受。

（5）高度的便利性。地点适中，交通便利，营业时间合理。

以上各种因素综合作用的结果，能够促使顾客产生惠顾动机，重复购买某产品。企业应做好以上工作，培育忠诚惠顾的消费者，这是企业持续发展的根本所在。

研究消费者的购买动机是一件比较复杂的工作，这不仅因为动机多种多样，有时可能会多种动机错综交织在一起，而且有的消费者不愿将自己的真实动机告诉别人，有时消费者本人也说不清自己的购买动机。同时，购买动机还要受到社会的、经济的、生理的、科技的、文化思想等因素的影响。但是，消费者的购买动机对企业的营销决策有着重要的作用。

四、消费者的购买行为模式

消费者的行为是在其动机支配下发生的，动机的形成是消费者一系列复杂心理活动过程的结果。按照心理学上的"刺激—反应"学派的理论，人们行为的动机是一种内心活动过程，是看不见摸不着的，像一个"黑箱"。外部的刺激，经过黑箱（心理活动过程）产生反应，引起行为。

营销刺激有两种：一种为企业营销的可控因素，即4P因素；另一种环境因素如政治、经济、法律、文化等。这些刺激通过购买者"黑箱"产生以后，形成消费者的购买行为。消费者的购买行为可用图6-5表示。

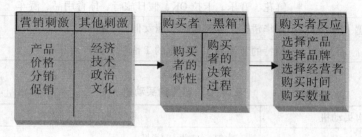

图6-5 消费者的购买行为示意

运用消费者购买行为模式分析消费者购买行为，一是可以揭示形成购买者行为特征的各种主要因素及其相互之间的关系;二是可以揭示消费者的购买决策过程。前者影响购买者对外界刺激作出的反应,后者导致购买者的各种选择。

五、影响消费者购买行为的因素

消费者购买行为是在多种因素综合影响下发生的,这些因素归纳起来可以分为文化因素、社会因素、个人因素和心理因素。

(一) 文化因素

1. 文化及亚文化

文化因素是影响消费者购买行为的最基本因素,它属于宏观环境范畴,每个人都处在一定的文化环境之中,接受着共同的价值观念、道德规范、风俗习惯等。因此,文化因素对消费者的购买行为有着强烈的影响。

文化还可分为若干较小的亚文化群,其主要有:①民族亚文化群。不同的民族都有独特的嗜好、风俗人情及文化倾向。②宗教亚文化群。不同的宗教信仰,也有不同的文化习惯、戒律和禁忌。③人种亚文化群。不同的人种(白种人、黄种人等)其文化特点及价值观念差异性也很大。④地理亚文化群。不同地理位置的人有不同的生活习惯、爱好等。

2. 社会阶层

依据消费者的职业、收入、价值倾向等因素,可以将消费者划归为不同的阶层。美国社会学家华纳(W. L. Warner)把社会阶层划分为六个主要阶层,如表6-4所示。

表6-4 美国社会六个主要阶层

阶 层	所占比例(%)	特 征
上流阶层的上层 (upper upper)	1.44	持续几代的名门望族,拥有世袭的财产,子女进入有名的学校,重视家庭声誉,追求优雅的生活,其消费倾向是其他阶层所仿效的对象
上流阶层的下层 (lower upper)	1.56	是从中流阶层中脱颖出来的暴发户,是在职业上或工商界获得巨大成功的人。他们在收入、职业、住宅方面都不亚于上上层,但缺乏显赫的祖先,他们追求能象征其名望、地位和财产的商品
中流阶层的上层 (upper middle)	10.22	民众的领袖、中小企业家、律师、教授、科学家等,这一阶层主要的生活目标是追求事业的成功、喜好参加社交活动、重视家庭陈设
中流阶层的下层 (lower middle)	28.54	一般的知识阶层,少数高度熟练的技术工人,其特征是工作踏实、卖力、追求体面,因此要求住好的房子、陈设干净的家具、穿体面的衣服、设法使子女接受高等教育

续表6-4

阶　层	所占比例（%）	特　　征
下流阶层的上层（upper lower）	32.6	一般的体力劳动者、小商人、服务行业非熟练的工作人员，为生存而忙碌，很少参加社会活动，很少进行冲动性购买
下流阶层的下层（lower lower）	25.64	由新移民、非熟练工人、从事较低贱职业的人、失业者组成，购买力相当低，常依赖救济金生活，对人生看法是典型的宿命论

2001年中国社会科学院中国社会阶层研究课题组经过三年的调查研究，公布了当代中国的五大社会等级和十大社会阶层的研究报告。该报告说明，中国改革开放以来，其经济结构和社会结构已经发生了重大的变化，如表6-5所示。

表6-5　中国社会十个主要阶层

阶　层	特　征	比重（%）
1	国家与社会管理者阶层	2.1
2	经理人员阶层	1.5
3	私营企业主阶层	0.6
4	专业技术人员阶层	5.1
5	办事人员阶层	4.8
6	个体工商户阶层	4.2
7	商业服务员工阶层	12
8	产业工人阶层	18.6
9	农业劳动者阶层	48
10	城乡无业、失业、半失业者阶层	3.1

（二）社会因素

1. 家庭

家庭是构成社会的细胞，也是消费品市场的主要购买者。一个家庭由两个以上具有婚姻关系、血缘关系和收养关系的成员所构成，同一家庭成员往往有相同的行为规范。家庭对消费者购买行为影响最大。按照家庭权威中心的不同，家庭可以分为：①丈夫决定型；②妻子决定型；③共同决定型；④各自做主型。不同的家庭购买商品的决策重心也不相同，如对丈夫有较大影响力的商品，有汽车、摩托车、自行车、计算机、电视机等；对妻子有较大影响力的商品，有衣服、洗衣机、餐具、吸尘器、化妆品等；对夫妻共同关心的商品，有住房、有家具、有电器等。

2. 相关群体

相关群体，是指在形成一个人的思想、态度、信仰和行为时，对其有影响的一些团体。每一相关群体都有其自己的价值观和行为规范，群体内的成员都必须遵守这些共同的观念和规范。

相关群体可以分为三类：①对个人影响最大的群体。如家庭、亲朋好友、邻居和同事等。②对个人影响次一级的群体。如各种社会团体、学会、研究会等。③崇拜性群体。个人不直接参加，但对其行为有重大影响，如社会名流、影视明星、体育明星等。这种崇拜性群体的一举一动，都会成为一部分追随者的样板，如时装、化妆品可利用这种示范效应进行推销。

相关群体对消费者行为的影响表现在三个方面：首先，相关群体向人们展示新的行为和生活方式；其次，相关群体可能影响一个人的态度和自我观念；最后，相关群体能产生某种令人遵从的压力，影响消费者对商品及品牌的选择。

3. 社会角色和地位

社会角色，是指某人在社会上处于一定地位的权利和义务，一个人在不同的场合扮演不同的角色，并享有不同的社会地位，因而有不同的需求，购买不同的商品。如某人在家里是儿子，结婚后是丈夫和父亲，在公司是总经理，等等；作为总经理他会坐豪华小轿车，穿高档服装，因为他要代表企业形象，作为父亲他需要为儿女购买学习用具，等等。

（三）个人因素

消费者本身的个人因素，如购买者的年龄与家庭生命周期、职业、收入、个性及生活方式等，都会对其购买行为产生重大的影响。

1. 年龄和家庭生命周期

消费者年龄不同，对商品的需求有很大的差异，食品、衣服、家具、娱乐品等的购买都与年龄有很大关系。

年龄不仅影响人们的购买决策，而且关系到他们的婚姻家庭。有关学者将"家庭生命周期"划分为以下各期。

（1）单身期。离开父母独居的青年。
（2）新婚期。新婚年轻夫妻，无子女。
（3）"满巢"Ⅰ期。子女在六岁以下。
（4）"满巢"Ⅱ期。子女大于六岁，已入学读书。
（5）"满巢"Ⅲ期。结婚已久，子女已长大，但仍需供养。
（6）"空巢"Ⅰ期。结婚已久，子女长大分居，夫妻仍有劳动能力。
（7）"空巢"Ⅱ期。已退休的老年夫妻，子女离家分居。
（8）鳏寡就业期。独居老人，尚有劳动能力。
（9）鳏寡退休期。独居老人，退休养老。

不同阶段的家庭有不同的需求，营销者只有明确目标市场上的顾客处在生命周期的某一阶段，并根据其需求生产适销产品，才能获得成功。同时，还应重视消费者心理上的生命周期阶段。例如，美国福特汽车公司为年轻人设计了一种"野马"牌汽车，投放市场后，一部分中老年人也非常喜欢，说明这种汽车能够满足心理上年轻的消费者的需求。

2. 生活方式

生活方式是指一个人或群体对消费、工作和娱乐的特定习惯和态度。人们追求的生活方式不同，对商品的爱好和需求也就不同。市场营销是向消费者提供合适的生活方式的一个过程，它使消费者有可能按照自己的爱好，选择适当的生活方式，如有的人喜欢登山，有的人喜欢旅游，有的人喜欢体育，有的人喜欢听音乐、看电影，等等。

3. 职业

不同职业也决定着人们的不同需求和兴趣。营销者应该分析哪些职业的人对本公司的产品和劳务有兴趣，从而生产或经营供某一种职业使用的产品与劳务，如生产职业服装。

4. 经济状况

经济状况决定着个人和家庭的购买能力，因此，营销者必须研究个人可支配收入的变化情况，以及消费者对储蓄和支出的态度。这些对消费者的购买行为都发生着影响。

从社会财富分配状况来看，我国城市居民基本形成了三个财富阶层：一是占城镇居民10%左右的富裕阶层；二是占城镇居民80%的小康阶层；三是占总人口10%的城镇居民的温饱阶层。当然在极少数的富裕阶层里差别也很大，既有个别世界级巨贾，也有达到发达国家高收入水平的富人，但这部分所占的比例较小。个人收入与消费取向的关系如表6-6所示。

表6-6 个人收入与消费取向的关系

收入阶层	消费类型	家庭年均收入（元）	恩格尔系数（%）	占人口% 城市	占人口% 农村	组成人员
高收入	先导型	56520	15以下	10	10	企业家、公司经理、高级职员、高科技人才、演艺界知名人士等
中等收入	升级型	21000	35左右	80	10	政府公职人员、国有企业职工、科教文卫人员、个体经营者
低收入	培育型	7000～8000	60	10	80	城市部分下岗职工、退休职工、进城务工人员、大部分农民

资料来源：严先傅：《城乡居民消费行为分化加剧》，载2003年2月《中国证券报》。

（四）心理因素

消费者自身的心理因素也支配着其购买行为，如动机、知觉、学习、信念和态度等。

1. 动机

动机主要解决人们为什么要购买某产品的问题，是消费者产生购买行为的主要驱动力。

2. 知觉

知觉是人们对感觉到的事物的整体反映。感觉只是对事物个别属性的认识，知觉包括感觉、记忆、判断和思考。了解消费者的知觉现象应遵循如下四条原则。

（1）知觉是有选择的。每个人都会有选择地接受各种刺激，一般表现为：一是有选择的注意，二是有选择的知觉，三是有选择的记忆。

（2）知觉是有组织的。人们受刺激后，会将刺激组织起来，并赋予其意义。

（3）知觉是受刺激因素影响的。例如，广告的大小、色彩、明暗对比，出现的频度，都会影响到这一广告的知觉。

（4）知觉是受个人因素影响的。个人因素包括感觉能力、信念、经历、态度、动机等。

3. 学习

人类的行为有些是本能的，与生俱来的，但大多数行为（包括购买行为）是从后天的经验中得来的，即通过学习、实践得来的。人类的学习过程是包含驱使力、刺激物、诱因、反应和强化等因素的相互作用过程。

学习模式的五种因素之间的关系如图6-6所示。

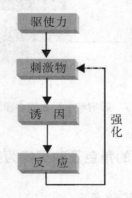

图6-6 学习过程的几种因素的关系

用以下例子说明心理因素的作用。例如，一个人在旅游时感到饥饿，这就产生了购买食品的"驱使力"；看到了面包、方便面等食品，这就是"刺激物"；经过考虑决定购买，边走边吃，既省钱又节约时间，这里的"金钱"和"时间"就是作出反应的"诱因"；"反应"则是对刺激物和诱因作出的反射行为；"强化"是指反应得到满足后所产生的效应。如吃了这种食品后的满足程度，就可决定今后是否再购买这种食品。如是正强化，则可能继续发生购买行为；如是负强化，则停止这种食品的购买。

4. 信念和态度

所谓信念和态度，是指一个人对某一事物的解释方法，即所持的见解和倾向，它是通过后天的学习逐步形成的。

信念作为人们对事物的认识和倾向,它可以建立在不同的基础上。有的建立在个人的"知识和经验"基础上,如"矿泉水"比"汽水"在炎热时更解渴的信念;有的是建立在个人的"见解"基础上,如认为听古典音乐可以陶冶人的情操;有的则是建立在"信任"的基础上,如购买名牌产品等。不同的信念常常导致消费者对产品的态度。态度对购买行为的发生起着重大的影响,企业应重视态度的研究并适应消费者态度的改变。企业要改变消费者的态度是要付出较高的代价的。

影响消费者购买行为的心理因素,需求、动机、知觉、态度、结果和学习之间的关系如图6-7所示。

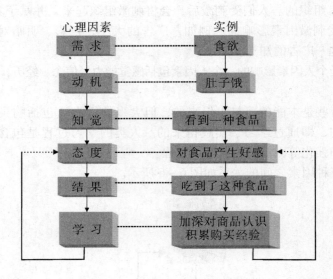

图6-7 影响购买行为的心理因素

六、消费者参与购买决策的角色及购买行为类型

(一)消费者参与购买决策的角色

消费者购买决策,是指消费者对购买什么、怎样购买、何时购买以及在何处购买等问题的选择和评价。消费品购买决策的主体是个人和家庭。消费者在参与购买决策中的角色是不同的。例如,男士购买香烟、女士购买化妆品,有的购买则由家庭成员或相关群体的参与者共同决策,如对电冰箱、空调等耐用品的购买决策。因此,营销者应该了解消费者在参与购买决策中所扮演的角色。

在一个家庭或相关群体的购买活动中,消费者参与购买决策的角色如图6-8所示。

(1)倡导者。这是指最初提出购买某种商品的人。

(2)影响者。这是指直接或间接影响最后购买决策的人。

(3)决策者。这是指最终作出购买决策的人。一般决策者是由在家庭中享有威信

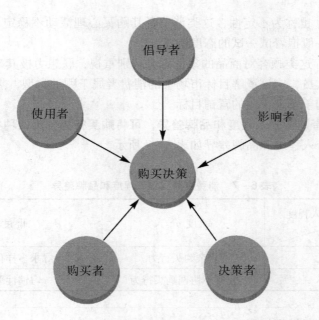

图 6-8 消费者参与购买决策的角色

的人构成,他对是否购买、购买什么、如何购买、何时何处购买等,有权作出最后的决定。

(4) 购买者。这是指实际执行购买决策的人。

(5) 使用者。这是指实际使用或消费该商品的人。

消费者在购买决策者中承担的角色不同,对其购买决策发挥的作用也就不同。对企业的营销者来说,就必须分析在某消费品的购买决策中的不同参与者,针对参与者的不同角色,制定相应的营销策略,以调动倡导者、影响者的兴趣,说服决策者,吸引购买者,并最终使使用者在商品的消费中,享受到需求的满足感,坚定决策者的信念。

(二) 消费者购买行为分类

1. 消费者购买行为按照个性不同,可以将购买行为分为六种类型

(1) 习惯型。是指消费者忠于某一种或某几种品牌,有固定的消费习惯和偏好,购买时心中有数,目标明确。这类顾客常常重复过去的购买行为,企业应尽可能地争取更多的习惯型顾客。

(2) 理智型。这类消费者的特点是,在购买活动中对商品的效用、特性、价格、式样等经过仔细比较和考虑,并且广泛收集市场信息,权衡利弊,精心挑选,务求满意。理智型购买者经验丰富,决策胸有成竹,不易受外界影响。

(3) 冲动型。这类消费者购买时,易受外界因素的影响,为外界影响所冲动。如新产品、新款式、新包装等有较大的吸引力,便为之而动。

(4) 经济型。这类消费者对价格反应灵敏,以追求"经济实惠,物美价廉"为主。因此,优惠商品、降低商品价格对他有较强的吸引力。

（5）随意型。也称为不定型，这类消费者其购买心理活动不稳定，缺乏购买经验，没有固定偏爱，一般抱着试一试的态度购买。

（6）情感型。这类顾客对商品的象征意义特别重视，联想力极其丰富。

企业的营销人员，应该了解目标市场上的消费者属于哪种类型，然后有针对性地开展营销活动，以利于实现企业的营销目标。

2. 按照消费者购买介入程度和品牌差异，可将购买行为分为四种类型

消费者购买介入程度和品牌差异如表6-7所示。

表6-7 消费者购买介入程度和品牌差异

品牌差异 \ 介入程度	高度介入	低度介入
品牌差异大	复杂购买行为	寻求多样化购买行为
品牌差异小	化解不协调购买行为	习惯性购买行为

四种类型的购买行为如下。

（1）习惯性购买行为。对于价格低廉、经常购买、品牌差异小的产品，消费者不需要花时间进行选择，也不需要经过搜集信息、评价产品特点等复杂过程，因而其购买行为最简单。消费者只是被动地接受信息，出于熟悉而购买，也不一定进行购后评价。这类产品的市场营销者可以用价格优惠、电视广告、独特包装、销售促进等方式鼓励消费者试用、购买和续购其产品。

（2）寻求多样化购买行为。有些产品品牌差异明显，但消费者并不愿花长时间来选择和评估，而是不断变换所购产品的品牌。这样做并不是因为对产品不满意，而是为了寻求多样化。针对这种购买行为类型，市场营销者可采用销售促进和占据有利货架位置等办法，保障供应，鼓励消费者购买。

（3）化解不协调购买行为。有些产品品牌差异不大，消费者不经常购买，而购买时又有一定的风险，所以，消费者一般要比较、看货，只要价格公道、购买方便、机会合适，消费者就会决定购买。购买以后，消费者也许会感到有些不协调或不够满意，在使用过程中，会了解更多的情况，并寻求种种理由来减轻、化解这种不协调，以证明自己的购买决定是正确的。经过由不协调到协调的过程，消费者会有一系列的心理变化。针对这种购买行为类型，市场营销者应注意运用价格策略、人员推销策略，选择最佳销售地点、并向消费者提供有关产品评价的信息，使其在购买后相信自己做了正确的决定。

（4）复杂购买行为。当消费者购买一件贵重的、不常买的、有风险的而且又非常有意义的产品时，由于产品品牌差异大，消费者对产品缺乏了解，因而需要有一个学习过程，以广泛了解产品性能、特点，从而对产品产生某种看法，最后决定购买。对于这种复杂购买行为，市场营销者应采取有效措施帮助消费者了解产品的性能及其相对重要性，并介绍产品优势及其给购买者带来的利益，从而影响购买者的最终选择。

七、消费者购买决策的过程

购买决策过程是由一系列相关联的活动构成的。分析这一过程,市场营销者可以针对每一步骤中消费者的心理与行为,采取相应的营销策略。

消费者购买决策过程的基本模式如图6－9所示。

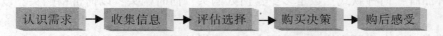

图6－9　消费者购买决策过程的基本模式

(一) 认识需求

消费者购买是为了满足其需求而产生的,正确识别自身需求是购买决策过程的起点。消费者需求一般由内在刺激和外在刺激所引起。内在刺激来自人体内部,如饥、渴等刺激;外在刺激指人体外部客观存在的触发其需求的因素,如广告宣传、朋友介绍等。企业营销者应抓住时机,唤起和强化消费者需求,促使消费者采取购买行动。

(二) 收集信息

收集信息是购买决策过程的调研阶段。当消费者需求被内外刺激激发后,消费者就处于高度敏感状态,对于满足其需求的产品的有关事物特别关注,极力收集信息,为判定决策方案做准备。消费者信息主要来源于四个方面:①个人来源,如亲友、同事、邻居等相关群体;②公众来源,如从报纸、广播、电视、消费者协会等;③商业来源,如广告、推销员、经销商、展销会等;④经验来源,如亲自去商店、柜台观察,接触各类商品,通过从对商品的使用、操作中体验、认识商品。

消费者需求信息的多少,视购买对象而不同。对于日用品购买,需要信息较少,对于选购品、特购品需要的信息较多。对于企业的营销人员,主要任务就是要确定目标市场中的消费者对所需要考虑的产品,是通过什么途径收集信息,然后采取相应的营销策略。

(三) 评估选择

消费者通过信息收集,初步了解到市场上销售的各种品牌产品的基本性能,形成了购买决策的选择范围和初步方案,然后对各种方案进行分析评估,最后作出选择。消费者在选择评估时要注意以下几方面:①产品性能是消费者所考虑的首要问题;②消费者对各种性能的重视程度不同;③消费者心目中的品牌信念与实际商品有差距;④消费者对某产品的每一属性都有一个效用函数;⑤多数购买者评估是将实际商品与自己心目中的"理想商品"进行比较。

依据上述消费者评估的特点,企业的营销人员应千方百计调查了解大多数消费者心目中的理想产品所具有的各种属性,实施营销组合,设计生产最接近理想产品的实际产品,并采取促销策略,获得消费者的认同感。

(四) 购买决策

在评估阶段,消费者选择了最接近理想产品的产品品牌,形成了"购买意向";在采取购买行为时,即在购买决策阶段,消费者还必须作出多项决策,包括购买何种商品?何种品牌?何种款式?数量多少?何处购买?何时购买?以何价格购买?以何方式付款等。

消费者对以上问题决策时,受两个方面因素的影响:一是他人的态度,如某人准备买摩托车,但其妻子持反对意见,则影响其购买意图;二是预期的外部环境因素的影响,如收入变化、失业等。这两个因素对购买决策的影响如图6-10所示。

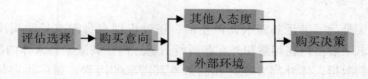

图 6-10 影响购买决策的因素

在消费者的购买决策阶段,企业一方面要向消费者提供更多的有关商品的宣传情报信息,便于消费者比较商品的优缺点;另一方面应通过各种优质的服务,提供消费者购买使用的便利条件,加深消费者对企业及商品的良好印象,减少消费者的购买风险,促使消费者作出购买本企业商品的决策并付诸行动。

(五) 购后感受

消费者购买商品后,往往会通过使用,或者通过家庭成员与亲友评价,对自己的购买选择进行检验和评比,重新考虑购买这种商品是否明智、是否合算、是否理想等,这就形成购后的感受。有时由于消费者过高地估计了商品的质量,购买后易产生疑虑,怀疑自己作出的购买决策是否适当,这样就会产生购买认识的不和谐性。这种不和谐的强度,随着使用中预期效果的实现程度和需求的满足程度而发生变化。

购后感受是一种重要的反馈功能。通过评比和使用实践,必然会影响购买者对商品的态度,又影响以后的购买行为。如果已购买的商品不能给消费者以预期的满足,使其产生失望或使用中遇到困难,消费者就会改变对商品的态度,并在今后的购买行为中予以否定,不仅自己不会重复购买,还会作出反面宣传,影响到他人购买。如果所购买的商品使消费者需求得到满足,以利于形成购买者的特殊偏好,重复购买,并为企业及商品进行义务宣传,吸引更多的顾客购买。

购后感受对产品营销影响颇大。营销人员应重视售后信息的收集,广泛征求消费者的意见,及时处理顾客投诉,提供全面的售后服务,增强消费者购后的满意感,减少不满意感。致力于更好地满足消费者需求,应成为企业决策的中心。

八、AIDA 模型

企业的市场营销人员，在了解消费者购买决策过程的基础上，应采用各种灵活的营销技巧，诱导说服消费者购买本企业的商品。AIDA 模式提供了一种有效的方法（如图 6-11 所示）。

图 6-11 AIDA 模型示意

按 AIDA 模型的做法，企业的营销人员应做好如下工作：首先，展示商品，引起购买者"注意"；其次，采取各种营销刺激促使购买者发生"兴趣"；再次，宣传商品的优点，以引起购买者使用的"要求"；最后，维持要求直至购买行为发生。

第四节 生产者采购行为

生产者市场，是指采购产品和劳务，并以生产其他产品和提供其他服务的产业市场，在我国特指生产资料市场。生产者采购行为，是指在生产者市场的采购行为，这种采购行为不是为了消费，而是为了盈利。因此，生产者采购行为和消费者购买行为有着重大的区别。

一、生产者采购行为类型

生产者采购行为类型主要有以下三种。

（一）直接采购

直接采购也称为简单采购，即用户按照过去一贯的需求和供应关系进行的重复性采购。这是最简单的采购活动，供应商、采购对象、采购方式都不变。适用于原材料、零部件、标准件的采购，是一种定期定量采购。对于这种采购者，营销者的主要任务是提高服务水平，简化采购手续，稳定供需关系。

（二）修正采购

修正采购是指修正过去已采购过的产品规格、型号、价格等条件，寻找更理想的供应者的一种采购活动。这种采购较复杂，参与采购决策的人数也较多。因此，这种采购对新供应者提供了机会,对原供应者带来了威胁。新供应者可通过产品价格、服务、付款方式等条件参与竞争,争取新客户;原供应商可通过改进产品、提高质量、降低成本等策略,保住现有客户,维护现有市场。

(三)新任务采购

新任务采购是指采购者为增加新的项目或更新设备第一次采购某种产品或服务。这是一种最复杂的采购活动。新购的金额和风险愈大,参与决策的人愈多,所需了解的信息也最多。从产品的规格、价格幅度、交货条件及时间、服务条件,到付款方式、定购数量、包装条件、选定供应者都需作出决策。这种情况对于生产资料的营销人员既是最好的推销机会,又是对其营销能力和水平的一次挑战。供应商应组织强有力的推销班子,向采购者提供各种信息,增强其对自己的了解,研究采购集团中不同成员的作用,采取相应对策,促成交易实现,并期望建立比较稳定的供需关系。

生产资料采购者行为的上述三种类型在信息收集程度、先前经验水平、采购频率,以及觉察风险数量等方面都有不同的特点,如表6-8所示。

表6-8 生产者采购行为比较

比较项目 采购行为	信息收集程度	先前经验水平	采购频率	觉察风险数量
直接采购	很低	很高	很高	很低
修正采购	中等	中等	中等	中等
新任务采购	很高	很低	很低	很高

二、生产者参与采购决策的角色

生产资料采购组织大小,依企业规模大小和采购人员权力大小不同而设立。一般由采购中心作出采购决策。采购中心的人员在采购决策中所担任的角色是不同的,一般可分为以下五种。

1. 使用者

使用者是指直接使用产品或服务的组织成员,他们常首先提出采购建议,并在采购规格、型号等决策中起重要作用。

2. 影响者

影响者是指直接或间接通过提供决策所需信息,而影响采购决策的组织成员,其中,技术人员、生产财务主管是主要影响者。

3. 决策者

决策者是指最终有权作出采购决定的组织成员。在非例行采购中,采购者也就是决策者;在例行采购中,决策者通常为企业高级主管。

4. 采购者

采购者是指具有执行采购决策的组织人员,他们负责选择供应商并与之谈判签约,完成采购任务。

5. 把门者

把门者是指有权控制和传递信息的组织内外成员。如采购代理商有权阻止供应商的推销人员与决策者或使用者见面。

生产资料的经营者应了解：谁参与主要决策？他们对哪些决策有影响？其影响程度如何？决策参与者的评价标准是什么？搞清采购者的这些情况，然后有针对性地开展促销活动，促使决策者作出采购决策。

三、影响生产者采购决策的因素

大多数生产资料的采购行为属于理性采购，但也受采购者个人感情和个人交际关系等的影响。因此，影响生产者采购决策的主要因素可归纳为四大类：环境因素、组织因素、人际关系和个人因素，如图6-12所示。

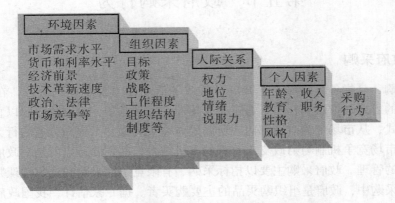

图6-12 影响生产者采购决策的因素

四、生产者采购决策过程

生产者采购决策过程一般分为八个阶段，如表6-9所示。

表6-9 生产者采购决策过程

采购决策阶段	新任务采购	修正再采购	简单再采购
1. 需要的确认	需要	可能需要	不必
2. 确定所需产品特性数量	需要	可能需要	不必
3. 拟定采购详细规格	需要	需要	需要
4. 调查、鉴别供货者	需要	可能需要	不必
5. 提出建议和分析意见	需要	可能需要	不必
6. 评价建议和选择供货者	需要	可能需要	不必

续表 6-9

采购决策阶段	新任务采购	修正再采购	简单再采购
7. 安排订货程序	需要	可能需要	不必
8. 工作绩效反馈与评估	需要	需要	需要

从表 6-9 可知，新任务的采购决策过程最复杂，要经过八个阶段；简单采购经过的决策阶段最少；在修正采购情况下，采购的决策阶段介于新采购和直接采购之间。因此，生产资料市场的营销是一个富有挑战性的领域。营销者应分析研究用户的需求及其采购决策过程各阶段的特点，制定有效的营销计划，获得营销成功。

第五节　政府采购行为

一、政府采购

政府采购，是指各级政府为了开展日常政务活动或为公众提供服务，在财政监督下，以法定的方式、方法和程序，通过公开招标、公平竞争，由财政部门以直接向供应商付款的方式，从市场上为政府部门或所属团体购买货物、工程和劳务的行为。政府采购的实质是市场竞争机制与财政支出管理的有机结合，其主要特点就是对政府采购行为进行法制化的管理。政府采购主要以招标采购、有限竞争性采购和竞争性谈判为主。

在政府采购中，政府是组织购买品的主要购买者。据专家估计，我国政府各级采购的总量约占当年 GDP 的 10%。根据美国总资源管理促进数据中心的统计，每年都有超过 2000 万个人与政府签订的合同在实施，但大多数项目购买在 2500 到 25000 美元之间。

一般说来，政府需要其他组织顾客所需要的任何产品和服务，包括对社会服务及一切与防务有关的产品和服务的需要。

政府市场对于很多企业来说充满了吸引力。企业一旦进入了政府市场，意味着稳定的、具有保障性的、较高收益的回报。而且，进入政府市场往往有助于企业良好形象的树立，为企业进入其他市场进行有力的宣传；其原因就在于能够为政府提供产品的企业都是经过严格竞标产生的，具有较强的竞争力。

二、政府采购的方式及特征

（一）政府采购方式

依据《中华人民共和国政府采购法》（以下简称《政府采购法》），政府采购方式主要有六种：

（1）公开招标。
（2）邀请招标。

(3) 竞争性谈判。
(4) 单一来源谈判。
(5) 询价。
(6) 国务院政府采购监督管理部门认定的其他采购方式。

(二) 政府采购的特征

政府市场是一个巨大的、充满诱惑力的市场，对于任何一个有意进入政府市场的组织来说，都必须首先了解政府采购的特点。与其他组织类顾客相比，政府类顾客具有以下几方面特征：

(1) 政府采购一般是按照年度预算进行的。年度预算具有法律效应，不会轻易变动，也就是说，政府在一个财政年度内的采购规模基本上是固定不变的，这是政府市场相对稳定的一个重要原因。政府的有关部门要求有意进入政府采购市场的供应商提供规定的资料，用以说明其能够提供的产品类别、规格、企业的实力、资信等情况，只有经审定被列入政府采购准供应商名单中的企业，才可能参加有关政府采购的竞标活动。

(2) 政府采购往往通过竞争性的招标采购、有限竞争性采购和竞争性谈判等方式来选择合适的供应商。对于很多产品，政府有关部门会制定出详细的标准和细则，包括技术规范、运送货物的时间要求、包装要求、保证书要求及其他采购要求。

(3) 已经被列入政府采购准供应商名单的企业，必须能够提供完全符合这些标准和细则的产品和服务才有资格进入竞标阶段。在竞标阶段，价格基本上是唯一的竞争因素，政府一般会选择竞标价最低的企业作为供应商，除非竞标价次低的企业能拿出有力的证据来说明竞标价最低的企业所提供的产品和服务不符合要求。

(4) 政府采购出于保护本国产业的目的，更倾向于采购本国供应商而非外国供应商的产品。

中国的《政府采购法》被列入《第九届全国人大常委会立法规划》的第一类立法项目。《政府采购法》起草工作总体安排是：1999 年，在搜集资料、调查研究的基础上起草出政府采购法草案的基本框架和基本草案大纲；2000 年，提出草案初稿并广泛征求意见；2001 年修改完善草案，2002 年 6 月 29 日全国人大常委会审议通过了中华人民共和国《政府采购法》，并于 2003 年 1 月 1 日起正式实施。目前，在中国有些省市已经开始了有关政府采购的尝试，政府采购制度自身的特点，使其在中国一经实行，就显示出极大的优越性，由于它的公平、公正、公开性，被人们称为"阳光工程"和"阳光下的交易"。规范政府采购的法律和法规被称为"阳光法案"。

本章小结

市场消费需求，是指购买者在市场上获得所需要的生产资料和生活资料（包括劳务）的具有货币支付能力的要求与欲望。市场消费需求形态可分为正需求、负需求和零需求三种形态，消费需求包括生活资料消费需求和生产资料消费需求两大类。消费者市场是指那些为满足个人消费而购买商品和服务的个人与家庭，最简单的消费者购买模式即刺激—反应模式。

影响消费者购买行为的主要因素有文化因素、社会因素、个人因素和心理因素,而影响生产者采购决策的主要因素可归纳为环境因素、组织因素、人际因素和个人因素四大类,生产者有三种不同的采购类型:直接采购、修正采购和新任务采购。

消费者购买一般经历确认需要、收集信息、评估选择、购买决策和购后感受五个阶段,生产者的采购决策过程一般分为八个阶段。政府采购是指各级政府为了开展日常政务活动或为公众提供服务,在财政监督下,以法定的方式、方法和程序,通过公开招标、公平竞争,由财政部门以直接向供应商付款的方式,从市场上为政府部门或所属团体购买货物、工程和劳务的行为。政府采购主要以招标采购、有限竞争性采购和竞争性谈判为主。

关键概念

消费需求 体验营销 购买动机 购买决策 购后感受

思考题

(1) 什么叫消费需求?
(2) 如何正确理解消费需求层次理论?
(3) 试分析对比市场消费需求的三种基本形态。
(4) 消费品市场消费需求有哪些特征?
(5) 工业、农业生产资料消费需求各有什么特征?
(6) 如何对消费品进行分类?
(7) 消费者采购的心理活动过程分为几个阶段?
(8) 什么叫采购动机?如何进行分类?
(9) 试述采购者的行为模式。
(10) 试述影响消费者采购行为的因素。
(11) 消费者采购行为怎样进行分类?
(12) 试分析消费者的采购决策过程。
(13) 生产者采购行为分为几种类型?
(14) 影响生产者采购决策的主要因素有哪些?
(15) 什么是政府采购?政府采购的方式、特征有哪些?

案例 西门子:从用户出发挖掘潜在需求

有别于以技术难题为出发点的创新,西门子中国研究院在斯坦福大学提出的设计思维基础上,创建了适用于中国和工业化环境的西门子 i. DT (Industrial Design Thinking in China) 横纵融合创新法,其特点是从用户的需求出发,深入挖掘潜在需求和整合多种技术或业务来满足用户需要。为了更好实现横纵融合创新,西门子中国研究院与斯坦福大学合作成立了集成和颠覆性创新中心,其办公室进驻西门子中国研究院并命名为天工馆。"天工"二字取意于天工开物。在天工馆工作的两名专职及多名兼职教练为西门子研发人员进行课程制定，专门培训研发人员的横纵融合创新思维，开发出具有颠覆性潜力的创新技术。

一、分析极端用户需求

"中国拥有多样化和极端客户，是发展客户需求主导创新的理想之地。"西门子中国研究院院长徐亚丁说。他认为，从用户需求出发找到解决现有问题的新技术，这种解决方案对于某一初始用户最有价值，然后通过不断改进发展进入主流市场，最终改变市场的游戏规则。

西门子在对某个项目的用户进行需求分析时，通常会先做出一个正态分布图。图的中间部分是相关产品或服务的主流和典型用户，图的两边分别是不常使用此类产品的用户和"过度"使用的用户，这两边的用户被定义为极端用户。此外，西门子也将其他非典型的用户考虑在内，比如从仿生学的世界寻找极端用户。"在极端用户中，想找的潜在需求更容易被发掘。"毕业于斯坦福大学的西门子中国研究院集成和颠覆性创新中心创新教练葛霄这样说。

二、矿工便携式井下定位装置

西门子射频识别技术团队在开发矿工随身携带的井下定位装置时，天工馆里摆放了一个蚁穴模型和矿工假人。这种用意是西门子 i.DT 横纵融合创新中的极端用户法。因为蚂蚁作为自然界的"矿工"，其蚁穴和矿井一样，面临着坍塌的风险，观察蚂蚁的世界可以激发项目组看到从矿工等典型用户那里了解不到的潜在需求。

三、让楼宇说话

天工馆曾有一个"Make the building talk more"（让楼宇说话）项目。在进行楼宇温度控制讨论时，该项目的典型用户是商业楼宇和酒店里的温度控制人员，而项目团队寻找的极端用户是楼宇的普通员工或访问者，甚至是在自己家里控制室内温度的家庭用户。

原本项目团队以为家庭用户会更关注用电量，因为他们需要自己支付电费。而通过调查后项目团队发现，家庭用户更关心舒适度而不是花费了多少钱。对于这个项目的极端用户，也就是那些家庭用户对舒适度的追求被扩大化了。

通过观察极端用户得出的灵感，项目团队在设计时给予了每个人空间，满足他们的控制欲。设计通过一个基于西门子的智能楼宇控制系统的手机应用，自动收集建筑中的每个人想要的适宜温度，这些数字再汇总到建筑系统进行温度调节。而这样的应用不仅可以用于温度调节，还可以用于楼宇系统中其他的比如空气湿度、灯光亮度等参数的调节，使得楼宇不再是被动的，而是更加智能。

四、室内导航＆智能交通系统

怎样最高效地从室内一个点到另一个点？西门子也从极端用户中得到启发。在现有一些室内导航解决方案里，通常是在手机上呈现室内平面图，但这种方式使用起来非常复杂。研发人员在西门子集成和颠覆性创新中心做"让楼宇说话"项目时,将喜欢户外项目的人和信鸽作为极端用户。

喜欢户外项目的人有时通过星星和太阳的位置寻找方向,而信鸽通过地球磁感线来确定方向。该项目团队借此激发了创新灵感,设计了一款手机应用可以通过摄像头和手机其他传感器进行定位。

比方说,当某人对西门子中国研究院的地形不了解,要从天工馆到楼宇内的另一个目的地,他可以打开手机,手机摄像头会根据摄取到的画面与已存入手机应用中的信息进行对比,从而对这个人的位置作出定位,然后在手机画面中给出路径指示和辅助信息。

"鸽子能够感受到的磁场线是肉眼看不到的。我们能够通过手机帮助人们感受到看不到的东西,这可以称为'第六感'。"葛霄说。

类似的例子还有西门子为武汉设计智能交通系统时,将不太关心车流量的清洁工人纳入极端用户进行采访。葛霄解释,极端用户的意义在于启发,从极端用户身上挖掘出来的潜在需求是常规市场调查无法获取的,满足这些潜在需求的创新产品能够更具前瞻性地服务于主流用户。

五、项目实施

为了更好地让项目成员意识到用户需求的重要性。天工馆会提供真人大小的模型给每个项目分析用户时使用,其中有些穿着衣服的人形模型,他们有自己具体的名字、年龄、职业,甚至业余爱好。"我们要塑造一个感觉很真实的人出来,这样在讨论问题时总能看到这个人的存在,提醒我们要时刻从他的角度考虑问题。"葛霄说。

集成和颠覆性创新中心在天工馆开设了每期4个月的培训项目,每一批项目有四个组,不同组的研发人员来自公司不同部门,他们每周两次聚在一起进行创新训练和午餐会,这样的安排可以让通常只从自己专业出发考虑问题的研发人员从其他组员的角度获得创新启发。这个目的显然达到了,在"让楼宇说话"项目中,让天花板上的每一盏灯作为传感器进行定位的想法是午餐会聊天所得。

作为横纵融合创新思维的支持者和实践者,西门子以极端用户和概念模型为外来刺激并举一反三,通过多次迭代的需求分析、头脑风暴、建立模型和用户测试反馈,最终整合多种技术或业务来满足用户需求。在未来的理想状态,西门子集成和颠覆性创新中心还会跨越技术的整合,将技术和艺术、教育、传媒融合到一起。"当然,这个是理想化的状态。"葛霄说。

(资料来源:《环球企业家》2013年第6期)

讨论

(1) 西门子为什么要分析客户的极端需求?

(2) 西门子通过哪些途径了解客户的需求?

(3) 西门子如何满足客户需求?对中国企业有哪些启发?

第七章　市场细分与目标市场决策

本章学习目标

通过本章学习，要求学生掌握以下内容：①了解市场细分的概念与细分市场的标准；②了解目标市场的营销策略；③了解企业如何识别有吸引力的细分市场并选择市场覆盖策略；④了解企业如何定位自己的产品并使其在市场上具有最大的竞争优势。

引导案例　唯品会的市场定位

唯品会的市场定位是正品特卖，虽然没有太多高深的地方，但也确实把唯品会和天猫这样的模式区别开来。同样的一件商品，可能在天猫上价格更便宜，但用户更有可能在唯品会购买，原因是：①消费者思维定势，默认特卖的价格要低于商城；②天猫商品繁多，找到商品的难度大；唯品会则是精选推荐，给用户有限选择，以便快速促成消费。换言之，去天猫的用户大多没有明确的目的，逛的心态明显；而去唯品会的用户大多数目的明确，是抢购的心态，从效率上来看唯品会远远高于天猫。而且，唯品会打正品旗号，做的是B2C，这又比天猫更容易树立正品形象。

（资料来源：黄渊普：《百度百家》2014年3月6日）

第一节　市场细分原理

一、市场细分的概念及作用

（一）市场细分的概念

市场细分是由美国市场营销学家温德尔·史密斯（Wendell Smith）于1956年提出来的一个新概念。它适应了"二战"后美国许多产品的市场由"卖方市场"转向"买方市场"这一新的形势，是企业营销思想的新发展，是市场营销观念的必然产物。同时，又是市场营销理论的一大创新。

市场细分，是指企业在调查研究的基础上，依据消费者需求、购买动机与习惯爱好的差异性，把一个整体市场划分成不同类型的消费者群，每个消费者群就构成企业的一个细分市场。这样，一个市场就可以分成若干个细分市场，每个细分市场都是由需求和愿望大体相同的消费者组成；在同一细分市场内部，消费者需求大致相同；不同细分市场之间，则存在着明显的差异性。企业可根据本身的条件，如资源、经营能力等，选择适当的细分市场为目标，拟定本企业最优的营销方案和策略。因此，市场细分是为企业在市场营销活动中分析市场、研究市场、选择目标市场提供了依据。它对提高企业的经济效益，避免人力、财力、物力的浪费，更好地满足消费者需求，都具有重要意义。

（二）市场细分的作用

1. 有利于形成新的、富有吸引力的目标市场

通过市场细分，企业可以了解到不同细分市场上的购买能力和购买潜力，具体分析市场消费者需求的满足程度及市场竞争状况。消费者需求满足程度低的市场，通常存在极好的市场机会，不仅销售潜力大，而且竞争者也较少。同时，细分市场潜在需求的挖掘，是企业开发新产品、寻求市场机会的重要途径。

2. 有利于提高企业的竞争能力和营销的经济效益

通过细分市场，一方面，企业依据细分市场的特点，有针对性地制定营销计划、产品策略、价格策略、渠道策略和促销策略，避免了人、财、物资源的浪费，使产品适销对路，并迅速送到目标市场，扩大销售；另一方面，通过细分，可使企业有的放矢地开展针对性营销活动，明确细分市场竞争对手的优势和劣势，降低费用，提高竞争能力和综合经济效益。

3. 有利于满足社会消费需求的变化

消费者的需求是一个不断变化的动态过程，当消费需求发生变化时，企业通过细分市场，则能认识这种新需求，发现营销机会，开发新产品；增加花色品种，更好满足细分市场消费者的需求，使消费者能够买到自己所需要的产品。这是企业开发新产品不断发展壮大的根本所在。

4. 有利于中小企业开发和占领市场

市场细分为中小企业开发和占领市场提供了切实可行的机会。一般来讲，中小企业尤其是小企业，由于资源有限，实力不足，很难与大企业在市场上正面竞争，而通过细分市场就容易找出一些大企业不感兴趣或被忽视的小市场，中小企业在这些小市场中经营，不仅有利可图，而且可以扬长避短，发挥优势，风险较小，也比较安全。

（三）市场细分是企业实施目标营销的前提

企业为了充分利用自身有限的资金和资源，发挥自身生产优势，满足消费者某种特定需求，就要选择与本企业营销宗旨最相适应、销售潜力最大、获利最高的细分市场作为营销的目标，然后采取相应的目标营销策略和手段打入或占领这个市场。

市场细分是企业实施目标营销的前提条件。为了保证目标营销策略的实施，企业应该采用细分市场、选择目标市场和产品定位三位一体的营销手段，目标市场营销程序如图7-1所示。

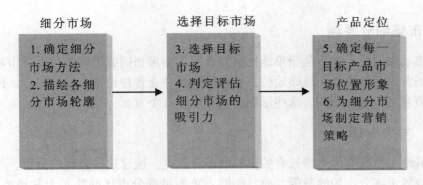

图 7-1 目标市场营销程序

二、市场细分策略

市场细分策略主要有以下三种。

（一）大量营销策略

所谓大量营销策略，是指生产者面向所有的购买者，通过大量生产、大量分配销售、大量宣传推广单一产品，以吸引所有消费者购买的一种营销方式，即在典型的生产观念指导下的企业营销行为。这种策略思想认为，只要消费者看到这种产品，且价格适中，他们就会接受这种产品。这种策略运用的前提应是市场上的产品供不应求，如美国可口可乐公司早期只生产一种饮料，容器也不变，以满足所有人的需求。采用大量营销策略，可使成本和价格降到最低，并可创造最大的潜在市场。

（二）产品差异化营销策略

所谓产品差异化营销策略，是指生产企业同时生产两种或两种以上的不同产品，其目的是向消费者提供具有不同特色、式样、品质和规格的多种产品，使消费者有充分的自由选择权，如冰箱厂家生产不同颜色、不同外形、不同容积、不同规格的产品，以供顾客选择。

（三）目标市场营销策略

目标市场营销策略，是指企业将整体市场细分为众多的小市场，从中选出一个或几个细分市场作为目标市场，依据每个目标市场的不同需求特点，开发不同产品，采用不同的营销组合策略，以占领一个或多个不同的细分市场，获取较大的市场占有率。这种营销思想行为已日益为营销公司所接受。这样有助于公司把握营销机会，提供适销对路的产品，以有效地达到目标市场。

以上三种营销策略，在我国都不同程度地存在。这和我国的市场现状及消费者的购买习惯大致是一致的。

三、市场细分原则

实行市场细分化,并不是简单地把消费者视为需求相同或不同就行了。市场细分在企业的市场营销活动中处于战略地位,直接影响到企业各种营销策略的组合。因此,市场细分必须遵循一定的原则。这些原则主要有以下五个方面。

(一) 可衡量性

可衡量性是指获取消费特征有关资料的难易程度。通过这些资料的分析,不仅可以较为清晰地界定细分市场的范围,而且能够大致衡量细分市场的购买力和规模的大小。例如,以地理因素和消费者的年龄、经济状况等因素进行市场细分时,这些消费者的特征就很容易衡量;而以消费者心理因素和行为因素进行市场细分时,其特征就很难衡量。

(二) 实效性

实效性是指目标市场的容量及获利性。一个细分市场是否具有经济效益,取决于这个市场的人数和购买力。市场划分范围必须合理,充分考虑是否值得企业分别开展不同的营销活动。因此,一个细分市场应是适合设计一套独立营销计划的最小单位。

(三) 可接近性

可接近性是指企业能有效地集中力量接近目标市场并有效为之服务的程度。一方面,企业能够通过一定的媒体把产品信息传递到细分市场的消费者;另一方面,产品经过一定的渠道能够达到该细分市场,并满足消费者需求。

(四) 反应率

反应率是指不同的细分市场对企业不同营销策略的反应程度。如果市场细分后,子市场对各种营销方案的反应都差不多,则细分市场就失去了意义。例如,如果所有细分市场按同一方式对价格变动作出反应,也就无须为每一个市场规定不同的价格策略。

(五) 稳定性

稳定性是指细分市场必须在一定时期内保持相对稳定,以便企业制定较长期的营销策略,有效地开拓并占领该目标市场,获得预期收益。若细分市场变化过快,目标市场有如昙花一现,则企业经营风险也随之增加。

第二节 市场细分的程序和标准

一、市场细分的程序

企业在进行市场细分时，可采取比较直观、实用的细分程序。

（1）确定粗略市场，选定市场范围。根据企业的目标和产品特性，决定进入属于何种行业的市场。

（2）列出市场范围内所有潜在消费者的所有需求。根据地理环境、社会经济、心理、购买行为等标准，将所有潜在消费者的需求罗列出来，这就需要收集资料并进行适当的调查。

（3）进行需求归类。将具有共同需求的消费者归为一类，即形成一个细分市场，这样就把一个粗略市场分为若干个细分市场。

（4）统筹经济上、策略上的因素，针对每一细分市场，考虑到运输成本、可供利用的广告媒介、可利用的分销渠道、维持市场占有率的成本、各细分市场之间的关系、收入期望值的大小等因素在经济上和策略上的影响，并进一步选择决定本企业的目标市场。

以某牙膏生产厂对牙膏市场进行细分程序为例，说明如下：

（1）确定粗略市场。凡是有牙齿的人都需要使用牙膏刷牙。这样有牙齿的人就构成了一个粗略市场。

（2）研究消费者需求。企业不能简单地把牙膏向"凡是有牙齿"的人推销，必须按照其追求的利益和需求进行细分，如有的消费者需要牙膏是为了使牙洁白、干净，有的消费者是为了消除口臭，有的是为了防治蛀牙，等等。

（3）对消费者需求进行归类。将具有相同需求的一类消费者归类作为一个细分市场，牙膏市场可细分为"安全保护"细分市场A、防"口臭"细分市场B、防治"蛀牙"细分市场C等。

（4）分析企业的生产能力及产品特点，依据各细分市场的状况，决定细分市场，作为企业的目标市场，并制定相应的营销策略（价格、渠道、广告、产品），进入目标市场经营，以满足消费者需求。

二、消费者市场细分标准

消费者需求的异质性，是进行市场细分的客观基础。这种异质性通过多种属性表现，它构成市场细分的因素。消费者市场细分的主要标准有以下几种。

（一）按地理因素细分

按照消费者所处的地理因素进行市场细分，地理因素如表7-1所示。

表 7 - 1　　地理因素

地　域	按大区：华北、东北、西北、西南、华南、华东等 按省市：北京、上海、广东、陕西、江苏、山东等
城市大小	大、中、小
人口密度	城市、郊区、农村
气　候	寒冷、干燥、潮湿、温和、炎热

地理因素容易辨认和分析，是细分市场首先考虑的重要依据。但是，地理因素是一种静态因素，处在同一地理位置的消费者需求依然存在很大差异，因此，还必须借助其他因素进一步细分市场。

（二）按人口因素细分

按人口因素主要包括消费者年龄、性别、家庭、规模、收入水平、职业、文化程度、宗教等因素。消费者需求与以上因素有着密切的关系，而且人口因素资料容易取得，因而也就成为细分市场的重要依据之一。其具体划分如表 7 - 2 所示。

表 7 - 2　　人口因素

年龄	6 岁以下、6—11 岁、12—17 岁、18—34 岁、35—49 岁、50—64 岁、65 岁以上
性别	男、女
家庭寿命周期	年轻，未婚；年轻，已婚，无小孩；年轻，已婚，有 6 岁以下小孩；年轻，已婚，有 6—13 岁小孩；年龄较大，已婚，小孩仍需供养；年龄较大，已婚，孩子无需供养；年老，已婚，身边无子女；年老，单身
平均收入	800 元以下、801—1500 元、1501—3500 元、3501—5000 元、5001—10000 元、10000 元以上
职业	学生、干部、工人、农民、教师、医生、军队等
教育程度	小学、初中、高中、大学、研究生等
民族	汉、回、维等
宗教	佛教、道教、天主教、基督教等

依据人口因素细分市场，可以是单因素细分，如仅以"性别"这一因素细分化妆品市场。但在较多情况下，是采取两个以上的因素来细分市场，如某服装公司通过市场调查发现，影响成人服装销售的人口因素主要有性别、年龄、家庭人均收入，这家公司将这三个因素进行组合，把成人服装整体市场细分为 40 个子市场（4×5×2）。通过对每个子市场上男女人数、家庭数目、平均购买率、竞争状况等方面综合分析，就可对每一子市场的潜在营销价值和吸引力作出比较准确的基本估计，再经过比较、权衡，从中选择一个或几个最能发挥公司优势的子市场作为公司的目标营销市场。

(三) 按心理因素细分

按照消费者心理特征如性格、购买动机、价值取向等心理因素细分市场。这些因素都影响着消费者的购买行为,其具体划分如表7-3所示。心理因素对市场的影响是潜移默化的,这给企业的细分带来了一定的困难。尽管如此,心理因素在服装、化妆品、家具、餐饮、游乐等行业,依然作为细分市场的主要依据。如美国某服装公司把妇女服装市场分为"朴素型妇女""时髦型妇女""男子气质型妇女"三种类型,分别设计制作不同款式、颜色和质料的服装,以满足不同生活格调妇女的需求。在西方国家的汽车市场细分中,也常常采用心理因素。

表7-3 心理因素

生活方式	追求时髦,追求社会地位,注重传统
性 格	优势性(懦弱),爱出风头,自信,健谈,等等 积极性(消极),积极进步,爱建议,好管闲事,等等 独立性(依赖),喜欢独立行事,不接受人的忠告,等等 友善(不友善),对人友善,信任别人,喜交朋友,等等 社交性(非社交性),喜欢社交,愿与人相处,等等 竞争性(非竞争性),把他人作为对手,不喜欢合作,等等 攻击性(非攻击性),攻击别人,唱反调,不喜欢合作,等等

(四) 按行为因素细分

行为因素反映的是一些动态性的变化,如使用场合、追求利益、使用率、使用者状况、对产品态度等。其具体划分如表7-4所示。

表7-4 行为因素

使用场合	一般场合,特殊场合
追求利益	质量,服务,经济,方便,可靠性
使用者状况	未使用者,以前使用过,潜在使用者,初次使用者,经常使用者
使用率	轻度使用,中度使用,重度使用,非使用者
准备阶段	不注意,注意,知道,感兴趣,想买,打算购买
对产品态度	热心,肯定,漠不关心,否定,敌视

三、生产者市场细分标准

生产者市场在我国通常指生产资料市场或产业市场。消费者市场细分的标准一般也适用于生产者市场,但由于生产者市场的特殊性,因此还有若干细分生产者市场的标准。

(一) 宏观市场细分

1. 宏观市场的细分标准

（1）按最终使用者细分。这主要是根据最终使用者对产品的需要和利益的不同进行细分。例如，同一种钢材，有的用于机械加工、有的用于造船、有的用于建筑；又如，同是载重汽车，有的用作货物运输车，有的用作工程车，有的用作军车。

（2）按用户规模和购买力大小细分。这是将市场分为大客户和小客户。大客户户数较少，但购买力大；小客户户数多，但购买力小。企业对不同的客户，采用的销售方式是不同的。工业用户购买力的大小，可通过用户的支出或营业额来衡量。

（3）按购买组织的结构特点细分。生产者市场一般是集团或组织集体购买，每个组织由于结构特点和类型不同，一般可分为工业企业、农场主、商业企业、物资供销企业、交通运输企业、建筑企业、医院、学校等。

（4）按用户地理位置细分。按照用户地理位置细分生产者市场可以使企业把目标放在用户集中的地区，节省推销时间，充分利用销售力量。

2. 宏观市场细分的步骤

在大多数情况下，生产者市场不是以单一变数细分，而是把一组变数结合起来，采用多种属性细分法。

例如，某铝制品公司按照三组变数，对铝产品进行三层次的宏观市场细分，其步骤如下：

（1）先按最终用户，将市场细分为汽车制造业、住宅建筑业和容器制造业，该公司最后选择住宅建筑业为目标市场。

（2）按照产品用途，将上面市场进一步细分为原料半制品、建筑构件和铝制活动房屋，该企业选择建筑构件为目标市场。

（3）按用户规模，将市场细分为大、中、小客户，假定该企业选择大用户为目标市场。

某铝制品公司宏观市场细分步骤如图 7-2 所示。

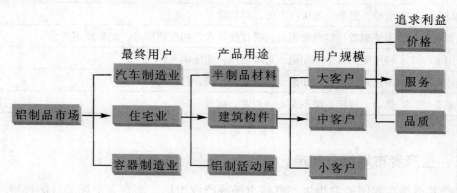

图 7-2 某铝制品公司宏观市场细分步骤

(二) 微观市场细分

微观市场细分的标准，主要是指购买者的行为因素，也即购买决策者的权力、性格，购买决策者的态度和购买过程等因素。购买者的行为因素主要有有：①购买决策者权力的集中与分散程度；②购买决策者的态度，如购买动机、偏爱和购买决策的标准等，都直接影响着购买者的行为；③购买过程的参与者的个性、特点、负责态度、工作能力，以及参与者对购买决策的影响程度，等等，也对购买行为有较大影响。

图7-2所示的某铝制品公司在确定了以大用户作为目标市场后，并不能实现真正的目标营销。因为不同的大用户在购买行为和购买过程等方面还存在着差异，如价格、服务、质量、购买态度等，因此，某铝制品公司在宏观细分的基础上，还须进行微观细分。如按购买者所追求利益不同把大客户分为计较价格、服务和质量三类。假定该公司以优质服务著称，则可选择注重服务的大客户作为自己的目标市场，采取有针对性的营销策略为大客户服务。

四、产业市场细分标准

美国的波罗玛（Bouoma）和夏皮罗（Shapiro）两位学者，提出了产业市场的主要细分变量（见表7-5），该表比较系统地列举了细分产业市场的主要变量，并提出了企业在选择目标顾客时应考虑的主要问题。对产业市场细分的标准具有一定的参考价值。

表7-5 产业市场的主要细分变量

人口变量
·行业：我们应把重点放在购买这种产品的哪些行业
·公司规模：我们应把重点放在多大规模的公司
·地理位置：我们应把重点放在哪些地区
经营变量
·技术：我们应把重点放在顾客所重视的哪些技术上
·使用者或非使用者情况：我们应把重点放在经常使用者、较少使用者、首次使用者或从未使用者身上
·顾客能力：我们应把重点放在需要很多服务的顾客上，还是只需少量服务的顾客上
采购方法
·采购职能组织：我们应将重点放在那些采购组织高度集中还是相对分散的公司上
·权力结构：我们应侧重那些工程技术人员占主导地位的公司，还是财务人员占主导地位的公司
·与用户的关系：我们应选择那些现在与我们有牢固关系的公司，还是追求最理想的公司
·总的采购政策：我们应把重点放在乐于采用租赁、服务合同、系统采购的公司，还是采用密封投标等贸易方式的公司上
·购买标准：我们是选择追求质量的公司、重视服务的公司，还是注重价格的公司

资料来源：菲利普·科特勒等：《市场营销管理》，郭国庆等译，中国人民大学出版社1997年版，第258页。

第三节　细分市场的价值评估

企业通过市场细分，把一个整体市场细分为若干个子市场，这样企业就面临着进入哪个或哪几个细分市场的决策。这种决策的关键在于各个细分市场是否具有营销的价值，即企业进入该市场是否有足够的获利机会。如果获利高、机会好，对于企业就是有价值的，就可以进入该细分市场；反之，则是无价值的。当然，大市场并不一定意味着获利机会高。因为这类市场需求强劲，吸引力大，竞争者多而且竞争比较激烈。相对来说，每个企业获利的机会就少，所以，大市场不一定是最有价值的市场。为此，企业必须全面地分析每一个细分市场的情况，并进行价值评估。

一、细分市场价值评估的因素

企业在评估细分市场时，必须考虑细分市场的规模和潜力、细分市场的结构和吸引力、企业的目标和资源等因素。

（一）细分市场的规模和潜力

细分市场的规模要适当，应与企业的实力相适应。大企业往往忽视小的市场，而中小企业又不宜进入大的细分市场，以防止与大企业正面竞争而损失过大。

理想的细分市场应该是具有潜力的、值得企业开发的市场。这样，就为企业选择细分市场提供了比较长远的发展机会。同时，有潜力的市场往往是最具吸引力的市场，会吸引更多的企业加入，因此，也是竞争激烈的市场。

（二）细分市场的结构和吸引力

具有适当规模和发展潜力的细分市场，是不足以作为企业的目标市场的。因为，一方面这个细分市场可能被众多企业所注视；另一方面，细分市场结构力量也影响着细分市场的吸引力。波特认为，决定细分市场吸引力的因素有五种力量，即同行业竞争者、潜在的新参加的竞争者、替代产品、购买者和供应商。

1. 同业竞争者

如果某个细分市场已存在着为数众多的激烈竞争者，再强的竞争者要进入该细分市场也要慎重从事。因为，要进入这个细分市场，则须付出高昂的代价。

2. 潜在的新参加的竞争者

如果某个细分市场可能吸引新的竞争者，而且竞争者增加新的生产能力和投入大量资源，并争夺市场占有率，这个细分市场也就失去了吸引力。关键在于新竞争者能否轻易进入这个细分市场。

3. 替代产品

如果某个细分市场已经存在着替代产品或者存在着潜在的替代产品，那么这个细分市场就失去了吸引力。因为，它将导致细分市场内部产品价格和利润的下降。

4. 购买者

如果购买者讨价的能力很强，该市场也就没有吸引力了。因为，购买者设法压低价格，对产品的质量和服务提出更高的要求，使经营利润受到损失。

5. 供应商

如果公司的供应商，如原材料和设备的供应商，竞相抬价或减少供应数量，该公司所在的细分市场也就失去了吸引力。其解决的办法是与供应商应建立良好的关系，并积极开拓多种供应渠道。

（三）企业的目标和资源

在评估了细分市场的规模、潜力以及市场结构的吸引力之后，还应考虑细分市场与企业的目标和资源是否相适应。对于具有吸引力的细分市场，如果和公司的目标不一致，也应忍痛割爱；如果企业资源（人、财、物、技术等）无力到达某一具有吸引力的市场，也不要强行进行，否则，就达不到评估的目的。

二、细分市场价值评估的方法

企业在选择某个细分市场时，除分析上述因素外，还须对该细分市场进行定量分析评估。评估的方法主要是采用三阶段矩阵模型分析法。

例如，某钢铁公司使用产品组合及顾客组合变量业细分市场。该公司的产品有钢板、型钢、钢管，预期的顾客有机械系统、物资系统、石油化工系统。该公司根据资料可建立产品—顾客销售量矩阵分析（如表7-6所示）。

表7-6 产品—顾客销售量矩阵分析

（单位：万元）

产品＼顾客	机械系统	物资系统	石化系统	合计
钢板	20	15	10	45
型钢	20	20	15	55
钢管	20	10	30	60
合计	60	45	55	160

按表7-6的数据，可采用三阶段矩阵模型分析法进行评估，其步骤如下：

第一阶段：全面市场分析。

从表7-6中可以看出，钢板在机械系统的销售额为20万元，企业依据这一销售额还不能预测每一细分市场的相对盈利潜力，还须进一步分析每一细分市场的需求趋势、竞争状况和本公司的实力，以便判断各细分市场的盈利潜力，选择获得最多的细分市场。

第二阶段，评估细分市场需求。

在第二阶段，要详细评估每一细分市场未来的需求潜力，通过未来销售额和市场占有率的变化进行评估。例如，估计机械系统当年钢板销售额为200万元，而本公司销售额为20万元；预测未来该行业销售额为220万元，也预测本公司明年的销售额为24.2万元。

对此，可计算如下：

$$行业增长率 = \frac{220-200}{200} \times 100\% = 10\%$$

$$公司增长率 = \frac{24.2-20}{20} \times 100\% = 21\%$$

$$公司本年市场占有率 = \frac{20}{200} \times 100\% = 10\%$$

$$预测公司明年市场占有率 = \frac{24.2}{220} \times 100\% = 11\%$$

根据以上计算，列出某钢铁公司在机械系统钢板市场矩阵分析（如表7-7所示）。

表7-7　某钢铁公司在机械系统钢板市场矩阵分析

（单位：万元）

销售额＼市场占有率	当年销售额	预测销售额	销售趋势
本公司销售额	20	24.2	+21%
本行业销售额	200	220	+10%
市场占有率	10%	11%	+1%

由表7-7可知，该公司销售额增长率为21%，远远高于该行业的增长率10%，使其市场占有率由原来10%提高到11%，增长了1%。因此，该细分市场可以作为本公司的目标市场。

第三阶段，评估营销组合方案及成本。

钢铁公司根据各细分市场的销售趋势，可以制定出不同的营销方案。如该公司在机械系统的钢板市场的销售渠道，可以采取直接订货，或由金属材料公司批发经销；促销方法可以采取广告、派员推销、现场服务、展销会、订货会等各种形式。其矩阵分析表如表7-8所示。在实际分析时，也可以在每一方框内列出预算数字，这样就可以显示出本公司的具体成本，再与第二阶段的销售预测值比较，就可计算出公司在该市场的潜在利润。本例中采用"√"表示公司采用的组合方案，其重点放在派员销售和现场服务。

表7-8　销售渠道和促销方法组合分析

促销组合＼销售渠道	广告	派员推销	订货会	现场服务
直接订货				√
批发经销		√		

采用三阶段矩阵模型分析法的主要优点是：①系统地考虑到各个细分市场的现状，把它作为一个独立的个体和市场机会考虑；②考虑到本公司在细分市场中的机会和潜能；③当确定了每个细分市场采取的营销组合后，可以判定这一细分市场的销售机会能否收回其成本，并取得多少利润。

应该注意的是，将市场细分以后还必须对每一细分市场再做进一步的分析，评估各个细分市场的价值、营销经济效益，以便为选择最佳的目标创造条件。

第四节 目标市场的选择方法及策略

目标市场，是指企业为了满足现实和潜在的市场消费者需求，在市场细分化的基础上，确定本公司产品服务的特定细分市场，也称为目标市场化或市场目标化。

一、目标市场选择的方法

公司在市场细分后，常常采用"产品或市场"矩阵分析方法选择目标市场，即确定最有吸引力的细分市场。矩阵的"行"代表所有可能的产品或市场需求，"列"代表细分市场，即顾客或顾客群。其方法步骤如下：

（1）按照本公司新开发的产品的主要属性及可能使用该产品的主要购买者两个变数，划分出可能的全部细分市场。

（2）收集整理各细分市场的有关信息资料，包括对公司具有吸引力的各种经济、技术及社会条件等资料。

（3）根据各种吸引力因素的最佳组合，确定最有吸引力的细分市场。

（4）根据本公司的实力，决定最适当的目标市场。

例如，某大型工程机械厂在对市场进行研究后发现，如果进入汽车制造业，从销售潜力和企业实力来看，都有显著的效益。因此，该企业对汽车工业的市场及产品进行矩阵分析（如图7-3所示）。

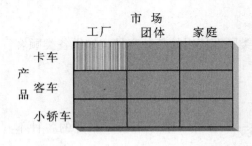

图7-3 产品/市场矩阵分析

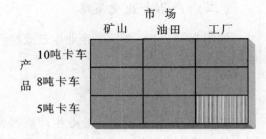

图7-4 以卡车类型细分的市场

从图7-3可知，该市场可细分为九个分市场。企业根据每个市场的需求特点和企业的实力（技术、资金、人才等），决定以卡车作为企业最有利的细分市场（图中有直线部分）。但是，卡车市场包括各种载重卡车，企业必须对卡车进一步细分（如图7-4

所示），企业再以三种卡车和三类用户对卡车市场再细分为九个分市场。最后，企业选择5吨卡车市场作为企业的目标市场。

二、目标市场的范围策略

选择确定目标市场的范围策略一般有五种，如图7-5所示。

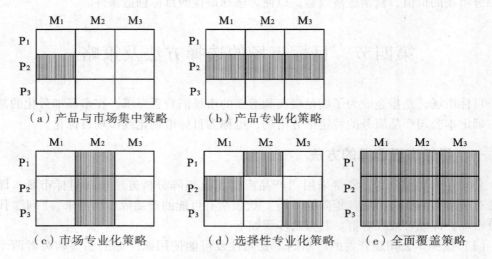

图7-5 目标市场范围策略类型

注：P—产品；M—市场。

（一）产品与市场集中策略

如图7-5（a）所示，企业集中力量只生产或经营某一种产品，供应某一类顾客群。如只生产供矿山专用的10吨载重卡车。这种战略比较适宜于中小企业，可以实行专业生产和经营，在取得成功后再向更大范围扩展。

（二）产品专业化策略

如图7-5（b）所示，企业生产或经营供各类顾客使用的某种产品，如供各类顾客使用的5吨运货卡车。

（三）市场专业化策略

如图7-5（c）所示，企业生产或经营为某一顾客群（细分市场）服务的各种不同产品，像为机械加工企业供应各种载重量的卡车。

（四）选择性专业化策略

如图7-5（d）所示，企业选择多个细分市场作为目标市场，而每一个细分市场都存在着良好的营销机会潜力，各细分市场之间相关性较小。这种战略有利于分散企业经营风险,即使某个细分市场失去吸引力,企业仍可在其他细分市场经营盈利。

(五) 全面覆盖策略

如图 7-5 (e) 所示,大型公司为取得市场的领导地位常利用这种战略。公司为所有顾客群(各细分市场)供应其需要的各种产品,像中国"四通"集团生产满足各类用户使用的打字机。

三、目标市场营销策略

公司在确定了目标市场范围战略之后,一般采用无差异营销策略、差异性营销策略和集中性营销策略进入市场。

(一) 无差异营销策略

无差异营销策略,是指公司将整个市场当作一个需求类似的目标市场,只推出一种产品并只使用一套营销组合方案。例如,我国第一汽车制造厂,长期以来只生产4T载重汽车,以一种车型、一种颜色、一个价格(在过去体制下)行销全国,无论企业或机关、城市或农村、军用或民用,都不例外。无差异营销策略重视消费者需求的相似性,而忽视需求的差异性,将所有消费者需求看作一样的,一般不进行市场细分(如图 7-6 所示)。

图 7-6 无差异营销策略

这种营销策略的优点:经营品种少、批量大,可节省细分费用,降低成本,提高利润率。但是,采用这种策略也有其缺点:一方面是易引起激烈竞争,使公司获利机会减少;另一方面,公司容易忽视小的细分市场的潜在需求。例如,美国汽车行业一向以大型、舒适的轿车为目标,竞争激烈,结果被外国公司特别是日本汽车公司钻了空子。20世纪70年代,日本公司利用石油危机的机会,生产小型、廉价、省油的小轿车,在美国汽车市场上一举获得成功,占领了大部分美国小轿车市场,使美国汽车公司在竞争中失利。

(二) 差异性营销策略

差异性营销策略,是指公司在市场细分的基础上,选择两个或两个以上的细分市场作为目标市场,针对不同细分市场上消费者的需求,设计不同的产品和实行不同的营销组合方案,以满足消费者需求(如图 7-7 所示)。

这种策略,对于小批量、多品种的生产公司较适用。绝大部分日用消费品均可采用这种策略选择目标市场。在消费需求变化迅速、竞争激烈的当代,大多数公司都积极推

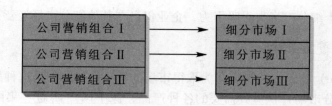

图7-7 差异性营销策略

行这种策略。其优点是：有利于满足不同消费者的需求；有利于公司开拓市场，扩大销售，提高市场占有率和经济效益；有利于提高市场应变能力。例如，某电视机生产企业，同时生产黑白电视机和彩色电视机两大类产品，而彩色电视机又生产14英寸、18英寸、20英寸、21英寸、25英寸、34英寸等规格的电视机以满足市场上不同消费者的需求，取得了营销的成功。在我国，随着市场经济体制的逐步建立，企业家必须转变观念，改变产品几十年"一贯制"经营方式，积极开发新产品，实施差别化营销策略，以提高公司的市场竞争能力。

差异性营销在创造较高销售额的同时，也增大了营销成本，如生产成本、管理成本、库存成本、产品改良成本、促销成本，使产品价格提高，失去竞争优势。因此，公司在采用此策略时要权衡其利弊。

（三）集中性营销策略

集中性营销策略亦称密集营销策略，是指企业集中力量于某一细分市场上，实行专业化生产经营，以获取较高的市场占有率（如图7-8所示）。

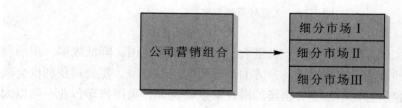

图7-8 集中性营销策略

实施这一策略的公司的考虑是：与其在整个市场拥有较低的市场占有率，不如在部分细分市场上拥有很高的市场占有率。如某服装公司在专门生产儿童服装；又如某拖拉机厂专门生产小四轮拖拉机，专供实行联产承包责任制后的农户使用。这种策略主要适用于资源有限的小公司。因为小公司无力顾及整体市场，无力承担细分市场的费用，而在大公司忽视的小市场上易于获得营销成功。

集中性营销策略的优点是：①公司可深入了解特定细分市场的需求，提供最佳服务，有利于提高企业的地位和信誉；②实行专业化经营，有利于降低成本。只要目标市场选择恰当，集中营销策略常为公司建立坚强的立足点，获得更多的经济效益。

集中营销策略也存在不足之处：一是企业将所有力量集中于某一细分市场，当市场消费者需求发生变化，或者面临较强竞争对手时，公司的应变能力差；二是经营风险大。因此，使用这种策略时，选择目标市场要特别谨慎。

四、影响目标市场营销策略的因素

（一）企业资源

企业资源是指企业的资金、技术、设备、人才、管理等综合资源的状况。资源实力雄厚的大企业，可采用无差异或差异营销策略；资源有限的企业，不能覆盖整个市场，可采用集中营销策略。

（二）市场的同质性

市场的同质性是指消费者需求、偏好及各种特征类似程度。市场同质性高，表示各细分市场相似程度高，适宜采用无差异营销策略。反之，则采用差异或集中营销策略。

（三）产品的同质性

产品的同质性是指消费者感觉产品特征的相似程度。消费者对汽油、盐、糖等产品，由于人的感觉及消费者无法测试，不会感觉到存在差异。对这类同质性高的产品，企业可采取无差异营销策略。反之，像服装、家具、照相机、家用电器等产品，消费者感觉明显，即市场同质性低，则可采取差异或集中营销策略。

（四）产品寿命周期

产品在市场寿命的不同阶段，应采取不同的营销策略。新上市产品，由于竞争者少，产品比较单一，营销重点是刺激消费者需求，比较适宜于无差异或集中营销策略；当产品进入成熟期时，企业想维持或者扩大销售量，则可采用差异营销策略，以建立该产品在消费者心中的特殊地位。

（五）竞争者策略与竞争者数目

一般来说，企业应采取同竞争对手有区别的营销策略。如果竞争对手是强有力的竞争者，实行的是无差异营销，则本企业实行差异营销往往能取得良好的效果；如竞争对手也采用差异营销策略时，若本企业仍实行无差异营销，势必造成竞争失利，而企业应在更为细分的市场上采用差异或集中营销策略，提高市场占有率。

同时，竞争者的多少也影响企业营销策略的选择，竞争者很多时，消费者对产品的品牌印象很重要。为了建立本企业的产品在不同消费者心目中的良好形象，适宜采用差异或集中营销策略；相反，则可采用无差异营销策略。影响目标市场营销策略的因素如表7-9所示。

表7-9 影响目标市场营销策略的因素

因素 策略	企业资源	市场的 同质性	产品的 同质性	产品寿命 周期	竞争者策略	竞争者数目
无差异策略	多	高	高	投入期	—	少
差异策略	多	低	低	成熟期	差异	多
集中策略	少	低	低	—	—	多

第五节 产品定位策略

一、产品定位的概念

产品定位是指企业在市场细分的基础上，依据市场上的竞争状况和本企业的条件，建立本企业及产品在目标市场顾客心目中的特殊形象。产品特色和形象是定位的主要属性，它既可以是实物方面的，也可以是心理方面的或两者兼有。例如"价廉""优质""服务周到""技术先进"等，都可以作为定位的属性。所以，定位的成功与否，取决于企业产品能否在消费者心目中建立特殊的形象并在细分市场上吸引更大的消费者。

二、产品定位的步骤

（一）分析目标市场现状

通过对目标市场的调查，了解目标市场上的竞争者提供何种特色产品给顾客，顾客实际上需要什么属性的产品，等等。

（二）对目标市场初步定位

企业全面分析目标市场现状，特别是研究顾客对该产品各种属性的重视程度的基础上，要权衡利弊，初步确定本企业产品在目标市场上所处的位置。

（三）对目标市场正式定位

如果产品目标市场初步定位比较顺利没有发生意外，这个定位就是正确的，就可正式定下来。但初步定位经常发生偏差，还需修正进行重新定位，完成产品的市场定位。下面通过实例说明产品的市场定位。

例如，某公司了解到摩托车购买者最关心的特征是摩托车的"规格"和"速度"。潜在的顾客和中间商在购买各种品牌的摩托车时，也主要考虑这两种特性，假定目标市场上现有A、B、C、D四个竞争者，其产品定位如图7-9所示。

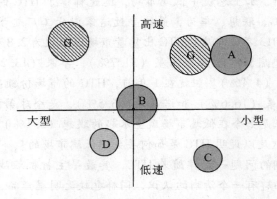

图 7-9 产品定位示意

从图 7-9 可以看出：A 竞争者生产小型高速摩托车；B 竞争者生产中型速度摩托车；C 竞争者生产小到中型低速摩托车；D 竞争者生产大型低速摩托车。图中圆圈的大小代表各竞争者的销售份额。

如果上述四位竞争者的位置已经确定，该公司位置定在何处呢？一般来说，有两种可供选择的定位策略。

第一种定位策略：与竞争者同坐一席。即把本企业产品位置定在某一竞争者附近（如图 7-9 中 A 附近的 G），与之竞争市场份额。实施这种定位策略的企业，应具备的条件是：①能够生产出比竞争者更优良的摩托车（品种）；②有足够的市场潜量，足以容纳两个竞争者；③本企业比竞争者拥有更多的资源；④这个市场位置与本企业经营实力相适应。

第二种定位策略：空白处定位。即把本企业的产品位置定在目前市场上还没有供应的摩托车，如开发一种大而快的摩托车（如图 7-9 中左上方空白处的 G）。实施这种定位策略的企业，应具备的条件是：①技术上可行，即企业有能力生产大型高速摩托车；②经济上可行，即在一定的价格水平下销售这种摩托车，仍能实现企业的利润目标；③有足够的潜在消费者需要这种摩托车，并通过企业的促销活动，有能力将消费者吸引过来，使之相信本企业的产品。

链接　HTC 的定位困境

HTC 智能手机的现状是高不成低不就，在高端市场拼不过 iPhone 或者三星 GLAXY 旗舰产品，在低端市场又鲜有千元以下的入门机，地盘被华为、中兴等国产品牌牢牢占据，最终无奈被夹在中间。从 HTC 中文官网可以发现，其目前在售的智能手机一共 34 款，其中低于 1000 元的仅 3 款；但在定价最高的 4000～5000 元段，却有多达 6 款手机，其中三款售价均为 4888 元。对比高端手机市场的领跑者三星，其 NOTE 系列最贵的一款手机（GALAXY NoteII 公开版 N7102）售价为 4899 元，比 HTC 同档次仅贵出 11元，但无论是市场认可度还是宣传力度都远胜 HTC；而在低端市场，联想有 6 款智能手机低于 1000 元，华为则有 10 款，数量上都多出 HTC 不止一倍。

手机定位的不清晰,加上忽视中低端市场,迅速稀释了 HTC 的品牌价值,令更多的消费者奔向三星、LG、联想、华为,最终导致这家以代工厂起步的中国台湾手机商逐渐失去市场份额。2013 年 2 季度,HTC 出货量市场份额仅为 2.8%,在全球前十大智能手机中与黑莓并列垫底,远远落后三星(31.7%)、苹果(13.2%)、LG(5.1%)、联想(4.8%)和华为(4.4%)。但就在 1 年前,HTC 的市场份额高达 5.8%,仅落后于三星(32.1%)、苹果(16.6%)和诺基亚(6.5%),是全球第四大智能手机厂商,而当时排名尾段的,正是如今在低端市场风生水起的联想(3.1%)、华为(4.1%)和中兴通讯(4.1%),这足以说明 HTC 是如何丢失中低端市场的。

事实上,定位模糊的问题一直伴随着 HTC,其最早主打机海战术,手机换代速度过快让消费者难以对品牌有一个清晰的认识,同样也缺乏明星产品,随后又不得已换为主攻精品路线,但无论哪一种尝试都显得心有余而力不足,比如对抗苹果和三星,其高端手机的价格接近,但内容创新却难以达到同样高度,更无法令人有深刻的印象;对抗中低端手机,HTC 价格偏贵,似乎不太注意去拼下这块市场。然而,智能手机中低端市场这块蛋糕十分诱人,已成为各大厂商重兵争夺之地。根据美国大型投资公司 Piper Jaffray 统计,2013 年高端智能手机裸机价高于 400 美元的市场规模约为 3.2 亿部,远低于低端智能手机市场的 5.8 亿部,而低端市场增长速度又远超高端市场。

和君咨询集团高级咨询师魏德威向《每日经济新闻》记者表示,对于同类型企业来说,要么走技术路线,内涵式的发展,做研发创新,做大平台的建设,如华为;要么走资本运作路线,外延式发展,通过收购打造完整的价值链,在行业的发展中不断调整思路,突出核心环节。

除了定位的问题外,HTC 的营销火力也不尽如人意,HTC 董事长王雪红曾表示,HTC 的营销并没有真正让更多的消费者感受到、接触到。为此,HTC 启用了全新的营销政策,并下决心加大投入,包括请来《钢铁侠》影星小罗伯特·唐尼拍摄广告片。但 HTC 营销的改革似乎来得有点慢。截至 2012 年年底,HTC 销售/营销/广告开支仅为 7.3 亿美元,占主营成本的 10%;相比之下,三星 2012 财年销售及管理开支高达 207 亿美元,占主营成本的 23%,苹果 2012 财年销售及管理开支亦高达 100 亿美元。其实,HTC 营销火力不够,与其"低调"的定位也不无关系,HTC 全球销售总裁杰森·麦肯齐称:"我们正在调整 HTC 内部的文化,此前我们一直坚持'低调的睿智',这意味着优秀的产品也需要保持谦卑的态度,但我们已过于低调,我们需要挑战全球最大的两家公司苹果和三星。"

(资料来源:每日经济新闻网 2013-09-16)

三、产品市场定位策略

产品市场定位策略是一种竞争策略,它显示一种产品或一家企业同类似的产品或企业之间的竞争关系。企业常采用的产品定位策略主要有以下四种。

(一)按产品属性定位

产品属性包括生产制造该产品的技术、设备、生产过程以及产品的功能等,也包括与产品有关的原料、产地、历史等因素。这些特性都可作为定位的要素。例如，在汽车市场上，联邦德国大众汽车具有"货币价值"的美誉；日本的丰田汽车侧重于"经济可靠"；瑞典的沃尔沃汽车具有"耐用"的特点。

（二）按照质量和价格定位

质量和价格本身就是一种定位。人们一般认为高质量应对应高价，所以，高质高价就是一种产品定位。但是有时也可以反其道而行之，如日本汽车就是将产品定在"质高而价不高"的位置上，获得了竞争的成功。

（三）按照使用者和用途定位

为老产品找到一种新用途，是为该产品找到定位的好方法。按照产品不同的使用者也可对产品进行定位。如某公司生产各种品牌的化妆品，以满足不同层次消费者群的需要。

（四）按竞争态势定位

按照市场竞争状况，考虑企业的各种资源常采用以下三种定位方式：

（1）避强定位。这是一种针对强有力竞争对手的定位。其优点是能够迅速在市场上站稳脚跟，在消费者心中树立企业和产品的良好形象。由于这种定位风险较小，成功率较高，企业常常采用这种定位方式。

（2）迎头定位。这是一种与市场上最强竞争者"对着干"的定位方式。如上例中的"同坐一席"就是这种定位。这是一种风险较大的定位，但如果成功，企业就会取得较大的市场优势。实行迎头定位，应做到知己知彼，特别是应清醒估计自己的实力，不求压倒对方，只求平分秋色。

（3）重新定位。这是指对销路小、市场反应差、适应能力差的产品进行二次定位，其目的是为了摆脱困境重新获得增长与活力。

本章小结

市场细分是指企业在调查研究的基础上，依据消费者需求、购买动机与习惯爱好的差异性，把一个整体市场划分成不同类型的消费者群，每个消费者群就构成企业的一个细分市场。市场细分策略思想的形成经历了大量市场营销、产品差异化营销和目标市场营销三个阶段，有效市场细分的原则包括可衡量性、实效性、可接近性、反应率和稳定性。

在竞争激烈的买方市场，企业要想战胜竞争对手，必须根据市场状况和自身的资源条件，建立和发展差异化的竞争优势，以使自己的产品或服务在消费者心目中区别并优越于竞争对手。首先，企业要进行市场分析，选择市场细分因素进行有效的市场细分；其次，再对这些细分市场进行评估，结合企业的经营目标和资源状况，选择一个或几个值得进入的细分市场，采用无差异营销策略、差异性营销策略和集中性营销策略进入目标市场；最后，基于一系列竞争优势定位，确定适当的定位优势和选择整体的定位策略，企业把确定的有效地向市场进行沟通和传送。

产品定位是企业营销中极为重要的概念。它是指企业在市场细分的基础上，依据市场上的竞争状况和本企业的条件，建立本企业及产品在目标市场顾客心目中特殊形象的过程。企业常采用的产品定位方式主要有四种，即按产品属性定位、按照质量和价格定位、按照使用者和用途定位和按竞争态势定位。

关键概念

市场细分　目标市场　无差异营销策略　产品定位

思考题

(1) 企业为什么必须进行市场细分？
(2) 市场细分应坚持哪些原则？
(3) 市场细分的程序及标准有哪些？
(4) 生产者市场怎样进行细分？
(5) 试述细分市场价值评估方法。
(6) 企业选择目标市场的方法有哪几种？
(7) 企业的目标市场策略有哪几种？
(8) 影响企业目标市场策略选择的因素有哪些？

案例　红罐王老吉品牌定位战略

凉茶是广东地区的一种由中草药熬制，具有清热祛湿等功效的"药茶"。在众多老字号凉茶中，又以王老吉最为著名。王老吉凉茶发明于清道光年间，至今已有175年，被公认为凉茶始祖，有"药茶王"之称。到了近代，王老吉凉茶更随着华人的足迹遍及世界各地。2002年以前，红罐王老吉是一个很不错的品牌，在广东地区销量稳定，销售业绩连续几年维持在1亿多元。然而，王老吉的管理层发现，要把企业做大，就必须克服一连串的问题，甚至原本的一些优势也成为困扰企业继续成长的障碍。而所有困扰中，最核心的问题是红罐王老吉当"凉茶"卖，还是当"饮料"卖？

一、难题

现实难题表现一：认知混乱

在广东，传统凉茶因下火功效，普遍当成"药"服用，无需也不能经常饮用。因此，红罐王老吉受品牌名所累，并不能很顺利地让广东人接受它作为一种可以经常饮用的饮料。另一个方面，红罐王老吉其气味、颜色、包装都与广东消费者观念中的传统凉茶有很大区别，而且口感偏甜，按中国"良药苦口"的传统观念，消费者自然感觉其"降火"药力不足。一些消费者将红罐王老吉与康师傅茶、旺仔牛奶等饮料相提并论，企业担心，红罐王老吉可能会成为来去匆匆的时尚，很快又被新的时髦产品替代。

现实难题表现二：无法走出广东

在两广以外，人们并没有凉茶的概念，甚至在调查中频频出现"凉茶就是凉白开""我们不喝凉的茶水，泡热茶"这些看法。教育凉茶概念显然费用惊人。而且，内地的消费者"降火"的需求已经被填补，他们大多是通过服用牛黄解毒片之类的药物来解决。如果放眼整个饮料行业，以可口可乐、百事可乐为代表的碳酸饮料，以康师傅、统一为代表的茶饮料、果汁饮料更是处在难以撼动的市场领先地位。

现实难题表现三：推广概念模糊

如果用"凉茶"概念来推广，王老吉公司担心其销量将受到限制，但作为"饮料"推广又没有找到合适的区隔，因此，在广告宣传上不得不模棱两可。广告语是"健康家庭，永远相伴"显然不能够体现其独特价值。

二、重新定位

2002年年底，王老吉聘请一家营销顾问公司，经初步调研后发现，红罐王老吉的销售问题不是通过简单的拍广告可以解决的，红罐王老吉销售问题首要解决的是品牌定位。红罐王老吉虽然销售了7年，其品牌却从未经过系统、严谨的定位，企业都无法回答红罐王老吉究竟是什么，消费者完全不清楚为什么要买它。经一轮深入沟通后，王老吉公司决定暂停拍广告片，对红罐王老吉进行品牌定位。

（一）界定目标市场

为了解消费者的认知，王老吉公司一方面研究竞争者传播的信息，另一方面，与内部、经销商、零售商进行大量访谈，并聘请市场调查公司对现有用户进行调查。以此基础，研究发现，广东的消费者饮用红罐王老吉主要在烧烤、登山等场合。其原因不外乎"吃烧烤容易上火，喝一罐先预防一下""可能会上火，但这时候没有必要吃牛黄解毒片"。而在湖南，饮用场合主要集中在"外出就餐、聚会、家庭"，而且，该地区消费者对于"上火"的担忧比广东有过之而无不及。

（二）确立差异化的定位

调研发现，消费者对红罐王老吉并无"治疗"要求，购买红罐王老吉的真实动机是用于"预防上火"。进一步的研究发现，红罐王老吉的直接竞争对手，如菊花茶、清凉茶等缺乏品牌推广，仅仅是低价渗透市场，并未占据"预防上火的饮料"的定位。而可乐、茶饮料、果汁饮料、水等明显不具备"预防上火"的功能，仅仅是间接竞争。同时，红罐王老吉的"凉茶始祖"身份、神秘中草药配方、175年的历史等，显然有能力占据"预防上火的饮料"这一定位。通过二手资料、专家访谈等研究表明，中国几千年的中医概念"清热祛火"在全国广为普及，"上火"的概念也在各地深入人心，这就使红罐王老吉突破了凉茶概念的地域局限。至此，其品牌定位的基本确立，首先明确红罐王老吉是在"饮料"行业中竞争；其次，其品牌定位的独特价值在于能预防上火。

(三) 品牌定位的推广

明确了品牌要在消费者心目中占据什么定位，接下来的重要工作就是要让它真正地进入人心，让大家都知道品牌的定位，从而持久、有力地影响消费者的购买决策。

紧接着，红罐王老吉确定了推广主题"怕上火，喝王老吉"，在传播上尽量凸显红罐王老吉作为饮料的性质。为更好地唤起消费者的需求，电视广告选用了消费者认为日常生活中最易上火的五个场景：吃火锅、通宵看球、吃油炸食品、烧烤和夏日阳光浴，画面中人们在开心享受上述活动的同时，纷纷畅饮红罐王老吉。

红罐王老吉的电视媒体选择主要锁定覆盖全国的中央电视台，并结合原有销售区域的强势地方媒体，在2003年的短短几个月，一举投入4000多万元广告费，销量立竿见影，销量得到迅速提升。同年11月，企业再斥巨资购买了中央电视台2004年黄金广告时段。正是这种投放方式保证了红罐王老吉在短期内迅速进入人们的头脑，给人们一个深刻的印象，并迅速红遍全国大江南北。

在地面推广上，还配合餐饮新渠道的开拓，为餐饮渠道设计布置了大量终端物料，如设计制作了电子显示屏、灯笼等餐饮场所乐于接受的实用物品，免费赠送。在传播内容选择上，充分考虑终端广告应直接刺激消费者的购买欲望，将产品包装作为主要视觉元素。

同时，在针对中间商的促销活动中，王老吉公司除了继续巩固传统渠道外，还推行"火锅店铺市"与"合作酒店"的计划，选择主要的火锅店、酒楼作为"王老吉诚意合作店"，投入资金与他们共同进行节假日的促销活动。这种大张旗鼓、诉求直观明确"怕上火，喝王老吉"的广告运动，直击消费者需求，使消费者的认知不断加强，逐渐为品牌建立起独特而长期的定位。

红罐王老吉成功的品牌定位和传播，给这个有175年历史的、带有浓厚岭南特色的产品带来了巨大的效益：2003年红罐王老吉的销售额比去年同期增长了近4倍，由2002年的1亿多元猛增至6亿元，并以迅雷不及掩耳之势冲出广东，2004年，全年销量突破10亿元，2009年销量突破170亿元大关。

(资料来源：《哈佛商业评论》中文版2004年11期)

讨论

(1) 红罐王老吉进行市场细分的依据是什么？

(2) 红罐王老吉能够迅速确立品牌定位的关键因素有哪几点？

第八章 市场营销调研与需求预测

本章学习目标

通过本章学习，要求学生掌握以下内容：①了解市场营销信息的概念、分类；②了解市场营销调查的基本程序和方法；③了解市场营销调查技术和市场需求测定的方法。

引导案例 错误的营销调研给企业带来噩梦

上海柴先生为其经营的宠物食品做消费调查，为了能够了解更多的消费信息，柴先生设计了精细的问卷，在上海选择了 1000 个样本，并且保证所有的抽样在超级市场的宠物组购物人群中产生，问卷内容涉及价格、包装、食量、周期、口味、配料等 6 大方面，覆盖了柴先生所能想到的全部因素。沉甸甸的问卷让柴氏企业的高层着实振奋了一段时间，但谁也没有想到市场调查正把他们拖向溃败。

2005 年年初，上海柴氏的新包装狗粮产品上市了，短暂的旺销持续了一星期，随后就是全面萧条，后来产品在一些渠道甚至遭到购买者抵制。过低的销量让企业高层不知所措，当时远在美国的柴先生更是惊讶："科学的调研为什么还不如以前我们凭感觉定位来的准确？"两个月之后，新产品被迫从终端撤回，产品革新宣布失败。其后，柴先生请了十多个新产品的购买者回来座谈，购买者拒绝再次购买的原因是宠物不喜欢吃。其结果是：错误的营销调研，决定了调查结论的局限，甚至荒谬。

第一节 市场营销信息系统

一、市场营销信息的概念

市场营销信息，是指有关市场营销活动的客观描述和真实反映，是从事市场营销管理所必需的消息、情报、数据、知识、报告等的总称。现代企业营销十分重视市场营销信息，把它看作与企业资金、原料、设备和人力同等重要的资源，是企业营销管理的重要组成部分。

市场营销信息属于经济信息的范畴，是经济信息的重要组成部分。市场营销信息具有社会性、系统性、流动性、有效性、准确性以及与信息载体的不可分割性等基本特征。所以,市场营销信息必须是通过反映客观事物特征的信息形态,运用一定的信息传递载体,传导给接受信息者以进行接收、储存和处理,使其了解有关的市场营销信息,为企业营销活动服务。

随着社会的进步和市场经济的建立,市场营销信息的作用日渐重要。首先,它是发展市场经济、扩大商品流通的重要手段;其次,它是企业经营决策和编制计划的基础;再次,它是企业监督、控制和调节经营活动的依据;最后,它还是发展外向型经济,开拓国际市场的重要武器。

二、市场营销信息的分类

市场营销信息的内容与特征,可以分为以下几个大类。

(一)原始市场营销信息和加工后的市场营销信息

按信息加工的程度,可分为原始市场营销信息和加工后的市场营销信息。

原始市场营销信息,是指从信息源发出的最初的直接反映市场营销活动现象及特征的信息。这是最广泛、最基本、最经常、最大量的信息资料,是经过实地收集或实验所得的原始数据资料。

加工后的市场营销信息,是指对原始市场营销信息进行科学的加工、分类、整理、汇总等,就成为加工后的市场营销信息。这也是企业营销决策的直接依据。

(二)静态信息、动态信息和预测信息

按市场营销信息存在的状态,可分为静态信息、动态信息和预测信息。

静态市场营销信息,是反映历史情况的,即用数字、文字资料描述和反映已经发生的市场经济活动过程,以便进行分析和评价。

动态市场营销信息,是反映现实情况的,即反映市场营销活动变动的信息,它具有较强的时效性。

预测市场营销信息,是运用科学的方法对上述两种市场信息进行综合分析,反映市场营销活动发展趋势的信息。

(三)常规性信息和偶然性信息

按市场营销信息的性质,可分为常规性信息和偶然性信息。

常规性市场营销信息是反映正常市场营销活动的信息,它按照一定程序,用一定格式,定期地、经常不断地进行收集和处理。

偶然性市场营销信息,是指反映市场营销活动中突然发生的偶然事件的信息,对这类信息通常要进行特殊紧急处理,不能按常规办事,否则就会贻误时机。

(四)正式渠道传递和非正式渠道传递的市场营销信息

按信息传递的渠道,可分为正式渠道传递的市场营销信息和非正式渠道传递的市场营销信息。

正式渠道信息是指按制度和规定渠道获得的市场营销信息，例如，正式文件、定期报告、统计报表等正式取得的信息。

非正式渠道信息是指通过个别调查、报刊资料、社交活动等渠道获得市场营销信息，它以特有的灵活性和时效性成为正式渠道信息的补充。

（五）企业内部信息和企业外部信息

按市场营销信息来源的不同，可分为企业内部信息和企业外部信息。

企业内部信息是指反映企业内部生产经营活动的市场营销信息。

企业外部信息是指反映企业外部环境变化的市场营销信息。企业市场经营目标的确定和实现，不仅取决于企业内部的人、财、物等可控因素，而且涉及市场供求变化和竞争等外部不可控因素。因此，一家企业不能只了解本身的情况，还必须取得企业外部市场环境变化的信息。

三、市场营销信息获取的基本程序

企业获取市场营销信息并非轻而易举，它通常要经过一系列复杂的工作程序，包括信息的收集、信息整理、信息传递、信息存储、信息使用和信息反馈等基本环节（如图8-1所示）。

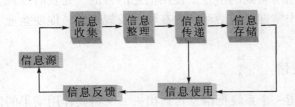

图8-1　企业营销信息获取的程序

（一）信息收集

在信息工作过程中，首先遇到的是信息的收集。它是信息处理的第一步，也是最基本的一步。为了收集企业内部生产经营活动的市场营销信息，必须采用先进信息技术，建立健全各种原始记录、台账和资料信息库。为了保证统计数据的统一性和时效性，企业内部应建立统计报表制度，使用统一表格，规定统一的报送时间，自下而上地逐级上报。企业除了收集内部生产经营活动的信息外，还要收集企业外部的信息，为经营决策提供可靠依据。

（二）信息整理

信息整理是对收集到的各种数据和资料进行审查、筛选、分组、归纳、运算、汇总等工作，使市场营销信息真正能反映经济活动的本质特征。信息审查，主要是检查信息的真实性、完整性和时效性，以便发现问题，及时纠正。信息筛选，是对信息进行鉴别，去伪存真。信息分组，是按照一定的标准，将信息分成若干类别，便于加工处理。信息归纳、运算和汇总，是对某种类型的信息，按一定的方式和方法进行计算和综合。

（三）信息传递

信息传递是将经过整理的市场营销信息，按其适用范围，采用不同的传递方法，或报送上级主管部门，或下达基层单位，或在同级机构中做横向交流，或采用公布的方式，传送到需用信息的单位或个人。

（四）信息存储

经过整理的各种市场营销信息，有的并非立即就用，有的虽然立即使用，但使用后还需保留作为将来的参考，这就产生了信息的存储。信息存储的作用主要是保证信息在时间上的传递，并积累大量信息，便于对营销活动进行动态的、系统的、全面的研究。其基本要求是便于存取、保证安全，以及节省存储空间。

（五）信息使用

对信息收集、整理、存储的目的是为了使用信息。企业营销活动过程是错综复杂的，是各种因素相互依存、相互制约的统一过程。因此，在使用信息时，必须实事求是，全面综合地运用所得到的信息。使用信息的目的，是及时发现企业经营活动中的新情况、新问题，从中掌握经济活动的内在联系及规律性，促使企业不断提高管理水平和经济效益。

（六）信息反馈

信息反馈，是指一个系统把信息传送出去，又将其作用结果的信号返送回来，并对信息的输出起到控制作用。市场营销信息反馈，是指市场营销决策的信息输出以后，将其结果返送回来，从而为控制和调整市场营销活动服务。利用信息反馈，建立灵敏高效的信息反馈系统，可以不断提高营销决策和编制计划的水平，同时在执行中采取强有力的调控措施，推动企业营销活动向既定的目标发展。

四、企业市场营销信息系统

市场营销信息系统是一个由人员、设备和程序组成的连续的互为影响的机构，它收集、挑选、分析、评估和分配恰当的、及时的和准确的信息，以供市场营销决策者作为决策的依据，改进其市场营销计划、执行和控制工作。市场营销信息系统包含三层意思：①它是人员、机器和计算机程序的复合体；②它提供恰当、及时和准确的营销信息；③它主要为企业市场营销决策者服务。市场信息系统是现代企业的中枢神经，使企业与外界保持紧密的联系，输入有关信息，为企业决策提供依据。

企业市场营销信息系统如图 8-2 所示。

图 8-2 左边的方框，表示市场营销环境的情况。中间方框表示市场营销信息系统的组成要素。右边的方框表示从信息系统获得的信息流向市场营销经理，以帮助其对市

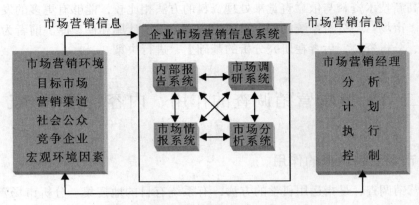

图 8-2 企业市场营销信息系统

场营销活动进行分析、计划、执行和控制。然后,市场营销经理的决策再反馈到市场营销环境中去。

企业市场营销信息系统由内部报告系统、市场情报系统、市场调研系统、市场分析系统组成。

(一) 内部报告系统

内部报告系统,是指企业营销管理人员最初使用的信息系统,也是最基本的信息系统。它通常提供有关采购订货、销售成本、库存水平、现金流量、应收和应付账款等最新数据资料。企业营销管理人员通过分析这些信息资料,比较各项指标的计划和实施情况后,就可发现市场机会和存在的问题。

(二) 市场情报系统

市场情报系统,是指企业营销管理人员为获取市场环境变化的各种信息所采用的整体程序和过程。它为企业提供外部市场营销环境发展变化的最新消息。获取市场情报的途径主要有:阅读书报和商业杂志,与企业外部顾客、生产者、商人和其他社会公众交谈,进行专门的市场调研工作,专访有关企业的管理和业务人员,等等。

(三) 市场调研系统

市场调研系统,是指企业重点收集、记录和分析有关商品和劳务的市场营销状况的数据资料,它主要调查收集与企业有关的一个特定市场的营销问题的信息,并提出调研结论。这种调研,可以由独立的机构承担,也可以由企业或其代理人承担,以解决企业面临营销中的实际问题。

(四) 市场分析系统

市场分析系统,是指用来分析市场营销资料与市场营销问题的高新技术资料组成部分。这些高新技术资料与依靠直觉来处理资料的方法相比较,能够有更多的发现和更翔实的结论。市场营销分析系统的两个重要组成部分是统计库和模型库。前者为企业收集情报资料、分析资料,后者在研究分析的基础上,进行决策。

第二节　市场营销调查的作用、内容、程序与方法

一、市场营销调查的作用

市场营销调查,是指运用科学的方法,有系统有目的地搜集、分析市场营销信息,为市场预测提供客观的、正确的资料。它是市场预测的基础和依据。

市场营销调查在企业经营管理中具有十分重要的作用,其主要作用表现在以下方面。

（一）市场营销调查是了解和认识市场的重要手段

市场营销调查是认识市场的历史、现状及其发展变化趋势的重要手段。市场供求规律是供应量和商品购买力两方面的因素影响的。通过市场营销调查,一方面,可以了解工农业生产、商品库存、进出口状况及商品货源,掌握市场商品供应总量;另一方面,可以了解购买力、消费水平、消费结构及各种影响因素,掌握商品需求总量与需求结构,据此,制定企业的生产经营计划,并予以组织和实施。

（二）市场营销调查是进行营销管理决策的基础

现代企业管理的重心在营销,经营的重点在决策。信息是企业经营管理决策的前提和基础,也是营销管理的组成部分。只有通过市场营销调查收集准确、及时的市场营销信息,并进行科学的加工处理,才能作出正确的决策,减少营销失误,把风险降低至最小限度。

（三）市场营销调查是调整和矫正计划执行情况的重要依据

通过市场营销调查收集市场营销信息,了解市场供求状况,可以检查企业的营销战略计划是否正确,在哪些方面还存在不足,甚至失误;认识客观环境是否发生了变化,出现了哪些新问题和新情况,为企业管理人员提供修改或矫正营销计划的依据。

（四）市场营销调查是改善营销管理的重要工具

在市场经济条件下,企业营销的好坏和经济效益的高低是要通过市场来检验的。市场营销调查是企业营销管理活动的出发点,也是了解和认识市场的一种有效方法。通过对市场供求、市场环境和消费者的调查,取得企业市场营销活动所需要的信息资料,就可以制定正确的市场营销策略,取得较好的经济效益。因此,搞好市场营销调查,对改善经营管理,提高经济效益具有重要的意义。

二、市场营销调查的内容

市场营销调查的内容是十分广泛的，它要取得的是过去和现在有关市场经济活动的各种数据资料和信息。其主要内容有以下几个方面。

（一）市场需求调查

满足市场需求，是企业从事生产营销活动的根本目的，因此，市场营销调查的首要内容，就是对市场需求进行调查。

所谓市场需求调查，主要是指以下方面的调查：①有关人口的各种变化情况；②居民生活水平的提高状况；③社会经济发展状况和购买力的投向；④购买者的爱好、习惯、需求构成的变化；⑤对各类商品数量、质量、品种、规格、式样、价格等方面的要求及其发展趋势；⑥配套商品和连带性商品以及其他商品之间，在客观上存在的需求比例关系或函数关系；⑦消费者对产品售后服务方面的各种需求；⑧社会集团购买力的需要、经济建设需要和外贸出口的需要；⑨农村市场的需求及其发展变化；等等。

（二）生产情况调查

所谓生产情况调查，是指调查了解社会商品资源及其构成情况。例如，调查生产规模、生产结构、技术水平、新产品试制投产、生产力布局、生产成本、自然条件和自然资源等，并据以测算产品数量、产品结构及其发展变化趋势。与此同时，要特别重视农业生产情况的调查。农业生产状况如何，直接影响到市场状况，农业发展了，市场就繁荣兴旺。许多农副产品既是城乡人民的生活资料，又是工业企业的生产资料。搞好这方面的调查，对于全面安排好城乡市场具有重要意义。

（三）市场行情调查

所谓市场行情调查，是指具体调查各种商品在市场上的供求状况、库存结构、价格水平和市场竞争程度。例如，调查有关区域市场、有关企业、有关商品之间的差别和具体的供求关系，调查对比有关区域市场、企业同类商品的生产、经营、成本、价格、利润以及资金周转等重要经济指标，以及它们的流转、销售情况和发展趋势，等等。

（四）营销环境调查

所谓营销环境调查，是指对影响企业营销活动的外部环境因素所进行的调查。

环境调查主要有以下方面：

（1）政治法律环境因素的调查。主要是了解党和国家的方针政策，政府的相关经济法令、条例，特别是相关经济立法对市场需求的影响。

（2）社会环境因素的调查。主要是了解人口因素和收入因素两个方面。

（3）思想文化环境因素的调查。主要是了解消费者的教育水平、宗教信仰、价值观、审美观等方面。

（4）竞争环境因素的调查，主要是了解同类产品的生产能力、生产成本、销售渠道和营销策略。

（五）营销策略调查

所谓营销策略调查，是指对企业营销可控因素包括产品策略、价格策略、分销策略和促销策略所进行的调查。

营销策略调查主要有以下方面：

（1）产品策略调查。主要了解不同时期、不同地区的消费者对产品的特殊要求，了解产品所处的生命周期、产品的销售状况、用户对本企业产品的评价和态度，以便采取相应的产品策略。

（2）价格策略调查。主要了解消费者对价格变动的反应，产品最适宜的销售价格，以便使企业制定最佳的价格策略。

（3）分销策略的调查。主要了解销售网点的数量、规模、分布情况，商品的储存状况、批发和零售渠道、运输能力，等等，以便选择适当的分销渠道，扩大产品销售。

（4）促销策略调查。主要了解人员和广告促销对消费者的影响程度，广告媒体的效果，等等，为企业制定和调整促销策略提供依据。

三、市场营销调查的程序

市场营销调查是一项复杂而又细致的工作，调查程序有以下方面。

（一）确定市场营销调查的目标

市场营销调查的目标，是指调查的主题，也就是指为什么要做调查、通过市场营销调查要了解哪些问题、调查的结果有什么用途。确定调查的主题，这是市场营销调查的第一步。如果调查主题不明确，或者目标不准，将使一切调查工作徒劳无益，造成浪费与损失。

（二）制定调查计划

调查计划是市场营销调查的行动纲领。调查计划的内容主要是：调查目的、调查项目、调查方法、调查时间和费用等。

（三）现场实地调查

有了调查计划，就要根据计划进行现场实地调查，这是市场营销调查中最重要的一环。在市场营销实地调查中，按调查范围的大小，可以分为典型调查、普遍调查和抽样调查三种形式。

（四）整理分析调查资料

通过市场营销调查得到的资料，一般都比较零乱、分散，还不能系统而集中地说明问题，因此要采用科学的方法，将搜集到的各种资料进行整理、分类、编辑、列表，加以分析研究。

（五）编写调查报告

在综合分析的基础上得出结论，提出建议，写成详细调研报告以供决策者参考。调查报告的内容是：①调查目的、调查对象和方法的说明；②调查结果的描述和解决；③调查分析的结论和建议；④附上必要的调查统计图表；等等。

链接　宝洁创新从市场调研开始

拍摄画面：一名 30 岁左右、身穿牛仔裤、脚蹬高跟鞋的长发女子站在洗发水货架前，拿起一个橙色的瓶子，打开瓶盖闻了闻，随后她又弯腰拿起一个透明的瓶子，轻轻晃动，15 秒后把瓶子放回了原处。她继续往前走，拿起一个深紫色的细长瓶子，同时寻找着价签，她打开瓶盖闻了一下后就将其放入了购物车。

这一切都是宝洁公司安装在超市中的摄像头拍摄下的画面。该公司驻墨西哥的市场分析师古斯塔沃·索斯研究这些画面后发现，很少有女性消费者关注该公司 15 年前研发的飘柔二合一洗发香波。索斯说："我们发现这个品牌的定价不合理，类型也过于分散。"

宝洁墨西哥公司负责人豪尔赫·布雷克说："我们会坚持不懈地深入了解消费者心理。"

宝洁这家拥有 170 年历史的企业从未放弃对产品的更新开发。利用一套完备的"监视"网络，公司将每个地方的销售情况都详细地掌握在手中。宝洁在全世界还拥有 7500 名科研人员，它旗下的香料师也明显多于其他同类企业。每年该公司都投入大约 20 亿美元用于实验室研究，在市场营销方面的投入则超过 40 亿美元。

在英国塔勒邦特某大学区的洗衣店内，一名男子正一边看报纸一边等待洗好的衣服。他似乎有些心不在焉，但实际上他在认真倾听周围人的谈话，了解来洗衣服的学生有哪些洗衣习惯以及喜欢什么牌子的洗涤用品。

保洁公司的员工就是这样深入消费者的日常生活之中。索斯指出，他本人到朋友家做客时就经常光顾厨房和卫生间。索斯说："我会认真询问他们都喜欢什么牌子的洗涤用品，以及为什么购买。当然，如果他们用宝洁竞争对手的产品，我会很不高兴。"

每年花一天时间与一位消费者亲身接触已经成为宝洁公司员工的义务。有些员工还被委派到某家商店，从店主开门营业的第一刻开始全程观察，看店员如何与顾客交流，顾客都购买什么商品，等等。

这样做的目的是要发掘消费者未表达出的和未被满足的需求。每年，宝洁在全球的分支企业都要呈递一份报告，列出消费者最希望满足的 10 项需求。例如，发明一种抗潮湿的卫生纸或者一种可用于冷水洗涤的洗涤剂。这份报告会转化为技术问题被公布在科研人员的系统网络中，以便创造新产品。

宝洁墨西哥分公司前负责人玛尔塔·米列尔说："宝洁公司是一家技术企业。它对消费者的关注是为了发明更多的产品，二合一洗发水就是这样产生的。"

宝洁公司还回收用过的洗衣机、毛巾和盘子等，以便开发出更好用的洗涤产品。曾在宝洁公司从事科研工作的霍伊特·查鲁特说："为了开发新的洗衣粉，我们曾经收集了600件旧衣服。"

在宝洁公司的研发历史中还有过更加新奇的计划,如与垃圾回收企业合作,以考察本公司产品在市场上的占有率。宝洁公司这样做的目的只有一个:更好地了解消费者。

(资料来源:《参考消息》2006年4月10日)

四、市场营销调查的方法

市场营销调查的方法,是指市场营销调查人员在实施调查过程中搜集各种信息资料所采用的具体方式。合理地选择市场营销调查方法,是市场营销调查中的重要环节。调查方法选得是否合适,对调查结果有重要的影响。

市场营销调查的具体方法有询问法、观察法、实验法三大类。

(一) 询问法

询问法是指调查者用被调查者愿意接受的方式向其提出问题,得到回答,获得所需要的信息资料。询问法是市场营销调查中最常用的一种方法,其中又可分为问卷调查法、面谈调查法、电话调查法。

1. 问卷调查法

这种调查方式的基本做法是:根据调查目的,在制定好调查提纲的基础上,制定出简明易填的调查问卷。将设计好的问卷交给或邮寄给被调查者,请其自行填答后交回或寄回。

这种方法的主要优点:①允许样本有广泛的分配地区;②答复者有较充裕的时间考虑;③成本比较低;④可避免调查人员在实际调查时所发生的偏差。其缺点:一是回收率通常偏低;二是各地区的反应者比例不一,误差无法估计;三是因无调查人员在场,被调查者可能误解问卷中问题的意义;四是不适宜做问题较多的征询;五是调查时间需要较长;六是无法获得观察资料。

2. 面谈调查法

这种调查方式的基本做法是:走出去或请进来,由调查人员直接与调查对象包括消费者个人或社会集团见面,当面询问,或举行座谈会,互相启发,从而了解历史与现状,搜集信息,取得数据。

这种方法的主要优点:①可问较多的问题;②能得到邮寄或电话调查所无法得到的资料;③能在预期工作日程内完成访问;④能获得观察资料;⑤可以更精确地控制样本。其缺点包括:一是调查询问人员可能带有偏见;二是大地区样本分布广,成本较高;三是在选择样本时可能发生错误;四是由于感到调查人员的调查方式欠佳,有些回答不够真实。

3. 电话调查法

这种调查方式的基本做法是:调查人员根据抽样规定或样本范围,通过电话询问收集信息资料的方法。

这种方法的主要优点:①可以迅速取得事件发生当时的情报;②经济、迅速;③不受调查人员在场的心里"压迫",被调查者可以畅所欲言。其缺点:一是无法利用照片图表；二是观察资料无法获得；三是样本仅限于电话用户；四是调查深度无法做到；五是无法控制不合作的对象，某些被调查者有时根本不回答问题就切断电话。

（二）观察法

观察法，是指调查人员在现场对调查对象进行直接观察记录而取得第一手资料的一种调查方法。这种调查方式的基本做法是：调查人员直接到市场，对被调查的现实情况和数量进行观察与记录，并辅之以照相、录像、录音等手段，往往使被调查者并不感觉到正被调查。

这种调查法的主要优点：①调查的结果比较真实可靠；②用仪器进行观察，比较客观。其缺点：一是只能观察被调查者的表面活动，不能了解其内在心理因素；二是与询问法相比较，耗费的费用和时间较多；三是调查结果是否正确，受调查人员的业务技术水平所制约。

（三）实验法

实验法，是指把调查对象置于一定的条件下进行小规模的实验，通过观察分析，了解其发展趋势的一种调查方法。这种调查方法用于在特定的试验条件下，在一定范围内观察经济现象中自变量与因变量之间的变动关系，并作出相应的分析判断，为企业预测和经营决策提供依据。

这种调查方法的主要优点是：①方法科学，可以有控制地分析观察某些市场变量之间是否存在着因果关系以及自变量的变动对因变量的影响程度；②可获得比较正确的情况和数据，作为预测和决策的可靠基础。其缺点：一是相同的实验条件不易选择；二是变动因素不易掌握，实验结果不易比较；三是实验时间较长，取得资料的速度慢，费用较高。

链接　网上市场调研的常用方法

在市场调研的整个过程中，收集市场信息资料工作量最大，耗时最长，互联网不仅为获得第一手资料提供了良好的途径，而且增加了获取第二手资料的渠道，互联网在市场调研中的优势在收集市场资料阶段更加明显。利用互联网获取市场调研资料的常用方法有：网上搜索法、网站跟踪法、加入邮件列表、在线调查表、电子邮件调查、对网站访问者的抽样调查等等。

1. 网上搜索法

网上搜索所利用的工具是搜索引擎，网上检索通常作为收集第二手资料的手段，但是利用搜索引擎强大的搜索功能也可以获得大量第一手资料。利用网上搜索可以收集到市场调研所需要的大部分第二手资料，如大型调查咨询公司的公开性调查报告，大型企业、商业组织、学术团体、著名报刊等发布的调查资料，政府机构发布的调查统计信息，等等。

2. 网站跟踪法

网上每天都在出现大量的市场信息，即使功能最强大的搜索引擎，也不可能将所有信息都检索出来,而且很多有价值的信息并不是随便可以检索得到的,有些网站的信息只对会员才开放,有些搜索引擎的数据库更新比较缓慢,也减弱了信息的时效性,作为市场调研的日常资料收集工作,这就需要对一些提供信息的网站进行定期跟踪,对有价值的信息及时收集记录。

3. 加入邮件列表

如果觉得每天跟踪访问大量的网站占用太多时间的话,也可以利用一些网站提供的邮件列表服务来收集资料。一些网站为了维持与用户的关系,常常将一些有价值的信息以新闻邮件、电子刊物等形式免费向用户发送,通常只要进行简单的登记即可加入邮件列表,将收到的邮件列表信息作定期处理也是一种行之有效的资料收集方法。

4. 在线调查表

企业网站本身就是一个有效的网上调查工具,然而,网站的网上调查功能常被许多企业所忽视,浪费了从顾客那里直接获得有用信息的机会。在网站上设置调查表,访问者在线填写并提交到网站服务器,这是网上调查最基本的形式,广泛地应用于各种调查活动,这实际上也就是问卷调查方法在互联网上的延伸。

5. 电子邮件调查

同传统调查中的邮寄调查表的道理一样,将设计好的调查表直接发送到被调查者的邮箱中,或者在电子邮件正文中给出一个网址链接到在线调查表页面。这种方式在一定程度上可以对用户成分加以选择,并节约被访问者的上网时间,如果调查对象选择适当且调查表设计合理,往往可以获得相对较高的问卷回收率。但采用电子邮件调查方式的前提条件是已经获得被调查者的电子邮件地址,并且预计他们对调查的内容感兴趣。

6. 对网站访问者的抽样调查

利用一些访问者跟踪软件,按照一定的抽样原则对某些访问者进行调查,类似与传统方式中的拦截调查。例如在某一天或几天中某个时段,在网站主页上设置一个弹出窗口,其中包含调查问卷设计内容,或者在网站主要页面的显著位置放置在线调查表,请求访问者参与调查。也可以对满足一定条件的访问者进行调查,比如来自于哪些IP地址,或者一天中的第几位访问者。

7. 固定样本调查

同传统调查中的固定样本连续调查法一样,用合理的抽样技术选定固定样本用户,当然,这些用户必须是可以经常上网的用户,对固定样本用户给予必要的培训,说明调查目的,提出一定的要求,由各样本用户按照要求将所要调查的内容记录下来,定期提交给市场调研项目的负责人。

第三节　市场营销调查技术

一、问卷调查技术

（一）问卷设计

问卷，或叫调查表，是系统地记载需要调查问题和调查项目的表格。它是用来反映调查的具体内容，为调查人员询问和被调查人员回答提供依据，完成调查任务的一种重要的市场营销调查工具。

1. 设计的构成

问卷设计通常由以下几个部分组成：①被调查者的基本情况。它包括被调查者的姓名、性别、年龄、家庭人数、职业、工作单位等等。列入这些项目，是便于对调查资料进行分类和整理。②调查内容。它是问卷中最主要的组成部分，是指所需要调查的具体项目。③问卷填写说明。它包括填写目的、要求、调查项目的含义、调查时间以及注意事项等说明。④编号。有些问卷还必须编号，以便分类归档，或用电子计算机处理。

2. 问卷设计的步骤

问卷设计需要进行一系列深入细致的工作。问卷设计的步骤大体是：①根据调查目的要求，拟定调查提纲。调查提纲是调查人员事先准备好的、要向被调查者提出的问题。这些问题的类型有是非题、选择题、问答题、顺位题和评定题等。②根据调查提纲的要求，确定问卷的形式，开列调查项目清单，编写提问的命题。③按照问卷各个构成部分的要求，设计问卷表格。④将初步设计的问卷进行试验性调查，然后做必要的修改，以确定最终的问卷。

3. 问卷设计应注意的事项

问卷设计应注意的事项有：①确定调查的问题与项目，把调查需要和是否可能结合起来考虑。②调查提纲的拟定要根据调查内容和调查对象的不同特点，灵活运用。③调查中使用的命题用语，要通俗易懂，简明扼要。④问卷的排列格式，要清晰明朗，顺理成章，有助于被调查者回答问题。⑤在问卷的设计过程中，要反复检查、修改，发现问题，及时纠正。

（二）询问调查

在市场营销调查中，不论是面谈或者问卷调查，都要求调查人员能够把调查询问的问题准确地传达给被调查者，得到对方充分的合作，使其能如实地、明确无误地针对问题进行回答。因此，调查人员应根据不同的环境、不同的调查对象采用不同的询问方法。

1. 自由回答法

自由回答法即由调查人员围绕调查主题提出问题，由被调查者自由回答，不规定任何标准答案。例如：

你对我公司的服务有什么意见吗？
您认为××牌手机的质量如何？

采用这种询问方式的优点是：拟定问题不受拘束，回答问题不受限制，可以获得较为重要而真实的答复。缺点是：获得的答案不够规范，五花八门，给资料的分析整理带来不便。

2. 二项选择法

二项选择法提出的问题只允许在两个答案中选择其一，也称是非法、真伪法。例如：

您家中有淋浴器吗？　□有　　□无

您用的牙膏是××牌吗？　□是　□否

这种方法的优点是：回答简便，可以得到明确答案，使意见中立者明显地偏向一边。缺点是：不能表示意见程度的差别。

3. 多项选择法

多项选择法在问卷上列出多个可供选择的答案，供被调查者从中选择一项或数项。例如：

您在选择洗衣机时所考虑的主要因素是：

□（1）名牌产品；　　□（2）质量可靠；　　□（3）价格适宜；

□（4）外型美观；　　□（5）维修方便。

这种方法可以避免是非题强制选择的缺点，统计也较方便。但备选的答案不宜过多，最好不要超过 10 个。

4. 顺位法

顺位法在多项选择的基础上，由被调查者根据自己的认识程度，对所列答案排出先后顺序。例如：

您在购买 VCD 时，对下列各条件的选择顺序如何，请编上顺序号。

□（1）图像清晰；　　□（2）音质好；　　□（3）外型美观；

□（4）价格适当；　　□（5）名牌。

采用这种方法，答案不宜过多，顺位确定要依调查目的而定。

5. 程度评定法

程度评定法又叫评判题法。要求被调查者表示自己对某个问题的认识程度。例如：

您认为汽车是现代家庭生活的必要品吗？

□（1）很赞成；　　□（2）同意；　　□（3）没意见；

□（4）不同意；　　□（5）反对。

6. 配对比较法

配对比较法又叫对比题法。是测量同类产品的各种不同牌子在被调查者心目中的地位的询问技术。例如：

在下列 A、B、C 三种牌子的风扇中，请比较左边或右边的哪个牌子的风扇好，并在您认为好的□中打√号。

□A 与□B　　□B 与□C　　□C 与□A

如果需要测量更细一些，还可以在两者之间，增加一些有关程度的评定标准。

二、抽样调查技术

调查资料最好用全面调查的方法，但全面调查花费的人、财、物很多，调查周期较长，在市场营销调查中一般用得很少。抽样调查在市场营销调查中使用得最为广泛，因为它能以省钱、省时、省力的方式得到与普遍调查相接近的结果。

所谓抽样调查技术，也称为抽样调查。抽样调查是指根据一定原则，从调查对象的总体（或称母体）中抽出一部分对象（或称样本）进行调查，从而推断总体情况的方法。采用抽样调查，必须解决三个问题：一是合理确定抽样方法；二是合理确定样本的大小；三是判断抽样调查的误差。

抽样调查可分为随机抽样和非随机抽样两大类。随机抽样是指在总体中按随机原则抽取一定数量的样本进行调查观察，用所得的样本数据推断总体情况。非随机抽样是指不按随机原则，而是按调查者主观设定的某个标准，抽选样本单位。

（一）随机抽样的常用方法

1. 简单随机抽样

简单随机抽样也称为纯随机抽样，就是对总体单位不进行分组、排队，排除任何有目的的选择，完全按随机原则抽样选取调查对象。这是随机抽样中最简便的一种方法。在市场营销调查中，通常采用抽签法或随机数字表法抽选调查对象。前者是将总体中的每一个体逐一编上号码，然后随机抽取，直到抽足预先规定的样本数目为止；后者是利用预先编好的随机数字表来抽选样本单位。随机数字表是含有一系列组别的随机数字的表格。它是利用特别的摇码机器，在 0 到 9 的数字中，按照每组数字位数的要求，自动地随机摇出一定数目的号码编成，以备查用。

2. 分类随机抽样

分类随机抽样也称为分层随机抽样，就是将总体中所有单位按主要特性进行分类，然后在各类中再用随机抽样方式抽取样本单位。

3. 分群随机抽样

分群随机抽样也称为按群抽样，它是先将总体分为若干群体，再从各群体中随机抽取样本，其抽取的样本不是一个而是一群，所以称为分群随机抽样。这是企业市场营销调查中常采用的抽样方法。

（二）非随机抽样的常用方法

1. 任意抽样

任意抽样也叫便利抽样，它是根据调查者的方便与否，随意抽选调查单位的一种抽样方法。例如，调查人员可以到商店营业现场任意选定一群顾客，向他们调查了解对产品质量和服务态度的意见。这种方法简便易行，调查费用也少。但抽取的样本偏差大，结果不够准确，因此，在正式调查中已很少使用。

2. 判断抽样

判断抽样也叫目的抽样，它是根据调查者的主观判断选择调查单位的一种抽样方法。

判断抽样有两种做法：一种是由专家判断决定所选样本，一般选取"多数型"或"平均型"的样本为调查单位。另一种是利用统计判断来选取样本，即利用调查对象（总体）的全面统计资料，按照一定标准，选取样本。这种方法能适应某些特殊需要，调查的回收率较高，但容易出现因主观判断失误而造成的抽样偏差。

3. 配额抽样

配额抽样是在调查总体中按分类控制特性，先确定样本分配数额，然后由调查人员在规定的分配数额范围内，主观判断调查单位的一种抽样方式。配额抽样可分为独立控制和相互控制两种。前者是指只对某种特性的样本数目加以规定，而不规定必须同时具有两种特性或两种以上特性的样本数额；后者是指各种特性之间有连带关系，每个样本的数目都有所规定，并按特性配额所规定的样本数，制成一个交叉控制表。通过此表，调查人员能够确定如何分配，使抽选的样本满足各特性的配额。

三、电子商务调查技术

随着信息与网络技术的进步，网络作为一种有效的调查工具已经被许多企业所应用，从而在实践中出现电子商务调查技术。与传统调查技术比较，电子商务调查技术具有覆盖面广、调查周期短、节省费用、针对性强、不受时空限制等特点。

电子商务调研技术主要有以下方面。

（一）计算机辅助电话调研

计算机辅助电话调研是访问员坐在计算机个人电脑前，采用计算机自动拨号系统随机拨号，访问员通过键盘或被访者通过电话按键将数据即时录入计算机的一种调研方式。又可以分为辅助人工调研、人工与自动切换调研、全自动电话语音调研。

1. 辅助人工调研

辅助人工调研是访问员直接读出屏幕上显示的问题，被访者将他对封闭问题的选择或对开放问题的回答直接告诉访问员，由访问员来完成选择、录入文字或录音的工作，访问员也可以选择电脑播题来代替人工读题。

2. 人工与自动切换调研

人工与自动切换调研是在用上面的方式调研时，访问可以在一份问卷的调研过程中，让被访者直接按电话键来回答部分题目，在此过程中，电脑播放题目语音，访问员可听到题目语音和被访者答题的声音，在一份问卷的调研过程中可以灵活地来回切换。

3. 全自动电话语音调研（CATS）

全自动电话语音调研是只要将相关调研项目的样本框设计好，系统在指定时间内自动选号、拨号，循环播放题目语音，自动接收被访者的按键回答，整个过程完全由电脑来控制。

计算机辅助电话调研方式最早产生于美国,经过几十年的发展,已经形成完整的理论体系和成熟的技术规范。随着我国电话的日益普及,该技术开始得到广泛的应用,并且随着研究的深入,中国本土化的 CATI 系统也应运而生。该方法的特点在于访问过程中计算机屏幕上每次只出现一个问题,可以避免其他问题的干扰;计算机会根据答案自动跳到一个相关问题上去,减少了访问员的误差;在数据录入的同时完成数据自动清理,具有超强的访问过程质量控制的能力;同时还具有电脑播题、自动录音的功能,便于对开放性问题的处理。

(二) 专题讨论法

专题讨论法主要是通过 Usenet 新闻组、电子公告牌(BBS)或邮件列表讨论组来进行的。它在相应的讨论组中发布调研主题,邀请访问者参与讨论;或是将分散在不同地域的被访者通过因特网视讯会议功能虚拟地组织起来,在主持人的引导下进行讨论。专题讨论法是一种定性调研,实际上是传统调研中小组座谈法在电子商务环境下的应用。

采用专题讨论法时,首先要确定调研的目标市场;其次,要识别目标市场中加以调研的讨论组;再次,确定可以讨论或准备讨论的具体话题;最后,登录相应的讨论组,通过过滤系统发现有用的信息,或创建新的话题,让大家讨论,从而获得有用的信息。

专题讨论法目标市场的确定可根据 Usenet 新闻组、BBS 讨论组或邮件列表讨论组的分层话题选择,也可向讨论组的参与者查询其他相关名录。还应注意查阅讨论组上的 FAQs(常见问题),以便确定能否根据名录来进行市场调研。

链接　爬虫技术在网上市场调研中的应用

我们浏览的网页数以亿计,它们在世界各地的服务器上存储着。用户点击一个网页的超链接以跳转的方式来获取另一个页面的信息,而跳转的页面又有链接存在,网页便由超链接组成一个巨大且错综复杂的网。而 Web 爬虫(Crawler),也称为蜘蛛(Spider),则是穿梭在这巨大的互联网中下载网页解析内容的程序。爬虫技术的应用可以帮助营销人员以较为经济的手段获取大量的市场信息。

爬虫技术的应用可以分为 4 步:

Step 1:从互联网页面中精心选择一部分网页,以这些网页的链接地址作为种子 URL。

Step 2:将这些种子 URL 放入待抓取 URL 队列中,爬虫从待抓取 URL 队列依次读取,并将 URL 通过 DNS 解析,把链接地址转换为网站服务器对应的 IP 地址。

Step 3:将其和网页相对路径名称交给网页下载器,网页下载器负责页面内容的下载。对于下载到本地的网页,一方面将其存储到页面库中,等待建立索引等后续处理;另一方面将下载网页的 URL 放入已抓取 URL 队列中,这个队列记载了爬虫系统已经下载过的网页 URL,以避免网页的重复抓取。

Step 4:对于刚下载的网页,从中抽取出所包含的所有链接信息,并在已抓取 URL 队列中检查,如果发现链接还没有被抓取过,则将这个 URL 放入待抓取 URL 队列末尾,在之后的抓取调度中会下载这个 URL 对应的网页。如此这般,形成循环,直到待抓取 URL 队列为止,这代表着爬虫系统已将能够抓取的网页尽数抓完,此时完成了一轮完整的抓取过程。

第四节　市场需求测定与市场需求预测

一、市场需求测定的概念与作用

市场需求测定,是指市场需求量的定性估计,是企业营销分析活动的重要一环。

对于任何企业来讲,当它将要开发一种新产品或向新的市场区域扩展时,都应事先分析如下问题:是否存在该产品的需求?需求程度能否给企业带来所期望的利益?新的市场规模是否足够大?需求发展的未来趋势及其状态如何?影响需求的因素有哪些?对上述问题的测定与分析,在企业营销活动中有着十分重要的作用。

企业之所以要进行各种不同的需求测定,主要是因为它可以帮助企业实现三种重要的管理职能:一是市场机会的分析。每一个企业都必须在许多市场或子市场中选择目标市场,制定市场营销方案,而通过对各市场及子市场的定量性需求测定,就可以发现各市场的估计需求量以及获利能力,从而有助于企业进行市场细分及目标市场的选择;同时,还可以对产品特征做进一步的分析,了解顾客的心理倾向,以此作为发现产品机会的依据。二是营销计划的制定。一旦企业选定了目标市场,就必须慎重地制定市场营销计划和短期决策,把有限的资源分配到各种竞争性用途上,并做好时间上的安排;此外,企业还必须制定资本设备和资金增长比率的长期决策。这两种决策,都需要有定量性的需求估计。三是市场营销效益的管理。企业通过管理控制为目的而进行的需求测定,就可以了解企业实际经营效益的状况,以便采取相应的营销对策。

二、市场需求测定的主要内容

从本质上讲,需求测定是一种估计性工作,面临一系列不确定的因素,因此,预测在需求测定中占有十分重要的地位。市场需求测定的内容可以用图 8-3 加以说明。

图 8-3 概括标明了需求测定的主要内容。图中从六个不同的产品层次、五个不同的空间层次和四个不同的时间层次展示了需要测定的 120 种需求（$6 \times 5 \times 4 = 120$）。

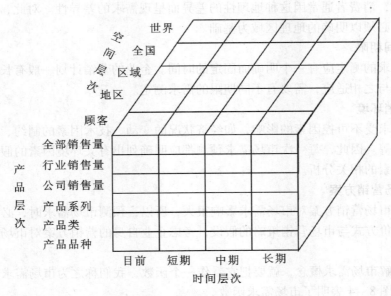

图 8-3 市场需求测定的主要内容

(一) 市场需求

市场需求通常是指在特定的地区、特定的时间和特定营销环境中的特定消费者群的购买总量。

市场需求包括八个要素:

1. 产品

测定市场需求时,必须先对产品加以定义。由于产品的范围是广泛的,而且同一种产品在实际需求上往往存在着多种差异,如消费者对电视机产品就有着规格、功能、档次等方面不同的使用要求,因而企业进行需求测定时,应明确规定产品的范围。

2. 总量

它通常直接标明了需求的规模。市场需求总量可以用实体数量、销售金额或两者兼用来测定,例如,汽车轮胎的市场需求测定可以用"100万个"或"1亿元"来表示。此外,市场需求也可以用相对数来表示,如某国汽车轮胎的市场需求,可用其占世界总需求的百分数来表示。

3. 购买

在测定市场需求量时,必须限定购买的含义,显而易见,市场需求必须通过消费者的购买行为才能表现出来,所以,正确理解购买行为十分重要。

4. 消费者群

市场细分原理揭示了消费者需求的差异性,因而在对市场需求测定时,要注意分别对不同细分市场的需求加以测定,而不仅仅是测定整个市场的总需求。

5. 地理区域

市场需求测定应有一定地理上的界限。在一个地域较广的国家里,不同区域客观上存在着差异，消费者通常因这种地理性的差异而呈现需求的差异性。对此，在进行市场需求测定时必须以明确的地理区域为基础。

6. 时间期限

市场需求的测定应有一个明确而固定的时间。企业的营销计划一般有长期、中期及短期之分，与之相适应，需要有不同期限的需求测定。

7. 营销环境

市场需求受不可控因素的影响，如经济状况的变动、技术因素的制约、政治法律环境的影响等等。因此，每一次市场需求预测都应明确列出有关环境因素的假设，注意对有关环境因素的相关分析。

8. 市场营销方案

企业的市场营销方案对市场需求影响很大，所以，预测市场需求时，必须设定有关未来企业定价方式与市场营销策略的假设，考虑企业自身的营销方案对市场需求变动的可能影响。

准确理解市场需求概念，就要把它看作一个函数，我们称之为市场需求函数或市场反应函数。图8-4表明了市场需求函数。

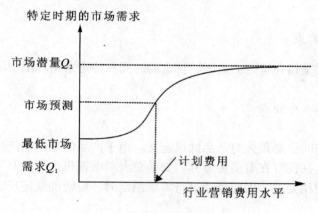

图8-4 市场需求函数

图8-4表明，在特定的营销环境下，市场需求是市场营销费用的函数。在不支出任何营销费用时，需求表现为一个基础值（最低市场需求Q_1）。随着营销费用增加，需求量将出现递增；但当营销费用达到一定水平后，再增加营销费用也不会刺激需求的进一步上升，此时，市场需求已达到某一上限（市场潜量Q_2）。

需要指出的是，市场需求函数并不是一个随时间变化而变化的市场需求曲线，即无法说明时间对市场需求的影响，而是与市场营销费用水平息息相关的市场需求的预测。市场需求曲线只是表明目前市场营销费用水平与当期需求预测的关系。

（二）市场潜量

市场潜量是指在某种特定的营销环境下，随着行业市场营销活动的强化及不懈努力，市场需求所能达到的最大极限。换言之，市场潜量是指理想状态下，市场得以充分开拓，可能导致的销售总量。

在这个概念中，"特定环境"这一点十分重要，因为它最终决定着市场潜量。例如，在经济繁荣时期与经济萧条时期这两种不同环境下，市场需求的差异是极其明显的，通常在前者条件下比在后者条件下市场潜量要大得多。

（三）企业需求

企业需求是指某企业在市场需求中所占的份额。用数学公式表示为：

$$Q_i = S_i Q$$

式中：Q_i——企业需求量；

　　　S_i——i企业的市场占有率；

　　　Q——市场需求总量。

与市场需求一样，企业需求也是一个函数，而不是一个单一的数量，我们把它称为企业需求函数或销售量反应函数。可见，企业需求量的大小不仅要受市场需求总量的影响，而且还要受企业市场占有率的影响。在通常情况下，影响企业市场占有率的主要因素有：市场营销费用、市场营销组合、市场营销效益、市场营销弹性等。

（四）企业潜量

企业潜量，是指当企业的市场营销费用超过竞争者时，企业需求所能达到的极限。当然，企业需求的最高限度就是市场潜量。也就是说，如果某企业完全垄断了市场，其销售潜量与市场潜量必然相等。在通常情况下，即使企业的营销费用远远超过竞争者，企业销售潜量还是低于市场潜量。原因是每个竞争者几乎都拥有一批忠诚的购买者，其他公司无法利用市场营销努力来改变他们的购买偏好。

三、目前市场需求的测定方法

（一）全部市场潜量的测定方法

全部市场潜量是指在特定时间、特定行业的市场营销费用及特定环境下，该行业内所有企业可能达到的最大销售量或最高销售量。

测定全部市场潜量的常用公式是：

$$Q = nqp$$

式中：Q——全部市场潜量；

　　　n——假定条件下特定产品或市场的购买者数量；

　　　q——每个购买者的平均购买量；

　　　p——单位产品的平均价格。

在以上公式中，最难估算的因素是 n。一般的做法是先从总人口着手，从中排除那些显然不会进行购买的人数，然后再进一步对剩余的可能购买者进行分析。进行这种分析，虽然有时要从不同角度综合分析，但常常以某一两个方面为主，如对消费者的社会文化特性、收入水平等进行分析，然后从中再进一步剔除，最后剩下那些最可能的购买者。

对全部市场潜量的估算，有时还采用"上加法"。所谓上加法，即先估计各细分市场的需求潜量，然后将其汇总，得出全部市场潜量。

测定全部市场潜量，对于企业正确制定推出新产品或撤回旧产品的战略具有重要意义。当企业面临是推出某种新产品还是撤回某种旧产品时，必须分析市场潜量是否足够大，如果市场潜量太小，则不必冒亏损的风险，可以将资源用于其他用途。因此，对全部市场潜量的估算就成为企业相当重要的工作。

（二）区域市场潜量的测定方法

每个企业都希望选择比较理想的市场区域，同时有效地在区域间分配营销预算，评估营销效果，因而必须测定不同地区的市场潜量。通常有两种方法可供采用：一是市场累加法，主要应用于生产和经营生产资料的企业；二是购买力指数法，主要适用于生产和经营消费品的企业。

1. 市场累加法

运用这种方法，必须首先确认每个市场可能购买该产品的消费者及其数量，然后将每个消费者可能购买的数量累加起来，用公式表示为：

$$Q_y = Q_{1y} + Q_{2y} + Q_{3y} + \cdots Q_{iy} + \cdots + Q_{ny}$$

式中：Q_y——y 市场的市场潜量；

　　　Q_{iy}——y 市场中 i 个消费者的可能购买量；

　　　Q_{ny}——y 市场中 n 个消费者的可能购买量。

如果能够列出所有可能的购买者，并准确估计其购买数量，则该方法十分简便。但在实际中，这些资料较难获得，因此需要营销人员做大量艰苦而细致的信息收集工作。

2. 购买力指数法

运用这种方法，必须将影响某产品销售的每一相关因素分别给予一个特定权数，然后加以综合计算。用分式表示为：

$$B_i = 0.5_{yi} + 0.3_{ri} + 0.2P_i$$

式中：B_i——i 地区占全国购买力的百分比；

　　　y_i——i 地区个人可支配收入占全国的百分比；

　　　r_i——i 地区占全国零售总额的百分比；

　　　P_i——i 地区占全国人口的百分比。

公式中的三个系数是对应于三个因素的权数。由权数大小可知，首先是可支配收入能影响购买力，其次是零售额，最后是人口比例。必须指出的是，式中三个系数是依据一定时期各国的实际情况而测定的。

四、未来市场需求的预测方法

未来市场需求预测，是指在市场营销调查的基础上，运用科学的方法和手段来测算未来一定时期内市场的需求变化及其发展趋势，从而为企业正确决策提供依据。

未来市场需求预测的方法可以概括为定性预测和定量预测两大类。

（一）定性预测方法

定性预测方法，是指预测人员凭借自己的经验和分析能力，通过对影响市场变化的各种因素的分析、判断和推理来预测市场需求的未来变动趋势。这种方法的优点是时间快、费用低、简便易行，不需要进行复杂的运算就可得出预测结果。不足之处主要是受预测人员主观因素的影响，往往带有一定的片面性。

定性预测方法主要有：

1. 经验判断法

经验判断法主要是依靠预测人员的经验和判断能力作出预测。由于这种方法简便易行，省时省力，在实际工作中应用较广。经验判断法包括：①经理人员判断法。指企业负责人在计划、调研、财务、销售等有关部门提供的信息资料的基础上，根据市场变化的规律和企业营销状况，凭借个人主观经验，对市场需求变化趋势及所经营的商品销售量作出判断和估计。②业务人员判断法。指企业销售负责人，在综合推销员、售货员、送货员等对市场状况的看法的基础上，对商品销售作出的预测。③综合判断法。指企业根据经理人员和业务人员的预测意见，经过综合分析后，对市场需求变动趋势作出的预测结论。其具体做法是先分别征询经理人员与业务人员的预测数值，然后采用算术平均法或加权平均法计算出综合的预测值。

2. 专家意见法

专家意见法又称为德尔菲法，是由美国兰德公司在20世纪40年代末期提出来的。这种方法主要是利用有关方面专家的专业知识和对市场变化的敏感洞察力，在对过去发生的事件和历史信息资料进行综合分析的基础上得出预测结论。按照这种方法的程序，须请有关专家以匿名方式对预测项目作出答复，然后把这些答案综合整理，再反馈给这些专家，将所得的意见再次反馈，如此反复多次，直到得出趋于一致的结论，以代表多数专家的意见。这种方法的优点是专家们以匿名方式无约束地发表意见，能够避免别人尤其是权威人士意见的影响，反映各位专家的真实看法，得出较为可靠的预测。缺点是该方法要经过多次的征询与反馈，程序繁杂，时间较长，不利于及时作出预测。

3. 购买者意见调查法

购买者意见调查法是指对购买者进行周期性的意向调查，从中获得信息并综合进行"消费者意向量度"，进而预测出消费者的购买意向的主要变动。这种方法的原理在于：由于只有潜在的购买者最清楚自己将来想要购买的商品种类及数量，因而可以提供的信息理应是可靠的。一般而言，用购买者意向调查法来预测未来需求，其准确性以用于工业品较高，用于耐用消费品次之，用于一般消费品最低。具体做法主要是用"随机抽样"中的简单随机抽样、分类随机抽样，或"非随机抽样"中的判断抽样来选择调查对象，用询问法作为调查手段。

4. 类推法

类推法一般是根据个人的直感，在对当前市场做进一步观察的基础上，运用较为合乎逻辑的推理判断，对未来市场的变化做出预测。类推法可分为相关类推和对比类推两种。前者是从已知相关的各种市场因素之间的变化来推断预测目标的变动趋势,后者是把预测目标同其他事物加以对比分析来推断其未来发展趋势。

5. 主观概率法

主观概率法是指企业有关业务人员在缺乏大量市场信息资料的情况下,根据自己的经验和判断能力,对未来市场可能的变化趋势作出自己认为合理的概率估计。这种方法是带有某种定量成分的定性预测方法,应用时简便易行,成本较低,但往往与实际误差较大,适宜于在时间紧张的情况下对市场行情作出预测。

(二) 定量预测方法

所谓定量预测,是指根据已掌握的大量信息资料,运用统计方法或数学模型,进行定量分析或图解,对未来的市场需求趋势作出预测。这类方法的优点是比较客观、可靠、科学性较强、准确性较大、用途较广。其不足之处是,对市场上某些经济活动的动向或政治因素较难进行有效的预测,需要较详细地占有资料数据,要具备一定的数学、计量统计知识。

定量预测方法主要有:

1. 简单平均法

简单平均法又称算术平均法,是将过去各个时期的观察值进行算术平均,所得平均值作为下一期的预测值。其计算公式为:

$$\bar{x} = \frac{x_1 + x_2 + x_3 + \cdots + x_n}{n} = \frac{\sum_{i=1}^{n} x_i}{n}$$

式中:$\bar{x}$——平均值,也即预测值;

x_i——第 i 期的观察值($i = 1、2\cdots n$);

n——时期数。

例如,某公司已知本年度1—6月份某种商品实际销售量如表8-1所示,要求预测7月份销售量。

表 8-1

月 份	1	2	3	4	5	6
销售量(吨)	846	690	869	770	827	725

则7月份的销售量预测值为:

$$x_7 = \bar{x} = \frac{846 + 690 + 869 + 770 + 827 + 725}{6} = 788(吨)$$

简单平均法的优点是简单快捷,但是,这种方法对于数值采用了简单平均的方法,得到的结果不够准确,特别是对有明显季节变动和长期增减趋势变动的预测,其精确度较低。

2. 移动平均法

移动平均法又称为算术移动平均法，是将预测期以前的若干时期的观察数据相加，求其平均值，在时间上往后移动，作为对下一期的预测。其计算公式为：

$$m_t = \frac{x_t + x_{t-1} + x_{t-2} + \cdots + x_{t-n+1}}{n}$$

式中：m_t——t 时期的移动平均数；

x_i——i 时期的观察值（$i = t$、$t-1 \cdots t-n+1$）；

n——移动期数。

仍举上例，要求预测 7、8、9 月的销售量，假设四个月移动一次。

7 月份的销售预测值：

$$m_7 = \frac{869 + 770 + 827 + 725}{4} = 798（吨）$$

8 月份的销售预测值：

$$m_8 = \frac{770 + 827 + 725 + 798}{4} = 780（吨）$$

9 月份的销售预测值：

$$m_9 = \frac{827 + 725 + 798 + 780}{4} = 783（吨）$$

移动平均的特点与简单平均法相似。

3. 加权平均法

加权平均法是指将各个时期的观察资料，按其近期和远期的影响程度，分别给予不同的权数，进行加权求出的平均值。一般来说，近期因素比远期因素更接近于未来，因此，由远而近，逐期增大权数，以加强近期的影响程度。其计算公式为：

$$w = \frac{f_1 x_1 + f_2 x_2 + \cdots + f_n x_n}{f_1 + f_2 + \cdots + f_n} = \frac{\sum_{i=1}^{n} f_i x_i}{\sum_{i=1}^{n} f_i}$$

式中：w——预测值（加权平均值）；

x_i——第 i 期的观察值（$i = 1$、$2 \cdots n$）；

f_i——第 i 期的对应权数（$i = 1$、$2 \cdots n$）。

仍举上例，求 7 月份的销售预测值（1—6 月份各月的对应权数依次为 1，2，3，4，5，6）。

则 7 月份的销售预测值：

$$w = \frac{1 \times 846 + 2 \times 690 + 3 \times 869 + 4 \times 770 + 5 \times 827 + 6 \times 725}{1 + 2 + 3 + 4 + 5 + 6} = 781（吨）$$

这种方法较之简单平均法有所进步，能够较准确地反映实际销售量，但由于权数是有关人士主观所决定的，难免出现误差。

4. 指数平均滑法

指数平均滑法又称为滑动平均法，是根据历史资料和数据，用指数加权的办法来进行移动平均的。因此，它实质上是一种加权移动平均法，由于加权数是以指数形式进行的，所以，指数平均滑法就因此取名。

指数平均滑法所取指数 a（即平滑系数），是在大于零小于 1 之间的小数（即取值范围为 $0<a<1$）。指数 a 值的大小，一般应根据实际情况和经验来确定。如近期状况对未来的影响大，则指数 a 可取值大些。指数 a 值确定后，就可以用指数平滑法求出预测值。

其计算公式为：

$$y_t = ax_t - 1 + (1-a) y_t - 1$$

式中：y_t——本期预测值；

a——指数，即平滑系数；

$x_t - 1$——上期实际观察值；

$y_t - 1$——上期预测值。

例如，某企业 5 月份销售额原来预测值是 100000 元，而 5 月份销售实际为 104000 元。那么，6 月份销售额预测值应为多少？

如考虑 5 月销售额预测值的比重占 90%，5 月销售额实际的比重占 10%，则取指数 $a=0.1$。

6 月份销售额预测值为：

$$yt_1 = 0.1 \times 104000 + (1-0.1) \times 100000 = 100400（元）$$

从以上计算可知，指数 a 值越小，作用缓慢地减弱，预测值趋向平滑。相反，指数 a 值越大，则变化较大。

5. 回归分析预测法

回归分析预测法，简称回归法，是指通过研究已知数据资料，从中找出这些数据资料演变规律的一种数量统计方法。回归预测法根据变量的多少，可分为一元线性回归法、多元线性回归法和非线性回归法三种。一元线性回归是处理两个变量之间线性关系的一种预测方法，它简单易行，用途较广。多元线性回归是进行多因素分析的重要方法。非线性回归是当资料数据呈曲线形状而不是直线时，所采用的预测方法。下面着重介绍一元线性回归法。

一元线性回归法的预测模型（公式）为：

$$y = a + bx$$

式中：y——预测值（因变量）；

x——影响因素（自变量）；

a、b——回归系数。

例如，根据某地区人均年收入，与某种耐用消费品销售统计资料（见表 8-2），要求预测该种商品 2017 年销售量。

表8-2

年　份	2012	2013	2014	2015	2016	合计
人均年收入（千元）x	3	4	5	6	7	23
某种耐用消费品销售量（万件）y	8	10	9	13	15	55

在实际工作中，计算 a、b 值的方法主要有三种。

方法之一

解联立方程组

$$\begin{cases} \sum y = na + b\sum x \\ \sum xy = a\sum x + b\sum x^2 \end{cases}$$

根据上述资料，运用表格计算，见表5-3：

$$\sum x = 25, \sum y = 55, \sum xy = 292, \sum x^2 = 135, n = 5$$

将上表资料化入方程组：

$$\begin{cases} 55 = 5a = 25b \\ 292 = 25a = 135b \end{cases}$$

解方程组得：$a = 2.7$　　$b = 1.7$

表8-3

年　度	人均年收入（千元）x	某种耐用消费售量（万件）y	计 算 机	
			xy	x^2
2012	3	8	24	9
2013	4	10	40	16
2014	5	9	45	25
2015	6	13	78	36
2016	7	15	105	49
合计（$\sum$）	25	55	292	135

方法之二

用公式：

$$b = \frac{\sum xy - \bar{x}\sum y}{\sum x^2 - \bar{x}\sum x}$$

$$a = \bar{y} - b\bar{x}$$

式中：$\bar{x}$ 代表人均年收入额；

$\bar{y}$ 代表某种耐用消费品年均销售量。

$$\left(\bar{x} = \frac{25}{5} = 5, \bar{y} = \frac{55}{5} = 11,\right)$$

将上述数字代入公式：

$$b = \frac{292 - 5 \times 55}{135 - 5 \times 25} = 1.7$$

$$a = 11 - 1.7 \times 5 = 2.5$$

方法之三

用公式：

$$b = \frac{\sum (x - \bar{x})y}{\sum (x - \bar{x})^2}$$

$$a = \bar{y} - b\bar{x}$$

根据上述资料，运用表格计算如下：

$$\sum (x - \bar{x})y = 17, \sum (x - \bar{x})^2 = 10$$

将以上数字代入公式：

$$b = 11 - 1.7 \times 5 = 2.5$$

$$b = \frac{17}{10} = 1.7$$

表 8-4

n	x	y	$x - \bar{x}$	$(x - \bar{x})^2$	$(x - \bar{x})y$
1	3	8	-2	4	-16
2	4	10	-1	1	-10
3	5	9	0	0	0
4	6	13	1	1	13
5	7	15	2	4	30
5	∑25	∑55	∑0	∑10	∑17

以上三种计算方法，均表明 x 与 y 之间相关关系的预测。用线性方程为：

$$y = 2.5 + 1.7x$$

当某地区 2017 年人均年收入达 8000 元时，则该地区某种耐用消费品年销售量的预测值为：

$$y = 2.5 + 1.7 \times 8 = 16.1（万件）$$

以上介绍的仅是市场预测中的一些常用方法。在实际运用中，要想取得较为符合实际的预测结果，往往把各种有效的预测方法结合起来使用，从而达到预测期的目标。

本章小结

市场营销信息，是指有关市场经济活动实况及特征的客观描述和真实反映，是从事市场营销管理所必需的消息、情报、数据、知识、报告等的总称。市场营销信息工作程序一般包括信息的收集、整理、传递、存储、使用和反馈等六个环节。市场营销信息系统是一个由人员、设备和程序组成的连续的互为影响的机构,它收集、挑选、分析、评估和分配恰当的、及时的和准确的信息,以供市场营销决策者作为决策的依据,改进其市场营销计划、执行和控制工作。企业市场营销信息系统由内部报告系统、情报系统、调研系统、分析系统组成。

市场营销调查的内容十分广泛,其主要内容包括市场需求调查、生产情况调查、市场行情调查、营销环境调查和营销策略调查五个方面。市场营销调查的具体方法有询问法、观察法和实验法,市场营销调查技术主要包括问卷调查技术、抽样调查技术和电子商务调查技术三大类。

需求测定是市场需求量的定性估计,面临很多不确定性因素,主要测定市场需求、市场潜量、企业需求和企业潜量四个方面,预测在需求测定中占有十分重要的地位,目前需求的预测方法主要有全部市场潜量预测方法和区域市场潜量预测方法,未来需求的预测方法主要有定性预测和定量预测。

关键概念

市场营销信息　市场营销调查　市场潜量　企业潜量　市场需求预测

思考题

(1) 什么是市场营销信息?如何进行分类?
(2) 试述市场营销信息的工作程序。
(3) 何谓企业市场营销信息系统?
(4) 何谓叫市场营销调查?市场营销调查包括哪些内容?
(5) 试述市场营销调查的各种方法。
(6) 试述市场调查技术。
(7) 试述市场需求测定的方法。

案例　宝洁公司与其开发的一次性尿布

宝洁(P&G)公司以其寻求和明确表达顾客潜在需求的优良传统,被誉为在面向市场方面做得最好的美国公司之一。其婴儿尿布的开发就是一个例子。

1956年,该公司开发部主任维克·米尔斯在照看其出生不久的孙子时,深切感受到一篮篮脏尿布给家庭主妇带来的烦恼。洗尿布的责任给了他灵感。于是,米尔斯就让手下几个最有才华的人研究开发一次性尿布。

一次性尿布的想法并不新鲜。事实上,当时美国市场上已经有好几种牌子了。但市场调研显示:多年来这种尿布只占美国市场的1%。原因首先是价格太高;其次是父母们认为这种尿布不好用,只适合在旅行或不便于正常换尿布时使用。调研结果还表明,一次性尿布的市场潜力巨大。美国和世界许多国家正处于"二战"后婴儿出生高峰期。将婴儿数量乘以每日平均需换尿布次数,可以得出一个大得惊人的潜在销量。

宝洁公司产品开发人员用了一年的时间,力图研制出一种既好用又对父母有吸引力的产品。产品的最初样品是在塑料裤衩里装上一块打了褶的吸水垫子。但在1958年夏天现场试验结果，除了父母们的否定意见和婴儿身上的痱子以外，一无所获。于是又回到图纸阶段。1959年3月，宝洁公司重新设计了它的一次性尿布，并在实验室生产了37000个样子相似于现在的产品，拿到纽约州去做现场试验。这一次，有2/3的试用者认为该产品胜过布尿布。行了！然而，接踵而来的问题是如何降低成本和提高新产品质量。为此要进行的工序革新，比产品本身的开发难度更大。一位工程师说它是"公司遇到的最复杂的工作"。生产方法和设备必须从头搞起。不过到1961年12月，这个项目进入了能通过验收的生产工序和产品试销阶段。

公司选择地处美国最中部的城市皮奥里亚试销这个后来被定为"娇娃"（Pampers）产品。发现皮奥里亚的妈妈们喜欢用"娇娃"，但不喜欢10美分一片尿布的价格。因此，价格必须降下来。降多少呢？在6个地方进行的试销进一步表明，定价为6美分一片，就能使这类产品畅销，使其销售量达到零售商的要求。宝洁公司的几位制造工程师找到了解决办法，用来进一步降低成本，并把生产能力提高到使公司能以该价格销售"娇娃"尿布的水平。

娇娃尿布终于成功推出，直至今天仍然是宝洁公司的拳头产品之一。它表明，企业对市场真正需求的把握需要通过直接的市场调研来论证。通过潜在用户的反应来指导和改进新产品开发工作。企业各职能部门必须通力合作，不断进行产品试用和调整定价。最后，公司做成了一桩全赢的生意：一种减轻了每个做父母的最头疼的一件家务的产品，一个为宝洁公司带来收入和利润的重要新财源。

（资料来源：吴健安主编：《市场营销学》，高等教育出版社2002年版。）

讨论

（1）宝洁公司开发一次性尿布的决策是在什么基础上进行的？
（2）宝洁公司开发一次性尿布的过程是否表明它把握了现代市场营销的基本精神？

第九章 企业形象识别与关系营销

本章学习目标

通过本章学习,要求学生掌握以下内容:①了解企业形象识别(CI)的概念;②了解CI的产生与发展;③了解CI策划的程序与主要内容;④了解CI战略在企业营销中的应用;⑤了解关系营销的原则及策略。

引导案例 广发银行企业形象的改变

2011年4月8日,广东发展银行正式宣布,将原注册名称"广东发展银行股份有限公司"更改为"广发银行股份有限公司",简称"广发银行";英文名称变更为China Guangfa Bank(中国广发银行)。广发银行同时发布了名为"汇聚"的红色正三角形新标识。新的品牌标识传达以磐石之基、锐意向上之精神,展现广发银行坚实稳固、励志进取的企业形象。

与之相对应,新的品牌标识与新的中英文名称,全面体现出广发银行迈向全国性"一流商业银行"的品牌定位。伴随着国家宏观的政策的扶持,广发银行连续四年实现盈利,历经23年的发展,广发银行的网点建设已从立行之初的华南一隅,开始"广发"于全国各地。广发银行董事长董建岳在媒体采访时表示,新名称、新标识更好地体现了广发银行的国际视野和全国战略。由此可见,有区域性银行向全国性银行的转变才是广发银行改变品牌名称与标识的真正意图。

(资料来源:王海忠主编:《品牌管理》,清华大学出版社2014年版)

第一节 CI概述

企业形象识别(Corporate Identity),其英文通常缩写为"CI"。为了论述上的统一,本书统称CI。

一、CI的概念和特点

关于CI概念,不同专家从各自学科的角度理解有不同的定义。主要有以下几种代表性观点:个性形象学说、形象传播学说、企业革新说、文化战略说等。本书认为,CI

是指企业对自身的理念文化、行为方式及视觉识别进行系统地革新，统一的传播，以塑造出富有个性的企业形象，获得内外公众组织认同的营销战略。这一定义比较准确地反映了 CI 的内涵。

CI 的特点主要有以下方面：

（1）差别化。CI 的差别不仅体现在企业的视觉标识上，如商标、标准字、标准色、广告、招牌等，而且还表现在企业的产品、经营宗旨、营销目标及企业风格、企业文化和企业战略上。

（2）标准化。指 CI 必须在企业整体上得到贯彻执行，并实施标准化的管理，如标准字、标准色的使用都有严格的规范。

（3）传播性。指 CI 必须借助各种媒体和渠道进行传播，使企业得到社会及公众的认同，如消费者的信赖、政府的支持、关系企业和组织的协助等，从而达到企业实施 CI 的目的。

（4）系统性。企业的 CI 战略，是一项涉及面广泛的系统工程，需要整体推进，全面实施，而且各个子系统要相互协调、互相促进。

（5）战略性。企业必须把 CI 作为一种长期战略来实施，因为它深入到企业的"灵魂"（即企业文化），它代表企业未来发展方向，是企业发展的长期目标。

二、CI 的产生和发展

CI 作为企业的形象识别战略，是随着工业社会的时代和企业大量出现而产生，其时间并不长，但在一些主要国家发展迅速。

（一）CI 在美国

美国是 CI 的发源地，最早由设计家莱蒙特·罗维、波尔等人在 1930 年提出，当时主要将 CI 作为配合企业的市场营销战略的商业推销技术。第二次世界大战结束后，美国经济迅速发展，1956 年，美国国际商用机器公司董事长沃森（Watson）先生，首次在该公司推行了 CI 计划，IBM 的设计顾问诺伊思（Noges），开创了人类历史上最初的 CI 设计开发。

诺伊斯的设计思想主要是为了表现 IBM 公司的开拓精神、创造精神和独特个性的公司文化，它不是简单地将各种要素拼凑起来，而是在设计中要灌注一种整体观念，使各要素之间形成一种有机的、系统的联系和统一。他将公司的全称缩写为"IBM"，并选择蓝色为公司的标准色，以此象征高科技的精密和实力。

IBM 的形象设计，塑造出了公司良好的形象，成为美国公众信任的"蓝巨人"，并在美国计算机行业占据首屈一指的统治地位。紧接着美国许多公司纷纷仿效，如美孚石油公司、远东航空公司、西屋电气公司等，都推行 CI 战略，并且取得巨大成功，远东航空公司在濒临破产的情况下推行 CI，结果使公司起死回生。1970 年，长期以来不屑于仿效别人的大名鼎鼎的可口可乐公司，也不得不推行 CI 计划，革新了世界各地的可口可乐标志，以新的形象重新展示在消费者面前。从此，CI 在美国和西方国家迅速发展。据资料显示，在美国的股票上市公司中大都推行了 CI 战略，形成了具有鲜明特色的美国 CI 战略。

CI 首先在美国兴起并发展，其原因表现在三个方面：①企业经营管理的需要；②车辆文化的社会背景。20 世纪 50 年代以后，美国交通发达，私人车辆迅速增加，各种加油站应运而生，并采用红蓝色为招牌，形成良好的视觉形象。③工业设计学的兴起。因此，美国 CI 战略的特点是以视觉形象为中心，着眼于企业外观的表现与传播，使之固定成某一模式，形成企业特有的形象。

（二）CI 在日本

20 世纪 60 年代，CI 引起了日本一些企业人士的注意。20 世纪 70 年代后，日本将 CI 形成了具有日本特色的 CI 理论。1971 年，伊腾百货公司在日本实业界首先导入 CI。同年，日本第一银行和劝业银行合并导入 CI 获得成功，于是伊势单、华歌尔、美能达、白鹤、三井银行纷纷仿效，均获得良好效益。例如，松屋百货导入 CI 两年，使其营业额增长 118%；小岩井乳业导入 CI 后，其营业额一年提高 270%。

CI 在日本的发展大致经历了四个阶段：①导入期，时间在 20 世纪 70 年代前期；②企业理念和经营方针再构造期，时间在 20 世纪 70 年代后期；③意识和体制改革时期，时间 20 世纪 80 年代前期；④事业开发和事业领域的制定时期，时间为 20 世纪 80 年代后期以来。

在日本，已经形成了以企业理念、企业结构和视觉传播为主的设计三要素的三位一体的 CI 模式。

（三）CI 在中国

长期以来，我国企业缺乏市场意识和正确的营销观念，因而不重视 CI。1992 年党的十四大确立了社会主义市场经济模式后，CI 战略才开始在国内兴起和推广。像广东太阳神集团公司 1988 年产值仅为 520 万元，由于成功导入 CI，到 1992 年产值达 12 亿元，四年间翻了 200 倍。还有上海日用化学工业公司、广州第八针织厂、李宁运动服装有限公司、中国工商银行、中国建设银行、招商银行等也先后导入 CI，都获得了成功。海尔集团多年来重视企业形象的整体策划，并通过各种方式沟通、传播，终于让海尔成为中国最大的家电生产商和全球知名品牌。

CI 在我国的兴起，原因主要有：①企业在市场经济的海洋里竞争，迫切需要塑造自己的名牌产品打入市场；②企业需要差别化的视觉识别，以维系企业和产品形象，防止假冒伪劣商品；③企业要面向国际市场，实行跨国经营，CI 为企业提供了战略性武器；④消费者需求发生变化，从"量的消费"转向"质的消费"，对商品的审美能力日渐提高。

随着改革开放的深化及现代企业制度的逐步完善，特别是我国加入 WTO 后，面对竞争越来越激烈的国际市场，因此，许多企业高度重视 CI 并将其付诸实践，一个个具有良好形象的企业在我国大量涌现，如联想集团及华为成功地进入国际市场。

第二节　CI 策划的程序与内容

一、CI 策划的程序

企业推行 CI 计划的程序分为：准备阶段、现状分析、企业理念和事业领域的确定、整合企业结构、综合行为识别和视觉识别。

（一）准备阶段

企业应成立以最高负责人为中心组织的 CI 计划准备委员会，明确企业为什么要实施 CI 计划，了解推行 CI 的意义和目的。在此基础上，聘请 CI 专业设计公司，洽谈有关合作事项，安排 CI 计划的项目和时间安排。

（二）现状分析

现状分析主要包括企业内部环境和外部环境的调查和分析。内部环境分析主要了解企业领导和职工的 CI 意识和各方人员面谈寻找公司存在的问题。外部环境分析主要对当前市场分析和竞争对手形象的分析。

（三）企业理念和事业领域的确定

在环境现状分析的基础上，重新思考企业原有的理念和事业领域，考察是否符合企业的现状和发展方向，以企业的经营理念和社会、市场背景为基础，预测今后 10 年、20 年的情况，以确定公司未来的事业领域。

（四）整合企业结构

企业组织机构是企业理念和事业领域实现的保证。因此，企业应重新审视原结构能否保证目标的实现。在外界 CI 公司的协助下，改善和设定企业内的组织结构和管理体制、信息传递系统，以形成适应企业发展目标和个性的新的企业结构体制。

（五）综合行为识别和视觉识别

行为识别是指通过企业的整合过程，必然会表现出新的企业活动。员工行动方面，可推行员工教育活动，展开公司的企业理念的贯彻实施计划，使企业的整体行为形成统一的形象。

视觉识别是指人人都能看得见的信息传播媒体，它是企业在视觉媒体上的表现。心理学的研究成果说明，通过视觉接受的信息，占人类五个感觉器官获取外界信息的 83%。企业应做到视觉标识系统的统一，通过统一的视觉识别系统，把企业的理念有效地传播出去。

二、CI 策划的内容

CI 策划，是指通过系统的设计或改变企业形象，使企业更能引起外界的注意，从而实现提高企业营销绩效的目的。

CI 策划的内容主要包括企业理念策划、行为策划和视觉识别策划。

（一）理念策划

理念策划又称为理念识别（Mind Identity，MI）策划。指对企业独特的文化、价值观与经营宗旨的策划。这是塑造独特的企业文化和良好的形象的核心，故称为 CIS 的灵魂。没有理念策划，其他任何策划都是无源之水、无本之木，缺乏生命力。理念策划应包括以下三方面内容。

1. 企业宗旨

企业的宗旨主要解决企业存在与发展的根本目的，也是企业各种营销策略应该服从的目标。企业理念是一个比"企业精神"意义更广更深刻的概念。例如，美国 IBM 公司的宗旨为："IBM 就是服务"，将服务视为比产品更重要的企业使命，容易使顾客产生信任感，从而使营销策略更有效。又如全球最大的快餐连锁集团公司麦当劳，其成功归功于它有一个明确的企业理念："Q + S + C + V"，并使之有效运行。"Q + S + C + V"表明麦当劳将为世人提供品质上乘、服务周到、地方清洁、物有所值的产品和服务。因此，麦当劳始终能够以良好的形象扎根在顾客心目中。

2. 企业的社会责任

企业的社会责任是指企业作为一种独特的组织，应承担的与自身短期经营无关的社会责任，这是社会利益在企业中的集中体现，有利于将理念策划同社会营销观念统一起来，形成一个整体，在企业达成共识。例如，日本松下电器公司提出"尽到作为产业人员应尽的职责，谋求改善和提高社会生活水平，以期对发展世界文化做出贡献"的理念。

3. 企业形象的标语及价值观念

企业形象的标语，是企业宗旨的浓缩感性表现形式，通过企业形象的标语，可以向社会传达企业的精神理念，即企业独特的文化，是 CI 体现出来的精神内核。如果一个企业具有共同的价值观念，并被全体员工所认同，就会形成巨大的吸引力和向心力、形象力。如联想集团的"世界失去联想，人类将会怎样？"深圳自行车（集团）股份有限公司的价值观体系表现为：卓越观、职责观、绩效观、品质观、创意观和务实观。

（二）行为策划

行为策划又称行为识别策划（Behaviour Identity，BI），是企业 CI 的动态识别行为。通过 BI 过程，将企业的理念渗透到社会公众心目中，以表示企业的"心"。行为策划的内容包括对外、对内的行为策划（如表 9 - 1 所示）。

表9-1 行为策划内容

	对　内	对　外
行为识别	1. 干部教育 2. 员工教育：服务态度、电话礼貌、应接技巧、服务水准、作业精神 3. 生产福利 4. 工作环境 5. 公害对策 6. 研究发展……	1. 市场调查 2. 产品开发 3. 公共关系 4. 促销活动 5. 流通对策 6. 代理商、金融业、股市对策 7. 公益化、文化性生活……

在企业的营销管理中，各种营销策略都表现为一定的行为。因此，行为策划对企业的营销具有特殊的重要意义。

（三）视觉识别策划（VI）

视觉识别策划（Visual Identity，VI），是指将企业的理念，运用现代设计手段，构造一个与其他企业有显著差别的企业视觉标志。视觉识别（VI）是 CI 的静态识别符号，是具体化、视觉化的表达方式。据心理学的研究成果表明，人类受外界刺激所获得的"信息"，视觉系统占83%左右，而且视觉系统所收集的信息具有较高的回忆值。理念识别、行为识别相比，视觉识别就是企业的"脸"或"面子"。

视觉识别的内容包括基本要素和应用要素（如图9-1所示）。

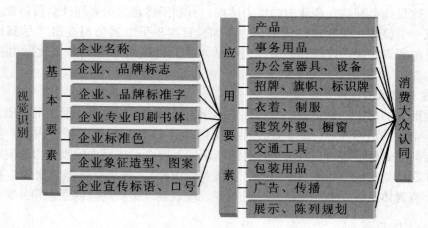

图9-1　SMCR 传播形式

注：此图摘自林磐耸《企业识别体系》一书。

1. 视觉识别 VI 设计的基本规则

在众多的要素中，标志是核心要素，在设计中应遵守如下基本规则：

（1）以理念识别为核心的原则。视觉识别中的设计要素是传达企业理念、企业精神的重要载体。因此，标志设计的关键，在于如何在设定出企业理念的基础上，如何设计出最有效、最直接地传达理念的标志。例如，"太阳神"的标志就是成功传达企业理念的范例。太阳神标志，以圆形、三角形的几何形状为设计基本单位。圆形是太阳的象征，代表着抛洒光明、温暖、生机、希望的企业经营宗旨，以及代表健康、向上的商品功能，三角形的放置呈向上趋势，即是 Apollo 的首写字母（Apollo 在古希腊神话中是赋予万物生机，主宰光明的保护神），又象征人的造型，显示出企业向上的升腾的意境和以"人"为中心的服务及经营理念，以红、黑、白三种代表色组成强烈的色彩反差，体现出企业不甘现状、奋力创新的整体心态。

（2）人性化设计原则。现代工业设计，需要以充满人情味的作品使消费者接受，与人产生关系、使人感到被关心的亲切感，是现代工业设计的基本点。如著名的苹果标志，在设计中表现出一个充满人性的动态画面：一只色彩柔和的，被人吃掉一口的苹果，表现出"you can own your computer"的亲切感。在操作 computer 时，还表现出特有的 interface，在音乐的伴随下，可以进行沟通、会话、人机之间的 interface，表现出良好的人机相容的关系。这种人性的设计，是苹果电脑成功的关键因素之一。

（3）民族个性设计原则。在视觉识别设计中，一定要考虑符合民族的风俗习惯、价值观念，易于被人们所接受，也就是要有鲜明的民族特性，充分表现民族个性。

（4）化繁为简、化具体为抽象、化静为动的设计原则。

（5）习惯性原则。在 VI 设计中，在兼顾视觉识别符号在发展过程中形成的一些习惯规则，在不同的文化区域有不同的图案及色彩禁忌。

（6）法律原则。视觉识别符号多用于工商企业的经营活动中，因而所有视觉符号必须遵守国家的法律规定和商业规则，如《商标法》《广告法》和《维护消费者权益法》等。

2. 视觉识别设计的方法

（1）基本设计方法。由于标志符号传达的是带有某种意指内容的典型视觉形象，这种视觉识别形象的特征就在于展示某种明晰的视觉认知结构，并通过这一结构诠释企业形象的特质，这明确表达标志的视觉符号结构，在上述原则的基础上建立基本设计要点是：①制定标志符号的方格标示法；②设定标志展开应用的尺寸规范；③标志符号变体设计的规范；④基本符号要素组合规范；⑤象征图形设计。

（2）符号应用系统的设计。在视觉识别符号应用系统中，应用系统包括办公用品、标识招牌、交通用具、包装品、广告传播、建筑环境等类别。在与外界交往中，沟通最频繁的是办公用品。应用规范不仅要定材质、规格、印刷方式、色彩限定、象征图形的应用方式等，还需要制定出要素组合规范的空间位置关系，并用标准尺寸的方式固定下来，以便传达企业的经营理念和产品特性等视觉信息。

第三节 CI战略在企业营销中的应用

一、CI导向是营销管理发展的必然趋势

20世纪70年代后，以消费者需求为中心的传统营销观念，受到了越来越多的批评。一方面，消费者导向的出发点是满足消费者的短期利益，而非长期的利益、社会利益；另一方面，如果企业过分强调消费者利益第一，将导致企业往往被动地应付消费者的需求，缺乏主动地开发和调节市场消费者需求，因此，企业难以确定以发展为目标的营销战略。CI理论对传统营销观念进行了"变革"，这一"变革"标志着营销管理已进入了一个全新阶段，即以树立良好企业形象为出发点的CI导向阶段。

CI导向的特点是：①CI导向是消费者导向的进一步拓展与升华；②CI导向促使企业更加注视社会利益与消费者的长远利益及企业的社会责任，并通过系统的策略体系使之得到实现；③CI导向使企业的经营战略与营销策略实现更完善的结合，使企业的宗旨更明确；④CI导向作为企业的一种竞争手段，从而使企业间的竞争进入了一个新阶段，即"形象力"的竞争。这些特点决定了CI导向是营销管理必然的发展趋势。

二、CI战略与企业营销战略的区别

（一）哲学基础比较

市场营销战略的哲学基础是西方哲学中的主客观对立的世界观，CI的哲学基础则以东方传统文化中的主客观相统一的世界观为基础。市场营销把市场和环境作为客体，公司是营销主体，一切营销活动主体居于支配地位；而CI战略坚持主体与客体关系平等的立场，时刻为消费者着想，以建立良好关系为目标。

（二）盈利手段的比较

市场营销的战略目标是怎样获取长期的、最大的利润，其手段主要以对消费者的刺激消费、唤起需求、满足欲望为手段；而CI着眼于企业形象的建立，它是一种比市场营销更高的盈利手段，因为"形象"本身就是一笔巨额财富，有了好的形象，赚钱便是水到渠成。

（三）所含内容比较

市场营销重在经济领域，是只重物质、不重精神，只重经济、不重文化的"经济应用科学"。而CI则是强调物质与精神、经济与文化双管齐下，是一项"周密、严谨、复杂的系统工程"。市场营销战略如同一把战刀，刃在一边；而CI战略则是一把"长剑耿介，倚天之外"的双刃剑。

（四）价值观念比较

市场营销战略的价值，可以包括为"时间就是金钱"，而CI战略的价值观可以概括为"形象就是金钱，金钱应该花在形象上"。树立形象是为了赚钱，赚了钱再投入到形象建设上，处在一种良性循环之中。

三、CI战略在企业营销中的应用

CI理论产生后，使企业的营销活动进入了一个以CI为导向的现代营销阶段，带来了企业营销观念的一系列重大变化。目前，在市场营销中，可将CI直接导入包装与商标设计、形象系统设计、销售环境设计与营销战略规划之中。

（一）包装与商标设计

包装和商标是产品整体概念的重要组成部分，是企业形象的重要标志，也是产品视觉识别的重要途径。CI在包装与商标设计中的应用，就是通过包装将企业的特殊标志、标准色、字体等体现出来，形成产品鲜明独特的个性以区别于其他产品，从而更容易为消费者所感觉和认可。由于标志、标准色、标准字都依附在包装上，在包装识别上处于重要位置，在设计中应重视三者的传播性。

1. 标志

标志又分为企业标志和品牌。在企业标志设计中应坚持如下原则：①突出企业形象，具有独特个性；②寓意准确，名实相符；③简洁鲜明，富有感染力；④造型精美，具有美感；⑤相对稳定，具有超前性。

标志设计在符合以上原则条件下，其表现的思路可分为表述法、表征法、会意法及纯标识法四种。

（1）表述法。常用来直接表现产品、服务项目、经营目标宗旨等，使顾客一看就能理解。设计时要最大限度地表现共性、代表性及相对稳定性。

（2）表征法。它是指用抽象思维的方法、图案以表现企业特征和性质。这一方面常用来表现效能、精度、优质等特征。

（3）会意法。它是指借助图形形象从侧面表达或引申事业内容或性质。

（4）纯标识法。它是指直接运用表音符号或单纯的图形作为标志，所用的符号常常是企业的名称或字头。为突出标识性，在设计时使文字变形而含有表征表意的含义。如"健力宝"标识的"J"的字母，象征健康的人形，有着跳跃的动感。

2. 标准色

标准色是企业经过特殊设计选定的代表企业形象的某一特定色彩或一组色彩系统。标准色在企业的识别系统中，具有强烈的识别效用。色彩具有视觉刺激，能引发强烈的生理、心理反应。因此，在包装、商标设计中选择不同的色，就会产生不同的促销效能，色彩已经越来越成为企业营销中一种重要的市场竞争战略。色彩能够使人们产生联想，不同民族对颜色的表达意思是不同的，如色彩的"三原色"各自的象征作用如下：

（1）红色。象征喜庆、欢乐、幸福。红色是血的颜色，以此表示爱国主义；它又是心脏的颜色，象征爱心、同情、爱情。世界上许多国家都将其视为吉祥色，如美国可口可乐和我国的王老吉的标准色就选为红色。

（2）黄色。黄色是权势的象征。在古代中国、罗马，黄色为帝王专用色，"黄袍加身"就是例证，平民是不能用的。佛教中，黄色是僧侣的衣服颜色，象征着高尚、崇高和慈善。中国、韩国、印度、巴基斯坦、英国、希腊等都喜欢黄色，但在伊斯兰教中，黄色却象征死亡。在欧美，有人认为黄色为"低贱"色。

（3）蓝色。蓝色象征着幸福和希望，是现代科学技术以及智慧和力量的象征。高科技企业一般选择此色为标准色，如IBM、联想集团、交通银行把蓝色作为标准色。

一些国家的喜好色和厌恶色如表9-2所示。

表9-2 一些国家的喜好色与厌恶色一览

国　别	喜好色	厌恶色
日本	白、鲜蓝、浅蓝、鲜黄	暗红、暗紫、暗黄、深紫色
美国	鲜蓝、鲜红、褐、深蓝	偏紫粉红、暗紫、浅黄色、浅紫
德国	鲜蓝、鲜黄、鲜橙、深红色	偏紫粉红、深黄、淡粉红、红亚麻色
丹麦	鲜蓝、鲜红、深蓝	淡粉红、淡黄色、亚麻、淡紫
新几内亚	鲜蓝、鲜黄、浅蓝	深紫、深红紫、暗紫、鲜紫

企业标准色的选定，通常有以下三种方法：

第一种：单色标准色。单色标准色单纯有力，可使人产生强烈的印象，留下深刻记忆。如可口可乐的红色、交通银行的蓝色。

第二种：复数标准色。指企业选择两种以上的色彩搭配，追求色彩组合的对比效果，可以增强色彩的美感和完整，表达企业的特质，如美孚石油和日产汽车的红与蓝复色。

第三种：标准色加辅助色。这种方式主要是为了区分企业集团子、母公司的不同，或公司各事业部门以及品牌、产品的分类，利用色彩的差异性，易于识别区分。

3. 标准字

标准字是企业识别系统中最基本的设计因素，标准字应用广泛性，特别是常常依附在产品的包装上，对消费者的视觉产生强烈刺激和辨识，因此，其重要性不亚于企业标志。标准字是印刷术语，指将两个以上的文字铸成一体的字体。从CI的角度来看，标准字泛指将某事物、团体的形象或全名整理、组合成一个具有特殊形态的文字群。标准字与标志相比，具有明确的说明性，可直接将企业品牌的名称传达出来，通过视觉、听觉的同步作用，强化企业的形象与品牌的诉求力。

标准字设计的关键是要确定文字之间的配置关系。对于字距、笔画的搭配、线条的粗细、统一的造型要素等均要细致规划制作。依据标准字的功能，大致可以分为：①企业标准字；②字体标志；③品牌标准字；④产品名称标准字；⑤活动标准字；⑥标题标准字。

标准字设计应遵守如下基本原则：①识别性，即要有独特的风格和个性，使消费者便于识别；②易读性，即要方便人们认读，以接受企业传达的信息；③艺术性，即设计要具有创新感、美感、亲切感，能够使观看者产生共鸣，引起注意；④延展性，即标准字应适用各种场合和环境之中；⑤系统性，即实现标准字与其他基本要素和谐配置。

（二）形象系统设计

形象系统设计，是指系统地将企业形象标志，在各种传播媒介或信息交流渠道中表现出来，使之实现整体的统一性，这是 CIS 最为复杂的一个应用领域。

一个企业在市场和消费者心目中的形象的确立，需要综合运用企业形象识别系统中的 MI、BI 和 VI，通过各种途径传播企业理念信息。所以，形象系统设计便构成了现代 CI 战略研究和设计的中心任务。

（三）销售环境设计

营销环境设计，是指有意识地通过销售环境的设计来突出产品及企业的形象。环境设计的基本要求为：①明亮的光线，这是购买环境应具备的基本条件，有利于购买者辨识和购买；②独特新颖的空间布置；③清新、整齐的商品陈列；④具有特色的橱窗设计的布置；⑤理想的 POP 广告，以突出商品品牌。

在销售环境设计中，标志、标准色、标准字应进行合理配置，发挥综合功能，形成整体效应，为顾客创造一个宽敞、明亮、舒适的理想的购物环境。

（四）营销战略规划

在企业的战略规划过程中，导入 CI 内容，要求企业应在对内外环境客观分析的基础上，明确确定企业在较长时期的发展战略，这个战略要能综合反映企业的经营理念，而且能够用一个明了的口号或关键词语表达出来。这种战略的表达，要有利于使全体员工有一个明确的目标、理想，企业的宗旨和精神；有利于企业开展各种公关和促销活动，有利企业文化、企业精神的培育，以增强企业的竞争力和形象力。

上述只是 CI 战略在企业市场营销中的几个主要应用领域，实际上，CI 与企业营销密不可分，在市场营销的每一方面都可寻找到与 CI 有关的联系，企业营销需要借助 CI 推动。CI 的导入，树立了企业的良好印象，也就促进了企业的营销。因此，CI 与营销可称之为孪生兄弟。

第四节 关系营销及其策略

一、关系营销及其原则

关系营销理论由美国营销学者巴本·杰克逊于 1985 年首先提出。1992 年英国马丁·克里斯托弗（Martin Christopher）等出版了《关系营销——如何将质量、服务和营销融为一体》一书。关系营销的基本点包括两个方面：一方面，在宏观上认识到市场营销在更广的范围上产生影响,包括顾客市场、劳动力市场、供应市场、内部市场、相关市场及"影响者"市场(即政府和金融市场);另一方面,在微观上认识到企业与顾客相互关系的性质在不断变化,市场营销的核心从"交易"转到了"关系"。

关系营销,是指建立和巩固企业与顾客及其他利益相关人的关系活动,并通过企业的努力,以成熟的交易及履行承诺的方式,使活动涉及各方面的目标在关系营销中实现。关系营销是在传统营销基础上发展起来的,其发展过程如图9-2所示。

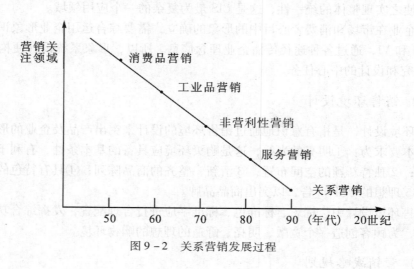

图9-2 关系营销发展过程

(一) 从交易营销到关系营销

传统营销以"交易"为中心,关系营销强调建立互相"关系"。二者的区别如表9-3所示。

表9-3 交易营销与关系营销的比较

营销方式 比较项目	交易营销	关系营销
适合的顾客	适合于眼光短浅和低转换成本的顾客	适合于具有长远眼光和高转换成本的顾客
核心概念	交换	建立与顾客之间的长期关系
企业的着眼点	近期利益	长远利益
企业与顾客的关系	不牢靠,如果竞争者可用较低的价格、较高的技术解决顾客的问题,关系可能会终止	比较牢靠,竞争者很难破坏企业与顾客的关系
对价格的看法	是主要的竞争手段	不是主要的竞争手段

续表9-3

营销方式 比较项目	交 易 营 销	关 系 营 销
企业强调	市场占有率,"一锤子买卖"也干,不一定要顾客满意	回头客比率,顾客忠诚度,建立长久的关系,顾客满意
营销管理的追求	单项利润最大	追求与对方互利关系的最佳化
市场风险	大	小
了解对方的文化背景	没有必要	非常必要
最终结果	未超出"营销渠道"的概念范围	超出"营销渠道"的概念范畴,可能成为战略伙伴,发展成为营销网络

（二）关系营销原则

关系营销的实质是在营销中与各关系方建立长期稳定的相互依赖的营销关系，以求企业的可持续协调发展，因而实施关系营销应坚持如下原则：

（1）主动沟通原则。交易双方都应积极主动沟通信息，加强交流，并形成制度或以合同形式定期或不定期交流，培育感情，增强了解，建立战略伙伴合作关系。

（2）承诺信任原则。在关系营销中，交易双方要都履行诺言，才能取得对方的信任。承诺的实质是守信，履行承诺是将誓言变为行动，是维护尊重关系方利益的表现，也是获得关系方信任的关键，是建立企业与关系方融洽伙伴关系的基础。

（3）互惠原则。关系营销是一种双赢战略，即交易的双方作为独立的经济主体，在交易中的地位是平等的，依据市场原则，在公开、公平、公正的条件下等价交换，使关系双方都获得应该获取的利益，这样关系才能持久，否则关系难以维持。

（三）关系营销的特征

（1）信息沟通的双向性。倡导信息双向沟通及信息资源共享，可以使企业赢得客户的理解、合作、支持。

（2）战略过程的协同性。在竞争性市场，各具优势的关系双方，应实行联合，发挥各自优势，协同作战，相互配合，以实现对双方都有利的目标，这是协调关系的最高形态。

（3）营销活动的互利性。利益互补是关系营销的基础，也构成了关系长久维持的重要条件。

（4）信息反馈的及时性。关系营销要求建立专门部门，用来追踪各利益相关者态度。这种信息反馈，使关系营销具有动态的应变性，有利于发现新的市场机会。

二、关系营销组合策略

关系营销扩大了营销组合，在传统营销组合4P的基础上，新增加了三大要素：人员（people）、程序制度（processes）、客户服务（provision of customer service）。关系营销扩大的营销组合如图9-3所示。

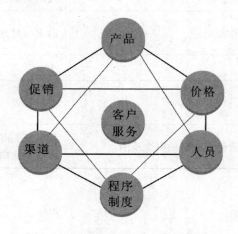

图9-3 关系营销扩大的营销组合

（一）人员

把公司员工作为新营销组合的重要因素，主要因为员工一方面影响企业营销工作，另一方面又影响着公司与客户的交往。依据公司人员与客户的接触程度及参与工作内容，公司员工通常分为以下四种。

1. 直接接触者

这是指经常或定期与顾客接触，企业营销活动的高度参与者，如推销员、公关人员、服务人员等，公司应加强对这些人员的培训，采取激励措施，增强其服务意识和责任心。

2. 间接参与者

这是指不直接参与公司营销活动，但与顾客经常发生交流，如接待人员、信用人员、电话员等，这些人员也应明确公司的营销战略，认识自己在顾客服务方面的地位和作用，掌握顾客服务的基本技能。

3. 影响者

这是指在公司营销中与顾客直接接触不多或根本不接触的有关人员，但他们在公司关系营销战略实施中却发挥着重要作用，如研究与开发人员、市场调研人员、装运物流人员等。对这些人员的要求为：①有良好的素质潜能；②应以顾客服务为导向；③有主动接触了解顾客的愿望。

4. 隔离无关者

这是指在公司营销中，基本不和顾客接触的辅助部门的员工，如采购部门、人事部门的人员。他们在很大的程度上影响着公司营销战略的实施，这些人员也应了解公司的整体营销战略，明确自己的工作在顾客提供价值活动中的作用。

（二）程序制度

这是指把产品和服务送达顾客手中的活动过程，包括任务、计划、技巧、活动和途径。程序管理是实现质量改进的前提条件。程序管理对服务业更重要，因为服务产品是不能储存的。如银行自动取款机（ATM）的使用，改变了银行的服务方式，通过程序向存取款的客户提供专门服务，以便使人员能够向其他客户提供更好的服务，处理复杂的客户需求。

（三）客户服务

把客户服务作为营销组合的一个重要因素，是因为它和传统意义上产品策略构成要素中的服务是有区别的，它主要执行分销和后勤的功能，可信度和配送速度是其重要指标。把顾客服务作为营销重要指标的一项，是因为顾客服务是作为营销组合的一个要素，主要基于如下几点：①顾客期望的变化。顾客对服务要求苛刻，满足"即时制造"（JIT）对送货服务提出新要求。②顾客服务重要性增长。随着顾客期望的变化，把顾客服务作为重要的竞争手段，以突出公司竞争的差别化。③关系营销战略的需要。为了保证制定一个给顾客带来附加价值的顾客服务战略，并使之得到实施和控制，应确立顾客服务的中心地位，有必要将顾客服务作为营销组合的重要因素。

三、关系营销策略

关系营销是一项复杂的系统工程，其本质是企业通过对顾客和环境利益的承诺及其兑现以获得顾客的长期惠顾，培育忠诚顾客，推动企业持续发展。从国外应用实践来看，关系营销策略主要有如下两种。

（一）顾客俱乐部

这是指借助俱乐部这种组织形式，把顾客纳入企业外围组织系统，实现企业与顾客关系的融洽。俱乐部顾客主要包括现有顾客和潜在顾客。俱乐部向会员提供各种特殊服务，如新产品情报、优惠价格、优先销售等。其作用表现为：①加强了与顾客的相互了解，有利于培育顾客对企业的忠诚；②通过沟通反馈，便于了解顾客的真实需求，并预测其发展趋势；③口碑传播效果，通过会员对企业的产品和服务宣传，可信度高，能够获得良好的促销效果。

（二）数据库营销

这是指企业通过收集和积累有关消费者需求及各方面的信息，通过计算机处理形成企业的顾客数据库，为企业的营销决策提供详细、准确的数据资料。通过建立顾客数据库，在以下方面对企业发挥作用：①帮助企业准确寻找目标顾客群，降低营销成本，提高营销效率；②为企业新产品开发提供信息；③数据库营销能够使企业和顾客经常保持沟通和联系，强化企业和顾客的关系，有利于培育忠诚顾客。

本章小结

企业形象策划是营销战略和策略的升华，已经成为现代企业市场竞争的重要手段。CI具有差别化、标准化、传播性、系统性和战略性的特点。CI策划的主要内容是企业理念的策划、行为策划和视觉识别策划。CI在企业营销中的应用主要表现为包装与商标设计、形象系统设计、销售环境设计和营销战略规划。

关系营销是在交易营销的基础上发展起来的一种全新的营销理论，关系营销组合是在4P的基础上增加人员（people）、程序制度（processes）、客户服务（provision of customer service）的新组合。关系营销策略主要有顾客俱乐部和数据库营销两种。

关键概念

企业形象　企业理念策划　行为策划　视觉系统策划　关系营销　数据库营销

思考题

（1）CI是怎样产生发展的？
（2）企业形象策划包括几个阶段？
（3）企业形象策划包括哪些内容？
（4）试分析比较CI战略与企业营销战略。
（5）试述CI战略在企业营销中的应用。
（6）什么叫关系营销？
（7）试分析交易营销与关系营销的异同？
（8）企业如何应用关系营销组合策略？
（9）关系营销策略有哪两种主要手段？

案例　华为企业形象的衍变

2006年5月8日，华为公司正式宣布更换其企业标识。新的企业标识在保持原有标识蓬勃向上、积极进取的基础上，更加强调华为的聚焦客户、创新、稳健、可持续发展以及和谐的原则，充分传递华为帮助客户实现网络转变的真诚愿望。华为表示换标后将更稳健地发展，更加国际化与职业化，更加聚焦客户，构建和谐商业环境，实现自身健康成长。

对于此次换标，华为全球首席营销执行官徐直军表示："全球电信业处在转型的关键时期，华为作为全球领先的电信网络设备供应商，客户对我们寄予了更多的信任及期待，选择这个时机更换标识，表明华为已做好充分准备，有能力与客户共同面对未来的机遇与挑战。"

新标志采取从下部中心向上向外辐射状的形状，表示华为将继续执行客户导向的策略，为客户创造长期的价值。新标志具有活泼和与时代同步的风格，表示华为将继续提供创新和符合客户需求的有竞争力的产品和解决方案。新标志还洋溢着自信和乐观，传递了华为职业化、国际化的新风格，这代表着华为的开放态度和合作精神。

LOGO 的改变只是表面现象，其背后所传递的是华为以客户为导向、进行国际化的决心。

（资料来源：王海忠主编：《品牌管理》，清华大学出版社 2014 年版）

讨论

（1）企业形象的改变有哪些趋势？具体操作中要采取哪些策略？

（2）华为企业形象的改变与其战略意图有怎样的关系？

第十章 产品与服务营销策略

本章学习目标

通过本章学习,要求学生掌握以下内容:①了解产品的概念、产品组合及产品市场寿命周期的相关内容;②了解新产品开发的意义、条件及程序;③了解服务营销策略。

引导案例 产品结构单一陷窘境,金嗓子转型卖饮料

"保护嗓子,请用金嗓子喉宝"这句广告语早已家喻户晓,然而,最近这个主打"金嗓子喉宝"的金嗓子企业,居然开始卖饮料了!

金嗓子在 2015 年财报中显示,该公司的收入由金嗓子喉片、金嗓子喉宝系列产品及其他产品三部分构成,其中金嗓子喉片占到收益总额的 91.8%。在 2012—2014 年,金嗓子喉片(OTC)的收益贡献分别为 92.4%、92.4% 和 90.6%。金嗓子对于单一产品的依赖度非常大,这也给企业的运营带来了潜在风险。过去几年,金嗓子虽然业绩表现不俗,但是业绩和净利润的波动却非常大,产品结构构成单一则意味着公司整体收入直接受到该产品的影响。对于金嗓子而言,除了利润和收益的考量之外,还有一个不得不提的初衷——产品线的丰富化。为了改变倚重单一产品的发展模式,金嗓子试图通过饮料新品类来破局,且金嗓子喉片在清嗓利喉方面的知名度也给饮料产品奠定了品牌基础。金嗓子在 2015 年财报中进一步透露,植物饮料是一种传统的中式饮料,且中国茶饮料的市场需求有潜力继续增加,金嗓子准备开发植物饮料来迎合客户需求,争取通过销售植物饮料令毛利率达到约 20%。

关于植物饮料,金嗓子表示预期在 2016 年上半年通过各种零售渠道试验性推出。这款饮料在京东上进行了为期一个月的众筹,截至 2016 年 5 月 4 日活动结束前,已经筹得超过 34 万元,是目标金额的 228%。根据众筹规则,支持 119 元可以获得 24 罐 300 毫升的饮料,附赠一个马克杯和一个月唱吧会员,平均下来每罐是 4.95 元。页面上还称"承诺众筹支持者的价格将低于预期市场价",由此推算,市场售价应该在 5 元或以上。

如今在医药领域,"大健康"这个概念的火爆程度堪比"互联网思维"和"大数据"。药企在寻求转型时,跨界食品饮料产业成了常见选项,"健康"更是最容易打的一张牌。比较出名的是江中集团的猴菇饼干,2016 年 3 月,老字号同仁堂也推出了两款凉茶和乌龙茶饮料。

(资料来源:http://news.163.com/16/0503/01/BM3RCOHU00014AED.html)

第一节　产品与产品组合

一、产品的概念

产品有广义、狭义之分。狭义的产品是指具有特定形态和一定用途的物品。例如，衣服、手机、手表、汽车等。现代市场营销学对产品的理解是一种广义的概念，它是指凡能提供给市场，以引起人们注意、获取、使用或消费，从而满足人们某种需要或欲望的物品，包括产品实体、无形服务、地点、组织及意识等。

广义产品，也称为整体产品概念，它包括核心产品、形式产品、期望产品、附加产品和潜在产品五个层次组成（如图10-1所示）。

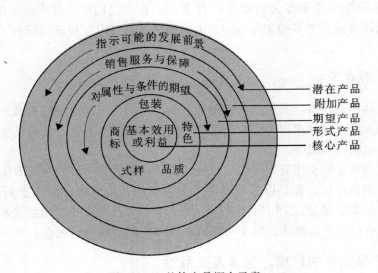

图 10-1　整体产品概念示意

（一）核心产品

核心产品是指企业向顾客提供的最基本的解决问题的效用和利益。消费者或用户购买某种产品，并非仅仅是为了购买某一物质实体，而是为了满足某种特定的需求。例如，人们购买电冰箱，并不是为了买到装有压缩机、冷藏室、开关按键的大铁箱，而是为了通过电冰箱的制冷功能，使食物保鲜，为提高人们的生活水平和质量服务。可见，一个产品能否满足顾客的需要，关键在于能否提供顾客所追求的基本效用和利益。核心产品是整个产品概念中最重要、最基本的层次。

（二）形式产品

形式产品是指核心产品借以实现的外在形式，也就是产品的外观部分，它较之核心产品具有更广泛的内容。形式产品由质量水平、式样设计、品牌、包装及特征组成。

（三）期望产品

期望产品是指购买者在购买该产品时，期望得到的与产品密切相关的一整套属性和条件。例如，旅馆的客人期望得到清洁的床位、洗浴香波、浴巾、衣帽间的服务等。因为大多数旅馆均能满足旅客这些一般的期望，所以，旅客在选择档次大致相同的旅馆时，一般不是选择哪家旅馆提供期望产品，而是根据哪家旅馆就近和方便而定。

（四）附加产品

附加产品是指人们在购买形式产品时所能得到的附加利益的总和。它包括提供信贷、免费运送、售后服务、设备安装以及提供各种保证等。企业要满足消费者的某种需求，就应提供与满足该项需求有关的一切服务。美国市场营销专家李维特曾指出：现代企业竞争并不在于各公司能生产什么，而在于它们能为其产品增加些什么内容。企业只有向顾客提供更多的实际利益，更好地满足其对附加利益的需求，才能在竞争中取胜。

（五）潜在产品

潜在产品是指现有产品包括所有附加产品在内的，可能发展成为未来最终产品潜在状态的产品。潜在产品指出了现有产品的可能演变趋势和前景，如彩色电视机可发展为录放影机、电脑终端机等。

整体产品概念的上述五个层次，充分体现了以顾客为中心的现代市场营销观念。这一概念的内涵和外延，都是以消费者需求为标准的，由消费者的需求所决定的。可以说，整体产品概念是建立在"需求＝产品"这样一个等式的基础之上的。由此断言，企业如果没有整体产品概念，就不可能真正贯彻现代市场营销观念。

二、产品组合的广度、深度及关联性

所谓产品组合，是指一个企业生产经营的全部产品线和产品项目的组合或结构。

任何企业的产品组合一般都由其广度、深度及关联性构成。

所谓产品组合的广度，是指企业产品组合中所包含产品线的多少，产品线越多，说明广度越大，产品线越少，则广度越小。

所谓产品组合的深度，是指企业经营的每个产品线中所包括的产品项目的平均数多少，平均项目越多，深度越大；反之，则小。

产品组合的所谓关联性，是指各产品线之间在最终用途、生产条件、销售渠道等方面的相互关联程度。例如，某电视机厂生产的产品都与电子有关，那么它的产品组合关联性就强。相反，实行集团式多角化经营的混合型公司，其各类产品线间的关联性则较小，或毫无关联性。

产品组合的广度、深度及关联性，如图10-2所示。图10-2中有12个产品项目、4条产品线。

第十章 产品与服务营销策略

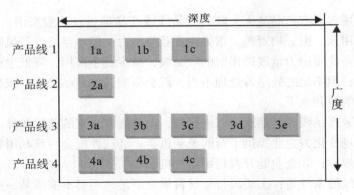

图 10-2 产品组合的广度、深度及关联性示意

以宝洁公司为例，该公司产品组合的广度和深度如图 10-3 所示。

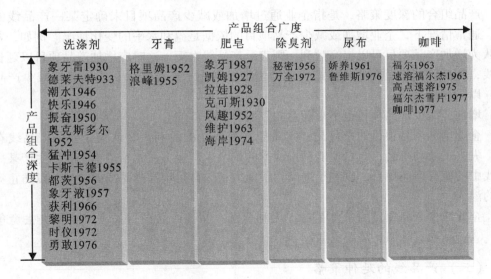

图 10-3 宝洁公司产品组合的广度与深度

三、产品组合策略

产品组合策略，是指企业根据自身目标和环境变化对产品线和产品项目所进行的抉择和管理。一般情况下，企业在进行产品组合决策时常遇到下面三项决策问题：一是当环境或企业经营目标发生变化时，怎样进行新的组合；二是产品线的长度如何确定；三是产品线的延伸。围绕解决以上问题，大致有以下策略可供选择。

（一）产品组合的广度策略

产品组合的广度策略，是指企业根据环境变化决定增加或缩减产品线，以扩大或缩小经营范围。增加或缩减产品线，既可以与现有产品线相关，也可以不受产品之间关联性的制约，发展与原有产品毫无关联的产品线或产品项目。一般来讲，扩大产品组合，可以充分地利用人、财、物资源，增强企业竞争能力；但不足之处是风险较大。缩减产品组合有利于企业集中力量改造保留的产品线，减少资金占用，降低生产成本，实现生产经营专业化；但不足之处是若处理不当，就会影响其他产品销售，减少一定的市场份额，降低企业的盈利水平。

扩大或缩减产品线不是随意可以进行的，而是要有一定的前提条件。扩大产品线的条件是：①市场变化为企业提供了新的盈利机会；②这种机会一旦利用好，将给企业带来一定的盈利规模；③企业能开发利用这种机会。

缩减产品线的条件是：①能源与原材料供应不足，不得不缩减某一产品线；②企业处于亏损状态，且亏损的原因是由某一产品线引起的；③企业为了集中经营目标。

（二）产品组合的深度策略

产品组合的深度策略，是指企业通过增加或减少产品项目来确定某一产品线的长度。通常情况下，企业增加或减少产品项目的依据是盈利水平的变化情况。例如，若企业认为增加产品项目可以提高盈利，则表示产品线太短，这时应增加产品项目以延长产品线；相反，若缩短产品项目能使盈利增加，则表示产品线太长，这时应减少产品项目，以缩短产品线。

增加或减少产品项目也不是随意的，而是有条件的。

企业增加产品项目的条件是：①希望能获取新的盈利；②认为企业的产品线有缺口，失去了盈利机会；③希望能利用淡季的剩余生产能力；④希望本企业能生产某一产品线中的所有产品项目，以利于提高竞争能力；⑤自行填补产品线的缺口，以防止竞争者的渗入。

企业减少产品项目的条件是：①无利可图；②该产品项目失去或将要失去竞争能力；③产品项目陈旧、需要更新。

（三）产品线的延伸策略

产品线的延伸策略，是指部分地或全部地改变企业原有产品线的市场地位。产品线延伸可以分为三种情况：向下延伸、向上延伸和双向延伸。

1. 向下延伸

向下延伸是指把企业原来定位于高档市场的产品线向下延伸，在高档产品中增加中低档产品项目。实行这一策略的主要原因是：①利用高档名牌产品的声誉，吸引消费者购买该产品线中的中低档商品；②企业认为高档产品的发展前途越来越小，因此，决策将产品线向中低档延伸；③企业最初进入高档产品市场的目的是树立良好的企业形象，然后再进入中、低档产品市场，以扩大市场范围；④填补企业产品线的缺口。

2. 向上延伸

向上延伸是指把企业原来定位于低档市场的产品线向上延伸，在低档产品中增加高档产品项目。实行这一策略的主要原因是：①开发高档产品市场能取得更多的利润；②利用高档产品树立低档产品的形象；③企业具有生产高档产品的技术条件；④企业希望占有全线产品。

3. 双向延伸

双向延伸是指把企业原来定位于中档产品市场的产品线向上下两个方向延伸。一方面增加高档产品，树立企业良好的形象；另一方面则增加低档产品，扩大企业的市场阵容。

第二节　新产品开发策略

一、新产品的概念和分类

所谓新产品，是指与以前的产品在结构上、性能参数上、外观上完全不同的产品。从市场营销的观点看，最主要的区别在于产品的使用价值上有别于以前的老产品，新产品能满足市场不断增长的新需求。

新产品可以分为以下几种类型：

（1）全新产品。这是指国内外或本地区从未生产过，首次试制的新产品，这一类新产品开发难度最大。

（2）换代新产品。这是指在原有产品的基础上，为满足市场新的需要采用新技术、新材料、新结构制造的产品。

（3）改进新产品。这是指在现有产品的基础上，改进参数性能，变化规格、型号和花色、款式，以满足不同市场需要的产品。

（4）本企业新产品。这是指本企业仿照市场上的已有产品，做了部分改进而推上市场的首次生产的产品。

链接　为节约时间而发明新产品——拉链

每一件生活中常见事物所蕴藏的创新故事就是对此最好的诠释。例如，人们日常生活中常用的拉链，其实就是为了避免扣子太多，扣起来耗费时间而发明的。

美国机械工程师威特康·贾德森是拉链最初的发明者。有一次，他急着出门去参加一次宴会，但在扣完一只长筒靴上的 20 多个扣子时已累得腰酸背疼，匆忙中还扣错了扣眼，只得解开重扣。这样一折腾，当他赶到会场时已经迟到了，他不得不向朋友道歉。

贾德森决定发明一种新式扣子来节省花在上面的时间。有一天，他路过一户人家的院子，拴在院子里的狗对他张口狂叫，他看到狗嘴里交错的犬牙产生了灵感，如果把靴子上的扣子换成交替的犬牙，不就把所有扣子连起来了吗？他很快设计出了人类历史上第一条拉链。

这条拉链包括两条链条，每条链条上装有交错齿状的钩子和链环。贾德森把自己的发明取名为"可移动的扣子"，并且申请了专利，还装在了靴子上。1893 年，他带着自己的专利去参加了芝加哥世博会，希望能寻求商业突破，但并没人买他的账，因为当时这项发明需要手工制作，成本较高，且质量不够稳定。直到他离世，"可移动的扣子"也一直没有出现重大的营销突破，贾德森的公司也惨淡经营，没能获取商业利润。

不过对拉链的改进并没有随着贾德森的离世而结束。来自瑞典的移民森贝克继续在改进拉链工艺的同时进行商业化尝试。这一次，森贝克是从铁勺上获得了灵感。

他去一个店铺里买铁勺，这家店铺的老板把店里的各种物品都摆放得很整齐，特别是铁勺摆放得十分巧妙，上面一行的勺柄悬挂在铁棍上，下面的一行则是勺斗在上，与上面一行的勺斗咬合在一起形成了交错的布局。森贝克选中了下面的铁勺，拽了下来竟然没拽下来。这启发了森贝克，他提出了由"牙齿、拉鼻和布袋"三部分来组成拉链的新构想。他把拉链的齿部形状改造成勺斗状，顶端呈凸状，末端凹状，滑动装置一滑就可使左右"齿状部分"嵌合，再滑回时则分开。

人们如今常见的拉链由此诞生了，森贝克开始批量制造拉链，并游说百货公司把拉链装在衣服上。但由于此前的拉链质量不好，给人们留下的坏印象还没消除，森贝克并没接到多少订单。直到军方因为拉链能让士兵节约穿衣速度而大量订购。拉链的春天才到来，并逐步推向世界。

不过，拉链拥有现在的名字，还要等到1923年，当时一家公司要推销自家装有拉链的靴子，想为其起个形象的名字。因为这种靴子只需拉一下就能穿或脱，十分方便。当时的经理脑洞大开，想到"Zip"这个拟声词——物体快速移动的声音，便将这种靴子命名为拉链（Zipper）靴。后来拉链就成为所有类似无钩式纽扣产品的总称，并一直应用到现在。

（资料来源：作者：张瑜，载于《光明日报》2016-10-07）

二、新产品开发的意义和方向

（一）开发新产品的意义

近年来，由于科学技术的突飞猛进，新技术、新工艺的不断涌现，产品市场寿命越来越短，更新换代的速度大大加快。同时，消费者需求也在不断变化，所以，在市场竞争中，企业如果墨守成规，产品就没有销路。因此，开发市场需要的新产品，就成为企业生存与发展的关键。

开发新产品的主要意义是：

（1）开发新产品，有利于避免产品线老化，从而使企业能适应市场变化和增长的需求，更好地为经济建设和人民生活服务。

（2）开发新产品，有利于不断推陈出新，既推动了社会生产的发展，又增加了商品的品种和数量，使市场日益丰富多彩。

（3）开发新产品，有利于充分利用企业的资源和生产能力，提高经济效益。

（4）开发新产品，有利于新市场的开拓，有利于提高企业的声誉，扩大销售量，提高竞争能力。从而既可满足市场需要，又增加了企业的盈利。

（二）开发新产品的方向

根据市场的变化和消费者的需求，新产品开发的方向主要表现在以下方面：

（1）多能化。把产品的性能和使用范围扩大，这是扩大产品销路的好办法。例如，在录音机市场上，收录两用、高低音两个或四个喇叭的收录两用机，性能多、成本较低、价格合适，深受消费者欢迎；集信息储存、音乐欣赏等功能于一体的智能手机；等等。

（2）微型化。使产品在性能不变或稍有增加的情况下，尽可能使产品轻一点，体积小一些。如随身听、笔记本电脑等。

（3）简约化。这是指产品在不影响性能的前提下，结构简化、零部件系列化、通用化、标准化，结构简单，操作使用方便。

（4）多样化。这是指利用企业现有人力、物力，综合利用原材料，将产品结构稍加改变，生产多型号产品，满足市场上多种用途的需要。

（5）节约能源和原材料。节约能源和原材料，且不污染环境，不对社会造成公害，符合国家对环境保护的要求。

三、新产品开发的困难和条件

（一）开发新产品的困难

开发新产品是一件难度及风险很大的工作，企业既要有创新的精神、科学的态度和方法，又要有充足的资金。开发新产品的困难主要表现在以下方面：

1. 创新不易

社会经济的发展，要求有不断的创新，以避免生产与消费停滞不前。但要创造新的产品，从理论到技术，从实验到正式投产，都要花费很长的时间，花费巨大的人力和资金，所以，创新并不容易。因此，市场上的新产品，绝大多数都属于原有产品的改良或组合，为此还必须努力创新，开发各种层次的新产品，才能不断开拓市场。这就必须加强科研工作，并与有关科研机构和大专院校紧密合作，开发新产品。

2. 需求变化的多样性

随着经济的发展和生活水平的提高，人们迫切要求发展新产品。但是，由于需求的复杂和多变，新产品面临"众口难调"的局面。为此应向批量小，性能、用途、品种多样化的方向发展。

3. 环境的制约

由于原材料、资源、设备、技术力量等问题，企业开发新产品的范围将受到一定限制。这就必须实事求是，结合本单位的实际情况，采取相应的措施。

4. 费用昂贵，失败率高

研制新产品要花费很多的费用，失败率较高。一项研究报告指出，新产品的失败率中消费品为40%，工业品为20%，而服务业为18%。随着科学技术的发展，新产品的市场寿命周期也大为缩短。所以，许多企业对新产品开发望而生畏。为此，必须提高技术水平，加强技术力量，及时掌握有关新技术的科技信息，尽力节约费用，克服畏难情绪，积极而慎重地研制和开发新产品。

（二）开发新产品的条件

企业在开发新产品时，必须采取慎重、科学的态度。新产品从生产到全面上市，必须经过几次选择和淘汰。对那些具有成功希望的产品，才给予进一步开发的机会。在这一过程中，要防止两种情况出现：一是淘汰了有利的新产品；二是保留了无利的产品，这都会给企业带来损失。

企业必须全面考虑开发新产品的各种影响因素：①市场需求充分。如果市场根本不需要或需要不大，开发新产品就没有必要；②产品要有特色，有新的性能和用途；③企业要有发展新产品的能力；④要符合国家政策及法规规定，如对环境无污染、节约能源等；⑤要有经济效益。开发新产品，要讲究经济效益，这是衡量新产品成功与否的一个重要标志。实践证明，具有良好经济效益的新产品，才会有强大的生命力和广阔的市场发展前途。以上五点必须全面衡量，其中最重要的是第一点。因为新产品的开发，首先要考虑市场的需求，特别是消费者接受的可能性。

新产品容易被消费者接受的条件是：①相对优点，对其优点越大越明显，越容易被普遍接受；②新产品能与消费者的习惯相适应，就容易被人们接受；③新产品的结构和使用方法越简便易行，被消费者接受的过程就越短；④其分割性越大，被消费者接受的过程越快；⑤新产品应允许消费者试用，待满意后再做购买决策；⑥对新产品的特点和使用方法的介绍，应当简单明了。

四、新产品开发的程序

开发新产品，要制定以下发展规划：①短期规划。主要研究有关新产品开发中的战术性问题。②近期规划。主要研究有关新产品开发中的战略性课题，它决策着企业的发展前途。③远景规划。主要从事新技术、新理论、新材料方面的研究。远景规划时间一般在三年以上，还要进行科技动向的预测和基础理论的研究。

新产品开发的程序大致可分为以下几个阶段。

（一）调查研究和产品性能研究阶段

首先，结合企业的长远规划，搜集产品技术情报，做好市场调查研究工作。在此基础上，提出新产品开发的总体构思，决定新产品的结构、参数和原理，预定新产品的使用范围和应达到的技术指标。其次，进行新产品的技术经济总体分析，对新产品的三性（技术可行性、经济合理性、市场可销性）进行综合论证。

（二）样品设计、试制定型阶段

在新产品三性和其他经济技术指标论证分析之后，即可进行样品设计。样品设计包括编制技术任务书、技术设计和工作图设计。样品设计完毕，即可进行样品试制和鉴定定型。样品的试制阶段主要是检验新产品的结构性能。

（三）工装设备和小批投产鉴定阶段

样品定型之后，必须着手设计和制造大量工艺装备，并且投入小批量制造。在这一阶段中，还需对工艺方案进行技术经济分析、小批量投产鉴定，以及检验工艺装备和工艺规程。

（四）试销阶段

小批量投产鉴定通过后，应尽快将新产品投放市场，进行试销。通过试销，可以将消费者的意见反馈回来，再对产品加以改进。

（五）批量投产及使用阶段

批量投产后，新产品为广大消费者采用；企业还要通过市场调查，再收集反馈的市场信息，作为以后改进产品的参考。

五、新产品的市场扩散

新产品开发成功后，仍要做好鼓励消费者使用新产品和做好新产品的市场扩散工作。

（一）新产品的使用

新产品的使用，是指消费者从接受新产品到成为新产品的重复购买者的过程。这个过程是消费者一个复杂的心理活动过程，受多种因素的影响。美国著名学者埃弗雷特·罗杰斯把消费者对新产品采用过程作为一个创新的过程进行研究，认为消费者接受新产品的过程包括认识、说服、实施、证实和决策五个阶段（如图10-4所示）。

图10-4 消费者接受新产品的过程

（二）新产品的市场扩散

新产品的市场扩散，是指新产品推向市场后，随着企业营销力度的加大和时间的推移，消费者认知和接受新产品的过程。消费者接受新产品是一个从个别人、少数人到大多数的演变过程。从消费者的个性、心理、动机、行为、收入、文化等多种因素差异分析，新产品扩散中的消费者、使用者比率不同，反映了新产品的扩散程度不同。根据消费者接受型产品快慢差异不同，罗杰斯把消费者分为五种类型（如图10-5所示）：

（1）创新者（2.5%）。创新者是指新产品的首批使用者，这部分消费者具有超前的消费意识、时尚的倡导者，愿意承担试用新产品的风险。他们的使用具有良好的示范带头作用，如每款新手机的投放市场，独有这2.5%的创新者先买先用。

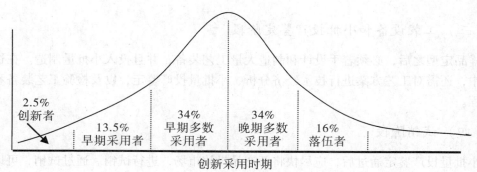

图 10-5　消费者接受新产品的类型

（2）早期采用者（13.5%）。这部分消费者采用新产品也比较早，但消费态度谨慎。其特点是主动接受新产品，在同类消费群体中有很高的影响力和信誉，对新产品的扩散由决定性的影响，营销人员应尽量向其传递、沟通有关信息，以激励其购买。

（3）早期多数采用者（34%）。这部分消费者采用新产品的态度谨慎，希望从创新者和早期使用者处获得经验和启示。其主要的消费特征为：①购买态度谨慎；②购买决策的时间较长；③接受教育的程度较高；④收入水平较高；⑤仿效心理较强。但这部分顾客群体较大，应作为企业营销的重点客户。

（4）晚期多数采用者（34%）。这部分消费者对新产品持怀疑态度，只有在大多数顾客使用后，才可能购买。

（5）落伍者（16%）。这部分消费者观念陈旧，怀疑新产品的功能、价格等，只有等到新产品成为大众产品时，才会购买。

第三节　产品市场寿命周期及其策略

一、产品市场寿命周期的概念

产品市场寿命周期是指产品从投入市场到被市场淘汰所经历的全部时间间隔。1965年，西奥多·莱维特（Theodora Levitt）在发表于《哈佛管理评论》上的《利用产品寿命周期》一文中对这一概念进行了充分肯定。该理论主要研究产品投放市场后的销售变化规律。一般说来，产品从投放市场到被淘汰，如同任何生物体一样，都有一个发生、发展和衰亡的过程，这个过程在时间上的表现叫作产品的市场寿命周期。

产品市场寿命是客观存在的，它主要取决于产品上市后市场对产品的需求变化和新产品的更新换代速度两大因素。

产品的市场寿命与产品的使用寿命必须加以严格区别。产品使用寿命是指产品的耐用时间，也就是产品从投入使用到损坏报废为止所经历的时间。有些产品使用寿命很短，但市场寿命很长，如鞭炮、一次性消费品（可口可乐）就属于这一类。有些产品使用寿命很长，但市场寿命未必长久，如某些时装等。可见，使用寿命的研究属于技术工艺的范畴。

当我们分析产品市场寿命的时候，必须分别对产品种类、产品品种和产品具体品牌的市场寿命进行研究。一般说来，产品种类的市场寿命最长，只有等到科学技术发展到一个较高阶段，发明出一种足以代替原有产品所有功能的新产品之后，其产品的市场寿命才得以终结。产品品种市场寿命的长短，主要取决于技术进步后产品的更新换代速度。更新换代速度快，则产品品种的市场寿命便短；反之，则长。具体牌号产品的市场寿命则较稳定，它主要根据该牌号产品的市场销售量状况和市场竞争状况而定。但是，随着科学技术的飞速发展，产品推陈出新，更新换代，其市场寿命有不断缩短的趋势。营销学主要研究的是产品品种和具体牌号产品的市场寿命。

产品市场寿命与企业的营销管理密切相关。它可以用来推断和评价产品的市场销售趋势，根据产品所处的不同阶段制定不同的营销策略，并可以控制产品更新换代的速度，决定新产品投放市场的最适当的时机。这对企业产品的推销、老产品的整顿、新产品的开发、生产能力的充分利用以及经济效益的好坏，都具有重要的作用。因此，研究产品的市场寿命周期，是一项涉及企业发展和调整的重大问题，可以帮助企业制定正确的市场营销策略。

二、产品市场寿命周期的阶段和特点

（一）产品市场寿命周期的阶段

产品市场寿命周期，一般要经历四个阶段：介绍阶段（也称为导入期或引入期）、成长阶段、成熟阶段和衰退阶段，其周期曲线如图10-6所示。

图10-6中横坐标为时间（t），纵坐标为产品的市场销售量和利润额（S），其图形为类似正态分布曲线。

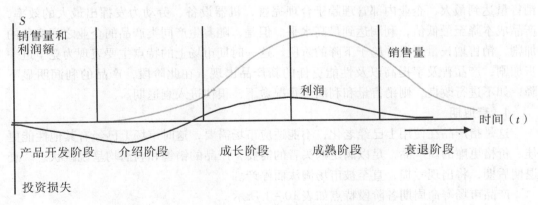

图10-6 产品市场寿命周期曲线示意

不同产品具有不同的市场寿命曲线图形。严格说来，要完整地描述某种产品的市场寿命周期曲线，只有等该产品衰退淘汰后，对其逐年销售资料按时间序列进行整理，才能做到。如产品尚未衰退前，需要判断产品处在寿命周期哪一阶段时，可采用计算销售增长率的办法，其公式为：

$$P = \frac{\Delta S}{\Delta t}$$

式中：P——年销售增长率，即销售量随时间的变化率；

ΔS——销售量的增长率，即销售的增长速度；

Δt——时间的增量，以年为单位。

经验数据在一定程度和范围内可以作为划分产品寿命周期各阶段的参考：当$\frac{\Delta S}{\Delta t}$的值小于10%时，属于介绍期；当$\frac{\Delta S}{\Delta t}$的值大于10%时，属于成长期和成熟期；当$\frac{\Delta S}{\Delta t}$的值小于10%时，则说明产品已进入衰退期。

（二）产品市场寿命周期各阶段的特点

1. 介绍期

这是指新产品经过研究阶段和样品试制转入小批生产，而进入市场进行试销。由于开始引入市场，不易被人们所接受，因而销售量上升较慢。通常不能为企业提供利润，甚至还有亏损。

2. 成长期

这是指新产品经过试销后效果较好，小批试制已得到验证转入了成批生产，投放市场进行扩大销售的阶段。在这一阶段，产品产量不断增长，质量稳定，工艺装备和各种专用设备已全部投入生产线，发挥了较大作用。此阶段后期销售量呈线性增长，增长率较大，开始为企业提供利润，并会有生产同类产品的竞争者介入。

3. 成熟期

这是指产品进入大批量生产并稳定地进入市场畅销的时期，这一时期购买者最多，销售量达到最大，企业内部管理趋于合理完善，机器设备、劳动力发挥出最大的效率，产品成本降至最低值，利润达到最高水平。但是，随着生产同类产品的企业之间竞争的加剧，销售增长量缓慢并趋于下降的阶段。这一时期市场上的特点主要表现为竞争进一步加剧，产品普及率提高以及性能更佳的新产品出现。在此阶段，产品的利润明显下降，如不进行改良，则销售量和利润会每况愈下，很快进入衰退期。

4. 衰退期

这是指产品在使用上已经老化，不能适应市场需要，这时市场上已经有其他性能更佳、价格更廉的新产品，足以满足购买者的需要，产品的销售和利润均呈锐减状态。衰退期后期，将出现亏损，直至被市场淘汰而停产。

产品市场寿命周期各阶段特点如表10-1所示：

表10-1 产品市场寿命周期特点

特点 \ 阶段	介绍期	成长期	成熟期	衰退期
销售量	低	快速增长	缓慢增长或下降	急剧下降
利润	微小或负	大	高峰且逐渐下降	低渐趋于零
购买者	爱好新奇者	较多	大众	少数保守者
竞争	很少	竞争出现	激烈	减少

三、产品市场寿命周期各阶段的营销策略

企业为了使产品适应市场的需要和达到预定的营销目标，必须根据产品市场寿命周期各阶段的特点，制定不同的营销策略，从而获得较好的经济效益。

（一）介绍期的营销策略

（1）在保证质量的条件下，采用大量广告和展销等促销策略，加大推销产品力度，建立产品信誉。

（2）开展市场调查和预测，选择合理的分销渠道，争取快速进入市场。

（3）迅速完善工艺方案和工装设备，稳定生产。

（4）制定价格水平与促销水平组合策略（如图10-7所示）。

		促销水平	
		高	低
价格水平	高	A 快速掠取策略	B 缓慢掠取策略
	低	C 快速渗透策略	D 缓慢渗透策略

图10-7 价格水平与促销水平组合策略示意

第一，快速掠取策略（A）。即以高价格和高促销推出新产品。实行高价格是为了在每一单位销售额中获取最大的利润，高促销费用是为了引起目标市场顾客的注意，加快市场渗透。成功地实施这一策略，可以赚取较大的利润，尽快收回新产品开发的投资。实施该策略的市场条件是市场上有较大的需求潜力；目标顾客具有求新心理，急于

购买新品，并愿意为此付高价；企业面临潜在竞争者的威胁，需要及早树立名牌。

第二，缓慢掠取策略（B）。即以高价格、低促销费用将新产品推入市场。高价格和低促销水平结合可以使企业获得更多利润。实施该策略的市场条件是：市场规模相对较小，竞争威胁不大；市场上大多数用户对该产品没有过多疑虑；适当的高价能为市场所接受。

第三，快速渗透策略（C）。即以低价格和高促销费用推出新产品。目的在于先发制人，以最快的速度打入市场，该策略可以给企业带来最快的市场渗透率和最高的市场占有率。实施这一策略的条件是：产品市场容量很大；潜在消费者对产品不了解，且对价格十分敏感；潜在竞争比较激烈；产品的单位制造成本可随生产规模和销售量的扩大迅速下降。

第四，缓慢渗透策略（D）。即企业以低价格和低促销费用推出新产品。低价是为了促使市场迅速地接受新产品，低促销费用可以实现更多的净利。企业坚信该市场需求价格弹性较高，而促销弹性较小。实施这一策略的基本条件是：市场容量较大；潜在顾客易了解或已经了解此项新产品且对价格十分敏感；有相当的潜在竞争者准备加入竞争行列。

（二）成长期的营销策略

企业营销策略的核心是尽可能地延长产品的成长期。此时，可以采取以下营销策略：①根据用户需求和其他市场信息，不断提高产品质量，努力发展产品的新款式、新型号，增加产品的新用途；②加强促销环节，树立强有力的产品形象。促销策略的重心应从建立产品知名度转移到树立产品形象，主要目标是建立品牌偏好，争取新的顾客；③重新评价渠道、选择决策，巩固原有渠道，增加新的销售渠道，开拓新的市场；④选择适当的时机调整价格，以争取更多顾客。

企业采用上述部分或全部市场扩张策略，会加强产品的竞争能力，但也会相应地加大营销成本。因此，在成长阶段，面临着"高市场占有率"或"高利润率"的选择。一般来说，实施市场扩张策略会减少眼前利润，但加强了企业的市场地位和竞争能力，有利于维持扩大企业的市场占有率，从长期利润观点看，更有利于企业发展。

（三）成熟期的营销策略

成熟期的营销策略有三种可供选择：①市场改良、产品改良和营销组合改良。市场改良策略也称市场多元化策略，即开发新市场，寻求新用户。②产品改良策略，也称为"产品再推出"，这是指改进产品的品质或服务后再投放市场。③营销组合改良，这是指通过改变定价、销售渠道及促销方式来延长产品成熟期。

（四）衰退期的营销策略

（1）集中策略。即把资源集中使用在最有利的细分市场、最有效的销售渠道和最易销售的品种、款式上。概言之，缩短战线，以最有利的市场赢得尽可能多的利润。

（2）维持策略。即保持原有的细分市场和营销组合策略，把销售维持在一个低水平上。待到适当时机，便停止该产品的经营，退出市场。

（3）榨取策略。即大大降低销售费用，如广告费用削减为零、大幅度减少推销人员等，虽然销售量有可能迅速下降，但是可以增加眼前利润。

四、延长产品市场寿命周期的途径

要使本企业的产品保持较高的增长速度，从而保持较高的市场占有率，可以采取多种途径和方法，使产品的市场寿命不断延长（如图 10-8 所示）。

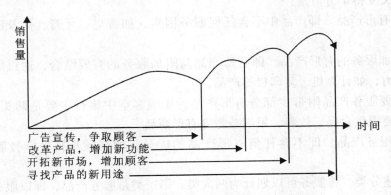

图 10-8　延长产品市场寿命周期的途径

一般来说，通过以下多种途径，可延长产品市场寿命周期：
（1）通过宣传和广告，促进现有顾客对产品多购买多使用。
（2）通过对产品的改革，广泛发展产品的不同用途，扩大市场。
（3）通过市场的调查和研究，开拓新市场，增加新顾客。
（4）通过科学研究，想方设法寻找产品的新功能，开辟新用途。

第四节　服务营销组合与服务营销策略

一、服务的概念与服务产品的特征

（一）服务的概念及其分类

近年来，随着全球产品结构的变化及竞争的加剧，服务及服务营销已经成为理论研究的热点和企业营销竞争的重要手段。

关于"服务"的概念有多种定义：
（1）美国市场营销协会于 1960 年最早对服务的定义是："用于出售或者同产品连在一起进行出售的活动、利益或者满足感。"
（2）雷根（Regan）的定义是："直接提供满足（交通、租房）或者与有形商品或其他服务一起提供满足的不可感知活动。"

（3）斯坦通的定义是："服务是一种特殊的无形活动，它向顾客或者工业用户提供所需的满足感，它与其他产品销售和其他服务并无必然联系。"

（4）格鲁斯诺的定义是："服务是以无形的方式，在顾客与服务职员、有形资源产品或服务之间发生的，可以解决顾客问题的一种或一系列行为。"

无论对服务怎样定义，其实质都是一致的：服务是使顾客得到最大满足感的一系列活动。著名营销专家菲利普·科特勒通过区分纯有形商品到纯服务产品分类，可使我们对服务的定义变得十分清楚：

（1）纯有形产品。即产品中不含任何服务因素，如香皂、牙膏、盐及洗发护肤类产品。

（2）附加服务的有形产品。即有形产品与附加服务的有效结合，通过服务增强对顾客的吸引力，如计算机、复印机等产品。

（3）主要服务产品附带少部分有形产品。如顾客空中旅行主要是购买运输服务，航空服务就要提供食品、饮料、报纸杂志等有形商品。

（4）纯服务产品。即不含任何有形产品的成分，如照顾小孩、家教服务、心理咨询。

依据上述分类，将服务可以划分为两大类。第一类是服务产品，即以服务为主满足顾客主要需求的活动，如上述的（4）和（3）产品中的服务。第二类是服务功能，包括上述（2）类型产品中的服务，如计算机出售中的安装、培训服务属于顾客服务。这样分类，将服务产品和顾客服务进行区分，有利于我们重点研究"服务产品"的营销策略。

（二）服务产品的特性

服务产品具有以下四个基本的特性：

（1）无形性。即服务在较大程度上是抽象的和无形的，也就是说没有具体的形状可触摸。

（2）差异性。服务没有固定的标准，很难标准化生产，而且变化较大。如"微笑服务"，不同的服务员很难做到完全一致，也因各人的心情不同会出现不同的服务水平，同一服务在不同时间也存在差异。

（3）不可分割性。典型服务的生产与消费往往是同时完成的，顾客参与这一过程的始终。

（4）不可存储性。服务是不能储存的。

从企业营销的实际来看，服务却同高质量的菜肴相联系。因而服务存在着一个从无形到有形的连续状况（如图10-9所示）。

实践证明，服务已经成为消费者购

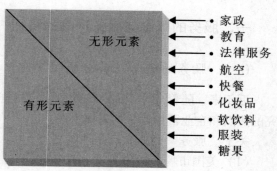

图10-9 服务从无形到有形的连续状况

买决策的重要的影响因素。

在服务的四个特性中，对有些商品也是适用的，因此，不能仅局限在服务业中，制造业也存在服务。然而，对于每一具体服务来说，服务四个特性的组合是不同的，这将成为企业实施差别化营销战略及获取竞争优势的动力源泉，企业可以通过调整服务特性组合获取竞争优势。服务特性组合如图10－10所示。

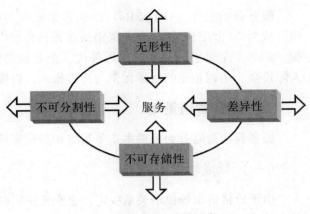

图10－10　服务特性组合

二、服务营销组合

从服务的意义上重新思考传统的营销组合理论，对于实施有效的服务产品营销策略是非常重要的。传统的营销组合 4Ps，即产品（Product）、价格（Price）、分销（Place）、促销（Promotion），其战略目标是通过市场份额的扩大而增加企业的利润。在 20 世纪 70 年代中期所做的一项市场份额对利润的影响（PIMS）的研究证实了这一点。20 世纪 90 年代以来，随着科技的发展和消费者需求心理的变化，市场竞争日益激烈，市场份额的扩大并非必然带来利润的增加，而顾客的满意和忠诚已经成为影响利润增加的主要因素。企业营销的重点应该转向如何培育忠诚顾客而使其成为企业的长期顾客，如何使顾客购买本企业的相关产品，如何激励顾客向其亲友推荐本企业的产品，因而便产生了 3Rs，即顾客保留（Retention）、相关销售（Related Sales）和顾客推荐（Referrals），在此基础上形成了服务营销组合（如图 10－11 所示）。

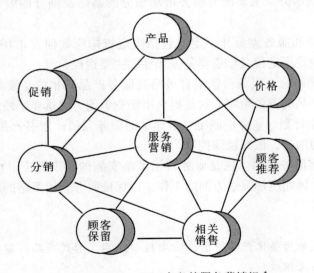

图 10－11　4Ps＋3Rs 定义的服务营销组合

服务营销组合（4Ps+3Rs）以顾客忠诚度为标志的市场份额质量取代市场份额规模，成为20世纪90年代企业营销的首要目标。"顾客永远是正确的"这一营销哲学将被"顾客不全是忠诚者"思想所替代。企业营销努力的重点是为顾客提供服务，利用人际传播，削减企业的巨额促销与广告投入，以实现企业的低成本扩张。

三、服务营销策略

服务营销策略分为低成本竞争策略和高顾客满意度策略。

（一）低成本竞争策略

由于价格由市场供求关系决定，企业无法影响价格。企业提升竞争优势和高利润的最有效途径便是提高效率，降低成本。企业要实现提高利润的目标就必须寻找低成本的劳动力和原材料，采用先进技术，改进产品设计，以降低产品成本，同时保持产品的顾客满意度在最低可接受的水平。

（二）高顾客满意度策略

企业通过提高顾客的满意度，获得顾客的忠诚，同时适当控制成本来获取高额利润。采用这一战略的企业其目标就是最大限度地提高顾客的满意度，从而获得比竞争对手高的溢价，获得忠诚顾客重复购买带来的更多利润。

四、服务营销策略的内容

服务营销策略的内容主要有以下方面：

（1）制定有效的服务任务书。即要回答两类主要问题："我们应该在什么行业"和"我们在什么行业"。

（2）服务市场细分。主要研究服务市场细分的基础及细分的因素，如何选择目标市场。

（3）服务定位和服务差异化。定位包括决定机构应如何在市场内使自己差异化。服务无形性特征决定了定位是创造竞争差异性的主要途径。

（4）服务营销组合。服务营销组合策略是服务产品营销的主要策略，企业应分别制定适用于服务产品的营销策略，这是提高市场竞争能力的重要手段。

（5）服务营销计划。企业应制定一份详尽的服务营销计划书，并组织有效的实施，并且应加强信息的沟通，做好反馈控制。

（6）建立顾客服务机构。这是服务营销策略实施的组织保证，也是提高服务质量的监督评价机构，因而应加强这方面的工作，以保证服务营销策略的成功。

本章小结

广义产品，也称为整体产品概念，它由核心产品、形式产品、期望产品、附加产品和潜在产品五个层次组成。

产品组合，是指一个企业生产经营的全部产品的结构。任何企业的产品组合一般都由其广度、深度及关联性构成。企业在进行产品组合决策时,主要考虑产品组合的广度、深度决策和产品线的眼神决策。

开发新产品,是繁荣市场的需要,同时也是企业竞争取胜的重要因素。新产品可以分为以下几种类型:全新产品、换代新产品、改进新产品、本企业新产品。开发新产品是一件难度很大的工作,企业既要有创新的精神和勇气,又要有科学的态度和方法。

产品市场生命周期就是产品从上市到落市的时间间隔。产品市场生命周期,一般要经历导入、成长、成熟、衰退四个阶段,企业根据产品所处的不同阶段制定不同的营销策略。

服务营销组合以顾客忠诚度为标志的市场份额质量取代市场份额规模,成为20世纪90年代企业营销的首要目标。服务产品营销的两种基本战略为低成本竞争战略和高顾客满意度战略。

关键概念

产品　核心产品　产品组合　产品组合策略　新产品　产品市场寿命周期　服务产品　新产品的市场扩散

思考题

(1) 怎样理解现代产品的概念?
(2) 什么叫产品组合?它包括哪些内容?
(3) 企业产品组合策略有哪几种?
(4) 试述新产品的概念。
(5) 企业开发新产品应具备哪些条件?
(6) 什么叫产品市场寿命周期?如何进行分期?
(7) 试分析产品市场寿命周期各阶段的特征及企业应采取的营销策略。
(8) 服务产品如何分类?为什么?
(9) 简述服务产品的营销战略。
(10) 企业如何做好新产品的市场扩散?

案例　润妍退市,宝洁无奈

宝洁公司始创于1837年,是世界最大的日用消费品公司之一。2002—2003财政年度,公司全年销售额为434亿美元。在《财富》杂志最新评选出的全球500家最大工业/服务业企业中,排名第86位,并位列最受尊敬企业第七。宝洁公司全球雇员近10万,在全球80多个国家设有工厂及分公司,所经营的300多个品牌的产品畅销160多个国家和地区,其中包括洗发、护发、护肤用品、化妆品、婴儿护理产品、妇女卫生用品、医药、食品、饮料、织物、家居护理及个人清洁用品。

自从1987年宝洁公司登陆中国市场以来,在中国日用消费品市场可谓是所向披靡,一往无前。仅用了10余年时间,就成为中国日化市场的第一品牌,虽然后来者联合利华、高露洁等世界日化巨头抢滩中国市场后一度在某些产品线有超过宝洁的表现，但却丝毫不减其颜色。时至今日，宝洁公司的系列产品，特别是以号称"三剑客"的飘柔、潘婷、海飞丝洗发水系列更是一枝独秀，出尽风头。

世界著名消费品公司宝洁的营销能力早被营销界所传颂，但2002年宝洁在中国市场却打了败仗。其推出的润妍洗发水一败涂地，短期内就黯然退市。

润妍是宝洁公司在中国本土推出的第一个，也是唯一的一个原创品牌。因此，无论宝洁公司总部还是宝洁（中国）高层都对"润妍"寄予了厚望，满心希望这个原汁原味倡导"黑发美"的洗发水品牌，能够不负众望在中国市场一炮而红，继而成为宝洁向全亚洲和世界推广的新锐品牌。宝洁公司为这个新品牌的推广倾注了极大的心力和大量的推广经费。为了扩展"润妍"的产品线，增加不同消费者选购的空间，润妍先后衍生出6个品种以更大程度覆盖市场，可是市场的反映却大大的出乎宝洁的意料。

据业内的资料显示，润研产品在2001到2002两年间的销售额大约在1个亿左右，品牌的投入大约占到其中的10%。两年中，润妍虽获得不少消费者认知，但据有关资料，其最高市场占有率，不超过3%——这个数字，不过是飘柔市场份额的1/10。

一份对北京、上海、广州和成都女性居民的调查也显示，在女性最喜爱的品牌和女性常用的品牌中，同样是定位黑头发的夏士莲排在第6位，而润妍榜上无名，同样是宝洁麾下的飘柔等四大品牌分列1、2、4、5位，调查时间是2001年3月，即润妍上市的半年之后。另一份来自白马广告的调查则表明，看过夏士莲黑亮去屑洗发水广告的消费者中有接近24%愿意去买或者尝试；而看过润妍广告的消费者中，愿意尝试或购买的还不到2%。

2001年5月，宝洁收购伊卡璐，表明宝洁在植物洗发领域已经对润妍失去了信心，也由此宣告了润妍的消亡。2002年4月，在经历了中国市场两年耕耘后，润妍全面停产，逐渐退出市场。润妍的退市是宝洁在中国洗发水市场的第一次整体失败，面对染发潮流的兴起，在"黑头发"这块细分市场中，润妍没能笑到最后。

润妍的失利真的意味着宝洁引以为豪的品牌管理能力开始不适应新经济时代的需要了吗？我们可以回过头去看当时的市场背景及宝洁公司研发润研洗发水的过程。

1997年，重庆奥妮洗发水公司根据中国人对中药的传统信赖，率先在全国大张旗鼓地推出了植物洗发全新概念，并且在市场上表现极为优秀，迅速取得了极为显著的市场份额。其后，夏士莲着力打造黑芝麻黑发洗发露，利用强势广告迅速对宝洁的品牌形成新一轮的冲击。一些地方品牌也乘机而起，就连河南的鹤壁天元也推出了黛丝黑发概念产品，意欲争夺奥妮百年润发留下的市场空白。

在"植物""黑发"等概念的进攻下，宝洁旗下产品被竞争对手贴上了"化学制品""非黑头发专用产品"的标签。为了改变这种被动的局面，宝洁从1997年调整了其产品战略，决定为旗下产品中引入黑发和植物洗发概念品牌，提出了研制中草药洗发水的要求，并且邀请了许多知名的中医，向来自研发总部的技术专家们介绍了传统的中医理论。

在新策略的指引下，宝洁按照其一贯流程开始研发新产品。先做产品概念测试，找准目标消费者的真正需求，研究全球的流行趋势。为此，宝洁公司先后请了300名消费者对以下问题进行测试：①理想中的黑发是什么？具有生命力的黑发。绝大多数消费者如是说。②进一步的心理感受？我就像一颗钻石，只是蒙上了尘埃，只要将她擦亮，就可以让钻石发出光芒。

在调查中，宝洁公司又进一步了解到，东方人向来以皮肤白皙为美，而头发越黑，越可以反衬皮肤的白皙美。经过反复3次的概念测试，宝洁公司基本上把握住了消费者心目中的理想护发产品——滋润而又具有生命力的黑发最美。

经过了长达3年的市场调查和概念测试，宝洁公司终于在中国酝酿出一个新的产品：推出一种全新的展示现代东方女性黑发美的润发产品，取名为"润妍"，意指"滋润"与"美丽"。在产品定位上，宝洁舍弃了已经存在的消费群体市场而独辟蹊径，将目标人群定位18～35岁的城市高阶女性。宝洁认为，这类女性不盲目跟风，她们知道自己的美在哪里。融传统与现代为一体、最具表现力的黑发美，也许就是她们的选择。但是，重庆奥妮最早提出了黑头发的概念，其经由调研得出的购买原因却是因为明星影响和植物概念，而夏士莲黑头发的概念更是建立在"健康、美丽夏士莲"和"黑芝麻"之上，似乎都没有着力强调"黑发"。

润妍采用的是和主流产品不同的剂型，采取洗发和润发两个步骤，将洗头时间延长了一倍。然而，绝大多数中国人已习惯使用二合一洗发水，专门的护发产品能被广泛接受吗？宝洁公司认为，专门用润发露护发的方法已经是全球的趋势，发达国家约有80%的消费者长期使用润发露。在日本这一数字则达85%，而在中国专门使用润发露的消费者还不到6%。因此，宝洁认为润发露在中国有巨大的潜在市场。针对细分市场的需求，宝洁的日本技术中心又研制开发出了冲洗型和免洗型两款"润妍"润发产品。其中，免洗型润发露是专门为忙碌的职业女性创新研制的。

产品研制出来后，宝洁公司并没有马上投放市场，而是继续请消费者做使用测试，并根据消费者的要求，再进行产品改进。最终推向市场的"润妍"倍黑中草药润发露强调专门为东方人设计，在润发露中加入了独创的水润中草药精华（含首乌），融合了国际先进技术和中国传统中草药成分，能从不同层面上滋润秀发，特别适合东方人的发质和发色。

宝洁还通过设立模拟货架让消费者检验其包装的美观程度。即将自己的产品与不同品牌特别是竞争品牌的洗发水和润发露放在一起，反复请消费者观看，然后调查消费者究竟记住什么、忘记什么，并据此进行进一步的调整与改进。

在广告测试方面，宝洁让消费者选择她们最喜欢的广告。公司先请专业的广告公司拍摄一组长达6分钟的系列广告，组织消费者来观看；然后请消费者选择她们认为最好的3组画面；最后，根据绝大多数消费者的意见，将神秘的女性、头发芭蕾等画面进行再组合。广告片的音乐组合也颇具匠心，现代的旋律配以中国传统的乐器古筝、琵琶等，进一步呼应"润妍"产品的现代东方美的定位。

在润妍广告的最终诉求上体现的是：让秀发更黑更漂亮，内在美丽尽释放。即润妍信奉自然纯真的美，并认为女性的美就像钻石一样熠熠生辉。

在推广策略上，宝洁公司润妍品牌经理黄长清认为，杭州是著名的国际旅游风景城市，既有浑厚的历史文化底蕴，富含传统的韵味，又具有鲜明的现代气息，受此熏陶兼具两种气息的杭州女性，与"润妍"要着力塑造的既现代又传统的东方美一拍即合。于是，宝洁选择了从中国杭州起步再向全球推广，并在"润妍"产品正式上市之前，委托专业的公关公司在浙江进行了一系列的品牌宣传。例如举办书法、平面设计和水墨画等比赛和竞猜活动等等，创新地用黑白之美作为桥梁，表现了现代人对东方传统和文化中所蕴含的美的理解，同时也呼应着润妍品牌通过乌黑美丽的秀发对东方女性美的实现。

从宝洁的产品研究与市场推广来看，宝洁体现了它一贯的谨慎。但在3年漫长的准备时间里，宝洁似乎在为对手创造蓄势待发的机会。奥妮败阵之后，联合利华便不失时机地将夏士莲"黑芝麻"草本洗发露系列推向市场，借用了奥妮遗留的市场空间，针对大众人群，以低价格快速占领了市场。对于黑发概念，夏士莲通过强调自己的黑芝麻成分，让消费者由产品原料对产品功能产生天然联想，从而事半功倍，大大降低了概念传播难度。而宝洁在信息传播中似乎没有大力强调它的首乌成分。

宝洁因为四大品牌的缘由，已经成为主导渠道的代表，每年固定6%左右的利润率成为渠道商家最大的痛。一方面，润妍沿袭了飘柔等旧有强势品牌的价格体系，另一方面，经销商觉得没有利润空间而消极抵抗，也不愿意积极配合宝洁的工作，致使产品没有快速地铺向市场，甚至出现了有广告却见不到产品的现象。润妍与消费者接触的环节被无声地掐断了。

（摘自李海龙：《考验——跨国公司败阵中国实录》）

讨论

（1）宝洁作为一个大公司，其新产品的开发过程体现了严格的规范性和程序性，这样做有什么利弊？请结合案例加以分析。

（2）润妍从产品研究到推广上市的过程中有什么值得称道的地方？润妍的退市说明了新产品要成功还应考虑哪些因素？

第十一章　产品包装与品牌策略

本章学习目标

通过本章学习，要求学生掌握以下内容：①了解产品包装的概念和作用；②了解如何灵活运用产品的包装策略；③了解品牌与商标的概念；④了解品牌策略的相关内容。

引导案例　大白兔奶糖换法式包装后身价涨9倍

"大白兔奶糖新包装价格涨9倍，一斤265元你会买吗？"近来，作为上海人津津乐道的老字号糖果品牌，大白兔奶糖携手法国时尚品牌"agnès b."推出限量珍藏版：蓝色、粉色两款兔形铁盒装的奶糖，蓝色盒装（牛奶味）128克，每盒售价65元，粉色盒装（红豆味）每盒售价再贵3元，这一身价是传统普通包装大白兔奶糖的9倍。

尽管身价倍增，不过，依然有一部分"有钱、任性"的消费者愿意为"珍藏版""高颜值""少女心"礼盒包装的大白兔奶糖买单。"外观好看，送给女朋友她还挺喜欢的""东西很好，包装也很用心"。从用户评价来看，相当一部分买家购买"珍藏版"是用来送人的，且对象多为女孩和儿童，还有部分买家直言买糖就是为了买盒子："包装好可爱，味道已经不是重点了。"有消费者表示，自己购买纯粹为了包装的"高颜值"，并且认为这个包装是可以反复利用。有消费者表示这款大白兔奶糖的定位很"机智"，如果是普通的大白兔奶糖，十几元一大包，虽然实惠，但送礼的话难免不够档次。"珍藏版"虽然贵出许多，但作为礼品价格还可以接受，加上精致小巧的包装，送人很合适。对此，有专家表示，在礼品包装方面，沪上一些老字号的附加价值远不如国外产品，"大白兔"的此次尝试不失为一种创新探索。

（资料来源：《新闻晨报》2016-03-16）

第一节　产品包装

产品包装和产品包装装潢，是增加商品价值并实现商品价值和使用价值的一种重要手段，也是市场营销对产品要求的一个重要方面。产品包装装潢的优劣，不但影响产品能否顺利进入市场，而且影响产品的销路和价格。

随着科学技术的发展和消费者收入的增加、需求的变化，以及对外贸易的扩展，市场对产品的包装装潢提出了更高的要求，同时，包装装潢水平的高低，也是衡量一个国家技术工艺水平高低的重要标志之一。目前，国际上的产品包装出现了多功能化、方便化和特色化的趋势，我国企业应予以高度关注。

一、产品包装的概念及功能

（一）产品包装的概念

产品包装的概念有两方面的含义：一是指采用不同形式的容器或物品对产品进行的包裹、捆扎的工艺操作活动（是动态的），二是指盛放商品的容器和包装物（是静态的）。装潢是指对产品包装物进行的装饰和美化，它依附在包装物上。

改革开放以来，包装在我国得到了迅速的发展，已经成为一个重要的产业部门。包装业在我国快速发展的主要原因有：

（1）市场方面的原因。由于消费者收入增加，生活水平提高，生活节奏加快，消费者更加重视产品使用的方便性，由于受教育程度的提高，更加重视产品的卫生；购买力提高，有能力支付因包装改善增加的价值。

（2）技术方面的原因。由于新的包装材料及容器的出现，使包装装潢成本降低。

（3）营销方面的原因。由于消费者需求提高、竞争激烈，不同品牌的产品必须有自身的独特之处，借助包装装潢表现其产品的差异，吸引顾客注意，使之发生购买行为。

（二）产品包装的功能

1. 保护产品

包装可以保护产品的内在质量和外表形状，使产品的使用价值不受影响，保证产品在储存、运输、销售中不至于损坏、散失和变质。例如，易腐、易碎、易燃、易蒸发的产品，若有了良好的包装，能够保护商品使用价值不受损坏。我国由于包装材料、技术等原因。每年因包装不善造成的经济损失高达百亿元，因此，包装工业大有发展前途。

2. 促进销售

消费者进入市场，首先进入其视觉中的并不是产品本身，而是产品的包装装潢，它给消费者往往形成"第一印象"，因此，精美的包装装潢是产品"无声的推销员"，它能够诱导顾客的购买兴趣和购买欲望，促进产品的销售。

3. 树立形象

企业要增强竞争能力，在生产高质量产品的同时，应重视包装装潢的功能。因为包装装潢具有视觉传播作用，良好的包装装潢能够给消费者留下难以忘怀的印象，扩大企业及产品的知名度，树立起良好的企业形象。

4. 增加利润

精美的包装装潢能够影响消费者的购买欲望，又能抬高商品的身价，即使价格高些，消费者也愿意接受，避免了"一等商品、二等包装、三等价格"；同时，由于包装的作用，避免了商品的损坏，降低了费用。这些都有利于增加企业的利润。

总之，企业的营销者不可小看包装，精致的包装，既能给人以美的享受，刺激顾客的购买欲望，又能保护商品，便于运输和储存，方便顾客购买。所以，对包装容器的结构、包装材料性质、包装技术工艺等方面的研究，已经成为一门专门的科学。

二、产品包装策略

产品的包装一般分为三个层次：①内包装。这是直接和产品接触的容器，如牙膏的软管、药品的瓶子等；②中层包装。其功能是保护产品和促进销售，如牙膏管外的纸盒、瓶装白酒的瓷瓶或纸板盒；③外包装，也称运输包装，其作用是便于储存、运输和辨认产品，如装运牙膏的纸板箱。除以上三个层次外，标签，即包装上有关产品说明的文字和图画，也属于包装的范畴。

产品包装是现代产品整体概念的重要组成部分，在产品的销售中有重要的作用。因此，企业应在产品包装的不同层次，选择适当的包装策略，以促进产品销售。

通常可采用的包装策略主要有以下几种：

1. 类似包装策略

这是指企业对所有不同类产品在包装外形、色彩、图案上，采用同一形式和共同特征，使顾客容易发现是同一个企业的产品。这种策略的优点是：节约包装设计成本，增加企业信誉，尤其对刚上市的新产品，可以利用企业以前建立的信誉，使产品迅速进入市场。但是如果企业产品品种和品质相差太大，则不宜采用这一策略。

2. 多种包装策略

这种策略是将有关联的产品放在同一包装容器内，便于消费者购买和使用，如配套式包装、节日礼品包装等。

3. 再使用包装策略

也称双重用途包装策略，是指对原来包装的产品用完之后，包装容器可做其他用途。如做罐头包装的瓶可作为水杯，医药品的包装做儿童文具盒，等等，这种策略能够刺激顾客的购买欲望，增加重复购买，并起到广告宣传的作用。

4. 附赠品包装策略

这种包装策略主要是在包装容器里放有附赠品或奖券，以刺激消费者的购买欲望，如在化妆品包装里附赠奖券，在儿童食品包装袋中附赠小玩具，等等。这种策略对促销有巨大的作用。

5. 改变包装策略

改变产品的包装同产品创新对企业销售一样重要。当企业的产品要开拓新市场，吸引新顾客时可改变产品包装；或当消费者对原包装印象不好，销售量下降时，也可通过改变产品包装策略，为产品重新打开销路创造条件。

三、产品包装设计的原则

产品包装装潢设计分为内包装设计和外包装设计。内包装也称销售包装，其包装容器随产品销给消费者，设计着重考虑美化商品，促进销售和宜于使用；外包装也称为运输包装，其设计主要着眼于保护商品和便于储运。

产品包装设计应坚持如下原则：

1. **个性原则**

造型要美观大方，图案生动形象，不落俗套，不搞模仿、雷同。尽量采用新材料、新图案、新风格，使人耳目一新，形成自己的独特个性。

2. **适用原则**

包装装潢设计应与商品的价值或质量水平相适应。包装设计应按商品的高、中、低不同档次来进行。高档次的商品必须设计最精美的包装装潢，如人参、珠宝、皮件饰物、高档化妆品等，以便烘托出商品的高贵、典雅和艺术性，同时也使包装与商品的身价一致，给顾客以名贵的感觉和深刻的印象。当然，在包装设计上，既要防止"金玉其外，败絮其中"，又要防止"烂稻草裹珍珠"，自贬身价。

3. **特色原则**

包装装潢要能显示出商品的特点和独特风格。对于以外形和色彩表现其特点或风格的商品，如服装、装饰品、食物等的包装，常采用全透明包装、开天窗包装，或在包装上附有彩色图片，以直接显示商品本身，方便顾客选购。

4. **便利性原则**

包装装潢的造型和结构，应考虑销售、使用、保管和携带的方便。包装的促销作用，除造型和结构外，主要取决于其方便性。容易开启的包装结构便于密封式包装商品的使用；喷射式包装适宜于液体、粉末、胶状商品，如易拉罐饮料、啤酒等。同时，还应考虑包装的大小，它直接影响着商品使用时的方便程度。在方便使用的前提下，包装还应考虑贮存、陈列和携带的方便。

5. **指导性原则**

包装装潢上的文字设计，应能增加顾客的信任感并指导消费。产品的性能、使用方法和效果常常不能直观显示，都需要用文字来表达。包装物上的文字设计，针对不同的商品和消费者心理，应突出重点，如食品包装上应说明用料、使用方法；医药品应说明成分、功效、用量、禁忌以及是否有副作用。这种说明，能直接回答购买者所关心的问题，消除疑虑。文字说明必须实事求是，必须与商品的性质、质量相一致，有可靠的检验数据和使用效果的证明。虚假不实的文字说明等于欺骗性广告，既损害消费者的利益，也损害了企业的声誉。

6. **文化性原则**

包装装潢的色彩、图案要符合消费者的心理要求，不与民族文化、习惯、宗教信仰相抵触。有时甚至完全相反。例如，中国人喜庆用红色，而日本人互赠白毛巾；埃及人喜欢绿色而忌用蓝色，以蓝色象征恶；而法国人则最讨厌墨绿色（法西斯军服的颜色），偏爱蓝色，蓝色是天空、大海的颜色，象征着自由。不同年龄、地区、民族，对颜色有不同的要求，如老年人喜欢素色（蓝、紫、绿），而青年人则喜欢暖色（红、橙、黄）。对不同的商品，也应根据其特性选择不同的颜色，如洗涤剂包装常采用蓝色；化妆品常采用粉红和金黄色或银白色；冷饮包装常采用冰雪图案和浅蓝、银白的色彩；等等。

7. 国际化原则

跨境出口商品的包装装潢上的文字、图案印刷，要符合该出口地区的风俗习惯，使用汉字拼音要恰当，避免混淆不清。例如，我国出口的"芳芳"爽身粉，用的汉语拼音大写"FANG FANG"，但出口到英国或讲英语的地方销售，顾客看到"FANG FANG"在英语中是"狼牙"之意，这样，会引起消费者的反感，影响商品的出售。因此，包装装潢的设计人员需要积累世界各地市场上的不同爱好和禁忌，以提高包装装潢设计的质量。例如，欧洲人认为大象含有呆头呆脑之意，法国人视孔雀为祸鸟，瑞士人以猫头鹰作为死亡的象征。乌龟在许多地区都代表丑恶，而在日本则代表长寿。荷花在我国象征高洁，而在日本则代表悲伤。有的色彩图案或符号在特定地区有特定的含义，例如，在捷克"红三角"是毒品的标记，土耳其人认为"绿三角"是免费样品，等等。

四、产品包装策略

企业的管理者为新产品所实施的包装策略，应包括以下三个方面的内容。

（一）建立包装观念、确定产品包装的功能

例如，某食品公司生产的"什锦果脯"，其包装的功能是保护产品的使用价值，使其在流通中不损坏、不变质；并且包装能显示出产品特色，使购买者在选购时能看到果脯的颜色、形状，来作为包装装潢设计的依据。

（二）决定包装因素

所谓包装因素，是指包装的大小、形状、材料、色彩、文字说明以及商标图案等。包装因素是由包装观念决定的。一方面，这些包装因素之间要相互协调；另一方面，包装因素与市场定价、广告等营销因素也应协调一致。如果某企业对某产品作出优质优价的决策，则包装的材料、造型、色彩等都应与之相匹配。

（三）做好包装试验

包装设计出来后要经过试验，以考察包装是否能满足各方面的要求，以便在正式使用前作出改进。包装试验包括：①工程试验。检验包装在正常储运情况下的适用性，如磨损程度、变形程度、密封性能、褪色程度等。②视觉试验。检验消费者对产品包装的色彩、图案是否满意等。③经销商试验。主要检验经销商是否喜欢这种包装，是否有利于经销商经营管理，如减少失窃等。④消费者测试。它是用来了解包装装潢是否被消费者所认可。

第二节　品牌策略

一、品牌的概念

品牌（Brand），是指用来识别某一卖主（或群）货物或劳务的名称、名词、符号、设计及其组合。品牌是一个由多种名词组成的一个总名词。品牌已经成为企业重要的无形资产，能够为企业和顾客提供超越产品和服务本身利益之外的价值。

品牌主要包括品牌名称、标志、商标、品牌化等。

（1）品牌名称。这是指品牌中可以用语言表达的部分。例如，可口可乐、海尔、伊利等。

（2）品牌标志。这是指品牌中可以辨认，但不能用语言称呼的部分，如品牌的符号、设计、色彩等。

（3）商标。这是指企业在政府工商管理部门登记注册，用来区别不同厂家生产的同种产品的一种标志，它是产品的品牌或品牌的一部分，该企业享有专用权并受到法律的保护。

（4）品牌化。这是指企业为某产品规定品牌名称、品牌标志，并向工商行政管理部门注册登记的一切业务活动过程，叫作品牌化。

品牌不仅适合有形产品，而且随着社会的发展和企业竞争的加剧，品牌的外延不断扩大，服务品牌、组织品牌、个人品牌、事件品牌、地理品牌等，在社会经济发展中的发挥的功能日益重要。在企业的营销活动中，既要重视有形产品品牌的塑造，也应重视无形品牌的打造。

二、品牌策略的内容

（一）品牌化策略

所谓品牌化决策，是指企业的营销管理人员决定是否为企业产品规定名称。产品是否需要有个名称，应根据产品的性质和消费者需求决定。从营销的角度来看，大多数产品都需要一个名称，也就是需要一个品牌。品牌化无论对企业还是消费者都是有好处的。对企业的好处是：①方便管理订货；②注册商品使企业产品特色得到法律保护；③有利于吸引品牌的忠诚者；④有助于企业细分市场；⑤有助于树立良好的企业形象。

对于消费者来说，品牌是购买者获得商品信息的一个重要来源，其好处有：①购买者通过品牌可以了解产品的质量；②有助于提高购买效率。但是，对有些产品不一定必须要有一个品牌。20 世纪 70 年代以来，西方国家对某些产品（擦脸纸、大众化药品等）实行"非品牌"化。在下列情况下，可以考虑不使用品牌：一是未经加工的原料产品；二是消费者已习惯不同品牌的产品，如大米、面粉、散装食油等；三是临时性一次出售的产品。实行"非品牌"化的目的是：节省包装、广告等费用，降低营销费用，从而降低价格，促进销售。

（二）制造商品牌和经销商品牌策略

一般认为，品牌的使用者主要是制造商，因为制造商要完成产品设计、质量、特色等活动。但是，近年来经销商使用品牌者越来越多，在西方国家的许多大百货公司、超级市场、服装店都使用自己的牌子。如美国著名的希尔斯（Sears）百货公司，90%的商品都用自己的牌子。由于该公司在美国享有良好的声誉，许多制造商的产品也愿意采用"Sears"的牌子。企业究竟采取何种品牌，常常面临三种策略。

1. 制造商品牌

当企业的信誉良好，拥有较大的市场份额条件下，大多数制造商都使用自己的品牌。当制造商的品牌成为名牌后，使用制造商品牌就更有利。有时，还有一些享有盛誉的制造商将其著名商标租用给别人使用，收取"特许权使用费"。在西方国家，"特许权使用费"一般为15%。我国目前仍主要以制造商品牌为主。

2. 经销商品牌

在制造商资金短缺、市场营销力量不足时，可以考虑采用经销商的品牌。

这种策略对于新进入市场的中小企业非常有利。经销商品牌已经成为品牌竞争的一种重要工具。使用经销商品牌的优点为：①中间商可控制价格，并在一定程度上控制供应商；②有利于中间商降低进货成本，增强竞争力，获得较高利润。当然也会带来一些问题：一是中间商需投资大量资金用于广告宣传，树立品牌形象；二是中间商需大量进货，库存增大，需承担一定的风险。

3. 品牌战

指的是制造商品牌与经销商品牌之间的竞争，其竞争的实质就是采用何种品牌。中间商在竞争中有如下优势：①由于零售商的营业面积有限，零售网络多控制在中间商手中，中小制造商用自己的品牌很难打进零售市场；②中间商特别是大零售商，重视自有品牌的信誉和形象，能够取得消费者的信赖；③中间商品牌价格通常低于制造商品牌价格；④中间商在商品陈列上，往往将最好的位置留给自有品牌。因而，制造商品牌将逐渐地被经销商品牌所取代。

（三）品牌统分策略

如果企业决定其大部分或全部产品都使用自己的品牌，那么还要进一步决定其产品是分别使用不同的品牌，还是统一使用一个或几个品牌。在这个问题上有四种可供选择的策略。

1. 个别品牌

个别品牌是指企业各种不同的产品分别使用不同的品牌。如上海联合利华公司生产的牙膏名"洁诺"，洗衣粉名"奥妙"，等等。其好处主要是：①企业的整个声誉不致受其某种商品的声誉的影响，例如，如果某企业的某种产品失败了，不至于给这家企业的脸上抹黑（因为这种产品用自己的品牌名称）；②某企业原来一向生产某种高档产品，后来推出较低档的产品，如果这种新产品使用自己的品牌，也不会影响这家企业的名牌产品的声誉。

2. 统一品牌

统一品牌是指企业所有的产品都统一使用一个品牌名称。例如，日本的"日立""索尼"，我国的"海尔""长虹"等公司所生产的家用电器都使用统一品牌。它的好处是：推出新产品时可省去命名的麻烦，并可节省大量的广告费用；如果该品牌已有良好声誉，可以很容易地用它推出新产品。但是，任何一种产品的失败都会使品牌蒙受损失。因此，使用统一品牌的企业，必须对所有产品的质量严格控制。

3. 分类品牌

分类品牌是指企业的各类产品分别命名，一类产品使用一个牌子。西尔斯·罗巴克公司就曾采取这种策略，它所经营的器具类产品、妇女服装类产品、主要家庭设备类产品分别使用不同的品牌名称。这主要是因为企业生产或销售许多不同类型的产品，如果都统一使用一个品牌，这些不同类型的产品就容易互相混淆。例如，美国斯维夫特公司同时生产火腿和化肥，这是两种截然不同的产品，需要使用不同的品牌名称，以免互相混淆。

4. 企业名称加个别品牌

企业名称加个别品牌策略是指企业对其不同的产品分别使用不同的品牌，而且各种产品的品牌前面还冠以企业名称。例如，美国凯洛格公司就采取这种策略，推出"凯洛格米饼""凯洛格葡萄干"。企业采取这种策略的好处主要是：既可利用公司声誉推出新产品，节省广告宣传费用，又可使各个品牌保持自己相对的独立性。汽车、药品等制造商常用这种策略。

（四）品牌延伸策略

品牌延伸策略是指企业利用已取得成功的品牌的声誉来推出改良产品或新产品。例如，"娃哈哈"成功后，顺势推出矿泉水等多种产品。该策略是借助已取得成功的品牌，将新产品迅速推入市场，节约了新产品的推广费用，但新产品失败，也会影响到品牌的声誉。

（五）多品牌策略

多品牌策略是指企业为一种产品设计两个或两个以上互相竞争的品牌的策略。美国P&G公司是这一策略的首创者，它生产的洗衣剂目前在美国有9个牌子，其中仅"汰渍"一个品牌就占有31%以上的市场份额。该公司1988年以"海飞丝"打开中国市场，至今它的洗发香波已有4个品牌（"海飞丝""飘柔""潘婷""沙宣"），各有不同定位，总销量占中国洗发香波市场份额60%以上。又如日本精工（Seiko）手表根据不同的定位，又增加了两个品牌：Lasalle（高档）和Pulsar（低档）。

多品牌策略的优点主要有：①可以在零售商店占据更多的销售空间，减少竞争者的机会。②可吸引那些有求新好奇心理的品牌转换者。③发展多品牌可使企业占领不同的细分市场。④发展多种不同的品牌能促进企业内部各个产品部门和产品经理之间的竞争，提高企业的整体效益。采用这种策略时应注意，每种品牌都应有一定的市场占有率，具有盈利的空间，否则会浪费企业有限的资源。

（六）品牌重新定位策略

随着时间的推移，由于消费者的偏好发生了变化或竞争者推出了新的品牌，市场对企业品牌的需求会减少。这时企业应重新评价原品牌与细分市场，对品牌进行重新定位。在对品牌进行重新定位时，企业必须考虑：①将品牌转移到另一个细分市场的费用，包括产品质量改变费、包装费及广告费。②定位于新位置的品牌的盈利能力。盈利水平取决于细分市场上的消费者人数、平均购买率、竞争者的数量和实力等。企业要对各种品牌重新定位方案进行经济可行性分析，选定一个盈利最多的方案。

第三节　商标与名牌商品

一、商标的概念及其作用

商标是指商品的标志，主要用来区分不同厂家生产的某一同类商品。

在市场经济条件下，商标对企业的营销活动的作用越来越重要，许多企业也开始重视产品的商标，并把它作为代表企业形象的一种重要标志。

我国很早就有比较完整的商标形式。早在宋朝年间，山东济南有一制针作坊的银牌上印有一只白兔，并写有"认门前白兔儿为记"字样，作为制针作坊出售缝针的标志。这是我国迄今发现使用较早、图形设计较完整的一个商标。随着社会生产力的发展，商品交换的规模和范围不断扩大，商标不仅作为一种促销的工具，而且成为企业的知识产权，企业享有使用的专用权。

商标的专用权具有四个特点：

（1）商标专用权是经工商行政管理部门核准注册而取得的特殊权利。这种权利具有独占性，不容他人侵犯。

（2）专用权具有时间性。我国《商标法》规定，商标有效期限为10年，到期后应重新申请登记，否则就是自动放弃这种专用权处理。

（3）商标专用权又是一种财产权，法律上称为工业产权。这种产权是一种知识产权，是企业的一种无形财富。

（4）商标专用权受严格的地域限制，在某国取得商标专用权，就受该国法律保护。我国出口商品的商标，除在国内注册后，还应在国外注册。过去许多企业商标意识淡薄，忽视了这一问题，给出口带来巨大的影响。

商标在企业营销活动中的地位和作用越来越重要，其作用主要表现在以下方面：

（1）商标有利于促进产品销售。商标是商品的质量和特性的象征，是商品信息传播的工具和竞争的手段。优质商品的名牌商标，有利于建立商品信誉，便于顾客认牌购买，适应购买者的习惯性偏好，能够提高购买者对产品的信赖程度，从而对提高商品的重复购买力、保持市场占有率起着重要作用。

（2）商标有利于维护企业正当的权益。企业的产品性能好、质量高，能够在消费者心中建立良好的形象，成为名牌产品（如贵州的茅台酒、云南的红塔山香烟等）。这种商标经注册登记后，就作为一种工业产权使企业的权益受法律的保护。

（3）商标有利于不断改进产品性能，提高产品质量。一个企业要维护声誉和商标的地位，就必须始终保持原有产品的特性和质量，并随着科学技术的发展而不断提高。"创牌子容易，保牌子难"就是这个道理，许多企业尝到了忽视质量、牌子被砸的滋味，因此，维护产品的商标的重要性，应引起企业的高度重视。

（4）利用商标，可以保护消费者的利益。商标对消费者是一种广告促销，购买者随时接触到产品的商标形象，不断加深印象，发生兴趣，产生购买行为。同时，不同的商标代表着产品的不同质量，消费者认牌购买，可以防止误购，利益受损。

二、商标的种类和设计

（一）商标的种类

1. 按商标构成分

按商标构成主要分为文字商标、图形商标、记号商标、组合商标。

（1）文字商标。是指只用文字构成的商标。在我国主要是用汉字和汉语拼音组成。

（2）图形商标。是指仅由图形构成的商标。图形商标的最大优点是不受语言的限制，但其缺点是不便于呼叫，容易和别人的商标混淆。没有特色的重复商标，按商标法规定，不能注册登记。

（3）记号商标。是指由某种记号或符号构成的商标，例如将汉字或拼音画成图案等。

（4）组合商标。是指由两个以上的文字、图形、记号相互组合而构成的商标。这种商标便于顾客辨认，并且能够呼叫。

此外，还有服务标记，即用来识别服务行业的标记，如电视台、民航、铁路、航运、银行等标记，从广义上来讲，也可称是商标的一种。

2. 按商标用途分

按商标用途可将商标分为营业商标、商品商标、证明商标等。

（1）营业商标。把企业的名称、营业标记等作为商标使用在各种商品上，并作为识别商品的标记。

（2）商品商标。为了将特定规格、品种的商品和其他同类商品区别开，而在个别商品上使用的商标。

（3）证明商标。表明商品等级质量而使用的商标。

3. 按商标的使用者分

按商标的使用者可分为制造商标和销售商标。

（1）制造商标是指商品制造者的商标。

（2）销售商标是指商品的经销商为销售商品而使用的商标，又称为商业商标。

(二) 商标设计

商标设计，既要符合国家有关商标管理的规定，又要依据产品特色，讲究商标的艺术效果。因此，商标设计是一种技术性很强的工艺美术。从市场营销的角度来看，商标设计应符合下列原则。

1. 避免与其他企业的商标发生冲突的原则

这是指企业的商标不要与其他企业的商标相同或类似。商标相同是指同一商标用在相同的商品上，例如两家企业都用"梅花"做商标，都用在收音机商品上。商标相似是指一样的商标用在类似的商品上，或类似的商标用在相同的商品上，相同或类似的商标，国家规定准许最先申请的注册登记。所以，企业在进行商标设计时，要对市场上的商标情况进行调查，避免与其他企业的商标重复或类似，而影响商标的设计和注册。

2. 遵守国家关于不能注册为商标的规定原则

根据1982年8月23日通过的《中华人民共和国商标法》的规定，商标不得使用下列文字、图形。

（1）同中华人民共和国的国旗、国徽、军旗、勋章以及外国的国家名称、国旗、国徽、军旗相同或者近似的文字与图形；同政府间国际组织的旗帜、徽记、名称相同或近似的文字和图形。

（2）同"红十字""红新月"的标志、名称相同或相近似的文字、图形。

（3）带有民族歧视性，夸大宣传并有欺骗性，或有其他不良影响的文字与图形。

（4）商品的通用名称和图形，不能作为商标；直接表示商品的主要原料、功能、用途、质量、数量及其他特点的文字和图形也不能作为商标。

如果是出口商品，还要注意出口国家的关于商标的法律规定，同时要考虑当地的民族风俗习惯及传统文化等特点。

3. 造型要美观大方、构思新颖的原则

商标设计的造型要构思新颖、美观大方而有力量，能够给顾客以产品清新的感觉、美的享受，产生强烈的吸引力，从而促进商品的销售。

4. 商标设计要能表示企业或产品特色的原则

商标要能显示出企业的风格，使人们可以通过商标认识企业及其产品的形象和特色，从而产生一种信任感和购买欲望。设计时可用有代表性的产品的形状或结构，或间接以他物为象征，如化妆品用美女做商标，用"牡丹"做女士上衣的商标，都很有特色。如果用"牡丹"做食品商标就毫无意义。

5. 商标要简洁醒目原则

为了使商标能在一瞬间或很短时间内吸引购买者或潜在购买者的视线，商标设计要单纯、简洁、醒目，使顾客易看、易记、易理解，给顾客以醒目的感觉，产生强烈的吸引力。例如，上海围巾一厂的"松鼠"牌羊毛围巾，就是在字母之前，画一只带有毛茸茸大尾巴的松鼠，形象简洁生动，比喻围巾的保暖性，令人凝神观赏、印象深刻。

6. 商标设计要规范化原则

即要严格统一商标设计的各种字体排列、色彩变化，平面立体布置等标准规格，使商标有鲜明的特色，便于辨认，促进销售。

三、商标的注册和管理

世界上最早的商标法，是1803年法国制定的《关于工厂、制造厂和作坊的法律》。目前各国都有商标法。我国于1950年7月颁布了《商标注册暂行条例》，1963年4月颁布《商标管理条例》。1982年8月23日从有利于发展社会主义市场经济和健全社会主义法制出发，本着立足于国内，同时兼顾国际惯例的原则，正式颁布了《中华人民共和国商标法》（以下简称《商标法》）。根据2013年8月30日第十二届全国人民代表大会常务委员会第四次会议《关于修改〈中华人民共和国商标法〉的决定》（第三次修正），于2014年5月1日起施行。新的《中华人民共和国商标法》规定：企业申请注册商标，应按规定的商品分类表，填报使用商标类别和商标名称，向当地工商行政管理部门商标局送交注册申请书和有关证明文件。对商标局初步审定的商标，自公布之日起3个月内，无人提出异议，或经裁定异议不成立，就给以核准注册。商标注册有效期为10年。有效期满需继续使用，应当在期满前6个月申请继续注册，核准后可继续使用。注册商标的注册人有商标转让权和他人使用许可权。转让商标须经商标局核准，允许他人使用商标要报商标局备案。

商标管理就是按照《商标法》，对企业商标的注册、使用及有关问题进行管理。《商标法》明确规定，企业自动申请商标注册并经核准注册后，即取得商标专用权，受到法律保护，任何企业和个人不得侵犯。同时，为了保护消费者利益，把监督商品质量，制止欺骗消费者的行为，作为商标管理的重要任务。

商标管理的原则是："集中注册、分级管理"。商标管理的内容包括：①对注册商标的管理，包括商标管理部门对注册商标使用的管理和企业对注册商标的管理；②对未注册商标管理；③监督商品质量；④对商标印制的管理。我国商标的管理机构是国家工商行政管理局及其所属各级地方机构。

四、名牌概念及其战略意义

名牌是指具有很高社会知名度和信誉度的标识（商标或商号），即著名品牌。从广义上来说，名牌是知识产权的价值符号；从狭义上来说，名牌可等同于"驰名商标"或"著名商标"。

名牌产品具有质量上乘、品种对路、服务周到、信誉良好、市场覆盖面广，具有较高经济效益和社会效益等特点。发展名牌商品难，创国际名牌商品更难。因此，发展名牌商品，对企业和全社会都具有重大战略意义，其意义如下：

（1）名牌商品是提高企业竞争力的有效途径。企业间的竞争实质是产品质量、产品信誉的竞争，名牌产品依靠其高质量、高信誉、优质服务，在市场竞争中处于有利地位，有利于增强其竞争能力。海尔集团就是依靠名牌战略实现腾飞的成功实例。

（2）名牌商品是企业的无形资产。"名牌"是一种知识产权，是企业的无形财富，能够给企业创造巨大的价值，能给企业不断带来收益。从这个意义上看，品牌实质可以当作一种能创造新的价值的生产力来看待。品牌生产力的核心能力就是持续创造产品或服务交易的能力，在交易能力的基础上，形成了品牌市场领导能力、品牌虚拟整合能力。这三种能力形成的品牌生产力为企业的可持续发展提供了保障。全球最佳品牌排行榜中的任何一个品牌，都在不同程度上具备这三种能力。消费者对一个品牌的认知度、参与度、忠诚度越强，品牌具有的生产力就越强。

通过知名品牌咨询机构 Interbrand 发布的 2014 年、2015 年世界最有价值品牌和中国最有价值品牌的对照表（表 11-1、表 11-2、表 11-3、表 11-4），可以看出我国名牌与世界名牌之间的差距。2014 年世界前十名的最后一名"梅赛德斯-奔驰"的品牌价值为 343.38 亿美元，约合人民币 2250 多亿元，比我国第一名"腾讯"的价值 1534.64 亿元人民币高出近 1.5 倍。可见，中国企业创世界名牌的任务还十分艰巨。

2014 年世界品牌价值前十名如表 11-1 所示。

表 11-1　2014 年世界品牌价值前十名

单位：亿元（美元）

排名	品牌	品牌价值	所处行业
1	苹果	1188.63	科技
2	谷歌	1074.39	科技
3	可口可乐	815.63	饮料
4	IBM	722.44	商业服务
5	微软	611.54	科技
6	通用	454.80	多元化
7	三星	454.62	科技
8	丰田	423.92	汽车
9	麦当劳	422.54	餐饮
10	梅赛德斯-奔驰	343.38	汽车

2015 年世界品牌价值前十名如表 11-2 所示。

表 11-2　2015 年世界品牌价值前十名

单位：亿元（美元）

排名	品牌	品牌价值	所处行业
1	苹果	1702.76	科技
2	谷歌	1203.14	科技
3	可口可乐	784.23	饮料
4	微软	676.70	科技

续表 11-2

排　名	品　牌	品牌价值	所处行业
5	IBM	650.95	商业服务
6	丰田	490.48	汽车
7	三星	452.97	科技
8	通用	422.67	多元化
9	麦当劳	398.09	餐饮
10	亚马逊	379.48	零售

资料来源：品牌资讯机构 Interbrand　作者依据网站资料整理。

有关资料显示，与互联网技术相关的公司品牌价值逐年上升。以苹果公司为例，苹果公司在 2011 年的榜单中排名第 8，2012 年排名第 2，到了 2013 年，首度超越可口可乐成为第 1，此后一直稳居榜首位置。2013 年苹果公司的品牌价值为 983 亿美元，较 2012 年上升 28%；2014 年其品牌价值为 1188.63 亿美元，较 2013 年上涨 21%；2015 年的榜单中，苹果公司的品牌价值为 1702.76 亿美元，同比增长 43%。苹果公司的品牌价值一直处于增长的态势。这次排行榜中，只有两家中国企业上榜，其中一家是"华为"，"华为"2014 年在榜单中排名 94，今年再次入榜，位居第 88 位，品牌价值为 49.52 亿美元，同比增长 15%；另外一个就是 2015 年新上榜的"联想"，其品牌价值为 41.14 亿美元，排名第 100 位。

2014 年中国最有价值品牌如表 11-3 所示。

表 11-3　2014 年中国最有价值品牌

单位：亿元（人民币）

排　序	品　牌	品牌价值	行　业
1	腾讯	1534.64	互联网
2	中国移动	1527.90	电信
3	阿里巴巴	1252.12	互联网
4	中国建设银行	1240.17	金融
5	中国工商银行	1173.52	金融
6	中国银行	850.63	金融
7	中国平安	805.53	金融
8	中国人寿	691.99	金融
9	中国农业银行	644.12	金融
10	招商银行	441.46	金融
11	百度	401.87	互联网

续表 11-2

排 序	品 牌	品牌价值	行 业
12	茅台	321.10	酒类
13	华为	265.11	信息与通信
14	联想	244.57	电器
15	太平洋保险	230.31	金融
16	交通银行	224.24	金融
17	浦发银行	196.86	金融
18	中国民生银行	160.52	金融
19	兴业银行	122.17	金融
20	中国人民保险集团	121.93	金融

2015 年中国最有价值品牌如表 11-4 所示。

表 11-4 2015 年中国最有价值品牌

单位：亿元（人民币）

排 序	品 牌	品牌价值	行 业
1	腾讯	1781.73	互联网
2	阿里巴巴	1426.12	互联网
3	中国移动	1346.95	电信
4	中国建设银行	1272.42	金融
5	中国工商银行	1230.13	金融
6	中国平安	921.67	金融
7	中国银行	879.36	金融
8	中国人寿	724.73	金融
9	中国农业银行	665.71	金融
10	百度	451.44	互联网
11	招商银行	450.64	金融
12	茅台	305.34	酒类
13	华为	286.69	信息与通信
14	联想	258.39	电器
15	太平洋保险	241.39	金融
16	交通银行	230.24	金融

续表 11-4

排 序	品 牌	品牌价值	行 业
17	浦发银行	172.08	金融
18	中国民生银行	147.83	金融
19	中国人民保险集团	127.64	金融
20	兴业银行	126.89	金融

资料来源：品牌资讯机构 Interbrand　作者依据网站资料整理。

在2014年，互联网品牌迅速崛起，成为驱动中国品牌价值增长的新生力量。2015年，互联网品牌继续蓬勃发展，成为中国经济增长的重要引擎，引领榜单的价值增长。互联网品牌总价值相比去年上升14.1%。腾讯进一步明确了发展战略，微信板块不断延展和丰富O2O服务，提升用户体验，在微众银行等不同领域的探索，使其稳居榜单第一的宝座。阿里巴巴在电商之外的生态圈布局初显成效，在排名上超越中国移动，跃居第二位。百度在前沿技术创新、智能硬件和O2O服务等方面都取得一定进展，排名超越招商银行，跻身第十位。

（3）名牌效应显示出相对准确的供求关系，有利于形成优胜劣汰的竞争机制，促使企业之间的竞争手段既多样化又规范化，加速中国规范市场经济的形成。

（4）名牌商品具有资产保值增值的特殊功能，以名牌商品和名牌商号为龙头，组建跨地区、跨行业的企业集团，促使国有企业经营机制的真正转变，加速我国经济发展的质量最优化和效益最大化。

（5）发展名牌能促进社会精神向上、人际关系有序和社会心理的和谐。名牌效应有利于把顾客的消费倾向引向有高尚情操的消费，坚决打击假冒伪劣商品；维护消费者的权益不受侵犯。

五、名牌商品的标准

名牌商品的形成，是企业长期奋斗的结果，是产品内在高质量和外在高美誉度的有机统一，而不是由商标拥有者自封或某个机构认可的。评定名牌的条件，应该有一个客观的标准。

（一）名牌应是注册商标

对名牌的认定，是对注册商标的"二次认定"，是对已取得商标专用权的牌子实施特殊保护，因此，必须从注册商标中甄选。

（二）名牌必须是优质商品

名牌是以质量为保证的商标信誉，名牌甄选是对商品质量的"二次认定"。我国的《商标法》把商品质量和商标信誉作为商标立法的根本任务。质量差的商品，难以注册商标，更不可能成为驰名商标。

（三）名牌是消费者熟悉的商标

企业广告宣传促销中，突出商标的目的，是要扩大商标的知名度和影响力，使商标众人皆知，为创名牌创造条件。消费者不熟悉商标的商品，是不可成为名牌的。像世界十大名牌"可口可乐""索尼""奔驰""柯达""迪斯尼""雀巢""丰田""麦克唐纳""IBM"和"百事可乐"，我国的"海尔""华为""联想"等，大家都十分熟悉。

（四）名牌应该具有很高的市场占有率

高的市场占有率表明商品有众多的购买者，商品具有普遍的使用价值。日用生活品时刻与顾客打交道，有助于消费者了解、认识、评估商品价值。低的市场占有率的商品是不可能成为名牌的。

（五）名牌的信誉是在营销中形成的

任何商品从投放市场到畅销，都需要一个过程，而要成为名牌，更须企业付出巨大代价，长期努力，坚持不懈，依靠高档的品位、可靠的质量、和蔼的态度、独特的功效、优质的服务、有效的促销，相互融合、整体推进，最终实现创驰名商标的目标。

（六）名牌应具有超常的产权价值

商标是企业的无形资产，而经过评估，可以转化为有形资产，在企业评定固定资产、合资、参股控股、公开拍卖时实现其价值，这种价值是一种超常的产权价值，如可口可乐的2009年品牌价值为689亿美元，连续10年蝉联第一，2015年达到784亿美元，仍然排名第3名。根据全球领先的品牌咨询机构Interbrand发布的2015最佳中国品牌价值排行榜，海尔集团品牌价值达到78.79亿元，较2014年增长8%，连续4年蝉联中国家电行业品牌第一。海尔运用互联网转型提升了品牌价值，并代表了中国品牌发展过程中呈现的"传统行业与互联网的融合"的大趋势。

（七）名牌应该具有特色

名牌就是驰名商标，一般是指国际驰名、世界通行的牌子。中国名牌应该具有中国特色，省级范围内称"著名商标"，全国一级的名牌才可称"驰名商标"，数量要严格控制，由市场自发形成，够格的上、不够档次的坚决拉下，便于和国际惯例接轨，以产生国际名牌。如海尔在国际市场的品牌价值在不断提升。到目前，海尔品牌产品已经销往全球100多个国家和地区，成功进入美国前10大连锁渠道和欧洲前15大连锁渠道；海尔在欧洲产品单价从10年前的99欧元升至2990欧元；在日本，海尔冰箱产品的定位甚至超过了松下；在俄罗斯中高端家电领域，海尔已经与博世、西门子等欧洲本土品牌平起平坐；2015年第一季度，海尔在印度市场销量增长了将近35%，是行业增长的三倍；在巴基斯坦，海尔一直保持第一大品牌的地位。

（八）名牌应由权威机构认定

要创名牌，就必须有一个权威机构来认定。机构成员应该有政府管理商标的官员，又要有懂经济、熟悉市场，既能评定商品质量又能评估知识产权价值的专家。

六、企业名牌战略

任何企业要求生存、谋发展，就必须形成自己的名牌，要有自己的"拳头"产品。因此，企业应从战略的高度，重视培养全体员工的名牌意识，争创名牌，保持名牌，增强企业的竞争力。企业名牌战略是指企业有关创名牌、保名牌和发展名牌全局性的谋划和策略，是一项复杂的系统工程。可供企业选择的名牌战略主要有以下方面。

（一）商标战略

商标是企业产品形象的代表，商标战略是企业创名牌的核心。商标战略包括：商标设计、商标注册、商标宣传、商标防伪、商标管理和商标CI（Certified Identity）策划。

（二）质量战略

质量是名牌发展的基础，是商品的生命。名牌商品首先必须是优质商品。质量战略的重点是企业要用现代科学技术手段开展质量竞争。质量战略包括：①加强全面质量管理，建立有效的质量保证体系；②狠抓技术进步，确保质量不断提高；③质量应与消费水平相适应；④重点解决服务质量差的问题；⑤掌握"质量标准"制定的主动权，实施"标准"突破战略。

（三）名牌营销战略

营销是把名牌的商标形式和质量内容结合起来的纽带，名牌商品也须进入市场接受检验。企业的名牌营销战略包括广告战略、形象战略、价值对策、连锁营销机制、服务体系等。

（四）产权重组战略

从发展名牌的需要，认识我国的产权制度改革，它是中国企业名牌发展战略规范化实施的基础条件。也就是说，产权重组，建立现代企业集团，应以名牌为龙头；壮大名牌企业的实力；优先进行名牌企业的股份制改革；做好名牌商标和名牌商号知识产权价值的评估，并进行作价入股。

（五）科技与人才战略

现代科学技术日新月异，要发展名牌，就必须努力提高名牌的科学技术含量，这样，名牌才可能有竞争力。因此，要重视科学技术和人才在发展中国名牌中的作用。

总之，在企业的营销活动中，要把创名牌作为企业的重大战略问题高度重视；同时，从政府行为、法制建设、社会评估、文化因素、国际条件等方面，创造一个发展名牌的良好环境。

链接　国务院办公厅印发《关于发挥品牌引领作用，推动供需结构升级的意见》

新华社北京2016年6月20日电　国务院办公厅日前印发《关于发挥品牌引领作用，推动供需结构升级的意见》（以下简称《意见》）。这是贯彻落实创新、协调、绿色、开放、共享发展理念的重要体现，是推进供给侧结构性改革的重要举措，是培育经济发展新动能的重要途径。

《意见》强调，发挥品牌引领作用，推动供需结构升级，有利于激发企业创新创造活力，促进生产要素合理配置，增加有效供给，提高供给体系的质量和效率；有利于引领消费，创造新需求，树立自主品牌消费信心，满足人们更高层次的物质文化需求；有利于促进企业诚实守信，强化企业社会责任，实现更加和谐、更加公平、更可持续的发展。

《意见》指出，当前我国品牌发展严重滞后于经济发展，产品质量不高、创新能力不强、企业诚信意识淡薄等问题比较突出。发挥品牌引领作用，推动供需结构升级，必须立足当前，着眼长远，持之以恒，攻坚克难。一要发挥政府推动作用，加快政府职能转变，优化政策法规环境；二要发挥企业主体作用，做大做强品牌，提高企业综合竞争力；三要大力营造良好社会氛围，积极支持自主品牌发展，扩大自主品牌消费，为品牌建设和产业升级提供专业有效的服务。

《意见》围绕主要任务，按照可操作、可实施、可落地的原则，提出了三项重大工程。一是品牌基础建设工程，围绕品牌影响因素，从推行更高质量标准、提升检验检测能力、搭建持续创新平台、增强品牌建设软实力等方面，着力打牢品牌发展基础，为发挥品牌引领作用创造条件。二是供给结构升级工程，以增品种、提品质、创品牌为主要内容，从一、二、三产业着手，通过丰富产品和服务品种、增加优质农产品供给、推出一批制造业精品、提高生活服务品质等举措，推动供给结构升级。三是需求结构升级工程，充分发挥品牌影响力，通过努力提振消费信心、宣传展示自主品牌、推动农村消费升级、持续扩大城镇消费等行动，扩大自主品牌产品消费，适应引领消费结构升级。

七、塑造品牌的三大法宝

（一）广告语

广告语是指企业在市场营销传播的口号、主张和宣传主题及理念，包括品牌定位。品牌的所有主张或服务承诺就是通过广告语来承载、体现的。广告语按其性质可分为理念、科技、服务、品质、功能等五大类。

一条有穿透力、有深度、有内涵的广告语的传播力量是无穷的，而且往往成为目标消费者的某种生活信条，真正成为生活方式。高起点的广告语就是该品牌的精神和思想，内涵相当深刻，也与通俗化并不矛盾，它所主张和诉求的价值理念与目标消费者的价值理念是高度和谐与对称的。如王老吉的："怕上火，喝王老吉。"

（二）形象代言人

形象代言人是品牌的形象标识。形象代言人最能代表品牌个性及诠释品牌和消费者之间的感情、关系，致使许多形象代言人成为该产品的代名词。

形象代言人能拉近品牌与消费者之间的关系：像朋友，又像邻居，像家人一样毫不陌生、亲切熟悉，品牌个性具象之至，甚为传神。

（三）实效 VI

实效 VI 的优势明显，在终端市场形成，声、光、电综合运用形成立体效果，形成了一道品牌风景线，能较好区别于同类品牌。品牌推广形象的统一，是一个品牌所有资源集中整合的直接再现，将使大量资源有了主心骨，使其立体化。与消费者的沟通也就很容易，许许多多的渠道问题、推广问题就会迎刃而解。

八、品牌的国际化与本土化

（一）国际品牌本土化的几种形式

品牌国际化战略最重要的一步是"本土化"问题。如果能够较好地解决品牌国际化后的本土化，品牌的国际化战略也就有了成功性的标志。跨国公司在中国的品牌战略基本上最终都落实在品牌的本土化方面。

1. 品牌文化本土化

品牌国际竞争的本土化，首先应该表现为品牌文化的本土化。这主要是因为跨国公司的产品和服务需要通过品牌的影响力扩展渗透到我们的经济生活中，因此，这种品牌的影响力必须首先通过品牌文化的本土化，才能被日渐认识和接受。

2. 品牌本土化的亲善战略

有些公司在进入异国市场时，采取本土化亲善战略，即先通过得到该国政府支持，努力树立"社会好公民"形象，以此迅速实现其品牌的本土化。

3. 品牌本土化的产品本土化战略

一个国际化的品牌必然需要拥有适应当地市场的本土化产品，否则一项符合世界标准的产品可能会与当地消费者的距离很遥远，所以，在产品上采取本土化战略无疑是提升品牌本土化的方法之一。

（二）我国品牌国际化的发展策略

1. 打破中国品牌国际化的障碍

中国制造（Made in China）难成领导品牌。在世界各地的市场中，标注着 Made in China 的产品通常给人的感觉都不会价格很高，这是因为中国不管是自有品牌的产品还是给别人 OEM 的产品，都由于中国自身的劳动力成本较低，导致产品有较低的价格。

而在一些时候，由于中国很多的商人只注重短期的收益，从而为 Made in China 的本土品牌带来了不良的"口碑"。此外，由于中国是发展中国家，在技术密集型产品上很难得到发达国家消费者的认同。这些就构成了中国品牌国际化的先天性障碍。正是因为如此，中国品牌产品进入国际市场是相当困难的。所以，中国品牌要想成功国际化，必须克服这些障碍。

2. 立足于本土化的国际化策略

从许多国际品牌的成功经验中，我们可以看出中国品牌国际化最重要的是要打好两张牌——资金牌和技术牌。因为只有在资金和技术上积累了一定实力，才能真正做好品牌国际化。

（1）资金实力是中国品牌国际化的基础。一个品牌在进入一个新地区市场特别是新国家市场时，企业在最初阶段是很难盈利的，这时品牌背后就要有强大的资金实力做支撑，使企业度过战略性亏损阶段。这就要求每个试图实施品牌国际化战略的企业，要在本土积累一定的资金实力，为品牌国际化打下坚实的基础。

（2）技术实力是中国品牌国际化的动力。一个品牌希望在他国立足，单靠雄厚的资金实力是不够的，因为任何一个公司走国际化道路的最终目的都是为了盈利。但是，作为后进入品牌，依靠什么与原有的品牌较力呢？答案就是技术，拥有了不可复制的技术实力，才真正具有了品牌国际化的动力。

在品牌国际化上，中国企业所要走的是比许多国外企业更艰难的道路，但是把握住关键的品牌国际化因素，相信中国企业可以在国际竞争中崭露头角，中国品牌可以在世界知名品牌中占得一席之地。

本章小结

对产品进行包装可以保护产品、促进销售、树立形象、增加利润等。常用的包装策略主要有：类似包装策略、多种包装策略、再使用包装策略、附赠品包装策略、改变包装策略。内外包装的设计应遵循相关原则。

品牌是一个由多种名词组成的一个总名词，主要包括品牌名称、标志、商标、品牌化等。商标是商品的标志，主要用来区分不同厂家生产的某一同类商品，企业享有使用的专用权。商标在企业营销活动中的地位和作用越来越重要。我国依法对企业商标的注册、使用及有关问题进行管理。

品牌实质上是品牌使用者对顾客在产品特征、服务和利益等方面的承诺。商标是法律概念，它是已获得专用权并受法律保护的品牌或品牌的一部分。

品牌策略的内容包括品牌化策略、制造商品牌和经销商品牌策略、个别品牌和群体品牌策略。

关键概念

产品包装　包装装潢　品牌　品牌化决策　商标　名牌

思考题

(1) 何谓产品包装？它对企业营销有什么作用？
(2) 产品包装策略有哪几种？
(3) 产品包装设计应坚持哪些原则？
(4) 什么叫品牌？它包含哪些内容？
(5) 品牌策略包括哪些内容？
(6) 什么叫商标？它有什么作用？
(7) 商标设计应坚持哪些原则？
(8) 名牌商品应具备哪些条件？
(9) 企业怎样实施名牌战略？
(10) 塑造知名品牌的三大法宝是什么？

案例 品牌精确细分，"动感地带"赢得新一代

案例主体：中国移动通信公司（简称中国移动）
市场地位：市场霸主
市场意义：凭借其品牌战略和市场细分战略，将中国电信市场从资源竞争带入了营销竞争时代。
市场效果："动感地带"的用户已远远超出1000万，并成为移动通信中预付费用户的主流。
案例背景：中国移动作为国内专注于移动通信发展的通信运营公司，曾成功推出了"全球通""神州行"两大子品牌，成为中国移动通信领域的市场霸主。但市场的进一步饱和、联通的反击、小灵通的搅局，使中国移动通信市场弥漫着价格战的狼烟，如何吸引更多的客户资源、提升客户品牌忠诚度、充分挖掘客户的价值，成为运营商成功突围的关键。

作为霸主，中国移动如何保持自己的市场优势？

"动感地带" 2003年营销事件回放：

2003年3月，中国移动推出子品牌"动感地带"，宣布正式为年龄在15～25岁的年轻人提供一种特制的电信服务和区别性的资费套餐。

2003年4月，中国移动举行"动感地带"（M-ZONE）形象代言人新闻发布会暨媒体推广会，我国台湾地区新锐歌星周杰伦携手"动感地带"。

2003年5月—8月，中国移动各地市场利用报纸、电视、网络、户外、杂志、公关活动等开始了对新品牌的精彩演绎。

2003年9月—12月，中国移动在全国举办"2003'动感地带' M-ZONE 中国大学生街舞挑战赛"，携600万大学生掀起街舞狂潮。

2003年9月，中国移动通信集团公司的M-ZONE网上活动作品在新加坡举办的著名亚洲直效行销大会（DM Asia）上，获得本届大会授予的最高荣誉——"最佳互动行

销活动"金奖,同时囊括了"最佳美术指导"银奖及最佳活动奖。

2003年11月,中国移动旗下"动感地带"(M-ZONE)与麦当劳宣布结成合作联盟,此前由动感地带客户投票自主选择的本季度"动感套餐"也同时揭晓。

2003年12月,中国移动以"动感地带"品牌全力赞助由Channel[V]联袂中央电视台、上海文化广播新闻传媒集团主办的"未来音乐国度——U and Me!第十届全球华语音乐榜中榜"评选活动。

"动感地带"策略解析

手机已成为人们日常生活的普通沟通工具,伴随着3G浪潮的到来,手机将凭借运营网络的支持,实现从语音到数据业务的延伸,服务内容更将多样化,同时更孕育着巨大的市场商机。

而同其他运营商一样,中国移动旗下的"全球通""神州行"两大子品牌缺少差异化的市场定位,目标群体粗放,大小通吃。一方面是移动通信市场黄金时代的到来,一方面是服务、业务内容上的同质化,面对"移动牌照"这个资源蛋糕将会被越来越多的人分食的状况,在众多的消费群体中进行窄众化细分,更有效地锁住目标客户,以新的服务方式提升客户品牌忠诚度、以新的业务形式吸引客户,是运营商成功突围的关键。

一、精确的市场细分,"锁住"消费新生代

根据麦肯锡对中国移动用户的调查资料表明,中国将超过美国成为世界上最大的无线市场,从用户绝对数量上说,到2005年中国的无线电话用户数量将达到1.5亿~2.5亿个,其中将有4000万~5000万用户使用无线互联网服务。

从以上资料可看出,25岁以下的年轻新一代消费群体将成为未来移动通信市场最大的增值群体,因此,中国移动将以业务为导向的市场策略率先转向了以细分的客户群体为导向的品牌策略,在众多的消费群体中"锁住"15~25岁年龄段的学生、白领,产生新的增值市场。

确定这一消费群体作为自己新品牌的客户,是中国移动"动感地带"成功的基础:

(1)从目前的市场状况来看,抓住新增主流消费群体。15~25岁年龄段的目标人群正是目前预付费用户的重要组成部分,而预付费用户已经越来越成为中国移动新增用户的主流,中国移动每月新增的预付卡用户都是当月新增签约用户的10倍左右,抓住这部分年轻客户,也就抓住了目前移动通信市场大多数的新增用户。

(2)从长期的市场战略来看,培育明日高端客户。以大学生和公司白领为主的年轻用户,对移动数据业务的潜在需求大,且购买力会不断增长,有效"锁住"此部分消费群体,三五年以后将从低端客户慢慢变成高端客户,企业便为在未来竞争中占有优势埋下了伏笔,逐步培育市场。

(3)从移动的品牌策略来看,形成市场全面覆盖。"全球通"定位高端市场,针对商务、成功人士,提供针对性的移动办公、商务服务功能;"神州行"满足中低市场普通客户通话需要;"动感地带"有效"锁住"大学生和公司白领为主的时尚用户,推出语音与数据套餐服务,全面出击移动通信市场,牵制住了竞争对手,形成预置性威胁。

二、独特的品牌策略，另类情感演绎品牌新境界

"动感地带"目标客户群体定位于15～25岁的年轻一族，从心理特征来讲，他们追求时尚，对新鲜事物感兴趣，好奇心强、渴望沟通，他们崇尚个性，思维活跃，他们有强烈的品牌意识，对品牌的忠诚度较低，是容易互相影响的消费群体；从对移动业务的需求来看，他们对数据业务的应用较多，这主要是可以满足他们通过移动通信所实现的娱乐、休闲、社交的需求。

中国移动据此建立了符合目标消费群体特征的品牌策略：

（1）动感的品牌名称。"动感地带"突破了传统品牌名称的正、稳，以奇、特彰显，充满现代的冲击感、亲和力，同时整套VI系统简洁有力，易传播，易记忆，富有冲击力。

（2）独特的品牌个性。"动感地带"被赋予了"时尚、好玩、探索"的品牌个性，同时提供消费群以娱乐、休闲、交流为主的内容及灵活多变的资费形式。

（3）炫酷的品牌语言。富有叛逆的广告标语"我的地盘，听我的"，及"用新奇宣泄快乐""'动感地带'（M-ZONE），年轻人的通讯自治区！"等流行时尚语言配合创意的广告形象，将追求独立、个性、更酷的目标消费群体的心理感受描绘得淋漓尽致，与目标消费群体产生情感共鸣。

（4）犀利的明星代言。周杰伦，以阳光、健康的形象，同时有点放荡不羁的行为，成为流行中的"酷"明星，在年轻一族中极具号召力和影响力，与动感地带"时尚、好玩、探索"的品牌特性非常契合。可以更好地回应和传达动感地带的品牌内涵，从而形成年轻人特有的品牌文化。

"动感地带"独特的品牌主张不仅满足了年轻人的消费需求，吻合他们的消费特点和文化，更是提出了一种独特的现代生活与文化方式，突出了"动感地带"的"价值、属性、文化、个性"。将消费群体的心理情感注入品牌内涵，是"动感地带"品牌新境界的成功所在。

三、整合的营销传播，以体验之旅形成市场互动

"动感地带"作为一个崭新的品牌，更是中国移动的一项长期战略，在进行完市场细分与品牌定位后，中移动大手笔投入了立体化的整合传播，以大型互动活动为主线，通过体验营销的心理感受，为"动感地带"2003年的营销传播推波助澜！

（1）传播立体轰炸。选择目标群体关注的报媒、电视、网络、户外、杂志、活动等，将动感地带的品牌形象、品牌主张、资费套餐等迅速传达给目标消费群体。

（2）活动以点代面。从新闻发布会携手小天王、小天王个人演唱会到600万大学生街舞互动、结盟麦当劳、冠名赞助"第十届全球华语音乐榜中榜"评选活动，形成全国市场的互动，并为市场形成了良好的营销氛围，进行"传染"。

（3）高空地面结合。中国移动在进行广告高空轰炸、大型活动推广传播的同时，各市场同时开展了走进校园进行的相关推广活动，建立校园联盟；在业务形式上，开通移动QQ、铃声下载、资费套餐等活动，为消费群体提供实在的服务内容，使高空地面相

结合。

（4）情感中的体验。在所有的营销传播活动中，都让目标消费群体参与进来，产生情感共鸣，特别是全国街舞挑战赛，在体验之中将品牌潜移默化的植入消费者的心智，起到了良好的营销效果。

"动感地带"作为中国移动长期品牌战略中的一环，抓住了市场明日的高端用户，但关键在于要用更好的网络质量去支撑，应在营销推广中注意软性文章的诉求，更加突出品牌力，提供更加个性化、全方位的服务，提升消费群体的品牌忠诚度，路才能走远、走得精彩！

（资料来源：文/郑纪东，中国品牌网）

讨论

（1）在"动感地带"案例中，中国移动在品牌营销传播中都运用哪些营销策略？

（2）品牌精确细分对于品牌价值提升有何意义？

第十二章 营销价格策略

本章学习目标

通过本章学习,要求学生掌握以下内容:①了解影响产品定价的因素及定价程序;②了解产品定价的方法和策略;③了解企业营销价格调整策略的目的及方式。

引导案例 海尔最成功的一次价格攻略

在营销4P中,价格是非常重要的竞争手段,对家电行业更是如此。但怎样打一场漂亮的价格战,却是业内众多企业孜孜以求的事。本文以海尔在电热水器行业发动的一场价格攻略为题材,探究怎样打赢价格战并最终大幅提升市场份额,从而取得绝对性的市场领先地位。该价格攻略是海尔经营史上最成功的一次价格战,也堪称是中国营销史上一次经典的案例。

电热水器是海尔的一个业务单元,在海尔的小家电中算经营比较成功的一个产品,年营业额在5亿—6亿元。在2003年以前,市场份额一直维持在11%左右。虽然排在第一,但与阿里斯顿(10%)、史密斯、万和等前几名品牌的市场占有率始终差距不大。且有些月份稍不小心就被阿里斯顿追上。虽然海尔也经常采取一些市场推广手段力图取得更大的市场份额,但竞争品牌也都在纷纷加大推广力度,所以,海尔的电热水器始终未能如愿以偿。

背景:20世纪六七十年代建的老公房,全国有很多城市配置的是单相电源线制,即只有一根火线(L)和零线(N)。对于电器在使用中的过载或漏电有两种保护措施:接地保护和接零保护。但由于许多楼房的独立地线因为年久已生锈断裂,即地线已不存在(这种情况在国内很多地方都存在)。当用户过载使用电器(将电炉和电热水器同时接在同一根接线板上),瞬间的过载电流很容易烧坏电热水器的内部电线,于是电热水器就会发生漏电,而住户的地线由于早已失效,故会发生触电事故。针对这种情况,在电热水器产品上加装漏电保护器就成了行业内众多厂家防止万一的办法(在市场比较成熟的欧美国家,电热水器根本不需要另外加装漏电保护器)。但这种"治标不治本"仍然避免不了由于用电环境不良而造成的"水带电"(在实际使用中这样的概率极低)等消费者使用中碰到的异常现象。

处理"水带电"的土办法在民间早已有之,就是让带电的水流经过一细长的塑料管(水本身有电阻,管径越小、长度越长,其分担的电压越大),这样出来的水就安全了。海尔的一名工程师从中受到启发,将细长的塑料管进行了改进,将其浓缩在一个肥皂盒大小的塑料盒里并随机与电热水器安装在一起进行销售。初期市场反应并不佳,在进行了全面的评估和分析后，公司决定将该装置取名为"防电墙"并申报了专利。而市场推广方面则采取"恐怖诉求"的方法以激发消费者的共鸣。海尔的整合营销能力是行业内有目共睹的，尤其是终端展示的助成物使用上。对"防电墙"电热水器更是"宠爱有加"：

精心制作了"防电墙"原理的立牌，用简单易懂的发光二极管显示图来模拟其与一般电热水器的区别以及在异常情况下的安全保护。

专门针对"防电墙"电热水器拍摄了宣传片并设计平面广告等各种宣传资料进行大力度的宣传，终端的各种宣传物与海报等也重点强化其"防电墙"的独特性。

针对所有促销人员集中进行了"防电墙"的原理、特色及与其他品牌产品相比的优点等培训，并据此进行实战模拟演练，以推广其独特的差异化卖点。

由于以上多种营销组合，"防电墙"电热水器很快在市场上激起了消费者的共鸣，很多消费者甚至在选购电热水器时主动询问该品牌的产品是否具有"防电墙"功能。而这样的结果导致其他许多小品牌也纷纷跟风，推出自己的"防电盾""防电宝"等模拟性的产品。海尔这时并没有像通常厂家那样向工商部门举报并一味地穷追猛打，而是对自己的"防电墙"特色和高科技含量进行了进一步挖掘并将产品结构进行了改进——"防电墙"部件由外置式变成内置式，外观比以前更漂亮了。

由于海尔"防电墙"的销量看涨，对那些不能随便跟风的主要竞争品牌而言只能采取降价的方法来维持原有的市场份额了。即便如此，通过以上一系列活动，海尔的市场占有率到2003年年底时升至14%左右。而这时候，在电热水器品牌中，除了AO史密斯（以大容量的产品为主）的价格高于海尔外，其余品牌的价格都大大低于海尔。

为进一步提升市场占有率，2003年年底，海尔对电热水器进行了一系列的组合式价格战争：普通机械式的产品价格在局部市场、局部时间段进行了降价促销；中高端产品——线控系列的全线降价，如老品牌银海象200型原价1380元，经常性特价999—1059元。高档产品在2004年年初开始进行买赠促销或特价。至于新品牌A5/A3等在上市一段时间后，为进一步刺激市场也阶段性地采取了特价促销。到2004年年底时，海尔产品的平均零售价格已经低于阿里斯顿，只有1100元左右。在整个价格调整期间，海尔并没有大张旗鼓地曝光或炒作自己的价格大战，而是采取了循序渐进、不同区域不同产品价格组合的办法在最终决定消费者购买的场所——"终端"进行价格让利。且当其他主要品牌在纷纷猜测和议论其价格大调整时，海尔却坚称不是价格战而是提高性价比；所以从2004年主要品牌的价格走势上看，除了美的的价格稍有降低外，其他品牌的价格反而有了不同程度的提升。

到2004年5月份时，海尔的市场占有率已经到了20%，已遥遥领先于其他品牌，且一直维持着市场的领先优势。

（资料来源：《世界营销评论》2005年第2期）

第一节　营销价格及其影响因素

一、营销价格

"价格"在市场营销学与价格学中，有着不同的研究目的。

价格学主要研究价格与价值的货币关系，价格形成规律，重点研究商品的理论价格，为国家制定价格政策提供理论依据。这种研究以经济学的基本理论为前提，商品的价格以价值为基础，价值决定价格。

市场营销学主要研究企业定价的策略与技巧，制定或调整商品价格，配合其他策略，实现企业目标，从这个意义上讲，价格又是一门艺术。营销价格是在价值决定的基础上，由市场供求关系形成的买卖双方的成交价格。

营销价格的形成是极其复杂的，它受多种因素的影响。在我国社会主义市场经济条件下，企业定价时必须全面分析各种影响因素。

二、影响企业产品定价的因素

（一）成本因素

成本是企业定价的最低界线，对企业定价影响最大。产品成本是由产品的生产过程和流通过程中所花费的物质消耗和支付的劳动报酬所形成的。产品成本由固定成本和变动成本组成。固定成本不因生产量（需求量）的变动而变动，也就是在一定限度内与产量（销售量）无直接关系的费用支出，如折旧、管理费等。从单位产品固定成本分摊来分析，产量越大，分摊的固定成本越少，所以实施规模经营，有利于降低产品价格。变动成本是指在一定时期内，随产量的增减而增减的那部分成本，如原材料、燃料、电力等费用的支出。从单位产品成本来分析，变动成本是相对稳定的，增加的幅度不会太大。

企业的产品定价，必须保证总成本得到补偿，这就要求产品价格不能低于平均成本费用。所谓产品平均成本费用，包括平均固定成本费用和平均变动成本费用。因此，企业产品定价的临界点是产品的总成本，如果售价大于总成本，则企业盈利；反之，则亏本。

（二）供求关系对价格的影响

供求规律是市场经济的基本规律之一，市场商品供求关系的变动与商品价格的变动是互相影响互相确定的。因此，供求决定价格，价格影响供求。

1. 价格与需求

价格与需求的关系一般表现为：当商品价格下降时，需求增加。商品价格上升时，需求下降。价格与需求呈反方向变动，这种关系用曲线反映出来称为需求曲线（如图

12-1 所示)。

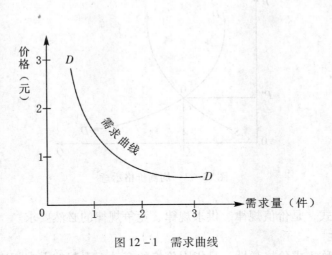

图 12-1 需求曲线

2. 价格与供给

价格与供给量的变动方向相同,是一种正比例关系,即产品价格上升,生产者有利可图,能刺激生产者扩大生产和供应,使该产品的市场供应量增加;反之,则该供应量减少。反映价格与供应量之间关系的曲线称为供给曲线(如图 12-2 所示)。

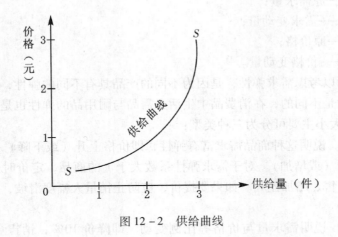

图 12-2 供给曲线

3. 供求关系与均衡价格

由于价格影响供给与需求变动的方向是相反的,在市场竞争条件下,供给与需求都要求对方与之相适应。因此,供给曲线与需求曲线在价格的变动中,会自发地逐渐趋于平衡,即两曲线相交于某点,这点就称为均衡点,与均衡点对应的价格,即价格轴上的 P' 点,是市场供求平衡时的价格,称为供求双方都能接受的均衡价格。企业市场营销中商品的售价,多数都为买卖双方都能接受的均衡价格。这种关系如图 12-3 所示。

由于影响市场价格因素的复杂性和多样性,供求之间的平衡只是相对的、有条件的,不平衡则是绝对的。但是,在市场经济条件下,供求影响商品的价格,价格调节商

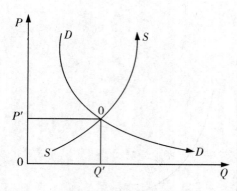

图 12-3 均衡价格示意

品供求的运行方式,是价值规律、供求规律、竞争规律的必然要求。

4. 需求弹性

需求弹性又称需求价格弹性,是指因价格的变动而引起的需求相应的变动率,反映了需求变动对价格变动反应的灵敏程度。一般用弹性系数来衡量弹性的大小,它由需求量变动的百分比除以价格变动的百分比来表示。计算公式如下:

$$E_d = (\Delta Q/Q) / (\Delta P/P)$$

式中:E_d——需求弹性系数;
Q——原需求量;
ΔQ——需求变动量;
P——原价格;
ΔP——价格变动量。

定价时之所以考虑需求弹性,是因为不同的产品具有不同的弹性,如生产资料商品和消费品的弹性是不同的,在消费品中生活必需品与耐用品的弹性也是不同的。需求弹性系数 E_d 据其大小主要可分为三种类型:

(1) $E_d > 1$。说明这种商品需求富有弹性,即价格上升(或下降)会引起需求量的较大幅度的减少(或增加)。对于需求弹性系数大于 1 的商品,定价时通过低价薄利多销,能够扩大销售、增加盈利。如果要提价,应防止销量大幅度滑坡,影响企业营销目标的实现。

(2) $E_d = 1$。说明需求量与价格等比例变动。即降价 10%,销售量增加 10%;涨价 10%,销售量减少 10%。说明价格的变动与需求量的变动是相适应的。因此,价格变动对销售收入变动影响不大。定价时可选择通行的市场价格,将其他营销策略作为扩大销售,提高盈利率的主要手段。

(3) $E_d < 1$。说明需求量的变动率小于价格的变动率,称这类商品为缺乏弹性或弹性较小。

因此,提高价格时,总收入增加;相反,降低价格,销售量增加不多,总收入反而减少。在 $E_d < 1$ 时,价格与总收入成正比,对企业来说,较高的定价是有利的。

不同的需求价格弹性状态下,企业的收入是不同的。在图 12-4 中,D_1、D_2、D_3

为不同弹性的需求曲线。价格从 P_1 降为 P_2，市场需求量（即销售量）从 Q_1 增至 Q_2，但增加幅度因需求弹性不同而表现不同，因而企业收入变化呈现出差别。企业收入等于 $P \times Q$ 所表示的矩形面积（价格×数量）。当 $E_d = 1$ 时，$P_1Q_1 = P_2Q_2$，收入不变；当 $E_d > 1$ 时，$P_1Q_1 < P_2Q_2$，收入增加；当 $E_d < 1$ 时，$P_1Q_1 > P_2Q_2$，收入减少。

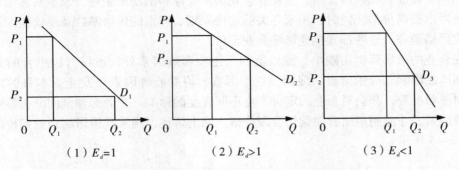

图 12-4 不同需求弹性状态下的收入变化

（三）市场竞争因素

市场竞争因素对价格的影响，主要考虑商品的供求状况及变化趋势、竞争对手的商品价格、定价目标和定价策略以及竞争者的价格变化趋势。竞争是影响企业产品定价的重要因素之一，按照竞争的程度，市场竞争可以分为完全竞争、完全垄断和不完全竞争三种形态，在不同竞争形态下，企业的定价策略是不同的。

1. 完全竞争

这是指同种商品有多个营销者，每个营销者的商品供应量只占市场总量的极小份额，任何一个卖主都不可能控制市场价格。在这种情况下，企业只能接受市场竞争中形成的价格，采取随行就市的定价策略。企业要获得更多的利润，只能通过提高劳动生产率，节约营销费用，使本企业的成本低于同行业的平均成本。

2. 不完全竞争

这是市场经济条件下普遍存在的一种市场竞争形式。在这种形式下，多数营销者都能积极主动地影响市场价格，而不是价格的被动接受者。经营者之间存在着产品质量、分销渠道、促销等方面的竞争，企业可通过其"差异"优势，采取变动价格策略，寻找较高的利润。

3. 完全垄断

这是指一种商品完全被一家或极少数几家企业所控制的市场形态。企业没有竞争对手，可以独家或与极少数几家协商制定、控制市场价格。这种形态通常分为政府垄断和企业垄断两种。完全垄断一般在特定条件下才能够形成，如拥有专卖（烟、酒）、专利权的企业，有可能处在完全垄断地位。由于垄断企业所处的地位，就决定了它完全有能力控制市场价格。

(四) 国家政策对价格的影响

国家政策对企业产品定价的影响是多方面的，通过制定政策，可直接影响企业产品定价。在我国社会主义市场经济体制下，企业定价权已经下放，但它还受国家政策影响。如国家提高粮棉收购价格，这样靠棉花为主要原料的纺织企业，成本必然增加，企业就应考虑提高价格。同时，国家有关的定价原则、规定的价格基数及浮动幅度等，企业都应严格遵守，这些都直接地影响企业定价。

在企业的市场营销实践中，除以上四个主要影响因素外，市场营销组合的其他因素，如产品因素、分销渠道、促销、货币因素、消费心理因素以及企业本身的生产能力、财务状况等，都会对企业的定价产生不同程度的影响。企业必须全面分析影响定价的各种因素，才能制定出有关营销合理价格。综上所述，国家政策影响企业定价的因素如图 12-5 所示。

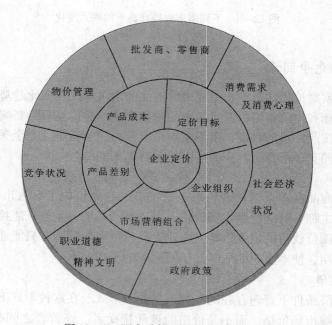

图 12-5 国家政策对价格的影响因素

第二节 企业产品定价目标及程序

一、企业产品定价目标

企业产品定价目标是指企业通过制定产品价格要求达到的目的。它是企业营销目标的基础，是企业选择定价方法和制定价格策略的依据。不同的企业有不同的定价目标，即使是同一企业，在不同的发展时期也有不同的定价目标。同时，企业定价的目标不是单一的，而是一个多元的结合体。不同的定价目标，有着不同的含义及运用条件，企业据此制定出的商品价格也各不相同。在现实营销中，企业的定价目标主要有以下几种：

（一）以获取理想利润为定价目标

这是一种通过制定较高价格，迅速获取最大利润的定价目标。在市场经济中，企业只有不断地获取更多的利润，才能求得企业的生存和发展。采用这种定价目标的企业，其产品在市场上应该处于绝对优势地位，例如，新产品投放市场时，企业常常采用高价，以便尽快收回投资，获取较高利润，并占有同竞争对手展开价格竞争的有利条件。

获取最大利润不仅是长期利润最大，而且应该是总体上利润最大。企业应合理地确定相关产品之间的比价，如下调录音机价格，上调磁带价格，以录音机的低价刺激消费者的购买欲望，来带动磁带销售量的增加，保证总体利润最大化。追求利润最大，并不一定必须采取高价。如果价格过高，会带来激烈的竞争，并遭到消费者的抵制，最终影响企业利润目标的实现。

（二）以获取适当投资报酬率为定价目标

企业从事营销活动的目的，就是希望获得一定的预期报酬。即企业通过定价，使价格有利于实现企业的投资在一定期间能够达到一定的投资报酬为定价目标。采用这种定价目标的企业，一般是根据投资额规定的利润率，计算出各单位产品的利润额，把它加在产品的成本上，就成为该产品的出售价格。在通常情况下，投资者总是追求高回报，预期投资报酬率应不低于银行存款利率。采用这种定价目标的企业应具备的条件是：①本企业经营的商品在同行业中居主导地位，对该产品价格具有重大影响，有较强的竞争能力；②商品应是畅销商品，或独家专利商品，高产量的标准化商品。否则，因销路问题可能影响预期投资利润的实现。

（三）以提高或维持市场占有率为定价目标

市场占有率的高低，是企业经营状况和产品竞争能力的综合反映，提高市场占有率，是企业占领市场，实现长期利润目标的重要途径。一般情况下，在市场占有率既定的条件下，为了维持或提高市场占有率，通常采用低价策略。采取低价策略提高市场占有率，必须慎重考虑、量力而行。因为低价格可能带来消费需求的急剧增长，企业如没有充足的商品供应，就会使竞争者乘虚而入，损害企业的利益，同时还应分析低价对企业利润带来的影响。

（四）以稳定价格为定价目标

这种定价目标是指企业在市场竞争及供求关系比较正确的情况下，为了避免价格竞争，从而稳固地占领市场，以求在稳定价格中取得合理利润。这是企业从长远利润考虑的一种定价目标。在这种定价目标下，商品价格是由处在领导地位的企业决定的，或者是由同一行业中举足轻重的几家大企业互相默契制定较固定的价格，因此也称为领导者价格。在稳定价格目标下,其他企业产品定价与领导者保持一定的比例关系,而不轻易变动价格。同时,领导者价格也不能任意抬高,以免引起社会公众不满和政府的经济干预。

(五) 以应对或防止竞争为定价目标

价格是企业竞争的重要手段,定价是否恰当,会影响企业的竞争力。从竞争的需要来制定产品价格,是企业采用的一种定价目标。任何企业在定价前,都需要仔细研究竞争者的产品及价格,确定本企业的定价目标,以应对竞争对手。对于力量弱于竞争对手的企业,采取与竞争者价格相同或低于竞争者的价格来销售商品;对于力量与竞争对手同等的企业,以同一价格出售商品;对于力量高于竞争者的企业,则以高的价格出售商品。

(六) 以树立企业形象为定价目标

企业形象是企业通过长期的营销活动,在顾客心目中的一种特殊感受。价格是塑造企业形象的有力手段,企业在确定定价目标时,应有利于企业形象的发展。优质高价是一种形象,价廉物美同样是一种形象。

二、企业产品定价程序

价格决策是企业营销中最复杂的决策。为了使企业产品定价有条不紊地进行,需要制定一套科学严密的定价程序。企业产品定价程序一般包括六个步骤(如图12-6所示)。

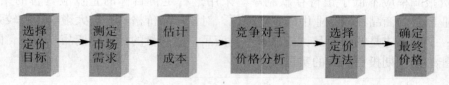

图12-6 企业产品定价程序

(一) 选择定价目标

定价目标是企业定价的指导思想,企业在不同的营销环境中经营,应该有不同的目标。在上述定价目标中,企业常以某一定价目标为主,同时兼顾其他定价目标。

(二) 测定市场需求

需求测定是企业定价的一项重要工作,主要包括:市场需求总量测定;市场需求结构测定;了解不同价格水平上人们可能购买的数量;分析需求的价格弹性;等等。

(三) 估计成本

产品成本是定价的基础,是制定价格的最低限度。总成本由固定成本和变动成本构成。企业定价时,应依据财务部门提供的成本资料,分析价格、需求量、产量和成本之间的关系,以便制定出切合实际的价格。

(四) 竞争对手价格分析

价格不仅取决于市场需求及成本,而且还取决于市场供给的情况,即竞争者的情况。竞争者的价格及其对价格的反应,可作为企业定价的参考。企业了解竞争对手价格及产品的途径有:①企业指派购物员,对竞争者报价进行询问比较;②企业获取竞争对手的价目表,购买其产品并拆卸比较;③征求顾客对竞争者产品的价格和质量的意见。企业在对竞争者产品价格分析的基础上,就可确定企业产品适当的价格,在竞争中取胜。

(五) 选择定价方法

企业的定价方法,取决于企业的定价目标和影响价格的主要因素。企业定价方法的具体内容将在下节进行探讨。

(六) 确定最终价格

采用适当的定价方法定出基本价格后,还须考虑其他因素,如政府有关政策法令、消费者心理、企业有关业务人员意见等,运用一定的策略调整基本价格,制定出最终价格,以获取最佳效果。

第三节 企业产品定价方法

企业定价方法主要有成本导向定价法、需求导向定价法和竞争导向定价法,企业应根据具体情况,综合地运用这些方法。

一、成本导向定价法

成本导向定价法,指以成本作为定价的基础,以成本确定商品价格。当企业成本变动时,价格也应随之作出相应调整。同时,由于企业的成本会计资料具体真实,应用方便,所以按成本定价,是企业常用的定价方法。成本导向定价主要有以下三种。

(一) 成本加成定价

也称全部成本定价法,它是在总成本的基础上,加上预期利润或利润率,确定商品价格的一种方法。商品售价的计算公式为:

$$商品单位售价 = \frac{生产成本 + 销售费用 + 预期利润 + 税金}{商品单位数}$$

生产成本与销售费用之和称为销售成本,预期利润按合理的销售成本利润求得,税金按国家规定的税率计算。因此,在销售成本、销售成本利润率、税率已知的条件下,单位产品售价可用下列公式表示：

$$商品单位售价 = \frac{单位商品销售成本 \times (1+成本利润率)}{1-税率}$$

其中：

$$成本利润率 = \frac{预期总利润}{平均总成本} \times 100\%$$

除此之外，还可采取投资报酬率进行计算定价。商品售价除收回全部成本以外，还应使投资获得一定的合理利润。其计算公式如下：

$$商品单位售价 = \frac{C + A \cdot R}{V}$$

式中：C——全部成本；

A——全部投资；

R——预期投资报酬率；

V——商品销量。

这种方法的优点是能够补偿全部成本费用，并获得合理利润，计算方法简便易行，能够保持价格的相对稳定。这种方法也的缺点主要是：①忽视市场需求，价格缺乏竞争力；②忽略了成本习性，即没有将成本划分为固定成本和变动成本。因此，这种定价方法主要适用于定做商品、市场上竞争少的商品以及新产品等。

（二）变动成本定价法

变动成本定价是以变动成本作为商品定价的主要依据，它只计算变动成本，暂不计算固定成本，而以预期的边际贡献补偿固定成本并获得利润。如果边际贡献小于固定成本，则出现亏损。边际贡献是销售收入与变动成本的差额，其作用是补偿固定成本，形成利润。按变动成本定价，指商品的售价只要高于变动成本，无需收回全部成本。

例如，某商品固定成本为10000元，单位变动成本为0.60元，预计销售量为10000件，根据市场条件，该商品定价只能为1元/件，可见，边际贡献为4000元（10000×1－0.60×10000），不能补回全部固定成本，因此，企业将亏损6000元。

为什么在这样的价格水平下，该企业还要销售商品呢？这是因为：①固定成本不随总产量变化，若不按1元/件价格出售，价格偏高，市场接受不了，企业就会出现滞销积压，此时固定成本还得支出，则亏损更大，只要存在边际贡献，就可少亏损；②当该企业经营多种商品时，该商品按变动成本定价，已补偿了部分固定成本，其他商品负担的固定成本就减少了；③企业易于掌握降价幅度，边际贡献小于零为极限。

（三）盈亏平衡点定价法

企业盈亏平衡点的销售量，是指收入正好等于成本时的销售量。利用盈亏平衡点确定价格水平，即销售量在某一数量时，价格定在什么水平，企业才能保证不发生亏损，反过来，已知价格在某一水平时，该商品应该销售多少，才能保本。因此，主要问题是计算总收入和总成本相等时的保本点。

平衡式为：

$$总销售收入 = 总固定成本 + 总变动成本$$

用公式表示为:
$$P \cdot Q_0 = F_c + V_c \cdot Q_0 \tag{1}$$

式中:P—商品销价;
Q_0—平衡点销售量;
F_c—总固定成本;
V_c—单位变动成本。

(1) 公式变形可得:
$$Q_0 = \frac{F_c}{P - V_c} \tag{2}$$

$$P = \frac{F_c}{Q_0} + V_c \tag{3}$$

上述关系如图 12-7 所示。

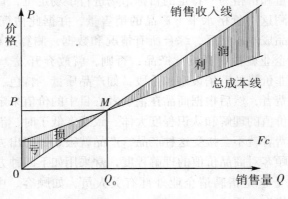

图 12-7 盈亏平衡

从图 12-7 可以看出,总成本线与总销售收入线相交于 M 点,与 M 点相对应的 Q_0 称为临界销售量。它表明企业销售量为 Q_0 时,总收入与总成本相等,企业不亏不盈;如果销售量小于 Q_0,则企业亏损;而当销售量大于 Q_0 时,则企业盈利。

[例] 某企业生产某种产品 100 件,其固定总成本为 1000000 元,单位产品变动成本为 5000 元,求:100 件产品全部销售出去时保本价格?并求企业盈利 400000 元时,产品价格应定多少?

解:$F_c = 1000000$ 元;$V_c = 5000$ 元;$Q_0 = 100$

(1) 保本价为:
$$P_0 = \frac{F_c + V_c \cdot Q_0}{Q_0} = \frac{1000000 + 5000 \cdot 100}{100} = 15000 \text{(元/件)}$$

(2) 盈利 400000 元时的销售价格为:
$$P_0 = \frac{F_c + V_c \cdot Q_0 + 400000}{Q_0} = \frac{1000000 + 5000 \cdot 100 + 400000}{100} = 19000 \text{(元/件)}$$

盈亏平衡点定价主要优点是企业易于采用，而且能灵活地掌握价格水平，尤其在经济不景气时，这种方法具有较强的适用性。

二、需求导向定价法

这种定价方法不是以产品的成本为基础，而是以市场需求状况、产品效用或消费者所能理解的商品价值观念的综合为基础确定商品的价格，使消费者感到购买该商品能够比购买其他商品获得更多的价值（或利益）。需求导向定价主要有理解价值定价法、逆向定价法和需求差异定价法。

（一）理解价值定价法

理解价值定价法，也称为"认知价值定价法"。这是根据消费者所理解的某种商品的价值，或者说是消费者对产品价值的认识程度来确定产品价格的一种定价方法。认知价值定价法的关键是要正确地估计消费者的认知价值。企业在推出新产品或进入新市场时，企业以一定的质量和价格为一特定的目标市场进行市场定位，首先估计消费者对该产品的接受程度，预测这一价格水平下产品的销售量，并据此估算必需的工厂生产能力、投资额和单位产品成本；然后，综合所有情况和数据，测算这种产品的盈利水平，如果盈利令人满意，企业就投资开发此产品；否则，就放弃开发。采用这种定价方法时，企业可利用各种非价格的营销策略和手段，如产品质量、特色、广告、包装等，树立商品形象，影响消费者，然后根据商品在消费者心目中的价值来定价。当产品的价格水平与消费者对产品价值的理解和认识程度大体一致或者低于时，消费者就很容易接受这种产品；反之，消费者就不会接受这种产品，产品就很难销售出去。

在实践中，测定顾客对商品价值的理解程度，常采用如下四种方法：

（1）客观评估法。这是指聘请企业外部有关人员，如顾客、中间商及有关专家，让他们直接对商品价值作出评估。

（2）相对评估法。这是指用评分方法对多种同类商品进行评分，再按照分数的相对比例和现行平均市场价格，推算评定商品的理解价值。

（3）诊断评估法。这是指用评分法对商品的功能、信誉、质量和可靠性、外观、服务水平等多项指标进行评分，找出各因素指标的相对理解价值，再用加权平均方法计算出理解价值。

（4）实销评估法。即选择有代表性的区域或者消费者进行试销，以评估试销价格在市场上的反应。

（二）逆向定价法

逆向定价法主要不是考虑产品成本，而重点考虑需求状况。依据消费者能够接受的最终销售价格，逆向推算出中间商的批发价和生产企业的出厂价。其计算公式如下：

$$出厂价 = 市场可销的需求价 - 批零差价 - 进销差价$$

价格能反映市场需求情况，有利于加强与中间商的良好关系，保证中间商的正常利润，使产品迅速向市场渗透，并可根据市场供求情况及时调整，定价比较灵活。分销渠道中，中间商多采用这种定价方法。

（三）需求差异定价法

需求差异定价法，又称为差别定价法，它是根据消费者对商品的需求程度和消费的感觉不同，而制定不同的价格的方法。这种价格上的差异不是由成本差异决定的，而是由消费者需求差别决定的。

需求差异定价法主要有以下几种：

（1）以顾客为基础的差别定价。即对不同的顾客群，同种商品可制定不同的价格。如同种商品卖给批发商、零售商或消费者，其价格有差别；工业用电和家庭用电按两种价格收费；旅游门票对中外游客实行两种票价；等等。

（2）以商品为基础的差别定价。即对同种商品的不同外观、式样、花色、档次等，制定不同的价格。如同质量同规格的电冰箱，式样新颖、外观漂亮的价格可高些；反之，则应低些。高档商品和低档商品的实用价值差不多，但价格相差甚大。

（3）以时间、空间为基础的差别定价。同种商品或消费方式，可利用时间、空间位置不同的需求强度，制定不同的价格。如季节性商品因时间不同，价格也不同，但成本并未变化；剧院的座席、体育场馆的位置、承租房子，都会因空间位置不同，其票价或租金也就不同。

采用需求差异定价法，应该具备一些基本条件：①市场必须能够细分，并且各细分市场需求差异性明显；②低价商品不能在高价市场销售；③在国家法规范围内实行，以防止引起顾客反感。

需求差异定价法的优点：一是商品价格灵敏反映了市场需求变化，有利于商品销售和提高企业的市场占有率；二是有利于扩大企业的总收入，增加企业利润量；三是价格竞争的适应性较强。缺点是：顾客需求差异的变化难以准确把握，定价时容易发生误差。

三、竞争导向定价法

市场经济条件下，企业之间的竞争十分激烈，企业定价可以依据竞争者的价格来确定本企业商品的价格，或与主要竞争对手价格相同，或高于或低于竞争者的价格。这种定价法的特点是：竞争者价格不变，即使成本或需求变动，价格也不动，反之亦然。竞争导向定价的形式主要有以下几种。

（一）随行就市定价法

它是一种以本行业中主要竞争者的价格作为企业定价的方法。在竞争激烈，商品需求弹性较大时，随行就市是一种比较稳妥的定价方法，可以减少风险，保证获得适当收益，有利于处理好与同行的关系。

（二）投标定价法

投标定价法，是指在大型工程承包、商品或劳务贸易中，以招标（投标）的方式，由一个卖主（或买方）对两个以上并相互竞争的潜在买主（或卖主）的询价（或报价）择优成交的一种定价方法。

投标成交的方式主要有两种：①公开或秘密开标的招标。公开开标须有投标人员或公证人参加监视，秘密开标则由招标人自行选定中标者；②两段招标。第一阶段公开招标决标后，再请报价低的三四家进行第二阶段报价，最后通过竞争选择最有利的价格成交。

投标定价的方法包括三个方面：①客观分析自身优势和确定机会目标；②分析对方和判断中标概率；③确定最优报价。

（三）拍卖定价法

拍卖定价法是指拍卖行受出售者委托，在特定场所用公开叫卖方式，引导买方报价（也可密封报价），利用买方竞争求购的心理，从中选择最高价格成交的定价方法。

《中华人民共和国拍卖法》（以下简称《拍卖法》）指出："拍卖是指以公开竞价的方式，将特定的物品或者财产权利转让给最高应价者的买卖方式。"拍卖是一种价格形成机制，也是市场经济条件下的重要资源配置方式。这种价格是在买方之间通过竞争形成的，是一种真正的市场价格。这正是拍卖市场价格发现功能的真正应用。拍卖行按照每笔成交额向卖方（或买卖双方）收取一定比例的佣金。这是一种历史悠久的定价方法，目前流行于西方发达国家，特别是出售古董、珍品、收藏品、文化艺术品及大宗商品时，常采用这种方法。近年来，拍卖在我国发展很快，如企业资产拍卖、文物拍卖、股权拍卖、国有建设用地使用权、金融资产拍卖、探矿权与采矿权拍卖、二手机动车等。在电子商务时代，网上拍卖近年来在我国发展迅速，如"淘宝"拍卖平台。拍卖方式定价的优点是公开竞争，有利于形成真实市场价格，增强了交易的公开性和透明度，但这种方法受拍卖商品性质制约较大，要重视拍卖商品的选择工作，并严格按照《拍卖法》及拍卖程序进行。

第四节 企业产品定价策略

价格决策不仅是一门科学，更是一门营销艺术。所谓定价策略是指企业为了在目标市场上实现定价目标，给商品制定的一个基本价格和浮动的幅度。定价策略是企业的一种重要营销手段，因此，企业应在全面分析各种因素的基础上，选择适当的定价策略。

一、新产品定价策略

新产品的市场定价策略主要有取脂定价和渗透定价两种。

（一）取脂定价策略

取脂定价策略是比喻从鲜奶中撇取乳酪。它是指在产品投放市场时，将价格制定得很高，以便在短期内赚得更多利润，因此，也称为高价策略。

高价策略适用于需求弹性较小的细分市场。对于专利保护商品和竞争对手仿制可能性不大的商品，可考虑选择此种策略。高价格获得高收益，容易引起竞争者介入，此时，企业应采取适当降价，以便取得竞争优势，扩大销售额。从上面分析可以看出，高价格策略是一种追求短期最大化的策略，从长期发展的观点来看是不可取的。

（二）渗透定价策略

渗透定价策略也称为低价策略，它是在新产品投放市场时，制定比较低的价格，这样可以容易接近消费者，刺激需求，争取市场的主动权，一般适用于需求弹性大的商品，企业可以通过增加需求、扩大产销量、降低成本，实现企业的获利目标。

以上两种新产品价格策略各有利弊，企业在选择时，可参考表12-1所列条件进行选择。

表12-1 新产品价格策略选择

选择标准	渗透定价策略条件	取脂定价策略条件
销售推广工作	很少	很多
产品特性	普及产品	特殊性
生产方式	标准成品方式	定制
市场大小	普遍性市场（大）	选择性市场（小）
产品过时性	可行性较久	短时即消失
技术变迁性	技术稳定	技术创新速度快
生产资料使用方式	劳动力密集	知识密集
市场占有率大小	扩大市场占有率	缩小市场占有率
分销渠道长短	短渠道	长渠道
收回成本时间	长期内收回	短期收回
产品兼用的可能性	单一用途	多种用途
服务工作	少	多
产品使用寿命	短	长

二、心理定价策略

心理定价策略，是指在进行价格决策时，以消费者心理状况为主要因素进行定价，常采用以下方式。

（一）习惯定价

某些商品，由于市场上同类产品种类多，已经形成了一种消费者取得共识的习惯价格，如日用品中的火柴、酱油、肥皂、卫生纸等，个别生产者难以改变。即使成本降低，如果降价，也会引起消费者对品质的怀疑；同时，如果价格调高至超过一般消费者可接受的程度，必定会引起消费者的不满。因此，这类产品成本提高时，可在分量、品质、包装上进行适当地变动，使消费者逐渐习惯。

（二）尾数定价

尾数定价是使产品价格带有尾数，而不是整数。例如，一双皮鞋标价49.99元，而不标50元；某种牙膏标价4.99元，而不标5元；等等。因为消费者认为，这种价格计算精确，购买放心；价格没有超过预期，心里感到便宜。这种策略适用于价格较低的商品。

（三）声誉定价

在顾客中有良好声誉的企业、商号或品牌的商品，价格一般高于其他商品，但消费者还乐意接受。因为它满足了某些购买者显示地位的欲望，是个人价值的一种体现。声誉定价适宜于一些质量不易鉴别的商品，如药品、保健品、化妆品等，但采用此策略一定要慎重，一般商品和商店如乱用此策略，将会失去市场。

（四）招徕定价

招徕定价即用低价格吸引顾客，满足消费者购买便宜商品的心理需求。超级市场和百货公司将几件少数商品价格定得很低，甚至低于成本，目的在于吸引顾客购买这些低价商品的同时购买其他商品，以求在总量上扩大销售。

（五）分级定价

它是指零售商将商品分为不同档次、级别，分别制定价格。这种定价使顾客按需购买，减少选购时间；使零售商简化管理，便利进货。

三、折扣定价策略

折扣是一种减价策略，即按照原定价格少收顾客部分货款。折扣价格策略常有如下形式。

（一）数量折扣

为了鼓励顾客多购买，根据其购买商品所达到的数量标准，给予不同的折扣，购买量越多、折扣越多。其折扣方式分为累积和非累积数量折扣两种。

（1）累积数量折扣。即规定在一定时期内顾客购买商品达到一定数量（额），给予一定的价格折扣。它适合于长期性的交易活动，以便吸引住顾客，建立长期交易关系。

（2）非累积折扣。指按照顾客一次购买总量多少给予不同的折扣。目的是鼓励顾客一次大量购买，从而降低企业销售成本，对买卖双方都有利。

（二）现金折扣

现金折扣又称付款折扣，它是对付款及时、迅速或提前付款的顾客给予的价格折扣。如在付款条件中注明"5/10 净价 30"，指在成交后 10 天内付款，可获 5% 的现金折扣，但最迟应在 30 天内付清全部货款。现金折扣的目的是鼓励顾客按期或提前付款，以加快企业资金周转，减少呆账发生。

（三）季节折扣

季节折扣是指生产经营季节性商品的企业，为了鼓励中间商淡季进货，或鼓励顾客淡季购买，而给予的一定的价格折扣优惠。这种折扣的主要目的是为了保证生产企业的生产能均衡进行。

（四）中间商折扣

中间商为企业进行广告宣传、布置橱窗、展销等推广，生产企业在价格方面应给予一定的折扣。折扣的多少，随行业、产品及中间商推广功能多少而定。

（五）旧货换新折扣

旧货换新折扣是指企业对耐用消费品，消费者可以以旧换新，新商品价格减去旧货折算价格，为消费者的实际支付价。

四、价格补贴策略

补贴是由制造商或批发商传递给零售商并给予其销售职员用于主动销售某种商品的费用。补贴一般用于新项目、周转较慢的项目或较高毛利差额的产品，其折扣方式有如下两种。

（一）广告补贴

广告补贴，是指通过价格削减，给予渠道中公司的优惠，鼓励它们做广告或促销其供应商在当地的产品。

（二）仓储补贴

仓储补贴，是指给予中间商获取某种商品的货架空间的补贴。仓储补贴主要用于获取连锁超市经营新产品的目的，因为超市没有足够的货架位置经营所有可获得的新产品。它们有动力为给予它们仓储补贴的供应商的新产品提供空间。

五、地理价格策略

地理价格策略是指依据商品流通费用（如运输成本、仓储、保险、装卸等），需要由买卖双方分担不同费用而确定的一种策略。地理价格策略具体形式有以下方面。

（一）产地价格

产地价格指商品报价为生产地起货价格，由买主负担全部运输、保险等费用。在国际贸易中指在某种运输工具上交货，称为 FOB 价（Free On Board），即商品价格。商品所有权也从离开仓库（岸）时起转移到买方。

（二）统一运送定价

统一运送定价是指企业对不同地区的顾客实行统一价格加运费，运费按平均费计算。这种定价简便易行，有利于争取远方顾客，与邮政定价类似。

（三）区域定价

区域定价，是指将商品的销售市场划分为数个区域，在每个区域内实行统一价格。一般区域较远的价格应高些。

（四）免收运费定价

免收运费定价是指运费全部由卖方承担的定价，运费包括在价格中，其目的为迅速促成交易，增加销售，使平均成本降低足以补偿多出的运费开支，以达到市场渗透，在市场竞争中站稳脚跟。

六、商业信用价格策略

商业信用是指企业之间以赊销、预付形式提供并与商品交易直接联系的一种信用购货方式，它是市场经济高度发展的必然产物。商业信用与折扣不同，它不是让价的百分比，但又与价格有着联系。商业信用价格策略的形式主要有以下方面。

（一）赊销

赊销是商业信用的一种主要形式，它是一种短期信用，卖方不向买方收取其他费用，但在规定期限内必须付清货款。这样，给买方一定的融通资金的时间。这种信用方式，作为债权人的卖方要付出一定的代价，但在市场竞争中采用这种竞争形式，能够吸引顾客购买。

（二）分期付款

分期付款是指对一些价值大、生产周期长的产品，要求购买者首期支付一定预订金，其余货款分若干期支付的一种销售方式。预订金一般为货款的 10% 左右，它的性质仍然是一种现汇交易，分期付款在国外是一种非常流行的购物方式，特别是价值较大的耐用品，如汽车、家用电脑、住房等。采用这种方式，实质上也等于给购买者一定优惠，企业可以吸引潜在购买者，加快商品流通。采用分期付款是建立在买卖双方互相了解基础上的一种高级信用交易方式，在房地产市场上被广泛采用。

第五节　企业营销价格调整策略

企业商品定价后，由于宏观环境变化，影响企业定价的各种因素也处在动态变化之中，企业商品价格处在浮动状态。因此，企业面临着调高价格和调低价格两种选择。

一、价格调整的原因和措施

（一）提价策略

提高价格会引起顾客及中间商不满，但在通货膨胀条件下，企业不得不提价。提高价格的原因主要有：

（1）成本因素。由于原材料、人工费等价格上涨，使企业产品成本上升，如果仍维持原有价格，会影响正常利润。

（2）需求因素。市场上出现供不应求的情况，促使价格上升。

（3）竞争因素。竞争者提高价格，本企业也跟着提价。

（4）策略因素。利用提高价格，使顾客认为"优质高价"，以树立产品的良好形象，创名牌产品。

产品提价，消费者和竞争者都会作出不同的反应。为了减少企业在交易中的风险，企业可采取如下措施：①限时报价；②在销售合同中载明随时调价的条款；③把供货和服务分开，并分别进行定价；④减少现金折扣和数量折扣；⑤提高订货的起点量；⑥对高利的产品和市场加强营销力量；⑦降低产品质量，减少产品功能和附加服务。

企业在采用提价策略时，为消除顾客的反感心理，一般应注意如下几个问题：①公开成本上升的真正原因。对顾客说明涨价的理由，使顾客认为本企业产品涨价是合理的，是可以接受的。②努力提高产品质量。使顾客感觉到产品质量提高了，花色品种多，愿意支付较高价格。③附送赠品。使顾客感到有新的附加利益，从而冲淡消费者对涨价的不满。④增加数量。使消费者感到涨价的原因是因为产品的分量增加了。

（二）降价策略

降价策略，是指企业的商品在市场上达到饱和期或衰退期，或市场上商品供过于求，或者企业为了提高市场占有率，而采取的一种降价措施。

营销中企业提价或降价，其原因和目的如表 12-2 所示。

表 12-2 企业产品价格调整的原因与目的

提高价格的原因	降低价格的原因
原材料 　·原材料价格上升 　·燃料价格上升 产品质量 　·产品精度提高 　·增加了附加机能 成本 　·劳务费上升 　·运费上升 　·税金增加 　·其他经费提高	商品 　·不适应季节，过了流行期 　·新产品很快就要出现 　·替代商品出现 供需竞争 　·大量生产销售带来的成本降低 　·新的潜在的竞争者增加 　·需求量在减少 　·同行业者扩大投资 商店、零售店 　·库存过大 　·资金周转困难 　·受其他商店降价出售的影响
·将上升的成本转移到价格上，以继续维持生产，维持企业的利润水平	·适应竞争 　扩大和占领市场 　吸引顾客 　增加销售量 　处理库存

二、购买者对价格调整的反应

企业在商品价格调整后，应该做好准备，应对购买者对变价的反应。

首先，可用需求弹性理论分析需求的价格弹性，测定价格的升降幅度是否适当。价格与需求量及销售收入之间的具体关系见表 12-3。

表 12-3 价格与需求量及销售收入之间的关系

	弹性需求 E_d 大于 1	单元弹性需求 E_d 等于 1	非弹性需求 E_d 小于 1
价格上升需求量下降	价格上升百分比小于需求量下降百分比，销售收入减少	价格上升百分比等于需求量下降百分比，销售收入不变	价格上升百分比大于需求量下降百分比，销售收入增加
价格下降需求量上升	价格下降百分比小于需求量上升百分比，销售收入减少	价格下降百分比等于需求量上升百分比，销售收入不变	价格下降百分比大于需求量上升百分比，销售收入减少

其次，由于购买者对调价的理解不同，可能出现与愿望相反的反应。例如，提高价

格的目标是为了抑制需求，但由于顾客有不同的理解：一是认为涨价是紧俏货，不赶快买以后就难买到；二是认为该商品有特殊价值；三是认为以后可能还要涨价，不如现在就买。在通货膨胀条件下，消费者往往抢购保值商品及生活必需品，涨价越大，抢购风越狂。

三、企业对竞争者降价的反应

竞争者采取调低价格策略之后，企业应迅速作出反应并采取对策。企业需要分析竞争者降价的目的是什么？能否持久？对本企业有多大影响？但竞争者调价是经过长期研究制定出方案的，而企业必须要在尽可能短时间内作出应变决策，难度是比较大的，否则，企业就会遭受损失。因此，企业对竞争对手降价最好事先制定出反应程序（如图12-8所示），以便按程序作出反应。这个程序在西方国家价格变动频繁的行业或产品中广泛使用，如肉类加工业、木材业、石油业等。与此同时，对竞争者的提价，企业也应作出相应反应，其反应程序与降价大致相同。

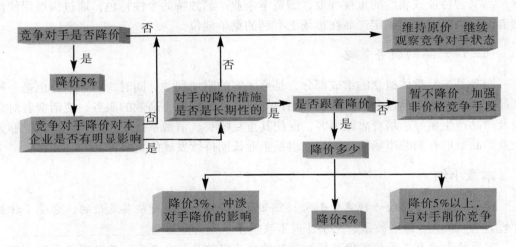

图 12-8　企业对竞争对手降价的反应程序

第六节　非价格竞争策略

一、非价格竞争的概念

非价格竞争，是指企业运用价格策略以外的营销手段，使本企业的产品与竞争产品相区别，并使其具有差别优势，以促进企业产品销售、增加市场份额的一种竞争方式。这种竞争方式将会成为21世纪的主要竞争策略，因为随着经济的发展、科技进步和消费层次的提高，产品是否被消费者接受，价格将不会成为主要的影响因素，而取决于产品的差异性能否满足消费者的特殊偏好。传统的价格竞争，特别是我国在市场经济发展不成熟的情况下，恶性价格竞争将会带来许多问题，往往造成两败俱伤，影响整个产业的发展。因此，在现代市场经济条件下，非价格竞争如关系营销、服务营销、形象营销、体验营销等现代新营销方式，将成为现代营销策略的主流。

二、非价格竞争策略

（一）产品差异化策略

产品差异化策略即通过提供与竞争产品在规格、型号、性能、质量等方面具有不同特征的产品，以满足消费者选购决策的个性化需求，吸引顾客、扩大销售的竞争策略。如冰箱生产企业推出的"保鲜""抗菌"等差异性产品，在市场上获得巨大成功。

（二）市场定位策略

市场定位策略，是指根据竞争对手现有产品在市场所处地位，依据消费者或用户对该产品某种特征或属性的重视程度，塑造本企业产品独特的个性特色，通过沟通促使消费者产生兴趣，从而确定产品在市场上有利的竞争地位。

（三）产品的服务策略

服务是产品整体概念的组成部分，是给顾客的附加利益，同时，服务本身也是一种产品。因此，企业通过向消费者或者用户提供全面、优质、高效的服务，使消费者对企业及产品产生偏好、培育忠诚顾客，促使其重复购买、消费本企业产品，这样就能够为企业产品争取有利的市场销售地位，也是企业长期持续发展的重要保证。

本章小结

价格策略是企业的一种竞争手段。企业营销价格的形成是极其复杂的，它受多种因素的影响：成本、供求关系、竞争、国家政策等多种因素影响。

不同的企业有不同的定价目标。常见的企业定价目标主要有：获取理想利润、获取适当投资报酬率、提高或维持市场占有率、稳定价格、应对或防止竞争、树立企业形象等。为使企业定价有条不紊地进行，需要一套科学严密的定价程序。

企业定价方法主要有成本导向定价、需求导向定价、竞争导向定价三种，企业应根据具体情况，综合地运用这些方法。

定价策略是企业的一种重要营销手段，企业应在全面分析各种因素的基础上，选择适当的定价策略，如选择新产品定价策略、心理定价策略、折扣价格策略、价格补贴策略、地理价格策略、商业信用价格策略等。

企业商品定价后，由于环境变化，价格处在浮动状态，企业面临着调高价格和调低价格两种选择。同时，企业应考虑各方对价格调整的反应。

市场竞争除价格竞争外，还有一种重要的形式：非价格竞争。

关键概念

营销价格　需求弹性　定价目标　定价策略　非价格竞争

思考题

(1) 如何理解营销价格？
(2) 影响企业产品定价的因素有哪些？
(3) 何谓需求弹性？它对定价有什么影响？
(4) 企业有哪几种定价目标？
(5) 科学的定价程序包括几个阶段？
(6) 试述成本定价的几种方法。
(7) 试述拍卖定价的适用条件。
(8) 新产品怎样定价？
(9) 企业如何利用心理因素定价？
(10) 试述折扣价格策略与"回扣"的区别。
(11) 企业为什么要调整产品价格？
(12) 什么叫非价格竞争？
(13) 非价格竞争有哪几种主要策略？

案例　这个白酒旺季，涨价如同走钢丝

历史总是在惊人的相似中重复，白酒产业就是如此。1998年和2008年，是两个相隔10年的时间节点，却在重复着同样的事件。而站在这两个时间节点上看，白酒产业的兴衰发展，和整个大环境表现出了同步的趋势。例如，1998年亚洲金融危机之后，高端白酒的价格大幅下跌，之后新税政策的实施使整个产业格局发生了重大调整，以致整个白酒行业用了3年的时间来恢复元气。直到2003年之后，白酒产业才开始出现恢复性增长，名酒的价格（五粮液、茅台）也开始走入上升通道。而2008年世界金融危机爆发后，国内高端酒同样没有躲过量价齐跌的命运。目前，金融危机的阴霾还没有散去，新的酒类消费税政策刚刚实施，白酒产业，却要以一场集体涨价的狂欢来应对严峻的大环境了。

一、酒类企业涨价阵营分化

2009年7月初，新税政策还没有落地，行业内就已经炒得沸沸扬扬，而大众媒体则扮演了一个推波助澜的角色。在大众媒体的口水声中，一些区域强势白酒企业就开始酝酿全线或者部分涨价。沱牌曲酒率先发布公告，宣布"陶醉""舍得"系列产品的对外售价在原价格基础上涨6.5%～10%，舍得的出厂价因此提高30元左右。此外，区域名酒如汾酒、西凤也调整了中高端部分产品价格，涨价幅度在10%左右。据悉，除了这些企业高调对外宣布涨价外，洋河蓝色经典、今世缘、衡水老白干等企业也完成了

全线产品或部分产品的提价。

对于新税给企业带来的税赋提高，无论是在经销商还是在消费者看来，企业通过提价来消化这部分支出是在所难免的。一位企业领导人这样讲到：企业生存发展的根本是利润，如果利润没有了，纳税、社会责任等一切都是空谈。为了企业的生存和发展，通过提价来消化增加的税赋完全是经营上的需要，从这个层面讲，产品提价，既是顺理成章的，也是必要的。

除了区域强势企业积极涨价外，经销商甚至是消费者对涨价的预期却很高。不少经销商表示，名酒的价格上涨的可能性很大。而且和以往不同的是，今年会普遍上调，茅台终端价格上调的空间很大，即使一向低调或者涨价预期不明显的水井坊、剑南春等，价格上涨20元都没有问题。

在这样一个乐观的预期下，经销商的压货行为很积极，一个经销商告诉笔者，在目前的情况下，囤货既是为了应对旺季的需要，也是为了应对大环境的变化：①在当前的通胀预期下，作为品牌知名度高的高端酒来说，产品比钱更具有保值作用。②在国家的宏观调控下，各项经济指标都表现出了反转的迹象，这说明，中国经济正在走出低谷，随着经济形势的向好，白酒，尤其是高端酒的消费会继续向好。③即使没有新税政策的实施，旺季到来的时候，随着需求的增长，名酒也会顺势调价，更何况今年还有一个新税政策的实施。

除了渠道商对涨价乐观外，也有不少消费者认为，消费税势必会促使高端酒涨价，他们为了在需要的时候少花钱，都提前买好了酒，已备过节时用。

2009年7月28日，新消费税调整内容终于揭开了面纱：白酒生产企业销售给销售单位的白酒，生产企业消费税计税价格低于销售单位对外销售价格70%以下的，消费税最低计税价格由税务机关根据生产规模、白酒品牌、利润水平等情况在销售单位对外销售价格50%~70%范围内自行核定。在消费税正式出台后，高端酒（五粮液、茅台、剑南春、国窖·1573、水井坊等）并没有如大家所料的顺势提价，而是表现出了和区域强势企业截然不同的态度。

和区域强势企业"闻风而涨"相比，高端酒在消费税出台后的涨价问题上，表现得相当谨慎和低调。目前看，高端酒中除了五粮液有来自企业的"口头"指示提价之外，其他名酒的企业都在按兵不动。茅台终端价格虽有所上涨，但是据来自渠道上的消息称，茅台的出厂价并没有调整。同样，剑南春、水井坊的厂家也没有任何变化。有经销商反映，国窖·1573终端价格也有所上涨，但是，国窖·1573只是在出厂价之外多收取了一个市场保证金，在正常销售的情况下保证金将退回经销商，因此，国窖·1573的出厂价也没有调整。高端品牌和区域强势品牌在涨价问题上分化出了两个不同的阵营。

事实上，对于这些区域品牌来说，涨价是一对一的博弈游戏。企业只需要理顺渠道关系、解决好消费者的沟通，剩下的就是一些技术性的操作：无论涨价与否，这些都是必需的营销环节。而对于名酒来说，涨价就显得要复杂得多，因为名酒的品牌影响力大，消费者的认知度高，作为高端酒的一个重要参照指标，价格上的风吹草动，都会引起市场的连锁反应，牵动经销商的神经，也会牵动消费者的神经。

在正常的情况下，高端酒，尤其是五粮液、茅台，无论有无消费税政策的调整，都会在时机到来时轮番涨价。涨价通常在以下两个条件下完成：一靠控量，二靠季节变化带来的需求的增长。所以名酒涨价多数在旺季临近的时候实施。经销商一般用1~2个月的时间来囤货，在旺季到来时获得量、利的双丰收。那么，今年的情况会怎么样呢？

二、名酒涨价，真的如预期的那么乐观吗

消费税出台了，涨价的理由很充分，也很必要。但是，今年的情况是如此的复杂，对于树大招风的高端名酒来说，涨还是不涨，这是个问题。

其一，全球金融危机对整个消费产生了重大影响。这个情况，从2008年下半年的旺季时高端酒的市场表现反映得很清楚了。1998年的亚洲金融危机，使高端酒出现了量价齐跌的惨状，白酒产业用了3年的时间恢复元气。本次全球经济危机和1998年的大不相同，对整个市场的影响的深度和广度和1998年的亚洲金融危机不可同日而语，2008年下半年已经有所体现。目前，虽然世界各国都在推行新的经济政策促使市场回升，整个经济大格局似乎出现了反转的表现，但是没有任何人可以保证，经济反转的趋势已经确立，相反，不断有经济学家对可能出现的第二波经济下跌趋势表现出了担忧。在整个消费环境没有根本好转的前提下，作为经济冷暖风向标的白酒消费，到底会不会出现反弹，每个业内人士心里都存有顾虑。

其二，现在涨价季节不对。现在正是经销商压货的时候，市场需求还没有出现大幅增长。虽然消费税的推出给涨价提供了一个"由头"，但是，不能和需求的增长同步，涨价势必会遭遇较大的阻力，影响涨价效果。

其三，从目前两大行业巨头、也是准确把握了市场周期变化和涨价时机的高手——五粮液、茅台的表现来看，他们对涨价变现得谨慎而且低调。一向激进的五粮液虽然已经出招，但在业内人士看来，五粮液的涨价更像是投向水面的一枚石子，带有很浓的试探性色彩。8月18日，零售终端接到了来自五粮液的"口头"涨价指令，要求终端涨价40元，目前，五粮液的各大片区销售人员正在督察终端零售价格的上调。而五粮液的经销商则反映，并没有收到来自企业的涨价文件，目前五粮液的出厂价也没有调整。这和以往五粮液涨价以文件形式下达经销商有很大不同。据此分析，五粮液的这一行动带有很强的试探意味，既可以观察市场的反应，又给自己留下了回旋余地。如果市场能够顺利接受涨价结果，五粮液则可以同步提高出厂价；如果市场对新价格接受难度很大，"终端指导价"由市场调节也是商业规律的正常现象。另外，有业内人士分析，五粮液目前正在大力推导其升级后的战略产品——五粮液1618，因此，目前调整老款五粮液的行为就更是带有战术性的意味了。而最具备涨价条件的茅台，面对熙熙攘攘的同行，表现得异常缄默和审慎。据悉，茅台的市场价格在5月份的控货策略下一直保持着稳定上扬的趋势。但面对业内人士和媒体的呼声，茅台的出厂价表现得波澜不惊。观察目前涨价和不涨价阵营，你会发现这样一个现象，以两大行业巨头为代表的、准确把握了上一次税调后涨价趋势的高端酒企业，对本次涨价表现审慎；而在上一次税调后错失了涨价时机的白酒企业，则在这次税调中表现出了强烈的涨价意愿。

其四，市场并不全是乐观的情绪，也有一部分经销商，对于高端酒能否在旺季顺利实施涨价表现出了担忧：2008年经济危机对酒类行业的影响有多严重，高端酒在下半年的量价齐跌已经很能说明问题。虽然强势名酒企业在上半年积极控量，比如茅台，在今年5月份提出控货，供货量减少一半，解决了价格下滑的问题。但是，不排除这样一个现象：控货量会在旺季的时候集中出笼，那么，高端酒的价格就可能出现很大的不确定性。目前渠道经销商的预期越是乐观，渠道压货越严重，旺季到来时集体出笼的势能越大，对价格的冲击就越大。何况消费者也做好了应对名酒涨价的准备，这个旺季出现不确定情况的可能性就更大了。

新税政策的实施不是涨价的基础，而是理由。名酒的价格不是企业决定的，而是市场的决定。

三、涨价的平衡艺术和惊险性

对于名酒企业来说，价格就是其价值指标，因此，价格对于高端酒的意义非同一般。可以说，无论是名酒企业还是名酒经销商，在运营上很大一部分内容是在对赌价格，对赌市场。

对于名酒企业来说，提价策略考验的是他们的综合平衡艺术。他们在涨价中要综合考量以下几个变化：①市场总需求量的变化。企业需要准确把握宏观环境对白酒市场的影响。②品牌溢价的变化。企业需要考虑消费者对品牌价值及其变化的打分。③企业对渠道的掌控力。只有对渠道的良好掌控，才能顺利推动产品完成从上游到终端的价格传导。④企业对渠道利润分配的合理把握。企业需要考虑经销商在涨价中获得合理的利润，这也是对厂商博弈的主题内容。⑤企业还要把握和竞争者的心理较量。涨价既是市场的需要，也是竞争的需要，价格策略既能体现品牌价值，也能体现竞争关系。综上所述，企业在涨价中不但要平衡供给和需求矛盾，还要平衡企业和渠道的矛盾，平衡自身和竞争者的矛盾。

除此之外，企业还要考虑企业的可持续增长性，政府对企业规模增长的要求，等等。对于今年来说，情况变得更加复杂，在当前严重的通胀预期下，作为行业的领导者，企业不但要承担推动经济增长和纳税的责任，还需要承担更多的社会责任，把握企业的社会形象和公众形象。对任何一个指标掌控不够，轻则导致涨价不到位、无法实现收益的最大化；重则导致涨价的失败，甚至影响到企业的发展战略。因此，与其说涨价考验的是企业的营销能力，不如说考验的是企业的平衡艺术。

对于经销商来说，卖名酒和非名酒不同的是，除了作为经销商应有的渠道利润，价格的变化所带来的不确定收益似乎更具有吸引力。大部分名酒的经销商在经营中对名酒的市场和价格的预期变化作出判断，据此作出是否囤货的决策。如果决策错了，要么错失机会，要么造成亏损。但如果决策对了，则可能会赚得盆满钵满，大大超过顺价销售的经营利润。从这一点看，卖名酒如同炒股一样充满了冒险的刺激和惊险。名酒的经营形势越复杂，对于乐在其中的名酒经销商来说，无疑让这种冒险游戏变得更加刺激和惊险。

因此，无论是企业还是经销商，这个旺季的涨价如同走钢丝一样，充满了挑战和刺激。

（摘自耿永芝：《糖烟酒周刊》，2009-09-25）

讨论

（1）产品涨价应该考虑哪些影响因素？

（2）相对于名酒这种产品，它的价格制定应该考虑哪些方面因素？

第十三章　分销渠道策略

本章学习目标

通过本章学习，要求学生掌握以下内容：①了解分销渠道的概念和特点；②了解中间商的概念、功能和零售商铺货策略；③了解分销渠道策略的选择因素；④了解市场物流系统模式和供应链渠道策略。

引导案例　春兰公司是如何维系经销商的

江苏春兰公司的空调产品在国内市场上占有一定份额。它在处理与其经销商的关系时采用的是一种全新的厂商合作方法——"受控代理制"，即代理商要进货，代理商必须提前将货款以入股方式先交春兰公司，然后按公司规定，提走物品。在维系经销商方面，春兰公司不仅为他们提供质量好、价格合理的空调产品，而且专门建立了一支庞大的售后服务中心，近万人的安装、调试、维修队伍，他们实行 24 小时全天候服务，顾客在任何地方购买了春兰空调都能就近得到一流的售后服务，这为经销商免除了后顾之忧。

此外，春兰公司给代理商大幅度让利，有时甚至高达售价的 30%，年末还给予奖励。到目前为止，春兰公司已在全国建立了 13 个销售分公司，同时还有 2000 多家经销商与春兰建立了直接代理关系，二级批发、三级批发，加上零售商，销售大军已达 10 万之众。

春兰公司之所以能取得成功，除了其空调产品质量一流、价格合理、服务优质以外，还有赖于其有效的分销策略及维系经销商的手段。春兰公司所采用的"受控代理制"不仅能有效地稳定销售网络，而且还能加快资金周转，避免经销商拖欠货款。在维系经销商方面，春兰公司的做法处处体现出为经销商的利益着想，不仅以优质产品和服务树立良好的信誉，改善经销商与消费者之间的关系，帮助经销商完成销售任务，而且在经济方面给予经销商更多的实惠，通过有效的激励手段提高了经销商的销售积极性，正是这些做法使春兰公司赢得了广大经销商们的支持。

现在国内有些企业，其产品稍有点"名气"就轮番提价，想把几年的利润在一个早晨就统统挣回来，根本不考虑代理商和经销商的实际利益，这无意中就打击了代理商和经销商的销售积极性。春兰公司维系经销商的成功经验告诉我们，企业要想获得利润、取得成功，除了必须拥有有利的市场外，更要有通向市场的有效渠道，这需要企业采取适当的激励措施来拓展和维系销售网络。

（资料来源：2006 年中国经典营销案例库，http：//bbs.c114.net/uad2/2006112422232514037.doc）

第一节 分销渠道结构模式

一、分销渠道的概念及功能

分销渠道或称为营销渠道、销售渠道,是指商品从生产经营者转移到最终消费者或使用者所经过的途径(如图 13－1 所示)。

图 13－1 分销渠道的概念示意

在市场经济条件下,任何企业生产的商品,除由原生产者直接输送和销售外,绝大多数都须通过专门从事商品流通的中间组织——批发、零售等环节进行销售。因此,企业应重视分销渠道在实现商品流通过程中的通道功能。

分销渠道在商品流通中能够创造以下三种功能效用:

(1) 时间效用。即分销渠道能够解决商品产需在时间上不一致的矛盾,保证顾客和用户需求,并及时组织供货。

(2) 地点效用。即分销渠道能够解决商品产需在空间上不一致的矛盾,保证顾客和用户能够就地、就近购买到所需要的商品。

(3) 所有权转移的效用。即分销渠道能够解决商品所有权在生产者和消费者之间不一致矛盾,顺利实现商品所有权由生产者向消费者的转移。

分销渠道上述功能效用,是借助于一定的分销组织机构来实现的。主要的分销机构包括批发商、代理商、零售商、与贸易有关的机构(如运输公司、仓库、银行、保险公司、税务等)、销售服务单位(如广告公司、营销咨询公司等)。批发商、代理商、零售商构成分销渠道中的主要中间商。中间商在组织商品流通中具有特定的功能,是分销渠道中的主要组织者。

我国要发展社会主义市场经济,企业以独立的商品生产者和经营者的身份进入市场,从事市场营销活动。选择合理的分销渠道,是加快商品流通,增强企业市场适应能力和应变能力的有效途径。所谓合理的分销渠道,就是要使商品在从生产领域向消费领域的转移过程中,走最短的路线,经最少的环节,花最小的费用,及时把商品输送到消费者手中,达到既有利于发展生产和满足消费需求,又节约费用,取得最佳的经济效益。

二、分销渠道的结构模式

分销渠道的结构模式,是指商品在分销渠道中由营销机构所组成的体系。

我国经过30多年的改革，商品流通渠道发生了根本的变化，无论生活资料消费品还是生产资料（工业品），分销渠道模式都由计划体制下的集中模式向市场经济体制的多渠道、少环节、开放式的模式转换。

由于生产资料和生活资料这两类商品具有不同的特点，因而其分销渠道的结构形式有很大的区别。

（一）生活资料分销渠道模式

生活消费资料通常以间接销售为主要形式，中间环节较多，一般都有批发和零售等环节。其分销渠道模式如图13-2所示。

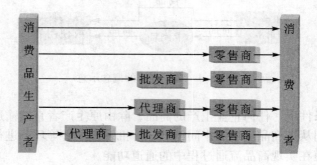

图13-2　生活资料分销渠道模式

从图13-2可以看出，生活资料分销渠道模式可分为五种基本类型：

（1）生产者→消费者。这是指由生产者把商品直接销售给最终消费者，或者采用邮购、电话购物等。这种渠道没有任何中间商介入，是最短和最简单的直接分销渠道。

（2）生产者→零售商→消费者。这是指生产企业或农业生产者，将产品直接向大型零售商供货，由零售商再销售给最终消费者，许多耐用品及选购品常采用这种方法。

（3）生产者→批发商→零售商→消费者。这是指消费品分销渠道中的传统方式，大多数的中小企业和大部分零售商品认为这是最经济可行的。我国消费品进入市场的渠道常常采用这种方式。

（4）生产者→代理商→零售商→消费者。许多工业企业为了大批量销售商品，希望通过代理中间商把商品输送给零售商，最后销售给消费者。

（5）生产者→代理商→批发商→零售商→消费者。有些工业产品要送到小型零售店，常需要通过代理行，再通过批发商卖给零售商，最后卖给消费者。

（二）生产资料（工业品）分销渠道模式

生产资料（工业品）由于技术性较强、价格较高，用户相对较少，购买次数少而数量大，交易谈判时间长，而且需要提供售后技术服务，因而其分销以直接销售为主要形式，即使经过中间商，一般层次少、渠道短。分销渠道模式如图13-3所示。

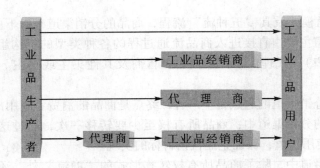

图 13-3 生产资料（工业品）分销渠道模式

从图 13-3 可以看出，生产资料的分销渠道模式主要有以下四种基本类型：

（1）生产者→工业品用户。在工业品销售中，这种分销形式占有主导地位，特别是生产大型机器设备的企业，如火车机车厂、发电设备厂、飞机制造公司等，都是通过订单，直接组织向用户供货。

（2）生产者→工业品经销商→工业品用户。生产普通机器设备及其附属设备的企业，如我国机电、金属材料、石油化工、木材等公司，常常通过经销商把商品卖给用户。

（3）生产者→代理商→工业品用户。生产工业用品的企业，而自己又没有独立销售部门，或企业为了更有利于商品的销售，常通过代理商进行销售。

（4）生产者→代理商→工业品经销商→工业品用户。由于某种原因，例如，商品的单位销量太小，或者需要分散存货，以便迅速向用户交货，存储服务就十分必要，因而不宜由代理商直接卖给用户，需要借助批发商这个环节分散存货，于是常采用这种分销方式。

三、分销渠道的主要特点

在产品从生产领域向消费者转移过程中，必然伴随着物质或非物质形式的运动"流"，分销渠道则表现为商流、物流、货币流、信息流、促销流（简称"五种流"）所经过的流程（如图 13-4 所示）。

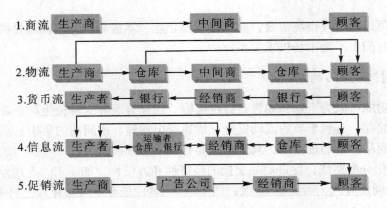

图 13-4 分销渠道中的"五种流"流程

依据分销渠道模式及其"五种流"流程,商品的分销渠道有以下主要特点:

(1) 分销渠道主要由直接进入商品流通过程的各种类型的机构组成。这包括生产者(制造商或农户)、代理商、批发商、零售商及其他买主或卖主。这些机构可称为"渠道成员"。

(2) 每一条分销渠道的起点是生产者,终点是商品的消费者或用户。

(3) 在商品的分销渠道中,商品所有权至少要转移一次,通过这种转移,才能实现商品的价值和使用价值,保证企业营销目标的实现。

(4) 在分销渠道中,除了商品所有权转移形式的"商流"外,还隐含着其他使生产者与消费者相联结的流动形式,如物流、信息流、货币流、促销流等。它们相辅相成,但在时间和空间上并不完全一致。

第二节 中 间 商

一、中间商的概念及功能

中间商,是指在生产企业和用户(消费者)之间,专门从事商品流通业务活动,以促成商品交易达成的经济组织和个人。中间商凭借其业务往来关系、经验、专业化和规模经营,使商品和服务流通顺畅;在广泛提供产品和进入目标市场方面能够发挥最高效率;它提供给生产企业的利润通常高于生产企业自营商店所能取得的利润,起着调节生产与消费矛盾的重要作用。

中间商在商品流通中主要有三种功能。

(一) 集中商品的功能

根据市场需求预测和国家有关规定,中间商将各生产企业的产品,通过订货、采购大量的商品,并将其集中储存起来。

(二) 平衡供求的功能

中间商可以随时按市场需要,向市场投放企业、零售商和顾客所需要的商品,从品种、数量和时间上平衡市场供求关系。

(三) 扩散商品的功能

扩散的功能可以为企业和零售商提供运输、储存等服务。避免生产企业商品积压和零售商大量储存,有利于节约流动资金,加速资金周转。中间商的集中、平衡、扩散的功能在组织商品交换的过程中,其作用主要有以下几方面:

(1) 简化分配路线,促进商品交换的经济性和方便性,如图 13-5 所示。图 13-5 (A) 是无中间商介入,需交易 15 次;图 13-5 (B) 是有中间商介入,只需交换 8 次。

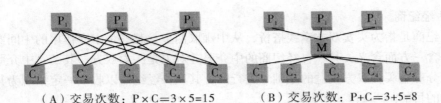

(A) 交易次数：P×C=3×5=15　　(B) 交易次数：P+C=3+5=8

图 13-5　中间商介入前后交易次数比较

（2）中间商一般比生产者更熟悉市场行情和销售业务，是专业化的买卖行家。他们有广泛的销售网络、灵活高效的现代通讯技术，因而可以加速商品周转、降低费用。

（3）中间商承担着商品的采购、运输、储存、销售等业务，具有良好的基础设施，在满足消费者需求和平衡市场供求方面，发挥着重要的作用。

（4）中间商可以同时为多家生产企业服务，其经营的规模大、效率高、费用少。

二、中间商分类

按照是否拥有商品所有权，中间商可以分为经销商和代理商两类。

（一）经销商

经销商是指拥有商品所有权，并从事商品流通的经济组织和个人。

（二）代理商

代理商是指接受生产企业的委托，从事商品的销售服务，但不拥有商品所有权的经济组织和个人，如贸易货栈、代销店、寄售商店、拍卖行等。

代理商在现代市场经济中的地位越来越加强，大多数经营企业希望通过这种方式减少经营风险和投资。按代理商和生产企业的联系特点，代理商可分为如下几种：

1. 企业代理商

企业代理商是指接受生产企业委托，在一定地区内从事该企业产品的代销业务，签订销货合同的中间商。商品销售后，企业按照销售额的一定比例付给报酬（佣金）。这种代理商与生产企业是一种委托代销关系。

2. 销售代理商

销售代理商是指企业的全权独家代理商。销售代理商代企业销售全部商品，不受区域限制，且有一定的价格决定权。企业在同一时期只能委托一家销售代理商，企业自身也不能再进行直接推销活动。因此，销售代理商对企业要承担较多的义务，如一定时期的销售量，提供市场调查报告，负责广告促销活动。在通常情况下，这种方式也实行佣金制，但佣金比例比企业代理商低。

3. 寄售商

寄售商接受企业委托进行现货代销业务。企业根据协议向寄售商交付商品，销售后的货款扣除佣金和有关销售费用后再付给企业。寄售商要有自己的仓库和商店铺面，使交易能及时成交。这种形式对发掘潜在购买力，开辟新市场有积极的作用。

4. 经纪商

经纪商是指为买卖双方牵线搭桥，从中赚取佣金，起一种中介作用的中间商人。它主要包含三方面含义：其一，经纪商的中介服务对象是买卖双方；其二，中介服务活动是在充分尊重买卖双方权益的基础上进行的；其三，经纪商以收取一定报酬为其中介服务活动的目的。

三、批发商

在商品流通过程中不直接服务于最终消费者，只是实现商品在空间上、时间上的转移，以实现再销售为目的的中间商，称为批发商。批发商一般交易量大，购买频率较低，但其联系面广，市场信息灵通，俗有"市场耳目"之称。

（一）批发商的主要功能

批发商的主要功能如下：

（1）销售与促销。批发商提供的销售人员能使生产者以较低的成本接触大批客户，并且批发商的业务关系较广，比生产者更受顾客信赖。

（2）购买和编配商品。批发商能够选择和编配顾客需要的花色品种，满足零售商勤进快销、品种杂、数量少、加速资金周转的需要，为零售商节约时间。

（3）分装。批发商通过整买零卖的方式，因而加速零售商的资金周转。

（4）仓储。批发商持有存货，因而为供应商和零售商减少了仓储成本和风险。

（5）运输。批发商向购买者迅速交货，因而比生产者更容易接近顾客。

（6）融资。批发商向零售商提供信贷，为其融通资金；同时他们提前订货，准时付款，也为供应商融通了资金。

（7）承担风险。批发商拥有商品的所有权，承担着失窃、腐烂和过时的费用支出，从而承担一定的风险。

（8）市场信息。批发商向供应商和零售商分别提供新产品、价格变化、供求关系等方面的信息，提高了市场的透明度，减少了不必要的耗费。

（9）管理服务和咨询。批发商通过为零售商训练销售人员，帮助布置店面和商品陈列，诱导消费者需求，帮助他们改善经营管理；同时，还通过提供技术服务帮助工业用户。

（二）批发商的类型

批发商可以分为商业批发商、经纪商和代理商、工业企业批发商及其他批发商。

1. 商业批发商

商业批发商是独立所有的商业企业，他们购买商品的所有权，然后出售，是批发商最主要的类型。这种批发商又可分为完全服务批发商和有限服务批发商两类。

（1）完全服务批发商。在日常购销业务的基础上，向生产者、零售商提供尽可能多的服务项目，如储存、送货、推销、广告宣传、提供信贷、协助管理等。完全服务批发商又分为：第一，以向零售商提供商品和服务为主的批发商人；第二，以向生产企业提供商品为主的工业配销商。

（2）有限服务批发商。这种批发商向供应商和顾客提供的服务较少，以减少经营费用，降低批发价格。有限服务批发商又分为：现购自运批发商；卡车批发商；承销批发商；托售批发商；生产者合作社；邮购批发商；等等。

2. 经纪商和代理商

经纪商和代理商区别于商业批发商的主要特点是：对其经营的商品没有所有权，只是替委托人推销或采购商品，收取占销售额2%—6%的佣金。

3. 工业企业批发商

这是一种工业企业自营批发业务的批发组织形式，不通过独立批发商进行。生产者通过设立自己的销售分店和销售办事处，以改进其存货控制、销售和促销业务。

4. 其他批发商

除以上几种批发商外，还有农产品采购批发商、石油产品装运站、拍卖行等。

四、零售商

零售商，是指把商品卖给最终消费者的中间商，是商品流通的最终环节。

零售交易结束后，商品就离开流通领域而进入消费领域。零售商是联系生产者、批发商和消费者的纽带。它面向广大消费者，其组织形式和经营方式随着市场环境和需求的变化，新的零售方式将会不断出现。零售市场也称"终端市场"，已经成为竞争最为激烈的领域，许多企业都提出了"终端制胜""控制终端"的分销战略。不同的零售业态正以其不同的特色吸引消费者。

根据国家统计局统计，2015年我国社会消费品零售总额30.09万亿元，比上年增长10.7%。2015年全国网上零售额3.9万亿元，比上年增长33.3%。其中，实物商品网上零售额3.24万亿元，增长31.6%，占社会消费品零售总额的比重为10.8%；非实物商品网上零售额6349亿元，增长42.4%。

零售业态在我国呈现多元化、高速化的发展趋势，并且，零售市场的竞争也越来越激烈。零售商的功能主要是为生产者、批发商、用户服务。

我国颁布的《零售业态分类》于2004年6月30日起正式实施，新标准按照零售店铺的结构特点、经营方式、商品结构、服务功能等因素，将零售业态分为：食杂店、便利店、折扣店、超市、大型超市、仓储会员店、百货店、专业店、专卖店、家居建材店、购物中心、厂家直销中心、电视购物、邮政、网上商店、自动售货亭、直销、电话购物等18种业态。

（一）零售商类型

零售商类型一般可分为商店零售商、非商店零售商和其他零售机构。

1. 商店零售商

在现代购物环境下，消费者可在各种不同的商店选购商品。商店类型主要有：

（1）专用品商店。这种零售商店经营的产品线较为狭窄，但产品花色品种较齐全，如体育服装店、男士服装店、特定服装店等。近年来出现的特制品商店将有广阔的发展前景，它一般是某一品牌商品的独家经销店，便于大量进货，成本较低。

（2）百货商店。它是一种大规模的零售企业，经营商品范围广泛、种类繁多、规格齐全。发达国家的大百货公司经营的商品在几十万种以上，同时以经营优质、高档时髦商品为主。在百货商店内部设立商品部，实行专业化经营。目前，这仍是一种主要的零售商业形式。

（3）超级市场。它是一种薄利多销，采取自动售货方式的大型零售商组织，有规模大、成本低、毛利低、销售量大等特点。早期的超级市场以出售食品为主，兼售少量杂货。近年来，超级市场向多元化、大型化发展，提高了企业的竞争能力。目前的超级市场，营业面积一般在25000平方米左右，产品品种超过12000多种，经营的商品多属于中低档货，价格较便宜。此外，超级市场正在改善设施，注意商场的建筑特色，并出售一些名牌商品，以树立良好的商誉，吸引顾客。

（4）方便商店。方便商店也称杂货店，这是一种小型商店，多设在居民区附近，以出售日用小百货和食品为主，如香烟、饮料、儿童食品等。这种商店以"夫妻店"形式为主，营业时间较长，有的是昼夜服务。方便商店同样可以作为分销渠道的战略着眼点，使企业在激烈的市场竞争中出奇制胜，例如，日化行业中"舒蕾"洗发水迅速崛起。一直以来，洗发水市场始终由"宝洁""联合利华"等跨国巨头所霸占，凭借雄厚的资金和完善的管理体系，他们的产品已经渗透到了各种不同类型的消费群体，为国内洗发水企业构筑了一个很高的竞争门槛。而"舒蕾"在与这些巨头的竞争中发现，数以万计的杂货店是他们的"死角"，于是全力以赴拓展这片庞大的商业零售网络，构建起了较为完善的管理体系，并最终将其由初期的渠道战术上升为核心的竞争战略，由此推动"舒蕾"在巨头之间打下了一片江山。

（5）折扣商店。折扣商店指出售商品时给予一定的价格折扣。出售的商品以常用生活品为主，售价比出售同类商品的商店要低。

（6）仓库商店，或称为"货仓式销售"。它一般建在城郊结合处，一部分为存货仓库，一部分为展销地点，以经营中档商品为主，价格比一般商店便宜10%—20%。这种方式在我国开始出现，如广州天河的"广客隆"，1993年8月9日开业第一天销售就高达70万元，每日有5万左右的人光顾，月营业额在1000万元以上。

2. 非商店零售商

虽然大多数货物和服务是由商店销售的，但是非商店零售却比商店零售发展得快，占全部消费者购买量的12%。有1/3的综合商品零售店将通过非商店渠道销售。非商店零售商的主要形式有：

（1）直接市场营销。它是一种为了在任何地方产生可度量的反应和（或）达成交易而使用一种或多种广告媒体的互相作用的市场营销体系。在我国也有人称"直销"发展较快。通常采用如下方式：

第一种，邮购零售。又分为邮寄目录和直接邮购两种。邮寄目录是销售商按照选好的顾客单邮寄订单、商品目录等；直接邮购是将信件、传单等广告分别寄给有关产品类别购买潜力大的顾客。这种方式适合于书刊订户、保险业、新产品介绍等。

第二种，电话、电视营销。即使用电话、电视将产品直接推销给消费者，消费者通过免费电话订货。这种现代销售购物方式日益受到欢迎。随着现代通讯技术的发展，美国、日本在20世纪90年代提出了修建"信息高速公路"的战略设想，未来的销售将更多通过"信息高速公路直销、顾客可以通过显示屏对商品进行挑选、更换，甚至对商品设计的外形款式、色调、尺寸进行修改。因此，这是一种有广阔发展前景的直销方式。

第三种，网上营销渠道。它是一种利用计算机网络（Internet）推销商品或服务的营销方式。

随着互联网的迅速发展和普及推广，网上营销（Online Marketing）将会成为一种具有极大潜力的销售手段。据有关资料显示，1995年网上购买量为5亿美元，1998年仅企业对企业的电子商务交易额高达430亿美元，Forrester公司预测，2002年网上商业贸易额将达8427亿美元，实际上2015年我国网上零售额3.9万亿。

国际互联网是由约45000个电子计算机网络组成的全球信息网，它实现了全球信息沟通的瞬时化和分散化，目前成为一种广为采用的网上营销工具。互联网上服务主要有：①网上购物；②网上股票交易；③网上银行；④网上纳税；⑤网上报关；⑥远程网上教学，等等。而将互联网应用于商务活动，则代表了一种先进的营销方式的未来趋势。

网上营销的特征表现在十个方面，即具有跨时空、多媒体、交互式、拟人化、成长性、整合性、超前性、高效性、经济性、技术性的特征。网上营销能够有效地实现4P组合与以顾客为中心的4C（顾客Consumer、成本Cost、便利性Convenience、沟通Communications）的有效结合。网络营销策略的要求为：①产品和服务以顾客为中心；②价格应以顾客能接受的成本定价；③产品分销应以方便顾客为主；④促销策略应以加强与顾客的沟通为主。

链接　互联网时代全渠道精准营销六步骤

有了大数据库，企业将能够根据数据深挖客户价值，真正做到"点对点的粉丝营销"。社交网络助力精准传播：移动互联网时代的消费与购物，是碎片化的、场景化的、情绪化的，一个个消费者就像细沙一样，散布在各个角落。依靠传统的大传播，基本不能实现对消费者的传播功能。而社交媒体的分散化和精准化，刚好可以对应消费者的碎片化。未来，品牌的传播，将是利用碎片化社交媒体聚沙成塔的过程。企业将依托于众多社交媒体，不断创造内容、描述产品，千人千面地进行品牌传播。

互联网时代全渠道精准营销的六个步骤如下：

1. 精准定位

消费者内心是按照品类逻辑来进行购买的，先选品类，后选品牌。精准营销的第一步，就是要精准地定位目标消费群到底是谁？只有瞄准了再开枪，才不会浪费任何一颗子弹。在搞清楚消费群定位的基础上，再搞清楚你的产品或品牌开创了或者代表了什么品类，也就是说，搞清楚"我是谁？"这个问题。例如：在这个问题上，小米手机的做法可圈可点，它的定位是"互联网手机"新品类，它的消费群定位是"为发烧而生"。

2. 建立大数据库

数据库是任何一个精准营销规划过程的核心,有了客户的数据库,才可能有精准营销。真正有用的数据,不仅是一组客户名单或记录,而应该是客户曾经购物的详细情况,或者是潜在客户的资历与详细情况。通常,在客户参与研发、浏览、询价、购买、促销、售后和其他全接触点上的全行为信息,都是数据库的来源。

一般而言,数据库中的数据可以大致划分为使用者数据、客户关系数据、客户对产品的态度数据、客户反馈数据、产品应用用途数据和客户信用数据等六种。例如:合生元奶粉通过在1万多家线下门店布置POS机来发展新会员,并在线上利用合生元妈妈100、妈妈100APP和客户热线三大平台发展新会员;如此线上线下一齐努力,3年时间就汇聚起了173万的会员数据,为合生元的精准营销奠定了基础。

3. 评估与锁定价值型客户

有了数量庞大的消费者数据库,并不是要对每一个消费者马上展开营销,而是应该按照28原则或153550原则(15%意见领袖,35%意向客户,50%无意向需培育意向的客户),按照客户的购买情况确定其财务价值,将客户分为意见领袖、优质大客户、中小客户、意向或目标客户和潜在客户等五种基本类型,并分别为每种类型的客户,量身定制不同的营销方案,并分步骤逐步推进。例如,合生元把所有消费者分为四类:潜在客户、普通客户、忠诚客户、倡导者,并针对每一类的特点,进行不同营销和促销。比如,经常购买400元以上产品的消费者,对价格和促销优惠不敏感,对她们,就应该更多地提供服务信息,比如妈妈课堂或其他特别活动安排;而对于经常买200元以下产品的消费者,则应该用价格优惠吸引。

4. 了解客户接触点和偏好

精准营销执行之前,我们还必须弄清楚公司应该在何时、何地、什么环境下、用何种方法才能接触到客户。为此,我们需要了解并评估客户能够接触到公司的各种方式与接触点,并了解客户偏爱哪种传播方式与传播渠道;只有这样做,我们才能够根据每个接触点与客户偏好制定出未来最佳的营销与传播的组合方式。

5. 整合多种营销手段展开精准营销

当做好上述四点准备之后,你接着应该做的,是整合可能多的营销手段,诸如,微博、微信、论坛、奖券销售、APP、电视广告等,除了营销手段,内容也很重要。互联网时代,内容为王,只有那些产品有极致亮点的、内容有情感的并且个性化的、价值观能引起共鸣的内容,才能在圈子中、社群中引起关注与口碑。这里要强调的是,精准营销是针对精准价值型客户而进行的互动式的、双向的营销,它是潜入式的营销、口碑式的传播;而不是传统大众营销的不分人群的、单向的、非互动的、依靠野蛮轰炸完成传播的营销。二者有着本质上的不同。

6. 发展与客户的多次的、长期的关系

精准营销的本质,是关系营销。与一个客户发生一次交易关系,并不意味着成功;只有与客户建立起多次交易的、长期的关系,将客户转化为忠诚客户,才意味着精准营销是成功的。

(摘自《销售与市场》2016年第5期)

(2) 直接销售。直接销售是指推销人员采取挨户访问的方式推销产品。由于直接推销成本高，而且需支付雇佣、训练、管理和激励推销人员的费用，所以，将逐渐地完全以直销为主的"直销公司"从事这一活动。我国1993年以来，广州、上海、北京、沈阳、西安等地纷纷成立了一些直销公司，但需要进一步规范化，严格管理。

(3) 自动售货机。自动售货机是指一种采用机器销货的方式，如自动售票机、电子存取款（ATM）等在我国近几年发展也很快。适合于自动销货的大多是周转快的名牌商品，而且限于单位价格低、体积小、重量轻、包装或容量标准化的商品。

(4) 购物服务公司。这是一种专门接受某些顾客委托而进行的零售业务，如为学校、医院、工会和政府机关等大型组织的雇员服务。这个组织与若干个零售商签订合约，凡是组织成员向这些零售商购物，该商店给予一定的折扣。

3. 管理系统不同的零售组织

尽管许多零售组织拥有独立的所有权，但是越来越多的商店正在采取某种团体零售形式，以取代独立的各自为政的商店。这种零售组织主要有：

(1) 连锁商店。它是在同一所有者的控制下，统一店名、统一管理的商业集团。少则两三家连锁，多则百家连锁在一起，实行统一经营、集中进货，可获得规模经济效益。现代大型连锁店是1859年创立于美国的"大西洋和太平洋茶叶公司"。第一次世界大战后十年（1917—1927年），连锁店在美国获得迅速发展，目前美国连锁商店的销售已占零售商品总额的35%左右，日本连锁店销售已占零售商品销售的第一名。近年来，国外许多连锁店，如"麦当劳""肯德基""家乐福"等纷纷打入我国，并取得成功。借鉴国外连锁经营的成功经验，我国零售商业改革的方向之一，是发展具有中国特色的连锁经营体系，因为这种组织形式能够形成集团的优势和规模经济，强化商业专业化分工和社会分工，进行集约经营，有利于采用现代化技术，有助于提高效率，增进服务，提高经济效益。

连锁店可分为正规连锁、自由连锁、特许连锁和交叉连锁四种：

第一种：正规连锁。它是集中资金、分散经营的多个店铺，在经营管理上实行统一管理、统一商号、统一进货、统一价格、统一核算和统一风格等，经营权在总部（公司），各分店无自主权。

第二种：自由连锁。它是各店铺在保留单个资本所有权基础上实行联合，主要适用于中小企业。总部和各连锁店是一种协商、服务的关系。各基层店是独立法人，有经营自主权。但应向总公司交纳加盟及指导费。

第三种：特许连锁。它是总部和各店铺签订合同，特别授权店铺使用公司的商标、商品、标志、商号和总部所独有的技术。加盟店拥有店铺所有权，按销售额或毛利的一定比例向总部上交报酬。美国的快餐业中的"肯德基""麦当劳"等，都是典型的特许连锁店。

第四种：交叉连锁。它是指上述三种连锁方式同时并存于某一连锁集团，总部与各分店之间有紧密层（正规连锁）、半紧密层（自由连锁）、松散层（特许连锁）。

(2) 消费合作社。它是广大消费者入股创办的自助组织，其目的并不以盈利为主，而是为减少中间商环节，保护消费者利益。

(3) 特许专卖组织。是在特许人与接受特许专卖权者之间的契约式联合。特许专卖组织的基础是独特的产品、服务、经营方式、商标名称、专利或者是特殊人已经树立的良好声誉。

(4) 销售联合大企业。这种销售联合大企业是自由式的公司，它以集中所有制的形式将几种不同的零售商品类别和形式组合在一起，并将其配销、管理功能综合为一个整体。

（二）我国零售商的营销特点

我国改革开放以来，零售业发生了巨大变化，多渠道、多种形式的现代零售网络初步形成。分析我国零售业所面临的营销环境，认识零售业营销变革的特点，对我国零售业的发展有重大意义。

1. 零售营销环境变化

我国零售商业营销环境的变化主要表现在：①零售市场竞争趋向国际化。近年来，外国零售商进入我国零售市场，如北京的"燕莎"集团是由新加坡参与组建。这样，零售商的竞争将向国际化方向发展。②购物环境趋向舒适高雅。我国消费者收入近年来增加较快，消费者不仅要求商品高档化、服务优质化，而且还要求购买环境优雅，如环境装饰别致、安装空调、扶手电梯等，为顾客创造良好的购物环境体验。③零售市场空间不断拓宽。农村市场是我国零售市场拓展的主要潜在市场。

2. 零售业营销变革

我国零售业营销变革的特点主要有：①零售营销体制改革取得巨大进展。以市场为取向的改革，我国零售业多种所有制并存、多种经营方式共同发展的格局逐步形成。零售业的经营、价格、分配、用工"四放开"，增强了零售企业的活力。②零售组织向集团化、层次化、多元化发展。零售规模出现大、中、小三个层次；零售业态出现许多新形式，如超级市场、连锁店、精品店、直销店等。③零售营销观念导入市场。"以顾客为中心的营销观念"被零售商接受，如百货商店以优美购物环境吸引顾客；超级市场以自助服务、方便选购拓展市场，专卖店以专而全的产品形象来争取顾客。④零售营销方法不断革新，如开架销售、购买点广告、招贴、赠券、抽奖、免费样品等在零售商店都得到广泛应用。⑤零售营销创新加快，近年来网上渠道成为零售的重要途径，O2O融合发展趋势日益明显。

（三）跨国零售商在我国的营销策略

2002年以来，跨国零售商纷纷进入中国零售市场，给中国本土的零售商带来了直接而全面的刺激和体验，也带来了学习先进管理方式的机遇，同时也对我国零售企业形成竞争的威胁。

跨国零售商在我国的营销策略主要有：①从东部向西部逐渐转移；②多业态布局策略，如沃尔玛的购物广场、山姆会员商店、社区店、折扣店等；③本土化策略；④收购扩张策略；⑤以市场换市场策略；⑥零售倾销策略。

跨国零售商在我国运用了不同的经营模式，我国零售企业应加以学习、消化吸收，以形成有特色的零售业竞争模式。跨国零售商经营模式如表 13-1 所示。

表 13-1 跨国零售商经营模式比较

零售商	合作伙伴	空间布局	利润模式
家乐福	联手上市公司	遍地开花	从供货商处寻找利润
沃尔玛	合资非零售企业，意在回购	三边战略	物流优先
麦德龙	合资非零售企业	以华东地区为主，2002年确定四大区域	有限顾客的有限利润
欧尚	交叉持股，捆绑扩张	分片区（北京、上海、成都）"三点式"布局	以配送中心辐射经营网络
普尔斯马特	"专有权"模式进入	抢占二、三线城市	会员制+折扣店

资料来源：卢泰宏主编：《营销在中国》，企业管理出版社 2003 年版。

五、零售商铺货策略

（一）铺货

铺货又称为铺市，是指供货企业与经销商之间合作在短期内开拓市场的一种活动，这是市场快速启动的重要基础。铺货有利于产品快速上市，有利于建立稳定的销售网点，有利于造成"一点带动一线，一线带动一面"的联动局面。

（二）铺货的特点

铺货具有三大特点：
(1) 时间短（某具体市场的"铺货"一般在三个月内可以结束）。
(2) 速度快（"铺货"要求企业集中优势人力、物力、财力来高效、快速地开拓市场）。
(3) 手段多（在实施"铺货"时，企业要综合利用人员推销、试用、张贴海报、赠送等多种方式来开发市场）。

（三）铺货的主要工作

(1) 企业销售人员与经销商人员协同拜访目标区域内的批发商、零售商，并向其介绍企业的有关情况及产品特色。
(2) 张贴广告。
(3) 销售产品。
(4) 赠送促销品。

(5) 调查竞争对手的情况。

（四）铺货策略

(1) 推销铺货。推销铺货是指利用供货企业的优惠条件、促销赠品、人员上门推销，以此激励向经销商、终端铺货。这种铺货策略主要有三种：地弹式铺货法、目标对象铺货法、借力铺货法。

(2) 拉销铺货。拉销铺货是指借助各种力量制造产品的影响力，扩大知名度，以此完成铺货目标。在企业的铺货实践中，主要有两种：①广告铺货和公关铺货。广告铺货有"广告在先、铺户在后"和"铺货在先、广告在后"。②公关铺货是指企业通过大型公关活动，促使公众短期熟悉企业产品，引起其消费欲望，实现快速铺货。

第三节 分销渠道策略的选择

企业营销管理的成败，在很大程度上取决于分销渠道的选择。正确有效的分销渠道是商品流通渠道畅通的保证，企业必须认真分析各种渠道的特点及影响因素，以便采取正确的分销渠道策略。

一、影响分销渠道选择的因素

（一）目标市场因素

目标市场的状况如何，是影响企业分销渠道选择的重要因素，是企业分销渠道决策的主要依据之一。目标市场因素主要包括以下方面：

(1) 目标市场范围的大小及潜量规模。市场范围广的商品，须通过中间商经销；反之，则采用直接渠道销售。市场需求潜量规模大且集中，可直接销售；反之，则间接销售。

(2) 市场的集中与分散程度。商品的销售市场比较集中的纺织业、服装业，可向这些地区直接供应；对于分散生产、分散消费的商品，通常采用中间商销售。

(3) 顾客的购买特点。目标顾客的购买批量大、频率低、形式单一，且购买相对稳定，生产企业可采取直接分销式，选择最短的间接渠道；反之则适宜采用广泛的分销渠道。

(4) 市场竞争状况。企业为了解目标市场上竞争对手的渠道策略，做到知己知彼，灵活地选择分销渠道，或针锋相对，或避其强势，选择调整本企业的分销渠道。

（二）商品因素

由于各种商品的自然属性、用途、价值等不同，其采用的分销渠道也不相同。商品因素主要包括：

(1) 商品的性质。对于体积大的笨重商品，如生产设备等可采用直接分销；对于易燃、易腐、易爆商品，应尽量避免多次装运，可选择短渠道或专用渠道；反之，则采用间接渠道。

（2）商品的时尚性。对于流行性、时尚性强的商品，如时装、饮料等，应采用直接分销或短而窄的渠道；反之，采用间接渠道。

（3）商品的标准化程度和服务。对于标准化程度高，要求提供较小服务的商品，如大多数消费品及生产资料中的半制成品、零配件等，可选择间接分销渠道；反之，则采用直接分销。

（4）商品价值大小。对价值大的商品，如珠宝、金制品、工艺品、文物等，采取直接渠道，以保证安全；对价值不大的商品，常通过间接渠道销售。

（5）商品市场寿命周期。新产品投放市场，由于风险大，在投入期和成长期，企业可组织推销队伍直接分销；成熟期商品，可选择长而宽的分销渠道；衰退期，厂家可采取缩减中间商的分销策略。

（三）企业因素

（1）企业的生产规模。生产规模大、实力雄厚的企业，可自由选择分销渠道，更愿意采用直接或短渠道；规模小、实力弱的企业只能通过中间商进行间接分销。

（2）企业的声誉和形象。有良好的声誉和形象的企业，既可自己建立分销网络销售，中间商也愿意经销。如广东"今日"集团在全国拍卖"生命核能"独家经销权时，获得成功就是厂商选择经销商的例证。

（3）企业经营能力和管理经验。企业经营能力不足，缺乏市场营销经验和推销技巧，则适宜采用经过中间商的间接销售渠道；反之，则采取直接分销渠道。

（4）企业控制渠道的程度。企业为了实现有效地控制分销渠道的目标，一般不惜付出高昂费用，采用直接分销或短分销渠道，以控制零售价格，并进行有效宣传推广。

（四）环境因素

环境因素是指在企业营销所面临的外部环境也影响着分销渠道的选择，如政治、法律、经济、竞争、科技、社会文化等因素。当经济不景气、国家紧缩银根、压缩基建时，此时市场需求下降，企业都希望减少中间环节，采取直接分销以降低费用，增强产品在价格上的竞争能力；若经济增长，需求增大，厂商可采用与中间商广泛协作，以扩大销售。有的商品还要考虑国家的法律规定，如药品、烟酒等都有专门的分销渠道。

二、分销渠道选择的策略

企业在确定了目标市场后，并在对影响分销渠道决策各因素进行分析的基础上，就要实施分销渠道选择的策略。

（一）直接渠道与间接分销渠道的策略选择

直接渠道和间接渠道，主要是依据是否利用中间商来划分的。商品从生产者到达用户的过程中，如果借助中间商的力量，称为间接渠道；不借助中间商，就称为直接渠道。直接渠道主要适合于工业生产资料，主要是生产资料商品用途单一，产品的技术复杂、用户集中等。同样，直接渠道在生活资料分销中也是日益重要，一方面，许多商品性质决定了必须采用直接渠道，如鲜鱼、鲜花、易碎商品等；另一方面，随着科技发展，采用电视、电话销售的越来越普遍，间接渠道是消费品分销的主要渠道，如香烟、啤酒、饮料、儿童食品等，常常采用通过较多中间商的分销渠道，进行网络销售。

（二）长渠道和短渠道策略的选择

如果某种产品进入市场销售，企业在决定采用中间商后，还要具体决策使用几个层次的中间商，因为这决定着分销渠道的长短。所谓长渠道策略，是指厂商利用两个或两个以上中间商把商品销售给最终消费者和用户；而短渠道则是厂商只利用一个中间商把商品推销给消费者和用户。

1. 长渠道策略的优缺点

对于市场需求量大，且分布广泛的一些商品，如日用生活品等，常采用长渠道，其优点是：①批发商的介入，利用其经营的经验和分销网络，为零售商节省时间、人力和物力，又为厂商节省营销费用；②能够提供运输服务和资金融通；③组织货源，调节供需在时间和空间上的矛盾；④为生产企业提供市场信息和服务。

但是，采用长渠道的缺点是经营环节多，参加利润分配单位多，流通时间长，不利于协调、控制。

2. 短渠道策略的条件

短渠道策略的条件是：①有理想的零售市场，即市场要集中顾客流量大的区域，市场潜力要大；②产品本身的特殊性，如时尚商品、易碎商品、高价值商品、技术性强的商品等；③生产企业有丰富的市场营销经验和管理能力；④财力资源较为雄厚。

（三）宽渠道和窄渠道策略的选择

所谓分销渠道的宽窄，是指渠道的某一层次上使用同种类型中间商数目的多少而构成渠道的宽度。宽渠道和窄渠道的分类标准是：商品生产者在某一特定目标市场、某一层上（如批发式零售）选择两个以上中间商销售本企业的产品称为宽渠道；只选择一个中间商销售本企业产品的称为窄渠道。

企业对分销渠道宽窄的选择方面，通常有以下的策略可供选择：

1. 密集型分销渠道策略

密集型分销渠道，又称为普遍型分销或广泛型分销，即商品生产者广泛利用大量中间商经销本企业的商品，使消费者能够随时随处购买到企业的商品，日用消费品、方便商品、标准化程度高的商品等常采用这种策略，如某种品牌的化妆品，若采取这种策略，能够使品牌充分显露，既方便顾客辨认购买，也促使企业化妆品迅速占领市场。这种策略的优点是：①能够迅速将商品送到顾客手中；②多家经营，有利于厂商选择效率高、信誉好的中间商经销；③有利于中间商之间竞争，促使其改善服务方式、提高服务质量和销售效率，以提高竞争能力和市场占有率。其缺点：一是中间商过多，不愿支付分担广告费用；二是不利于利用某些中间商的优势，树立商品形象；三是生产者和中间商是一种松散的协作关系。

密集型分销渠道策略如图 13-6 所示。

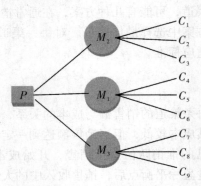

图 13-6 密集型分销渠道策略

2. 选择性分销渠道策略

选择性分销渠道策略是指企业在同一目标市场上有选择地使用部分条件优越的批发商和零售商销售本企业的商品。这种策略对所有商品都是适用的，是企业较多使用的一种策略。因为任何一个企业都不可能在某个市场上让所有中间商都经销本企业的商品。对于生活资料中的选购品（服装、家具等）、特殊品和工业品中的零配件等，常采用这种策略。其优点是：①优选的中间商能够和厂商配合，共担风险，分享利润；②有利于厂商集中力量，从整体上促销；③有利于厂商对渠道成员的控制。但是，这种策略的不足之处：一是由于厂商条件限制，不能确定能否为中间商提供较优的推销条件、服务及供紧俏商品；二是受合约履行影响。

3. 专营性分销渠道策略

专营性分销渠道策略是指生产者在某一目标市场上选择有限数量的中间商经销其商品。其极端形式是独家经销（只选择一家中间商经销本企业商品），如图 13-7 所示。

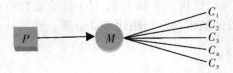

图 13-7 专营性分销渠道策略

专营性分销渠道常常是一种排他性的专营，其规定这些中间商不能经营其他厂商生产的同类竞争产品，这主要适用于高档特殊品（珠宝、金制品等）或技术服务要求高的商品。这种策略的最大优点是：商品生产者和中间商关系密切，相互之间有较强的依附关系；有利于厂商在价格、促销、信贷和其他服务方面对中间商加以控制；经销商全力推销企业商品，以实现营销目标。但是，这种策略的缺点是：双方依附关系过强，一旦中间商经营失误，厂商将蒙受巨大损失；当生产企业产量增加时，如果仍使用此策略，将会失去更多的市场和顾客。

三、分销渠道方案的评估

企业产品进入市场的渠道，可能有几种方案，在通常情况下，企业从最有利实现长期营销目标出发，从多种方案中选择最佳渠道。对每一渠道的评估，主要有三条标准，即经济标准、控制标准和适应标准。

（一）经济标准

经济标准主要是考虑每条渠道的销售额与成本的关系，如某企业的产品要开拓新市场，一种是通过代理商，其成本较低，但当销售额达到一定数量时，用代理商的成本愈来愈高；另一种是建立自己的推销队伍直接销售，开始成本较高，但随着销售量的增加，成本则逐渐降低，超过盈亏平衡点后，销售收入中的大部分将直接转化为利润。因此，应对两种渠道的销售水平和销售成本进行权衡，以便作出决策（如图13-8所示）。

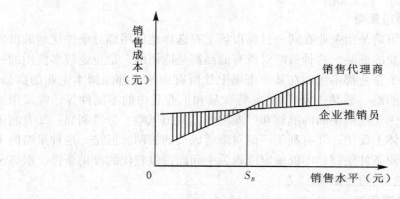

图13-8　两种渠道的费用比较

从图13-8可知，两种渠道的销售水平在S_B时，其销售成本相等。当销售水平低于S_B时，利用代理商合算；销售水平高于S_B时，则企业自销有利。因此，规模小的企业或大企业在销量较小的区域市场，利用代理商合算；销售达到一定水平后，则采用自销较有利。

（二）控制标准

分销渠道的选择还须考虑企业对渠道的控制程度。因为分销渠道是否稳定，直接影响企业的市场占有率的高低和长远目标的实现。中间商是一个独立的企业，它关心的是本企业的利润，经销哪些商品可以使其利润最大化，很少从生产企业角度考虑问题。因此，利用中间商销售就要考虑对中间商的控制程度。一般而言，建立特约经销或代理关系的中间商容易控制，但其销售能力对企业的销售影响很大，选择时应十分谨慎。利用多家中间商在同一目标市场销售，企业利益风险小，但对中间商的控制能力较弱。分销渠道的控制应根据商品特性、供求关系、竞争状况等实际，讲究适度控制、比较控制成本和控制的必要性，以求实现最佳控制效果。

（三）适应性标准

适应性是指企业依据环境因素，能否有效灵活地调整其分销渠道。在一般情况下，厂商、中间商通过契约的关系，明确各自的权利和义务，并规定年限。但在合约期间，由于环境变化，可能出现一些新的分销方式，但厂商不能取消和原中间商签订的合约。因此，从适应性来讲，合约期限时间不宜太长。适应性包括：①地区的适应性。即在某一特定地区建立分销渠道，应考虑该地区的消费水平、购买习惯和市场环境，以建立与之相适应的分销渠道。②时间的适应性。即企业依据产品在不同时间的销售状况，建立与之相适应的分销渠道。如季节性商品等。③对中间商的适应性。即企业应根据各市场上中间商的不同情况采取相应的分销渠道。总之，适应性要求企业在分销渠道决策时，应保留适度的弹性，以适应外部环境变化，并作出调整，保证实现企业的营销目标。

四、分销渠道的发展趋势

现代分销渠道的发展，将突破传统的分销渠道的一般模式"生产者→批发商→零售商→最终消费者"，向着垂直分销渠道系统的方向发展。垂直分销渠道系统是指把分销渠道在一定程度上作为一个整体系统，系统中的每个部分或每个成员是在统一协调下，以整个分销渠道系统的效益最大化为目标的一种一体化经营或联合经营的方式。这种渠道策略，有利于企业控制与占领市场，提高整个分销渠道系统的经济效益。

垂直分销渠道系统主要有以下几种。

（一）公司系统

公司系统又称为综合式垂直分销渠道系统，是指一家公司拥有和统一管理若干工厂、批发机构、零售商等，协调控制分销渠道的若干层次、综合生产、批发、零售业务活动。这种形式的分销渠道系统可分为：工商一体化经营方式，即以大的生产公司为主，统一管理整个渠道系统的各批发商和零售商；商工一体化经营方式，即以大的零售公司为主，拥有和统一管理整个分销渠道系统，如美国的西尔斯（Sears）公司，它是美国最大零售商之一，但它拥有和管理了一些生产厂家，并实行一体化经营。公司系统这种分销渠道在我国已初见端倪，如横向经济联合中出现的一些企业集团、工商联营、工贸联营、工物贸联营等。

（二）管理系统

管理系统是指分销渠道系统中每个成员是相互独立的，成员之间共同协调、共同努力，使得整个分销系统实现最大效益。一般情况下，承担协调、管理职能是系统中成员认可、规模大、实力强的大公司，由其协调分销的各个环节。例如，一种名牌产品的制造商，可得到中间商的有力支持与合作，以发挥其协调的功能。

（三）合同系统

合同系统是指以一种具有法律效力的合同来协调系统中成员活动的分销渠道系统。

他们以合同的形式联合起来,并明确规定各自的权力和责任,以达到各自独立时所不能实现的高收益。这种分销渠道系统有:批发商发起的合作,零售商发起的合作和特许经销权组织。

(四)全渠道零售

随着网络零售高速发展,传统的分销模式正在发生变化,全渠道零售正成为新的发展趋势。所谓"全渠道零售",是零售商利用各种营销渠道为顾客提供交易平台,不仅包括实体店,而且包括网店、基于手机和平板电脑等的 APP 应用以及社交网站、网络家电、呼叫中心等。随着线上线下的融合发展,O2O 模式将是迈向全渠道的重要一步。互联网时代,供应链正在变短、变扁,以前那种层层代理、层层加价的分销模式已难以维系,这对传统零售商影响最大。以前,线上销售只是补充,但未来线下也许将成为补充。目前不少企业都在探索全渠道零售,以增强商品对消费者的黏性。一些企业加强直采、直营,与生产商、消费者都联系得更紧密。

全渠道零售的发展将呈现以下五个趋势:一是传统零售分销体系的变化将是长期过程。二是多元化分销渠道组合以适应目标市场的需求。随着市场细分,分销组织也将多元化发展,企业只采用单一分销渠道已不能满足目标市场的需求。三是互联网及移动互联网分销体系扁平化和一体化。处于终端的零售企业将有机会与厂商和消费者建立最直接最密切的关系,成为供应链上下游的整合者。四是零售集中度将加速,分销结构也趋于集中化。五是掌握供应链核心的物流快递企业成为分销的一分子。以美国梅西百货为例,梅西百货从 2010 年启动整合线上线下及移动端资源的全渠道策略,打通线上、线下资源,为消费者提供更便捷的购物体验,同时,进行大数据分析和精准营销,以此指导店内商品组合选择、布局陈设及促销活动等经营决策开展。梅西百货自采自营品牌占全部商品的 90% 以上,保证产品的竞争力。

第四节 分销渠道管理策略

企业在作出了分销渠道的结构、中间商选择之后,还必须对使用哪些中间商、怎样激励中间商、如何考核评价中间商等问题作出决策。同时,随着环境的变化,应对分销渠道进行调整。

一、中间商的选择

对中间商的选择,一般包括以下几个主要方面:

(1)能够供企业选择的类型与数目。这方面主要指企业选择的中间商是何种类型?即是代理商、批发商还是零售商?能供企业选择的中间商的数目有多少?有能力且愿与本企业合作的中间商有多少?

(2)销售对象。这方面主要指中间商的销售服务对象是哪些消费者群?一般来讲,应与企业的目标市场相一致;另一方面,中间商所处位置应能方便消费者购买。

（3）中间商的声誉。主要考察中间商是否为本企业的目标顾客所信任和尊敬，中间商的资信状况如何，等等。

（4）中间商的经营能力。这方面主要指中间商的销售力量如何，推销员的素质如何，资金实力强弱，是否有足够的仓储、运输能力，能否为顾客提供良好的技术指导和售后服务，等等。

（5）竞争情况。主要考察中间商是否经销本企业竞争对手的产品，本企业产品能否与竞争对手的产品相抗衡，等等。

二、中间商的激励

企业对选择的中间商采取一定的激励手段，有利于调动中间商的积极性，以扩大企业商品的销售，提高市场占有率。

对中间商采用的激励措施有：

（1）向中间商提供物美价廉、适销对路的产品。这有利于减少中间商的风险，为其创造一个良好的销售环境。

（2）合理分配利润。企业应根据中间商的情况，灵活运用定价策略和技巧，给中间商一定的价格回扣，以保护中间商的合理收益。

（3）生产企业的广告促销活动，一般很受中间商欢迎，费用可由生产企业承担，也可由生产者与中间商合理负担。同时，生产企业也可协助中间商开展其他促销活动，如商品陈列、橱窗布置、培训推销人员等。

（4）资金援助。生产企业为中间商提供资金援助，有利于中间商放手进货，积极推销产品，常采用售后付款和先付部分货款、待货售出后再付全部货款两种方式。

（5）与中间商建立伙伴关系。要保证企业产品在市场长久不衰，在产品质量保证的前提下，必须保证分销渠道的畅通。

三、分销渠道的调整

分销渠道的参与者都是独立的经济实体，他们有各自的经济利益。为了提高分销渠道的效率，就必须尽力协调解决渠道中的矛盾冲突，对渠道进行适当调整。

（一）分销渠道系统中的主要矛盾

（1）横向渠道矛盾。指为同一目标市场服务的几个企业或者系统之间为争夺顾客发生的竞争。

（2）纵向渠道的矛盾。指同一渠道中不同层次的经营机构之间发生的利益冲突。

（3）生产者与零售商的矛盾。

（4）批发商与零售商的矛盾。

以上这些矛盾，实质上都是经济利益上的矛盾的具体表现。解决这些矛盾有两条途径：一是通过建立营销渠道的总体目标，在各经济利益主体之间通过建立合理收益协议，以解决收益分配的矛盾；二是设立联合管理机构，协调解决矛盾，如建立行业协会、工商行政管理机构等。

（二）分销渠道调整

企业市场分销渠道的环境是不断变化的，而且有时变化无常，企业必须对环境因素的变化作出灵敏的反应，及时地调整分销渠道。生产企业调整分销渠道的策略主要有以下三种：

1. 增减中间商

增减中间商即企业要决定增加或减少渠道成员。企业在作出这种决策之前，一定要进行分析，如减少一个中间商，会给企业产品销售带来什么后果？如增加一个中间商，能给企业带来多少经济效益？同时还应考虑将会对企业整个分销渠道系统带来什么影响，以及对渠道其他成员可能产生的影响。

2. 增减某一个分销渠道

企业在进行增减分销渠道决策时，首先应对每个分销渠道的运行效益和满足企业要求的程度进行评价；其次要比较不同的分销渠道的优劣，以剔除运行效益差的分销渠道，促使企业从发展的角度，选择更有效的分销渠道。

3. 调整整个渠道

调整整个渠道即改变企业原有的渠道系统，建立全新的分销渠道系统。这种渠道决策是风险最大的决策，由企业最高层决策。使用全新的分销渠道，如由间接渠道改为直接渠道，或者相反，它都会带来企业营销组合经济因素的新变化，因此应慎重从事。

四、分销渠道的新变化

进入 21 世纪以来，我国企业营销渠道竞争越来越激烈，也出现了新的变化，主要表现在以下方面：

（1）分销渠道体制。分销渠道体制由金字塔式向扁平化方向发展。即由多层次的渠道结构向短渠道转变，以加强对渠道的控制。如有的企业在大城市建立配送中心，直接向经销商、零售商提供服务。

（2）分销渠道运作。分销渠道运作由总经销制向终端市场建设为中心转变。加强终端建设，一方面，能够迅速铺货到市场，提高了产品的市场展现度，缩短和消费者的见面时间；另一方面，通过终端促销提高产品的出样率，直接激励顾客购买。

（3）分销渠道建设。分销渠道建设由交易型关系向伙伴型关系转变。伙伴型关系实现了制造商和分销商的一体化，促使分散的中间商形成一个整合体系，有利于实现"双赢"目标。合作方式有联合促销、专门生产、信息共享、培训等。

（4）分销渠道重心由大城市向地、市、县市场转变。有的企业在县（市）设立办事处，形成县城→乡镇→村级市场分销网络，有利于迅速占领农村市场。

（5）分销渠道跨界合作。这是指两个合作品牌基于渠道的共享进行的合作，如创维和华帝合作互相扩大影响，互相借助对方的资源，在三、四级市场进行了营销渠道的创新，试行渠道共用，在华帝专营店展示和销售创维彩电，创维的渠道销售华帝的产品；双方还联手在这些城市展开团购等活动，以及化妆品销售借道 OTC 药店渠道，实现"特殊功能化妆品"在 OTC 药店大有作为而实施渠道跨界渗透等等做法。

第五节 物流与供应链渠道策略

企业营销的主要任务，一是开拓市场，扩大销售；二是要实现商品从生产者向顾客的空间位置转移。只有实现商品的实体流通，销售任务才算完成。这一任务的实现，是借助于渠道系统中的实体流通功能，即运输、储存保管、装卸等环节来完成的。因此，实体流通的合理与否，直接影响商品销售，企业必须重视这一问题。

一、物流的概念及作用

物流是指市场中物质资料从供应者（生产者）向需求者方向所进行的物理性移动，是创造时间性和场所性价值的经济活动。在国外有的称为"物资分配""实物分配过程"。我国《国家物流术语标准》（GB/T18354—2001）明确了物流的定义，物流（Logistics）是指"物品从供应地向接收地的实体流动过程"。在现代市场经济中，由于市场竞争日益激烈，企业营销活动的重点是要努力开拓新市场，争取顾客，同时，还必须重视物流的研究。因为物流在市场竞争中具有重要作用。

物流的作用主要表现在以下方面。

（一）物流是销售活动顺利进行的保证

商品的销售活动，主要是完成商品所有权的让渡，而只有实现商品实体转移，商品所有权转移才能成为现实，消费者需求才能得到满足。随着市场经济的发展，商品交换范围的扩大，许多商品的市场已突破区域性而面向全国，而且要挤占国际市场，所以，商品流通中时间与空间相分离的矛盾日益突出，客观上要安全、及时、高效、经济地完成产品的实体转移。

（二）物流能够加速商品流转，节约流通费用，降低产品成本

流通费用是构成产品成本的一个主要组成部分。实践证明，确定科学的存货水平和合理的运输路线，对增加企业利润有巨大的潜力。所以，国外有人将物流称为"第三利润的源泉""经济领域里一块未被开垦的黑暗大陆"。

（三）物流是生产过程顺利进行的前提条件

现代化企业大生产的连续性，客观上要求市场能够按照生产需要，及时、不断地供应原材料、燃料、动力、工具和设备；同时，要求市场能够把企业的产品迅速地销售出去，只有这样，才能保证生产的正常进行。这些活动的完成也必须借助实体流通。

（四）物流是提高宏观经济效益和微观经济效益的重要途径

通过合理组织运输，减少装卸次数，提高装卸效率，改进商品包装以减少商品在实体流通过程中的损耗，可以提高企业市场营销的经济效益；同时，通过这些措施，实现

物流合理化，能合理利用运输力和仓储设备，提高宏观经济效益。

二、市场物流系统模式

市场物流系统也称为销售物流，它是指市场营销部门（商业、物资、外贸等）从商品采购、运输、储存、装卸搬运、拣选、配送销售开始，到用户收到商品这一整个过程中发生的物流活动。市场物流系统的正常运转，是企业市场营销活动顺利进行的根本保证。从事商品实体流通的企业，必须具备以下条件：①货源充足、配送及时；②收费合理，吸引顾客；③提供优质服务，开发新的项目；④有良好的仓储、运输等基础设施。

由于市场物流系统是由许多环节组成的有机整体，它具有一般系统的功能，同时它又区别于生产物流系统。市场物流系统是从商品采购开始，到把商品卖出去到达消费者手中而结束。在这一过程中，运输和储存是市场物流传导的两个主要环节，运输构成市场物流的空间传导方式，储存构成市场物流的时间传导方式。市场物流系统流程如图13-9所示。

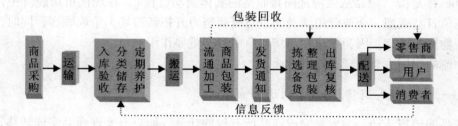

图13-9 市场物流系统流程

三、市场物流系统的空间传导方式：运输

商品运输是解决产销矛盾的有效途径，是商品通过运输发生场所变更或空间的移动。运输在市场物流活动中具有十分重要的作用：一方面，运输是企业市场物流的中心业务活动，主要任务是解决商品在空间上的位移问题，一切货物的移动都必须借助运输来实现；另一方面，运输费在物流费用中，占的比重大。

组织运输合理化的要求与途径如下。

（一）合理运输的基本要求

组织市场物流合理运输的基本要求是：在现有资源、工业布局和运输条件下，按照"及时、准确、经济、安全"的原则，通过不断地消除运输中的迂回、倒流、往返、重复等不合理运输现象，力求以最少的时间、最短的路线、经过最少的环节、花最少的费用、安全无损地把货物由生产地运往消费地。

（二）实现运输合理化的途径

合理组织运输，要受到许多用户因素的制约，主要有生产力布局、自然资源分布、交通运输条件、物流经营机构等。影响物流合理化的因素有：①运输距离；②运输环节；③运输工具；④运输时间；⑤运输费用。这五大因素是相互联系、相互影响的，有时可能是矛盾的，但在一般情况下，运输时间快，运输费用少是组织合理运输的两个关键因素。

运输方式是合理运输的关键。可供企业选择的运输方式主要有：铁路、公路、水运、航空和管道运输。不同的运输方式，使用不同的运输工具，因此，选择合理的运输方式和工具，是实现商品合理运输的重大措施。

1. 铁路运输

主要的运输工具是火车。其主要优点是运量大、运费便宜、速度快、运输不受气候影响，安全可靠，有较好的连续性和时间的准确性。其缺点主要是受运输路线影响。

2. 公路运输

主要的运载工具是汽车。其主要优点是速度快、活动范围广、使用灵活方便，有利于实现"门对门"运输，在实现小批量、近距离运输中有明显的优势。其缺点是运量小，费用较高。

3. 水路运输

主要的运载工具是轮船和货轮。其优点为：载运量大，一般可达上万吨，甚至几十万吨，运价便宜，耗能少；能够装运特大件商品的运输，特别是在国际贸易中作用更大，是一种大批量、长距离的运输方式。其缺点是安全性、准确性较差。

4. 航空运输

主要运载工具是飞机。其最大的优点是速度快，不受地形影响，适宜于时间要求紧、长距离的小件贵重商品运输。其缺点是运费高，且受航线和机场制约。

5. 管道运输

主要工具是各种管道。其优点是：速度快、运量大、连续性强；损耗小、运费低，适合于液体、气体等的运输，在我国主要用于运送原油，并且逐步开展成品油、天然气、煤炭等的运输。其缺点是运送货物单一，机动性小，运输能力受管道直径及压力的限制。

上述五种运输方式各有其优缺点，并且都受一定条件的制约，因此，仅靠单一的运输方式很难完成商品的运输任务。开展联运是解决这一问题的有效途径。所谓联运，是一种实现多环节、多区段相互衔接的运输方式。联运把各种运输工具结合为一个整体，在运输工具转换的联结点上密切配合，互相协作，综合利用各种运输工具。实现货物联运是现代运输发展的必然趋势，它有利于实现运输一体化，简化运输手段，实现货畅其流。我国目前联运的主要形式有水陆联运、海陆联运、江河联运、公路铁路联运等。目前，集装箱技术的发展，也为不同方式的联运创造了良好的条件。

四、市场物流系统的时间传导方式：储存

储存，是指商品离开生产领域而未进入消费领域，只是在市场物流过程中的一种暂时停留。储存是市场物流系统的主要环节，是社会再生产顺利进行的必要条件。

(一) 仓库地点选择

商品储存是一种暂时在仓库的停放，仓库的位置对储存有重要意义。仓储条件的选择对服务水平的影响主要体现在满足顾客需求时间和数量的要求上。企业使用的仓库一般可分为储存仓库和中转仓库。储存仓库主要是用于储存产品；中转仓库主要用来商品周转，即一方面定时进货，另一方面出库为用户供货。

仓库地点的选择，应根据市场的需求情况具体而定。如要考虑目标顾客的位置、运输是否方便、顾客的需求量大小、仓储成本等。企业在仓储选择上，有两种方案可供选择：一种是企业自建仓库，这种方式是有利于企业控制，适宜于市场规模大，且需求稳定的产品，但缺乏灵活性；另一种是租用仓库，这种方式需要支付一定租金，弹性大，风险小，但企业对仓库地点、类型、存货位置、成本等有选择的自由权。自建成或租用仓库分析如图 13-10 所示。

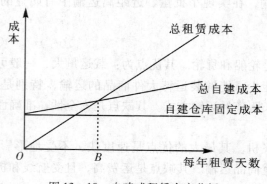

图 13-10 自建或租赁仓库分析

从图 13-10 可看出，如果平均存货量超过 B 点，则自建仓库较为有利；在 B 点以下时，则租赁仓库较为有利。

(二) 影响商品合理储存的因素

合理的商品储存是指在一定的技术经济条件下，商品储存的总量和结构，能够保证市场需求又是最低的储存量。企业要确定科学合理的储存量，就必须系统分析影响储存的因素。

1. 商品市场销售量大小

商品储存的目的是为了保证市场需要，在其他条件不变情况下，储存量应与市场经营规模相适应。销售量大的商品，储存也应增大；反之，则减少库存。

2. 商品的性质和特点

对生产、消费影响大的商品，应有足够的储存；商品的物理、化学性质决定着储存时间的长短，对易燃、易爆、易变质的产品，应确定合理的储存时间及储存量。

3. 商品再生产周期长短

商品的储存量与其生产周期成正比。生产周期短、能及时供应的商品，储存量应低一些;反之,储存量则应高些。

4. 商品产销距离及交通运输的便利程度

产销距离远、交通不方便的商品,应适当增加储存;反之,则应减少储存。

5. 企业经营管理水平

在其他条件既定的情况下,企业的经营管理水平高,能够做到按需定时进货,储存量应低些;反之,就应增大储存量。

(三) 储存决策

企业的存货水平的高低与顾客的需求量密切相关。存货水平太低,则不能满足顾客的需求,造成企业的机会损失;存货水平太高,则增大储存费用。因此,企业要保持适当的存货水平,应做好确定订货点和确定订货量的大小。

1. 进货点决策

进货点是存货水平随着销售而下降,当降到一定的数量时,就需要再进货,这个需要进货的存量就称为进货点。在确定进货时,还应考虑其他不可预见因素和市场需求变化,权衡成本和收益后作出决定。

影响订货点决策的因素主要有两个方面,一是从订货到交货的时间长短;二是市场需求及其变化。

订货点的决策,在理论上可用下面公式计算:

$$Q = d \cdot t$$

式中:Q——理论订货点;

d——t 时间内每天平均需求量;

t——从订货到交货的时间(天)。

2. 经济订购批量

进货量就是每次进货的数量。当商品资源充足,外部因素不是影响商品储存的主要因素时,企业就可从费用支出最省确定储备量。一般情况下,进货量与进货频率成反比关系;进货次数越多,进货成本越高;存货水平越高,存货成本也越高。费用主要包括仓储费、占压资金费、保险费、采购费、损耗费和税金等。所谓经济订购批量(EOQ),就是总费用最低的一次订购数量(如图 13-11 所示)。

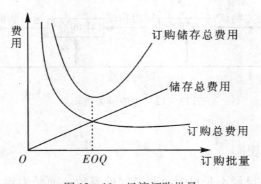

图 13-11 经济订购批量

经济订购批量的计算公式为：

$$EOQ = \sqrt{(2 \cdot k \cdot R)/h}$$

或

$$EOQ = \sqrt{(2 \cdot k \cdot R)/(c \cdot H)}$$

式中：R——商品订购总量；

k——一次订购费用（元）；

c——商品单价（元）；

h——单位商品年均储存费用（元/单位）；

H——该类商品年储存费用率。

订购储存总费用计算公式如下：

$$S = \sqrt{2k \cdot R \cdot h} = \sqrt{2k \cdot RcH} = Q \cdot h = Q \cdot c \cdot H$$

[例] 某种商品每月需采购1000件，单价20元，年储存费用率12%，每次订购费用64元，求该种商品的经济订购批量和储存总费用？

解：
$$EOQ = \sqrt{(2 \cdot k \cdot R)/(c \cdot H)}$$
$$= \sqrt{(2 \times 1000 \times 64)/(20 \times 12\%/12)}$$
$$= \sqrt{64000} = 800（件）$$
$$S = \sqrt{2k \cdot R \cdot H} = 800 \times 20 \times 1\% = 160（元）$$

五、供应链渠道策略

（一）供应链渠道

供应链渠道是指产品从制造商到消费者手中的商品实体、服务和信息的流动过程。传统的实体分销关注的重点是产品如何从企业到达顾客手中，现代的实体分销更加关注以消费者为中心的物流思维，即从市场、消费者到制造商再到供应商的一种思维。

市场物流包括：①运出物流，即产品从工厂到中间商再到最终客户；②运入物流，即产品和原材料从供应商到工厂；③反向物流，也称逆向物流，是指将损毁商品、次品、滞销品及包装物等退回工厂。由以上三个相互联系、相互制约构成的系统，称为供应链渠道，如图13-12所示。

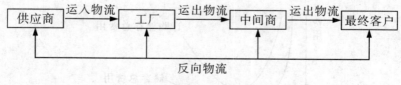

图13-12 供应链渠道示意

（二）供应链管理

企业之间的竞争，已经不是单个企业之间的竞争，而是表现为供应链之间的竞争。

因此，加强供应链管理，不仅是企业竞争的需要，也是供应链竞争的需要。

供应链管理，是指将供应链成员之间实施的活动协调和整合为一个无缝的过程，形成一个具有竞争力和使客户满意的供应体系。供应链管理的重要前提是企业必须实施完全的客户驱动型战略，实现由"推式策略"向"拉式策略"的根本转变。在当代的企业营销体系中，供应链管理充当着双重角色，一是将消费者的需求信息通过各种方式反馈给供应商；二是及时高效地推动物品通过完整的供应链渠道进行移动。

供应链管理的实施者应在公司设立供应链经理，其主要任务就是协调供应商、采购代理、营销者、渠道成员、和客户之间的活动，包括预测、信息系统、采购、生产计划、订单程序、存货、仓储和运输计划等。

供应链管理是企业实现差异化的关键工具，也是企业营销战略和分销策略的重要内容。实施供应链管理的企业，有利于降低营销成本，提高分销系统的灵活性和效率，提高顾客的服务水平，扩大企业的销售收入，增加企业的利润。

（三）整合分销物流管理

整合分销物流管理观念认为，企业营销中要提高客户服务水平，降低分销成本，就需要加强团队合作；在企业内部，各职能部门要密切合作、协同分销，以实现公司物流绩效的最大化；在企业外部，必须同供应商、客户共同整合物流供应链，以实现整个分销渠道的绩效最优。

本章小结

分销渠道策略，是指商品从生产经营者转移到最终消费者的过程中所采取的策略。它是企业市场营销组合策略的重要组成部分，也是企业营销的重大策略。分销渠道在商品流通中能够创造三种效用，即时间效用、地点效用以及所有权转移的效用。而这三种效用的实现是借助于一定的分销组织机构，主要包括批发商、代理商、零售商、与贸易有关的机构（如运输公司、仓库、银行、保险公司、税务等）、销售服务单位（如广告公司、营销咨询公司等）。而批发商、代理商、零售商构成分销渠道中的主要中间商。商品在分销渠道中由营销机构所组成的体系构成了分销渠道的结构模式，主要包括生活资料分销渠道与生产资料分销渠道两种模式。

中间商，是指在生产企业和用户（消费者）之间，专门从事商品流通业务活动，以促成商品交易达成的经济组织和个人。正确分销渠道的选择取决于对分销渠道选择影响因素的准确把握。影响分销渠道选择的因素主要有目标市场因素、商品因素、生产企业本身的条件、环境特点。分销渠道策略的选择决策主要有直接渠道与间接分销渠道的策略选择、长渠道和短渠道策略的选择、宽渠道和窄渠道策略的选择。分销渠道管理决策就是对使用哪些中间商、怎样激励中间商、如何考核评价中间商等问题作出决策。它主要包括中间商的选择、中间商的激励、分销渠道的调整、分销渠道的新变化。

物流，是指市场中物质资料从供应者（生产者）向需求者方向所进行的物理性移动，是创造时间性和场所性价值的经济活动。它在市场竞争中具有重要作用。供应链渠道管理思想代表了现代物流发展的重要方向。

关键概念

分销渠道　中间商　物流　批发商　零售商　市场物流系统　连锁商店　市场物流供应链管理

思考题

(1) 何谓分销渠道？它有什么效用？
(2) 何谓分销渠道策略？
(3) 企业为什么要重视利用中间商？
(4) 零售方式有哪些类型？
(5) 何谓"连锁店"？它分为哪几种类型？
(6) 影响分销渠道选择的因素有哪些？
(7) 企业如何进行分销渠道的选择？
(8) 如何对分销渠道方案进行评估？
(9) 何谓物流？它有什么作用？
(10) 怎样实现运输的合理化？
(11) 影响商品合理储存的因素有哪些？

案例　渠道为王——家电连锁业的国美时代

国美电器有限公司成立于1987年，是一家以经营各类家用电器为主的全国性家电零售连锁企业。国美电器已成为中国驰名商标，并已经发展成为我国较大的家电零售连锁企业。是什么让国美能够如此迅速的发展呢？这里有外部因素和内部因素。

从外部因素来说，众所周知，由于技术的进步和经济的发展，中国的流通领域由卖方市场转向了买方市场，而家电行业是中国市场竞争最充分、最成熟的行业。随着价格之争、品牌之争时代的悄悄流逝，终端为王的时代已经来临。对家电生产企业而言，谁掌握着规模大、效率高、运作灵活、运营成本低的销售渠道，谁就赢得了市场，就能有效地战胜自己的竞争对手。随着国内家电企业市场竞争日趋激烈，对抗性不断增强，企业的营销活动必须更加深入化和细致化，不仅要有创新的产品、优惠的价格、有效的促销活动和完善的售后服务，而且必须要有强大的渠道。渠道已成为企业最重要的资源之一，渠道的创新和整合已成为历史发展的必然趋势。国美适时的出现恰恰迎合了这种趋势，抓住了这个时代特点。

从内部因素来说，在经营实践中，国美电器形成了独特的商品、价格、服务、环境四大核心竞争力。全面引进了彩电、冰箱、洗衣机、空调、手机、数码摄照、IT、数码等产品，使所经销的商品几乎囊括所有消费类电子产品。完善的售后服务体系、高素质的售后服务队伍和一整套完善的售后服务制度体系，并提出"我们员工与众不同"的口号，提出"超越顾客期望"的思想，提供"一站式"服务。这些都是国美电器的规模化经营的基础。

最重要的是,国美的成功与其积极倡导的创新精神和"薄利多销、服务当先"的经营理念密不可分。尤其是其低价格策略极为重要。与发达国家不同,我国消费者的品牌意识还不是很高,购买商品的随意性还很强。比如,某个消费者本来想好要买某一著名品牌电视机,等到了家电超市后,看到其他品牌的促销额度更大、赠品更多,就很有可能临时改变主意,转向购买其他品牌。正是因为消费者较低的品牌忠诚度,才使得家电超市的促销战和价格战格外重要。以往,商场的标价通常在进价的基础上调高一部分(一般根据供应商的"建议零售价"来标价),这既可以获得更多利润,也保留了还价的余地,给消费者一个便宜的错觉。据调查,六成左右消费者对还价的态度是"可还可不还",还有两成消费者则不善于还价。国美则不按照这种方式经营,他借助不断的降价,而且其卖场内家电产品价格普遍都低,不是某个品牌某款电器的单低,这样与其他竞争对手的价格差距越来越大,吸引了大批的消费者,同时也实现了自己的快速增长。在 2003 年年底,国美卖场的一些彩电价格降幅达到 20%,最高降幅达 50%,引起消费者的疯狂购买,这种价格策略给国美带来了高额的市场增长,销售额比 2002 年净增 70 亿元。

国美之所以能够进行这种价格战,主要是有渠道优势。

首先,从进货渠道上采取直接从生产厂商供货的方式,取消了中间商、分销商这个中间环节,降低了成本也就降低了产品价格,把市场营销主动权控制在自己手中。2004 年 3 月,国美与格力电器的斗争正源于此,因格力空调是从销售公司给国美供货,国美无法获得更为优惠的价格,因此,在空调销售旺季国美将格力空调在其卖场暂停销售,其实这正表明了以格力为代表的传统代理销售渠道模式与以国美为代表的连锁销售渠道模式之争。

其次,采用诸如大单采购、买断、包销、订制等多种适合家电经营的营销手段,也就保证了价格优势。国美是国内几乎所有家电厂家最大的合作伙伴,供货价一般都给得低;另外,以承诺销量取代代销形式。国美与多家生产厂家达成协议,厂家给国美优惠政策和优惠价格,而国美则承担经销的责任,而且必须保证生产厂家产品相当大的销售量。承诺销量风险极高,但国美变压力为动力,国美将厂家的价格优惠转化为自身销售上的优势,以较低价格占领了市场。销路畅通,与生产商的合作关系更为紧密,采购的产品成本比其他零售商低很多,为销售铺平了道路。同时采用全国集中采购模式,优势明显,国美门店每天都将要货与销售情况通过网络上报分部,分部再将各门店信息汇总,分销的优势直接转变为价格优势进行统一采购,因其采购量远远超过一般零售商,使其能以比其他商家低很多的价格拿到商品。如沃尔玛全球集中采购一样,具备最大的说话权,可以与家电厂家直接谈判。国美有专门的定制、买断产品,价格自然比一般产品要低。

最后,国美将降价的部分影响转嫁到生产厂商,因为销售一定量的产品国美就可以从生产厂家获取返利,因此国美电器的销售价格有时都可以比厂家的出厂价相同甚至更低,2004 年 9 月,上海国美将商品的挂牌价全部调整为"进货价",即国美把从供应商处进货的价格作为挂牌价公之于众。这样做使众多生产商十分恼怒,但消费者得到了实惠;同时,也给了消费者"买电器,去国美"的概念,使之竞争力进一步增强,也让任何上游生产厂家都不敢轻易得罪国美,唯恐失去国美就会失去大块市场,迫使生产厂家不断地优化生产,降低成本。

2003年,国美电器在进货渠道上就进行大胆探索,全面互动营销充分整合厂家、商家、媒体、社会评测机构以及消费者等资源,发挥了巨大的市场能量。2004年,国美开始重新审视和缔造新时期厂商关系,整合营销渠道,倡导"商者无域,相融共生"的战略联盟,以发展的眼光加强联盟伙伴之间广泛持久的联系,并且相互帮助、相互支持、相互服务,通过资源共享、专业分工、优势互补,更好地服务于消费者,最终达到战略协同、合作制胜、共存共荣的目的。这个观点到了众多家电制造企业的广泛认同,这似乎也标志着一个由家电零售业带领前进的中国家电业发展时代正式到来。

借助于进货渠道的整合,在汲取国际连锁超市成功经验的基础上,国美电器结合中国市场特色,确立了"建立全国零售连锁网络"的发展战略。到2004年年底,国美电器将基本完成在中国大陆地区的一级市场的网络建设,同时扩展到较为富裕地区的二级市场,并致力于用2—4年的时间占有中国家电市场20%的份额。

(资料来源:上海财经大学高等院校教学案例库)

讨论

(1) 有人认为国美这种"价格杀手"的发展形式对家电行业价值链破坏性很大;也有人认为"存在即合理,没有变革就没有发展"。你如何看待这个问题?

(2) 国美在渠道整合过程中引起了很大的争议。你认为生产厂商与销售商之间的关系怎样才能达到平衡和共同发展?

第十四章 促销策略与公共关系策略

本章学习目标

通过本章学习,要求学生掌握以下内容:①了解促销的概念、作用和原则;②了解促销组合内容及企业的促销策略;③了解人员推销、广告促销、销售推广、公共关系等方面的策略。

引导案例 最美的一度:润物细无声的软广告

家电行业美的空调"最美的一度"通过借助优酷网 minisite 展开 UGC(用户产生内容)内容互动模式,在 2014 年 5 月 20 日一天时间内轻松斩获上百万真实用户大数据。也因此被众多专业营销人士评为"2014 年凉夏我的眼"的经典 UGC 营销案例。

众所周知,随着商家疯狂涌进微信平台,如今的微博已失去昨日的繁华,逐渐被定义为"新闻平台、商家营销平台",而最忠实的用户却逐渐降低活跃度,真真正正地变为一名看客。做过微博活动的商家和营销人士可能早已察觉出这样一种现况:无论设置多大的奖项,设计多么好的创意,最终面对的是数以百万计的水粉和活动客,商家真正想要互动和回报的目标用户却寥寥无几;试想,如此多的巨额奖项流向那些刷活动的水粉和活动客,除了徒增一些虚名曝光率外,并未影响到真正的用户。再者,微信也随着商家公众平台的日益增多,用户面对如云的关注平台,已无暇再去点击服务号、订阅号阅读商家所谓精心策划的内容了。这时候,只有更具创新意义的招数才能获得用户的青睐,激起他们的好奇心和参与性,美的空调通过优酷网影像图文这种更真实、更富有心意和诚意的交流互动方式获得的百万真实用户数据或将成为中国众多商家反思的案例。

"最美的一度"活动是由美的空调联合优酷网精心策划的,并于 2014 年 5 月 20 日发布获奖名单,从时间上来看,季节已进入夏季,天气转热,人们的心理需求是可以带来凉意的商品——美的空调毫无疑问正属其列,天时到位。在并不抛弃微博、微信互动的同时,而把营销主阵地选在了优酷网,可谓之地利。而通过上传你认为是"最美的一度"的温情视频或者图片,就有机会在 5 月 20 日登上优酷网头条这种 UGC(用户产生内容)方式,让用户通过摄录自己的生活去表达对"最美的一度"的理解,同时也让其他用户去围观、评价,营造出一片真情与感动的氛围,可谓占尽了人和。天时、地利、人和三者俱备,再借助媒体的东风,最美的一度在短短一夜间走进千家万户,让用户从心里身外感受到美的品牌的品质和文化深度,犹如今夏的清凉小雨,悄悄滋润了老用户的心田,同时也吹醒了那些潜在用户的心理需求。

通过"最美的一度"活动,美的空调在收获大数据的同时也为空调行业开拓了一条新的营销道路。UGC 也称之为用户产生内容，美的空调结合自身品牌特性选择了以 UGC 作为传播的主要内容实可谓高瞻远瞩。UGC 内容的传播能够产生大的持续的用户流量，更重要的是它能增加用户黏性。美的空调表示，通过优酷网 UGC 这种新营销方式的尝试，将让"最美的一度"进行到底。言下之意，美的将继续兑现对大众的产品承诺，每晚低至一度电，而通过 UGC 营销又将使用户得到更多的产品附加值。

（资料来源：中国经济网，http://economy.gmw.cn/2014-05/22/content_ 11391336.htm，有删改）

第一节 促销与促销组合

一、促销的概念及作用

促销，是指企业利用人员和非人员的方法沟通信息，影响和劝诱顾客购买某种产品和劳务，或者促使顾客对卖方及其产品产生好感和信任度的一种活动。促销概念包含了两层含义：一是促销的方法，即人员促销的方法和非人员促销的方法。二是促销的目的，即促进产品和劳务的交易，提高企业的信誉。

促销活动的实质是向消费者传递有关商品和劳务的信息，使消费者了解、认识商品和企业。因此，促销活动开展得成功与否，对于吸引消费者加速商品销售进程、密切供销关系和扩大销售量有着重大作用。

促销的作用主要表现在以下方面。

（一）提供信息

一种商品进入市场后，甚至在尚未进入市场的时候，为了使更多的顾客了解认识这种商品，企业就必须向用户或消费者提供商品信息，介绍产品，引起他们的注意。大量的批发商也需要向零售商和消费者介绍商品，以便沟通信息，促进产品销售的顺利进行。

（二）增加消费需求

生产者和中间商通过各种有效的促销活动，不仅可以诱导需求，有时还可以创造需求，使消费者充分认识本企业产品的特色，对其产生偏爱，反复购买，增加对本企业产品的购买量。当某种产品销售量下降时，采取适当的促销策略，可重新唤起需求，扩大销量。

（三）突出产品特点

市场上同类产品竞争激烈，消费者往往不易觉察同类产品之间的细微差别，影响了购买选择。企业通过促销活动，宣传本企业产品区别于竞争产品的特色，加深消费者对本企业产品的了解和印象,使其知道购买该产品能够得到特殊利益,激发其购买欲望。

(四) 稳定市场地位

一个企业或某种产品的市场地位,是通过销售和市场占有率反映的。在市场竞争中,由于种种原因,使得每个企业或某种产品的市场地位不可能长期稳定不变,这时企业就需要通过促销活动,使更多的消费者形成对本企业或某种产品的一种特殊的偏爱心理,以便获得稳定的销售量或稳定的市场占有率,保证企业市场地位的相对稳定。

二、促销原则

(一) 遵守社会主义商业道德

商业道德是社会主义市场经济职业道德的重要方面,是社会主义企业的神圣职责。这不仅关系到企业的信誉,而且关系到社会主义精神文明建设和企业文化建设。因此,企业在促销活动中,要做到货真价实,不以次货充好货,不以副品充正品,不掺杂使假,不投机欺骗,不硬性搭配,不生产出售有害人体健康的食品、药品,不出售过期失效没有使用价值的商品。实事求是地开展促销,向用户或顾客介绍商品时,既不夸大优点,也不隐瞒缺点。

(二) 遵守国家的有关法令、法规

企业在促销活动中,要遵守政府和国家的法令、法规,如《反不正当竞争法》《维护消费者权益法》《广告法》《商标法》等。企业必须在政策和法律允许的范围内开展促销活动。

(三) 调查和分析市场,贯彻市场细分原则

消费者需求、动机和购买行为,是多种多样和不断变化的。企业要在市场调查和分析的基础上,具体确定:企业生产经营的商品往哪里销售?企业推销商品的目标市场在哪里?也就是说,要贯彻市场细分原则,做到适销对路,满足不同消费者的需求。

(四) 尊重消费者需求的自主权

企业在促销活动中,要尊重消费者选择的自主权,包括:消费者选择商品的权利;要求商品安全可靠的权利;充分了解商品性能的权利;了解商品价格的权利;对商品不合格投诉的权利;等等。不能把本企业或部门的意见通过促销强加于消费者,只能宣传诱导,激发消费者的购买欲望。

(五) 把握促销的最佳时机

企业促销活动的效果,与促销活动的时机有密切的关系。一般来说,重要节假日、产品更新换代等,都是消费者购买的旺季,也是企业开展促销活动的有利时机。

三、促销活动中的信息传递

企业为了促进产品销售,必须不断地向消费者传递产品或服务信息,以唤起顾客需求,引起购买欲望,刺激消费行为。因此,企业促销活动的实质上也就是促销信息的传递过程。

(一) 促销中的信息传递方式

企业促销中的信息传递方式,主要有单向信息沟通和双向信息沟通两种。

(1) 单向信息沟通。即卖方发出信息,买方接收信息,如广告、宣传、橱窗陈列、商品包装装潢、广播电视介绍、互联网网页、网站等。

单向信息沟通的模式为:信息发出者 ⟶ 信息接收者

(2) 双向信息沟通。即卖方和买方既是信息的发出者,又是信息的接收者,如商品展销、现场销售、人员推销等,把产品信息直接传递给消费者,同时,消费者有关需求的信息也能及时传递到企业,信息反馈是这种方式的主要特征。

双向信息沟通的模式为:信息发出者 ⟷ 信息接收者

(二) 促销中信息传播程序

商品信息是通过各种信息传递手段和方式在市场上进行传播的。一般来说,其主要传播程序是:首先,生产企业按照社会需要和市场需求,生产出商品;其次,生产企业通过广告或人员推销、展销等方式,向流通部门(商业、物资、外贸)和广大消费者发出商品信息;最后,流通部门又通过广告、人员推销、展销等方式,向购买者传递商品信息。购买者根据自己掌握的商品信息,并通过口头方式,在广大消费者中传播。与此同时,商品信息还有一个反馈过程。例如,广大消费者对商品需求信息反馈给流通部门,流通部门再反馈给生产企业。生产企业根据反馈的信息,研究开发生产适销对路产品。如此循环往复,使广大消费者需求不断得到满足。

市场商品信息传播与反馈程序如图 14-1 所示。

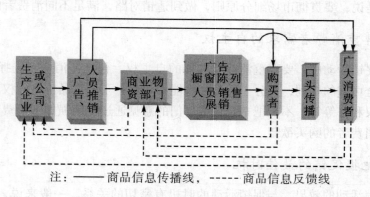

注:—— 商品信息传播线, ----- 商品信息反馈线

图 14-1 市场商品信息传播与反馈程序

四、营销沟通

企业促销活动的实质,是进行信息的沟通。所谓沟通,是指信息的提供者或发布者发出作为刺激物的信息,并把信息传递到一个或更多的目标,以影响其态度和行为。在现代市场经济条件下,企业进行的一切营销活动,实质都是在进行营销沟通,即对消费者进行的说服性沟通,以实现促使其发生购买行为的活动。所谓说服性沟通,是指沟通者有意识地安排有说服力的信息,通过特定的渠道,以使对特定的沟通对象(顾客等)的购买行为及购买意向、态度进行有效的影响。

(一) 营销沟通原则

企业的营销沟通需要分析沟通环境和客户心理。因此,在现代营销沟通中应坚持整合和互动的原则。

1. 整合营销沟通原则

1996年美国西北大学赞助的第3届IMC年会上,将整合营销沟通定义为:"把品牌等与企业的所有接触性作为信息传达,以直接影响客户的购买行为为目标,是从客户出发,运用所有手段进行有力沟通的过程。"企业的整合营销沟通包括:①横向水平整合,如媒体信息的整合、营销渠道的整合、接触管理、目标受众的信息传达整合;②纵向沟通整合,如营销组合、营销策略、品牌识别等。

2. 互动整合营销沟通原则

要实现预期的沟通效果,有效的途径是开展互动沟通。企业要和顾客进行互动沟通,必须重视如下三个方面:①识别沟通机会;②整合沟通信息和服务过程;③在沟通中互动学习。

互动沟通是沟通双方之间的一种信任,是一种理解。缺乏信任与理解,沟通就不可能有效进行。互动沟通应坚持的四条原则是:①沟通双方都能方便与对方沟通;②沟通的主题对双方都是有利的;③沟通可由任意一方主导;④重视和客户的间接沟通,而不是直接推销产品。

(二) 企业营销沟通模式

企业的营销沟通模式包括:①建立客户资料库;②技能管理;③发展沟通策略;④沟通效果测量。企业营销沟通模式如图14-2所示。

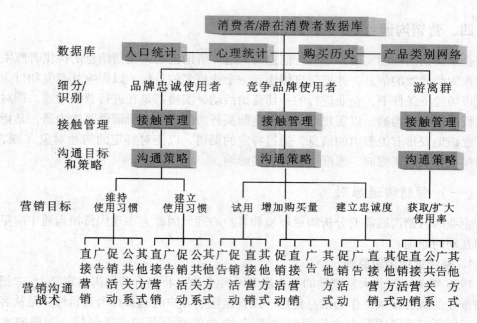

图14-2 企业营销沟通模式

五、影响企业产品促销的因素

企业的市场促销活动，从一定意义上来说也是一种商品竞争活动。企业主要依靠商品的花色、品种、型号、规格，适销对路，物美价廉来进行竞争，而不是用非正当手段挤垮对方，招揽生意。因此，在质量、品种、价格、服务等方面的商品竞争，是影响商品推销最重要的因素。

除此之外，企业还必须根据市场消费需求变化情况，把握商品促销的有利时机，及时采取对策。一般来说，影响企业产品促销的因素主要有以下方面：

（一）产品市场寿命周期变化

不同产品有不同的市场寿命周期，在市场寿命周期的不同阶段，应该采取不同的促销策略。如在试销期，以向消费者宣传为重点，主要采取广告等手段，吸引消费者购买。这时期的推销费用较高。到成熟期时，推销费用逐渐下降，而到了衰退期，为了延长产品的市场寿命，有时促销费用又会增加。

（二）市场需求潜量

市场的需求量是有限度的，达到了最大潜量，即使再增加促销费用，也不能使销售量增加。因此，市场需求潜量对市场促销工作影响很大。

（三）商品竞争情况

如果市场上存在同类产品，竞争就较激烈，企业就须加强推销，加大促销费用。反之，促销费用就会相对减少。

（四）产品的包装装潢和价格

如果产品的包装装潢新颖适用、美观大方、价格较低，就能吸引消费者的需求，开拓更大市场，商品促销费用就可相对减少。

六、促销宣传的内容和手段

（一）促销宣传的内容

促销宣传的内容范围很广，企业应根据市场具体情况有重点地进行宣传，其主要内容有以下方面：

1. 商品的宣传

主要是本企业商品的特点及有别于同类商品的特色，企业有哪些新商品等。

2. 企业的宣传

主要宣传本企业的经营能力、规模、技术、人才等方面的优势，以便取得消费者的信赖。

3. 争取消费者的宣传

同类商品在市场上必然存在竞争。企业通过宣传，要突出本企业商品的竞争能力。宣传要有重点和针对性，或者宣传商品的创新、优质，或者宣传商品的价廉；或者宣传商品的服务、交货迅速，或者把这几方面结合起来宣传。总之，要抓住销售时机，先声夺人，争取消费者。

企业在宣传以上内容时，必须注意：①宣传要实事求是。不要夸张，更不能欺骗，要做到言而有信。否则，言过其实，失实失度，反而败坏企业的名誉。②宣传的内容、形式要符合社会主义精神文明建设的要求和中国国情。③宣传要注意地区和民族的风俗习惯。④要讲究宣传的策略。采取多种灵活的促销宣传形式，注意思想性、趣味性、科学性、知识性和艺术性，避免千篇一律，枯燥呆板和故弄玄虚。

同时，还须注意国家对商品和劳务宣传的规定：①商业经营者的宣传，必须符合国家政策的规定，不得进行虚伪的宣传和介绍，不得有反动、淫秽、丑恶、迷信等内容。②商业经营者必须对自己的宣传、介绍负责。凡弄虚作假，包括盗用名牌产品的商标刊登广告、欺骗消费者的行为等，要追究其法律责任，给予惩处。③商业经营者不得进行有害人体健康的物品或行为的宣传，凡是造成严重后果的，要依法处理。④商业经营者在做商品宣传，介绍商品或企业时，不得泄露国家机密。⑤凡是经营广告的单位，必须按照国家的法律、法规（如《广告法》）办事，不得刊登反动、淫秽、丑恶、虚假的商品宣传广告。

（二）促销宣传的手段

为了促使消费者对购买产生兴趣，在商品促销中常采用以下几种宣传手段：

（1）实证。是指在展销或现场销售中，运用商品实物证明其质量优劣的方法，如食品销售中的试尝、电视销售中的试看等体验性促销手段。

（2）证据。是指在一时不能提出实证的情况下，运用间接证据，使消费者增强购买信心的方法，如某药品或牙膏在报纸上刊登消费者（应真名可查）的来信，以证明该产品的使用效果和消费者的评价。

（3）论证。是指通过说明词或相关文字说明，从理论和实践效用上加以说明的方法，如某新产品在宣传时，重点介绍该领域某知名专家的技术鉴定、技术获奖等。

（4）特色。这是一种重点宣传本企业及产品特点的方法。通过介绍企业的经营特色、经营思想，以取得消费者的信任。

七、促销组合及策略选择

（一）促销组合的概念

企业促进销售的方法主要有人员推销、广告、营业推广和公共关系四种形式。所谓促销组合（promotion mix），就是企业有目的、有计划地把以上四种促销形式配合起来，综合运用，形成一个整体促销策略。它体现了企业的整体促销决策。

以上几种促销形式各有其长处和短处，如广告宣传面广、传播迅速，但对促使实际成交效果不太理想；人员推销有利于成交，但费用较大等，因此，企业的营销管理人员应该根据产品特点和促销目标，选择适宜的促销形式，制定出相应的销售促进策略。

（二）促销组合策略的选择

促销组合是一个整体营销策略，每个企业在具体选择时，一般须考虑以下因素。

1. 促销目标

企业通过对目标对象进行报道、诱导和提示，影响消费者的购买行为，这是促销的一般目标或近期目标。企业在某一时期，进行某次促销活动，还必须服从企业营销的长期目标和总目标。促销的目标不同，促销组合策略也不同。短期目标较适宜采用广告和营业推广；长期目标则须通过制定一个长远的促销组合方案，通过宣传报道、公共关系，以建立企业良好的公众形象。

2. 产品性质

产品的性质不同，消费者购买要求也不相同，企业采取的促销组合也不同。一般来说，生活资料（消费品）多采用广播、电视、网络等广告促销工具；生产资料（工业品）多采用人员推销等工具，营业推广和公共关系运用的目的，都是为消费品和工业品的促销服务，属于配合手段。

3. 产品生命周期

产品在生命周期的不同阶段，销售促进的目标不同，也应灵活地选择采取不同的促销组合，制定特殊的销售促进策略（如表14-1所示）。

表 14 – 1　产品寿命周期不同阶段的促销重点目标、销售方式与策略

产品寿命周期	促销重点目标	促销方式与策略
市场投入期	认识 了解	各种广告
市场成长期	兴趣 偏爱	改变广告形式
市场成熟期	信任 购买	营业推广为主 广告，减价
市场衰退期	消除不满意感 （全周期内用）	改变广告内容 利用公众关系

（1）市场投入期。多数顾客对新产品不了解，促销的目标是使顾客认知产品，应主要采取广告宣传介绍产品，选择推销人员通过各种方式向特定顾客群详细介绍产品，并可采取展销、试销等方式，刺激顾客购买。

（2）市场成长期。这个时期是企业的创牌时期，促销的目标是使顾客对本企业及产品产生偏爱。

促销手段仍以广告为主，但广告内容应突出宣传商标、厂牌及产品特色，同时配合人员推销，尽力扩大销售渠道，树立产品形象，以迅速占领市场。

（3）市场成熟期。这个时期，上市产品增多，竞争加剧，促销的目标是战胜竞争对手，巩固市场地位。一方面在不断增强和提高产品质量；另一方面要加强促销工作。此时，广告应以提示性为主，多采用人员推销，让推销员多访问顾客，广泛开展公关活动，扩大企业和产品的声誉，以巩固本企业产品的市场占有率。

（4）市场衰退期。促销活动的重点是巩固忠诚的老用户，一般采取提示性广告、营业推广策略和公共关系。

4. 市场性质

不同的市场，由于其规模、类型、潜在顾客的数量不同，故应采取不同的促销组合。

（1）市场的地理位置、范围大小。规模大、地域广阔的大市场，多以广告促销为主，并辅助公共关系；规模小的本地市场，则以人员推销为主。

（2）市场类型。消费者市场顾客分散、数量多，应以广告为主，配合营业推广和公共关系宣传；生产者市场用户少、购买批量大、产品技术强，则应以人员推销为主，配合以广告、营业推广和公共关系。

（3）市场潜在顾客的数量。潜量大的市场，宜采用广告促销，有利于开发市场需求；反之，宜采用人员推销，有利于接触顾客促成交易。

八、促销策略的主要方式

企业的促销策略主要方式可分为推式策略和拉式策略两种。

（一）推式策略

推式策略或称推动策略，是指企业通过推销人员把商品推到市场销售的一种策略。它要求推销人员对不同商品、不同顾客应采用不同的推销方法。推式策略主要有以下方面：

（1）举办产品技术应用讲座与实物展销。结合现场操作表演，使用户对产品的技术性能、用途有所认识，从而刺激顾客的购买欲望。

（2）通过售前、售中、售后服务来促进销售。售前服务主要是企业按用户的要求，按质、按量、按时供应产品；售中服务，主要是为用户传授安装、调试知识；售后服务主要是进行技术访问，征求意见，做好保修、维修和调换等质量跟踪管理工作。

（3）建立健全销售网络，扩大销售。企业可以在外地市场建立销售网络，采用销售、联销、经营等方式，扩大商品流通渠道，广泛宣传各类产品的性能和用途，以提高产品的市场占有率。

（4）携带样品或产品目录走访用户。通过听取顾客意见，密切与顾客的关系，并通过老顾客的宣传，诱导创造新用户。

推式策略可用图 14-3 表示。

生产企业 → 批发商 → 零售商 → 消费者
| 人员推销 ↑ 人员推销 ↑ 人员推销 ↑

图 14-3 推式策略

（二）拉式策略

拉式策略是指企业利用广告促销手段，刺激最终顾客（潜在消费者）对产品发生兴趣，从而加速购买的一种策略。消费者的购买兴趣及欲望，会促使其中间商询购该产品，中间商看到这种产品需求量大，即使毛利率较低也愿意经营。拉式策略如图 14-4 所示。

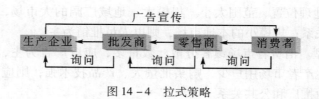

图 14-4 拉式策略

企业在应用拉式策略时，应该结合本企业产品的特点，并考虑中间商是否愿意承担一定的库存等因素。拉式策略主要有以下方面：

（1）通过广告进行宣传，同时配合向目标市场的中间商发函联系，介绍产品的性能、特点、价格和订购办法，为产品打开销路。

(2) 组织产品展销会、订货会，邀请目标市场中间商订货。

(3) 通过代销、试销促进销售。为了消除目标市场中间商怕承担经营风险的顾虑，从而提高其经营的积极性，一般在新产品投放市场时，可委托其代销或试销，促进产品尽快打入市场。

(4) 创名牌，树信誉。这样可增强消费者和中间商对产品和企业的信任，从而促进销售。

推式策略和拉式策略，在企业的促销活动中常常是综合运用的。只是针对不同的产品其重点不同，任何单一策略的运用，都不能收到预期的效果。

（三）促销策略的选择

1. 人员推销

人员推销的条件是：①单位产品价值高、流通环节少的产品；②性能复杂，使用方法须做示范的产品；③根据顾客要求设计生产的产品；④本地产本地销的产品；⑤市场比较集中的产品。

2. 非人员推销

非人员推销的条件是：①产品的市场范围大，流通渠道长的产品；②企业要求以最快的速度，将产品的信息传递给消费者，同时产品又能够刺激消费者产生感情上的购买动机（如"爱人"果汁），经过广告宣传，可能立即采取购买行为的产品；③消费者对产品的需求已经显示出对企业的有利倾向，市场需求日渐升高。通过进一步的广告宣传，能够较快地提高产品的市场占有率。在这种情况下，适宜通过广告进行促销。

九、促销宣传的效果

企业对消费者的促销宣传，最终促使消费者购买商品。企业制作广告或者人员推销，要注意针对消费者的不同反应阶段，进行有重点地宣传。由于消费者购买生活资料和生产资料的行为动机存在差异，所以，对这四个阶段的宣传重点和目的也应有差别。

（一）购买者购买生产资料的反应阶段

购买者对推销生产资料的促销宣传的反应，一般经过这样几个阶段：

1. 概念

推销宣传的重点，是让宣传对象对该产品或经销服务有初步了解，形成初步的概念。这是使消费者对商品和企业产生感性认识阶段。

2. 知识

推销宣传的重点，是让宣传对象知道产品的一般性能知识和生产该产品企业的情况。这是使消费者对商品和企业产生理性认识阶段。

3. 爱好

要使宣传对象对商品和本企业产生特殊的偏爱态度，以坚定其购买信心。

4. 说服

应通过一定的方法，提供一定的优惠条件，如售后服务、零配件供应、合理的价格、试销一定数量等,说服购买对象,使其产生购买本企业产品的要求。

5. 购买

促使宣传对象迅速作出购买决策,立即进行成交签订购买合同。

(二) 购买者购买生活资料的反应阶段

购买者对生活资料的推销宣传反应,一般经历这样几个阶段:

1. 注意

要引起宣传对象对商品的注意。

2. 兴趣

促销宣传,仅引起购买者的注意还不行,还要促使宣传对象对商品产生兴趣。

3. 欲望

这时要使宣传对象产生购买商品或占有劳务的欲望。

4. 行动

促使宣传对象采取购买商品的行动。

5. 满足

通过各种宣传和售后服务。使宣传对象在购买之后,得到心理上的满足。

上述两种形式的反应阶段,其基本原理大致相同,二者不是截然分开的。企业在商品促销宣传的各项活动中,如广告、人员推销、橱窗陈列、商标设计、包装装潢设计等方面,都要充分考虑到消费者对促销宣传的心理反应过程,在不同阶段采取不同的策略,顺利实现商品交换。

第二节 人员推销策略

一、人员推销的概念及特点

人员推销,是指企业派出专职或兼职营销人员,直接向消费者和用户推销商品或劳务的一种促销方式。这是一种最古老的推销方式,直到目前仍然是大多数企业常采用的促销方式。尤其对工业品的推销最为重要。

人员推销的内容非常广泛,从最简单的送货到创造性推销,都包括在人员推销的范围之内。推销人员的角色也更像客户购买的咨询师和建议者。

人员推销与非人员推销相比较,具有如下特点:

(1) 产需双方直接见面接触。推销人员直接与顾客接触,可以有针对性地进行推销宣传,解答顾客提出的意见和质疑,消除顾客购买的心理障碍,增强顾客的购买信心,促使其发生购买行为。

(2) 培养和建立人际关系。人员推销是买卖双方直接互相沟通,可以加强双方之间的了解和信任,从而建立良好的人际关系和长期稳定的供需关系。

(3) 反馈市场信息。推销人员活跃在市场的最前线,可以直接了解到市场消费需求等方面的信息,并及时反馈给企业,使企业产品决策更科学。

二、人员推销的功能

推销人员既是企业的推销员,又是市场信息情报员;既是产品和劳务的宣传员,又是消费者的"顾问"和服务员。因此,人员推销在促销中具有如下功能:

(1) 开发市场。通过人员推销,维持巩固老用户,发掘新顾客,开发新市场。

(2) 传递信息。通过人员推销,将产品的质量、性能、价格等信息告诉顾客,并亲自解决顾客的各种问题。

(3) 销售服务。通过人员推销,能够做好售前、售中、售后各种服务,帮助顾客进行技术指导和业务培训。

(4) 收集情报。通过人员推销,可以收集到市场上的各种情报,包括消费者需求、意见、市场竞争、价格等。

(5) 达成交易。通过人员推销,进行具体洽谈交易,完成产品销售服务。

由此可见,人员推销不仅是企业营销的重要手段,而且关系着企业的成败。因为企业营销的最终成果,要通过产品的销售来实现,企业的各种费用,要通过销售收入来补偿。因此,产品推销是一次"惊险的跳跃",是商品价值最终实现的保证,决定着企业营销的成败。

三、推销人员的任务及推销过程

(一) 推销人员的任务

在市场营销活动中,推销人员的具体活动多种多样,但基本任务是一致的。传统的推销是完成销售指标或利润指标,而在现代营销中,推销人员主要是增强以消费者为中心的销售力,是从企业的长期利润考虑的。因此,推销人员承担如下主要任务:①搜集市场资料进行分析;②与顾客沟通意见;③收集市场信息情报;④提供各种服务;⑤解决顾客有关问题;⑥与顾客保持良好关系;⑦完成公司下达的销售指标任务;⑧整理保存销售记录。

(二) 推销过程

推销人员的推销过程一般分为三个阶段:一是寻找开发目标顾客,二是说服目标顾客购买产品或服务,三是提供良好的售后服务,促使顾客保持较高的满意度。要实现推销目标,推销人员良好的潜质及个人素养就显得非常重要。

四、推销人员的选择及绩效评估

(一) 推销人员应具备的素质

在人员推销活动中,推销人员代表企业与消费者打交道,其目的就是要扩大销售,促进企业发展,实现企业的营销目标。因此,要求推销人员要有较高的素质,熟练掌握

各种推销技巧,以实现推销目的。一个优秀的合格推销人员应具备如下素质:

1. 强烈的服务意识

现代市场推销是一种服务行为,优秀的推销员应该具备强烈的服务意识,想顾客之所想,急顾客之所急,时刻为顾客着想,使顾客得到最大满足。

2. 良好的职业道德

推销人员单独活动较多,因此要有较强的自我约束能力,不利用职业之便欺骗顾客,不侵吞企业利益;知法、懂法、守法,在国家法律范围内从事推销活动。

3. 强烈的事业心和责任感

推销人员应有献身推销工作的精神,对推销由热情,要不怕艰苦、任劳任怨,全心全意为用户和消费者服务,有取得事业成功持续的坚强信念。要有忠实于本企业,忠实于自己的顾客的责任感。

4. 丰富的业务知识

推销员应具备的知识有:①企业知识。推销人员对外代表企业形象,因此推销人员应了解并遵循企业的经营方针和策略,熟悉企业的历史和现状、经营特点、生产能力,在同行业中的竞争地位以及交货方式、付款条件等。②产品知识。推销员应了解企业产品的品种、规格、性能、用途、价格、技术等,并能从事安装调试和维修工作。③用户知识。要了解用户需求,掌握用户购买心理和购买行为,对不同用户采取不同的推销对策。④市场知识。了解市场环境,掌握市场调查和预测的基本原理和方法,并能分析市场动向。

5. 熟练的推销技巧

推销技巧是处理推销员与顾客关系的一种艺术。要求推销员必须学习社会学、心理学的知识,研究消费者心理,密切同顾客的关系。

6. 良好的个性和一定的语言艺术

推销人员要待人热情、口才流利、举止适度、文明礼貌、思维敏捷,谈吐具有说服力和感染力。同时,推销员还要有健康的身体,以适应艰苦的推销工作。

(二) 推销人员的选拔

推销员要具备上述素质,除了每天训练外,在选拔时也要严格把关,按照一定的程序进行。

一个优秀的推销员或具有潜在推销才能的人员,如果被竞争对手招聘去,这对企业来说是一个巨大的损失。企业家的重要任务之一,就在于识别人才,选拔优秀的推销人才。

选拔推销人员时,首先,要确定推销人员的需求量及需要哪一类推销人员。这可由销售经理根据销售任务及现有销售力量来确定。其次,要明确对推销人员的素质要求。推销员的工作效果与个人特性有关,因此,要招聘具有不同特性的人,以承担不同的推销工作。推销员的责任与个性要求如表14-2所示。

表 14-2　推销员的责任与个性要求

推销员的责任	个性要求
1. 决定潜在顾客的需要	主动、机智、多谋，富有想象力，有分析能力
2. 宣传产品如何适合潜在顾客需要	口才好，知识丰富，热诚，有个性
3. 使顾客赞成产品的优点	有说服力，有持久性，机智多谋
4. 答辩	有自信心，知识丰富，机智，有远见
5. 成交	有持久性、冲动力，有自信心
6. 日常访问工作报告，计划访客编排	有条不紊，诚实，留意小节
7. 以服务建立企业信誉	友善、有礼貌，待人热诚

推销员选拔的程序，一般要经过初审、面试、测验和体格检查。

1. 初审

推销员的初审，是在企业发出招聘广告之后进行的。

（1）应聘者书写申请书和填写履历表。申请书和履历表往往给公司形成第一印象，因此，内容要简练、明了，书写要工整清晰，内容包括姓名、年龄、性别、身高、体重、健康状况、地址、工作情况、待遇要求、联系电话等。通过申请书及履历表，目的是要获得应聘人员的基本资格材料。同时，在面试之前，要把一些不符合事先规定的录用条件者刷下去。

（2）资格审查。要对应聘人员进行资格审查（或初次面试），一般由公司人事部门进行。资格审查会面时间简短，一般为 5—10 分钟。应聘者应回答一些简单的问题，如"你为什么要为本公司服务？"等，通过了解应聘者，就为全面考察、正确选拔推销员奠定了基础。

（3）填写职业申请表。职业申请表是应聘者提供某方面细节的表格，它与履历表的不同之处在于，应聘者应回答一些具体问题，如"你对公司的薪水要求是多少？"等。这些信息一般在履历表中无法反映。

2. 面试

面试一般由销售经理主持。招聘人应思维敏捷、主持公道、不带偏见，要防止"先入为主""持有个人偏好"和"被假象迷惑"。应聘人员要防止"行为举止失常""缺乏交际、礼仪常识""自吹自擂、狂妄自大"等行为。通过面试，可以比较准确地了解应聘人的仪表风度、语言表达能力、销售态度以及遭遇困境时的处理方法等。在面试前，要拟定好需对方回答的各种问题。问题巧妙与否直接影响面试的质量。

3. 测验

企业在选拔推销人员时，还可以遵守测验的方法进行。常用的测验方法主要有：

（1）能力测验。即要测出一个人全心全意做某一项工作所能达到的效果，也称为最佳工作表现测验，它包括智商测验和特殊气质测验两方面。智商测验主要了解一个人的智力状况，特殊气质测验主要是了解一个人在情绪控制、自信心和社交能力方面的情况，等等。

（2）性格测验。即测出一个可能的新的推销人员将如何工作。这主要包括态度测验、个性测验和兴趣测验。

（3）成就测验。即测验某一个人对某项工作或某一问题知识的多寡。

4. 体格检查

对被测人员进行体格检查，淘汰不合格人员。

根据以上步骤，选拔推销员的一般程序如图 14-5 所示。

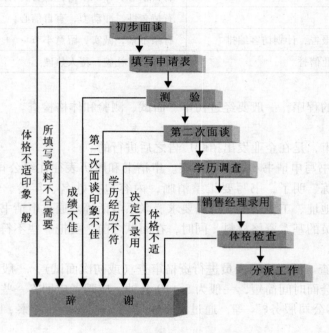

图 14-5 选拔推销员的一般程序

（三）推销员的培训

推销人员选拔后，企业应对其认真加以培训。原有的推销人员每隔一段时间，也应组织集训，学习了解企业新的营销战略、计划、新产品和开拓新的目标市场。通过培训，使推销人员适应市场新的要求，适应产品复杂多样的需要，改善推销人员的工作态度，以提高企业的信誉。

1. 培训目标

推销培训的目标主要有：①以一定的成本获得最大的推销量；②降低推销人员的流动率；③达到良好的公共关系。在上述学习总目标下还应根据推销人员的任务、推销人员的建议和推销中出现的问题确定培训项目，作为每阶段训练的特殊目标。

2. 培训内容

根据培训目标，结合推销职务所需的条件、人员原有水平和企业的市场策略，拟定训练计划，确定培训的具体内容。一般情况下，培训的内容应包括基本推销技术、经营知识和销售管理业务三大部分，如图14-6（A，B，C）所示。

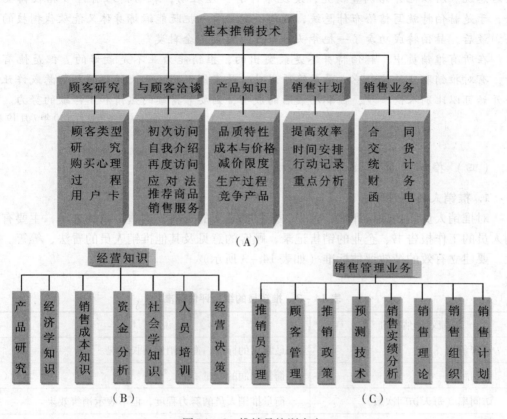

图14-6 推销员培训内容

3. 培训方法

推销人员的培训方法可分为集体训练和个人训练两种。集体训练的方法主要有：专题讲演与示范讲学、办培训班、研讨会等；个别训练方法主要采用师傅带徒弟的方法。

4. 培训效果评估

推销人员培训是一项经常性的工作，新产品、新技术、新设备、新革新不断产生，只要有推销人员和推销任务，就必须继续培训。推销员培训效果可用下列指标加以评估：①新推销人员达到一般水平所需时间；②受过训练和未受过训练的推销效果比较；③最好和最差推销人员的个别受训背景。

链接　卖把斧头给布什

美国有一个培育杰出推销员的布鲁金斯学会，它设有一个代表最伟大推销员的"金鞋奖"，其挑战通常是要推销某种东西给现任的美国总统。克林顿当总统时期是要推销一条三角裤给克林顿，结果推销员都达不到目的。

布什上台后，推销题目换成给总统推销一把斧头。很多人认为，总统什么都不缺，所以连试也不试就放弃了。只有推销员赫伯特认为，只要有恒心和毅力，就可以推销斧头给总统。所以他开始调查研究，发现布什有一座农场，农场树木有许多枯枝需要砍除，于是赫伯特就写信给布什总统，说您一定需要一把既能锻炼身体又能砍伐树枝的斧头。最后，赫伯特成功卖了一把斧头给布什，荣获"金鞋奖"。

在所有推销员中，赫伯特并不是最突出的，推销能力也不是最好的。但是他有热情，有对推销职业的使命感，最后终于成功。此案例说明，先天的聪明与智慧或许让你一开始可以比别人快一步，但职场最后的成功，则要靠持续的热情和不停歇的努力。

(摘自《参考消息》2010年7月19日)

（四）推销人员绩效评估和报酬

1. 推销人员绩效评估

对推销人员绩效进行评估，首先，要根据真实的资料，这些资料的来源，主要有推销人员的工作报告书、企业的销售记录、顾客的意见及其他推销人员的看法，等等。其次，要建立有效的绩效评估标准（如表14-3所示）。

表14-3 推销员的绩效评估标准

绩效评估标准	说 明
销售量	最常用的标准，衡量销售增长状况
毛利	衡量利润的数量
访问率（每天访问次数）	衡量推销人员的努力程度，但不表示销售效果
访问成功率	衡量推销员工作效率的标准
平均订单数目	多与每日平均订单数目一起用来衡量
销售费用与费用率	衡量每次访问的成本及销售费用占营业额的比重
新客户	开辟新客户的衡量标准

根据上述评估标准，采用科学的评估方法，就可对推销员的绩效进行评估。常采用的评估方法有横向评估法和纵向评估法。

（1）横向评估法。这是一种推销员之间的比较，即比较不同的推销员一定时期的销售量。评估因素主要有销售量、订单平均数量和平均每周访问次数。其具体考核如表14-4所示。

表 14-4　推销人员绩效的横向评估比较

评价因素	推销员甲	推销员乙	推销员丙
因素一：销售量			
（1）权数	5	5	5
（2）目标	300000 元	200000 元	400000 元
（3）完成	270000 元	160000 元	360000 元
（4）效率 [（3）÷（2）]	0.90	0.80	0.90
（5）成绩水平（权数×效率）	4.50	4.00	4.50
因素二：订单平均批量			
（1）权数	3	3	3
（2）目标	500 元	400 元	300 元
（3）完成	400 元	300 元	270 元
（4）效率 [（3）÷（2）]	0.80	0.75	0.90
（5）成绩水平（权数×效率）	2.40	2.25	2.70
因素三：每周平均访问次数			
（1）权数	2	2	2
（2）目标	30	25	40
（3）完成	20	22	36
（4）效率 [（3）÷（2）]	0.66	0.88	0.90
（5）成绩水平（权数×效率）	1.32	1.76	1.80
成绩合计	8.22	8.01	9.00
综合效率	82.2%	80.1%	90.0%

（2）纵向评估法。这是一种同一推销员现在和过去工作实绩的比较，这有利于衡量推销员工作的改善状况。其具体考核如表 14-5 所示。

表 14-5　推销人员绩效的纵向评估比较

项目	地区：		推销员：	
	2001 年	2002 年	2003 年	2004 年
1. 销售收入：产品甲				
2. 销售收入：产品乙				
3. 总销售额				
4. 完成销售配额%：产品甲				
5. 完成销售配额%：产品乙				
6. 毛利：产品甲				
7. 毛利：产品乙				
8. 毛利合计				

续表 14-5

项 目	地区：		推销员：	
	2001 年	2002 年	2003 年	2004 年
9. 推销费用 10. 推销费占销售额% 11. 客户访问次数 12. 平均每次成本				
13. 平均顾客数 14. 新顾客数 15. 失去顾客数 16. 每一顾客平均销售额 17. 平均每一顾客毛利				

2. 推销人员的报酬

推销人员的工作有极大的流动性、独立性和自主性，且工作艰辛、责任大、风险高。因此，建立合理的报酬制度，对于调动推销人员的积极性、提高推销效率、扩大产品销售有着重要作用。推销人员的报酬形式一般有以下方面：

（1）固定薪金制。它是一种按推销员工作时间领取报酬的制度。这种方式主要以工作时间为基础，与实际推销效率没有直接联系。其主要优点是：①推销员收入稳定有保障，使他们有安全感；②管理上有较大灵活性；③薪酬固定，在企业经营业绩好时成本较低。其主要缺点是：①不利于鼓励优秀推销员，创造更佳业绩；②容易造成销售成本失控；③无法吸引优秀推销员。正因为如此，目前很少有企业对推销员实行固定薪金制。

（2）完全佣金制。这种方法是指从销售收入中，按照一定的比例提取佣金。因此，推销员的收入取决于完成的销售额和固定的佣金率。这种方式的优点是：①对推销员有极大的激励作用，消除不公平现象；②有利于控制销售成本。其缺点主要是：①推销员不愿干销售以外的工作；②推销人员有时为了争取扩大销售而不择手段，影响企业的声誉；③推销员对企业缺乏"忠诚心"，流动性大，即企业不景气导致影响其佣金时，他们将另找门路，投靠其他企业。

（3）混合制。指固定薪酬制与佣金相结合的一种方式，大多数企业常采用这种制度。具体来讲，是用销售配额的方法，企业对推销人员每年规定销售配额，推销人员的报酬与完成配额程度相关，超过配额就可以有奖金。但配额的制定要合理，否则会影响推销人员的积极性。

五、人员推销策略

（一）制定人员推销策略应注意的问题

为了保证人员推销取得应有的效果，必须制定人员推销策略。制定策略时应做好以

下四个方面的工作:

1. 确定推销重点

确定推销重点是增加产品销售和扩大企业影响的条件之一。企业要根据自己产品的特点,确定每个时期的推销重点,并配备能力强的推销人员,针对重点推销对象,采取最恰当的推销方式。这样可以突出企业特点,有利于企业竞争。

2. 选择推销方式

不同产品适应不同的需求者。特别是生活资料和生产资料具有不同的适用性质和特点,故应采用不同推销方式。

3. 确定推销人员规模

确定人员推销规模,常用两种方法:一是工作量法,二是增量法。工作量法就是根据销售工作量确定推销人员数量。其计算公式如下:

$$S = \frac{(C_1 + C_2) \cdot V \cdot L}{T}$$

式中:S——推销人员数量;
C_1——现有顾客数量;
C_2——未来顾客数量;
V——每年访问顾客次数;
L——每次访问的平均时间;
T——每个推销员每年有效工作时间。

增量法是随着销售量的增长、地区的扩大而逐步增加销售人员。但是,销售量和推销员的增加不一定成比例增长,应根据企业的具体情况而定。

4. 确定推销人员的组织形式

推销人员的组织形式,一般有产品型、地区型、行业型和复合型。

(1) 产品型。即实行产品专业化,由一名或一组推销人员负责某种产品的推销,地区范围不限制。这种组织形式适用于产品多样化、技术较复杂、使用范围广的企业。

(2) 地区型。即分派一名或一组推销人员具体独立负责某一地区企业产品的推销业务。这种形式责任明确,有利于和顾客建立稳定关系,提高推销效率,并能节省推销费用。但是,要求推销人员应掌握多种产品知识,做好统筹兼顾。

(3) 行业型。即按产业、业务类型等标准,由推销人员具体负责向某一行业的顾客推销。其优点是能够深入了解不同顾客的要求和特点,增强了推销的针对性,但要注意避免重视大行业、忽视小行业的做法。

(4) 复合型。当企业产品多而复杂、销售地区又分散时,企业常将以上方式结合起来统筹安排,如按地区组织,在地区内又按产品或行业组织等。可是这种方式上下责任关系复杂,职责交叉,增加了管理工作和推销工作的困难。

(二) 人员推销的主要策略

人员推销策略是指通过一定的方式说服顾客购买产品。有效的说服力,应该遵循"AIDA"原则,能对顾客引起注意、产生兴趣、激发欲望和导致购买行为。

销售员对顾客介绍商品时，要始终强调顾客利益，告知产品特点和效用。常用的策略有以下方面。

1. 刺激—反应法

该策略是指推销人员应事先准备好几套介绍词，通过适当的刺激性言词、图片或产品展销、现场表演、试尝、试用等手段，对顾客的感觉器官形成刺激，激发其购买欲望、发生购买行为、实现产品销售。这种策略既可诱使现实顾客，但更重要的是通过反馈对潜在顾客施加影响，变潜在顾客为现实顾客，为扩大销量争取更多顾客。

2. 需求—满足法

该策略是指先引发顾客说话，以便发现顾客的真正需求。然后采取一定的说服方式、推销技巧，说明购买本产品能使其需求得到最大满足，以鼓励其购买。这是一种创造性推销，要求推销员应具有较高素质。

3. 公式法

该策略是指推销人员使用一套公式化的语言，吸引顾客购买产品。推销词应按购买的一般过程进行设计。在推销时，要注意控制谈话，使顾客思路跟着自己走。

第三节　广告促销策略

一、广告的概念与目标

（一）广告的概念

广告具有非常悠久的历史。自从有商品生产和市场以来，就有了广告。

广告，是指为了推销商品或提供收取费用的劳务和服务，以支付费用为特征，利用媒体或公共场所等进行的公开宣传形式。这一定义基本上反映了现代广告的实质。

改革开放以来，我国广告业得到迅速发展。据最新资料显示，2015年我国广告营业额由1978年的1.18亿元增加到5973亿元，广告从业人员由1.6万人增加到307万人，广告经营单位达到67多万户，特别是互联网广告的快速发展，2015年广告营业额达到1589亿元，超过电视广告排名第一。由此可见，广告作为第三产业的重要组成部分，在我国的市场经济中将发挥着重要的作用，我国广告市场已经成为继美国、日本、德国之后的全球第四大广告市场，广告收入已占GDP的0.92%。

广告对企业来说是一种"挡不住的诱惑"，在实现企业营销目标中发挥着重大作用。日本"管理之神"松下幸之助曾说："广告宣传是推销产品的先锋，产品再好，不做广告便无法在市场竞争中出风头，赢得社会的认可和信誉。"因此，广告在推动经济发展、促进销售方面的作用为：①传递信息，沟通产需；②激发需求，增加销售；③介绍知识，指导消费；④招徕顾客，促进竞争；⑤确立地位，塑造形象；⑥美化生活，陶冶情操。

（二）广告的目标

企业在进行广告决策时，首先面临的是如何进行广告目标的决策。所谓广告目标，是指在特定的时间向特定的目标市场客户群体沟通、传播信息，以实现企业做广告的目的。按照广告的作用不同，广告目标可分为：

（1）通知性广告。这是指发出信息在于告知客户企业推出的产品或服务，激励客户的初级需求，主要适用于新产品的市场开拓期。

（2）说服性广告。这是指发出的信息主要在于建立顾客的选择性需求，通常采用对比分析的信息传播策略，以激励顾客的购买决策。主要在竞争激烈的市场采用。

（3）提醒性广告。这是指发出广告信息的主要目的是让顾客不要忘记公司和公司的产品和服务。如可口可乐大量的广告投入，其目标在于使消费者在需要饮料时，能够想起和购买可口可乐。

二、广告的内容与设计

（一）广告的内容

广告必须有明确的目标，在确定目标的基础上确定广告主题。广告主题要鲜明，主要是突出商品和企业对消费者和用户的利益。具体来说，广告的内容包括：①要突出宣传本企业的主要特点；②要突出宣传本企业产品的主要特点；③要注意对本企业产品商标的宣传；④商品广告尽可能标出销售价格；⑤要宣传为消费者提供的服务。

（二）广告设计

1. 广告设计的格式

为保证广告宣传能取得较好效果，对广告设计的格式要做仔细地研究。广告格式一般包括五个因素：

（1）标题。它是广告中最简洁、最突出的文字，通常以醒目的标语、口号、词语等文字形式表现。它突出地表达广告客户的最终意愿和所推销商品或劳务的本质、特征和性能。

（2）短文。这是对广告所宣传商品或劳务的简单介绍，一般包括经营的规模、项目和方法、技术水平、产品质量、社会信誉、使用方法、维修保养、商品价格、购买优惠条件。

广告的标题和短文等文字说明部分统称为广告文稿。广告文稿的创意有规则式风格、理性感化风格和论证式三种。不同产品和不同的广告媒体，对广告文稿的要求也不同。

（3）商标。任何形式的商品广告，都必须突出商品商标，即谁家的商品、是什么牌号的商品。突出商标的目的，在于使消费者对商品的标记留下深刻印象，以方便顾客购买。

（4）形象。它是展示广告主题的有效方式和提高视觉效果的重要手段。主要指广告的画面和实物展示部分，一般以实物、图片、录像等形式表示。画面和实物形象的使用，能够刺激消费者，强化感性认识。

（5）衬托。它是表现广告主题的一种方法。以衬托来表现广告，以整体形象突出主题，能够收到强化广告感染力，提高广告的注意度、理解度、记忆度的功效。衬托要为广告主题服务，要防止喧宾夺主。

2. 广告设计的形式

广告设计的形式多种多样，而且随着社会发展、人们观念变革及现代科学技术的发展，新的广告设计形式还将出现。在此，仅介绍10种常用的形式。

（1）生活片断。即取人们日常生活的某一片断，以显示消费者正在使用广告中的商品。

（2）幻想。即针对商品的特点和用途，设计一种有利于广告宣传的幻想境界。

（3）生活方式。即在广告中显示产品，如何适应人们的生活方式，如快餐食品适应人们生活节奏加快的需求等。

（4）情趣和想象。即借助产品广告，唤起人们产生一种美好的、平静的情趣和想象。

（5）音乐观。即把企业或产品形象，深化于优美的音乐之中。

（6）人格化。即用文字或图像把产品人格化，使消费者更加偏爱或崇敬。

（7）技术特色。即显示企业在生产过程中的选料、使用的设备、检测手段等方面的优点。

（8）科学性。即通过各种实验、应用单位的使用数据，消费者感到这种产品完全合乎科学的要求和标准。

（9）证明曾受奖励。即利用各级主管部门、行业协会、国际组织的表扬和奖励，以证明产品的性能及质量。

（10）消费者的意见。即利用消费者使用后的表扬信和供货订单，以增强消费者对该产品的信任感。

（三）广告设计的原则

广告设计应符合以下原则：
（1）内容的真实性。
（2）表述的思想性。
（3）费用的经济性。
（4）使用的专业性。
（5）构思和设计的创造性。

三、广告媒体的选择

（一）广告媒体的分类

广告媒体又称为广告媒介，它是指传递广告信息的载体或工具，广告媒体具有传达、吸引和适应三大功能。我国广告媒体可分为以下几大类：

（1）视听广告媒体。主要指广播、电视、电影和幻灯等。

（2）印刷广告媒体。主要指报纸、期刊、杂志及各种印刷品。

（3）户外广告媒体。主要指在街头、建筑物、机场、车站、码头、体育场（馆）、展览馆、旅游点等公共场所，允许设置与张贴路牌、灯箱、霓虹灯、招贴、气球等。

（4）交通广告媒体。主要指在车（火车、汽车等）、船、飞机内设置和张贴的各种广告。

（5）展示广告媒体。主要指陈列、橱窗、门面广告、柜式广告、立式广告、活人广告等。

（6）邮寄广告媒体。主要指商品目录及说明书、宣传小册子、明信片、征订单、挂历广告等。

（7）网络广告媒体。主要指利用互联网、移动互联网这一大众媒体，进行广告宣传及沟通。

（8）其他媒体。主要指火柴盒、手提包、名片、火车票及办公用品等。

（二）传统广告媒体的特点

广告媒体种类繁多，不同的广告媒体有不同的特点，各有长短。传统媒体是指报纸、杂志、广播、电视，这四大媒体在广告媒体中占有重要的地位，是传播广告信息最常用的媒体。现将几种主要广告媒介的特点列表对比（如表14-6所示）。

表14-6 广告媒介的特点

媒介形式	优点	缺点
报纸	广泛、保存性、伸缩性、改稿容易	读者看时匆忙，有时不留意图片，复制素质差
杂志	选择目标读者容易，保存性、转读率高，彩色印刷复制效果好	不易选择到高销售量的杂志
电视	利用视觉、听觉效果。具有强大的影响力，理解度高，具有示范作用，普及范围广，容易发挥创作力	费用高，目标观众的选择性较低
广播电台	广泛、费用较低，适用一面工作一面收听	注意力不如电视
广告函件	选择特定购买对象，避免不必要的浪费，具有亲切感	购买者广泛，邮寄困难
户外广告	费用较低，具有一定的持久性	无法选择目标对象，创作力受限制

从表14-6可以看出，并没有一个完美的广告媒体。企业在选择采用何种媒体时，

应考虑到影响广告媒体的各种因素，综合运用各种广告媒体，力求宣传到最广的范围、感染力最强和费用最低廉等。

（三）新广告媒体的特点

新广告媒体主要指以互联网及移动互联网为载体的广告媒体。新媒体近年来发展极快，已经成为一种主要的广告媒体。其特点表现为：①高活跃度，传播快，不受时间和空间限制；②低成本，互联网广告的特性是低成本优势，甚至免费广告；③效果可精准评估。利用大数据技术和方法，可实施互联网广告效果的及时在线评估。随着互联网媒体的进一步碎片化，广告主开始追随社会化媒介、电视电影节目植入、自媒体等新广告媒体进行宣传。

（四）选择广告媒体时应考虑的因素

企业在选择广告媒体时，应考虑以下方面因素。

1. 根据所宣传商品种类、特点选择广告媒体

由于每种商品的性能、特点、使用价值、使用范围和宣传要求各不相同，因此，不能单纯从广告媒体传播范围的大小来断定媒体选择的优劣。例如，生产资料和生活资料的媒体应不同；专用商品和通用商品、全国销售商品和地区销售商品等，主要应从媒体普及于该种商品可能消费的程度来决定取舍。

2. 根据市场调查和预测，确定选择何种广告媒体

企业应对消费者和市场进行调查，掌握哪些地区和职业不同的消费者需要这些商品、消费者的年龄、职业特点、购买力状况、消费习惯等，了解有关商品的市场供求情况及发展趋势。根据调查研究的结果，分析运用哪种广告媒体效果更好，然后作出决定。

3. 根据广告媒体的传播数量和质量来选择

广告媒体数量是指这种媒体所能传播到读者（观众、听众）的大致数量，如报纸、杂志的发行量，广播和电视的听众数和观众数等。广告媒体的质量，是指某种媒体已经建立起来的影响和声誉，以及这种媒体在表现上和传播上的特点。企业应从广告媒体的数量和质量方面进行权衡，择取其效果最佳者。

4. 根据企业的广告预算及支付能力，选择最有效的广告媒体

不同的广告媒体，其费用不同。广告费包括媒体费用和广告作品制作费用。因此，企业要根据本身的经营范围和支付能力来选择。同时，还要考虑不同媒体的效果大小，权衡轻重，作出大胆合理的选择决定。

四、广告策略

广告策略，是指企业在广告活动中，为取得更大效果而采取的行动方案和对策。在广告市场竞争激烈的今天，企业必须重视广告策略决策。

企业在确定广告策略时，要考虑以下基本要求：①符合市场营销总策略的要求；②策略目标要合理和易于应用；③策略目标要明确、单一；④要了解广告对象；⑤要明确目标市场所在；⑥要明确对消费者的承诺与保证；⑦要注意创新与协调。企业在制定广告策略时，要充分考虑广告的传播对象、内容、时间、地点、媒体五大要素。

企业传统的广告策略主要有：媒体组合策略、广告产品生命周期策略、广告产品定位策略、广告实施时间策略等四种。

除了企业传统的四种广告策略外，下面介绍几种特殊的广告促销策略。

（1）实效促销。主要是通过产品实际效果的现场展示，让顾客信服。如经营强力胶水的经销商策划了一个绝招，定制一枚价值4500美元的金币，用该胶水粘在商店里的墙壁上，并贴出广告："谁揭下金币就归谁"，结果吸引来许多顾客前来观看，使产品名声大震。

（2）借名人做广告。这是指利用名人的示范效应，进行广告促销。如美国派克钢笔公司在报纸刊登一张照片，罗斯福总统正在用派克钢笔写一份文件，标题是：总统用的是派克。从此，派克钢笔迅速成了驰名国际的名牌钢笔。

（3）妙请义务广告员。这是指企业设计让人们充当义务广告员，以便达到扩大宣传、促销的目的。

（4）合法对比法。例如，感冒药吃后容易使人疲困，而我国东盛科技的"白加黑"感冒药，用"白天吃白片不瞌睡，晚上吃黑片睡得香"做广告以区别于其他感冒药，收到了良好的促销效果。

五、广告费用预算与效果评价

广告为企业扩大销售、增加利润提供了有效途径，但广告是一项花钱较多的活动。因此，企业必须重视广告费用预算和效果的评价工作。

（一）广告费用预算

广告费用预算，是广告主投入广告活动的费用开支计划，是企业营销预算的组成部分。广告预算的主要方法有以下方面。

1. 销售百分比法

销售百分比法即按照企业产品销售总额的百分比来确定广告预算。它是根据企业本年度的销售总额或下年度销售总额预测值，再乘上一个广告费用百分比，就可得到下一年度的广告预算费用。其优点是计算简单方便，缺点是适应性差。西方发达国家企业的广告费用一般占销售收入的3%—5%；我国工业企业的广告费一般不超过销售收入的1%。

2. 目标任务法

这种方法的程序是：确定广告目标，确定为实现目标所必须完成的工作任务，估算完成这种工作任务所需的各种费用。这些费用的总和就是广告预算。这种预算方法比较科学，为许多企业所采用。

3. 竞争对峙法

竞争对峙法即与竞争对手保持相当数量的广告预算。在既要保住市场地位，又要避免广告战时，企业的广告费可参照竞争对手的费用支出来确定。这种方法适宜于资金雄厚的大企业，常用的是市场占有率法。

计算公式如下：

$$广告预算 = \frac{竞争对手广告费总额}{竞争对手市场占有率} \times 本企业预计市场占有率$$

4. 量力支出法

这是根据企业的财力状况能拿出多少钱做广告，来确定广告预算。这种方法简单方便，预算不确定，缺乏长远发展计划，有时在竞争激烈或新产品开发市场时，由于费用不足而坐失良机，因此，一般适宜于资金有限的中小企业。

（二）广告项目的测定与效果

1. 广告项目的测定

广告项目的测定如表 14-7 所示。

表 14-7 广告项目的测定

测定项目	测定内容	测定方法	说　　明
接　触	注目率	电话调查法 问卷调查法 杂志夹页回收法 客观机械调查法	用电话询问 用调查表或走访方式调查 通过回收的夹页测定注目率 用安装在电视、收音机中的自动记录装置测定
心理变化	理解态度 记忆动机	面谈法 评价法 联想法 测目法 心理实验法	询问收听、收看广告后的感想 评价广告的优、劣 了解通过看某物是否能联想到广告内容 用特制的照相机观察看广告时眼睛运动情况 用专用设备测试人们收看广告时情绪变化
唤起购买	销售情况	销售额调查法 比较法	调查广告播出后销售额的变化 比较广告播出前后销售变化情况

2. 广告的传播效果

广告的传播效果，是指看广告的人数和对广告的印象。从广告宣传对象的心理状况来分析，通过广告宣传，能增加认识、强化印象，然后激起购买商品的欲望，促进企业商品销售，这就是广告本身的效果。

传播效果测定的方法主要有三种：第一种为阅读率、视听率和记忆率测定法；第二种为回忆测试法；第三种为理解度测试法。

下面就上述第一种方法的计算公式介绍如下：

$$阅读率 = \frac{阅读广告人数}{报刊发行量} \times 100\%$$

$$视听率 = \frac{收看、听广告人数}{电视机、收音机拥有量} \times 100\%$$

$$记忆率 = \frac{记忆广告的人数}{阅读视听广告人数} \times 100\%$$

3. 广告销售效果

广告的销售效果是广告宣传的直接效果,但这在实际生活中难以测定。对企业来说,从广告费的支出看对销售额的影响,虽然很难说是绝对正确的,但却是非常重要的。因为这是企业广告目标的最终标准。

(1) 每元广告费增销法。

其计算公式为:

$$R = \frac{S_2 - S_1}{P} \tag{1}$$

$$P = \frac{S_2 - S_1}{R} \tag{2}$$

式中:R——每元广告费增销额;
　　　S_1——增加广告费前平均销售额;
　　　S_2——增加广告费后平均销售额;
　　　P——增加的广告费用。

已知 S_1,S_2 和 P,求 R 时,则用公式(1);
已知 S_2,S_1 和 R,求 P 时,则用公式(2)。

(2) 弹性系数分析法。

计算公式如下:

$$E = \frac{\Delta S / S}{\Delta A / A}$$

式中:S——原销售量;
　　　ΔS——增加广告费后的销售增加量;
　　　A——原广告费支出;
　　　ΔA——增加的广告费支出;
　　　E——弹性系数。

当 $E > 1$ 时,广告效果好;$E < 1$ 时,则效果差。

在进行广告效果分析时,还必须注意:一是在广告传播效果好,但销售效果不太好的情况下,不能简单否定广告效果,而应从其他方面如产品本身的因素等,进行综合检查。二是利用某一广告媒体时,由于这一媒体已实现了最大销售量,即使再投入更多的广告费,对销售也无济于事,这说明已经达到"饱和水平"。因此,必须注意这一点,以免白白地浪费资金。

六、广告管理

广告管理,是指国家、社会和广告业依据有关法规对广告活动的全过程进行监督、检查、控制和指导的活动。加强广告管理,有利于保护消费者利益;促进企业合法竞争;维护市场经济秩序;保护企业权益和保护市场环境。

广告管理的方法主要有行政方法、法律方法、自律方法、经济方法和教育的方法。

我国县级以上人民政府工商行政管理部门是广告的监督管理机关。

我国广告管理是随着改革的不断深化而逐步完善的。1982年2月，国务院颁布《中华人民共和国广告管理暂行条例》，并于同年5月1日正式执行，这是我国第一部全国性广告法规，它的颁布与实施，在我国广告管理的进程中有重要意义。1987年10月26日，国务院正式颁布《中华人民共和国广告管理条例》（简称《广告管理条例》），为了贯彻执行《广告管理条例》，国家工商行政管理局于1988年1月9日发布了《广告管理条例施行细则》。它对促进我国广告业的健康发展起到了一定的作用。

但是，随着我国社会主义市场经济体制的逐步建立，广告业得到了迅速发展，在促进企业产品销售和经济发展中作出巨大贡献，但总体上来讲广告质量不高、广告行为不规范、违法广告屡禁不止等，这些问题还比较突出，严重地干扰了社会主义市场经济秩序，损坏了国家、社会公众利益和消费者的利益。

为了加强广告管理以及执法操作中的力度，规范广告活动，促进广告业的健康发展，保护消费者的合法权益，维护社会经济秩序，发挥广告在社会主义市场经济中的积极作用，1994年10月27日，第八届全国人民代表大会常务委员会第十次会议通过了《中华人民共和国广告法》（下称《广告法》），并于1995年2月1日正式实施。

2015年依据我国市场经济发展和广告业发展的实际，对《广告法》修订后，新《广告法》于2015年9月1日起正式实施。这是我国广告管理走向法制化轨道的重要标志，为广告业的发展奠定了良好的法制环境。

新的《广告法》有以下的特点要求。

（一）《广告法》的特点

（1）充实和细化广告内容准则。修订完善或新增保健食品、药品、医疗、医疗器械、教育培训、招商投资、房地产、农作物种子等广告的准则。

（2）明确虚假广告的定义和典型形态。新《广告法》坚持问题导向，立足解决我国广告监管存在的主要问题，着重解决广大人民群众关注的虚假违法广告治理问题，明确规定广告内容虚假及内容引人误解的均属于虚假广告，同时列明构成虚假广告的具体情形，加大对虚假违法广告的惩治力度。

（3）新增广告代言人的法律义务和责任的规定。明确规定广告代言人不得为虚假广告代言，不得为未使用过的商品服务代言。

（4）严控烟草广告发布。禁止烟草广告有利于遏制烟草消费，维护人民身体健康，根据我国履行《烟草控制框架公约》的需要，此次修法进一步规定禁止在大众传播媒介或者公共场所、公共交通工具、户外发布，同时明确禁止利用其他商品广告变相发布烟草广告。

（5）新增关于未成年人广告管理的规定。新《广告法》中新增规定，如不得利用十周岁以下未成年人作为广告代言人；不得在中小学校、幼儿园内开展广告活动，不得利用中小学生和幼儿的教材、教辅材料等发布或者变相发布广告；在针对未成年人的大众传播媒介上不得发布医疗、药品、保健食品、医疗器械、化妆品、酒类、美容广告，以及不利于未成年人身心健康的网络游戏广告。

（6）新增关于互联网广告的规定。为了规范互联网广告的发布行为，保护消费者合法权益，新《广告法》明确规定互联网广告活动也必须遵守《广告法》的各项规定。针对广告扰民问题，新《广告法》规定未经当事人同意或请求，不得向其住宅，交通工具发送广告，也不得以电子信息方式发送广告。弹出广告应当确保一键关闭。互联网信息服务提供者对利用其平台发布违法广告的，应当予以制止。

（7）强化了对大众传播媒介广告发布行为的监管力度。广播、电视、报刊等大众传播媒介是广告发布的重要渠道，新《广告法》对其广告发布活动进一步加强了管理，如新增规定电台、电视台发布广告应当遵守有关时长、方式的规定。大众传播媒介不得以介绍健康、养生知识等形式变相发布医药类广告。广播、电视、报刊发布违法广告的，该媒体的主管人员与直接责任人员将受到处分。

（8）增加公益广告，扩大广告法调整范围。原《广告法》仅规范商业广告而没有涉及公益广告。但在现阶段，与商业广告相比，我国公益广告的管理、激励措施不健全、公益广告的选题质量、制作水平不高，广告主与广告媒体发布公益广告的意识有待提升，这些突出问题制约了公益广告的进一步发展。为此，新《广告法》增加规定国家鼓励、支持开展公益广告宣传活动，大众传播媒介有义务发布公益广告。

（9）明确工商机关等有关部门的职权。明确和强化工商机关及有关部门对广告市场监管的职责职权，明确以工商机关为主、各部门分工配合的管理体制，提高行政执法效能。

（10）提高法律责任的震慑力。按照过罚相当原则，新《广告法》区分违法行为的社会危害程度和具体情节，对严重的广告违法行为，如发布虚假广告、利用广告推销禁止生产销售的商品或者提供的服务等，设定了较重的法律责任。增加了行政处罚种类，加大打击力度。包括：增加了资格罚，对情节严重的广告违法行为增加吊销营业执照、吊销广告发布登记证件的处罚；增加了信用惩戒，规定有关违法行为信息要记入信用档案。

（二）《广告法》中对商品及服务广告的要求

新《广告法》第9条规定，下列情形不能刊登广告：
(1) 使用或者变相使用中华人民共和国的国旗、国歌、国徽、军旗、军歌、军徽。
(2) 使用或者变相使用国家机关、国家机关工作人员的名义或者形象。
(3) 使用"国家级""最高级""最佳"等用语。
(4) 损害国家的尊严或者利益，泄露国家秘密。
(5) 妨碍社会安定，损害社会公共利益。
(6) 危害人身、财产安全，泄露个人隐私。
(7) 妨碍社会公共秩序或者违背社会良好风尚。
(8) 含有淫秽、色情、赌博、迷信、恐怖、暴力的内容。
(9) 含有民族、种族、宗教、性别歧视的内容。
(10) 妨碍环境、自然资源或者文化遗产保护。
(11) 法律、行政法规规定禁止的其他情形。

同时，《广告法》中对医疗、药品、医疗器械、农药、烟草、健康食品、酒类、农药、饲料、教育、培训、招商、房地产等与群众安全密切的商品，都作出了明确的法律规范，如《广告法》第22条对烟草广告作了如下规定：禁止在大众传播媒介或者公共场所、公共交通工具、户外发布烟草广告。禁止向未成年人发送任何形式的烟草广告；禁止利用其他商品或者服务的广告、公益广告，宣传烟草制品名称、商标、包装、装潢以及类似内容；烟草制品生产者或者销售者发布的迁址、更名、招聘等启事中，不得含有烟草制品名称、商标、包装、装潢以及类似内容。

（三）广告监督管理机关及其职能

《广告法》第49条规定，工商行政管理部门履行广告监督管理职责，可以行使下列职权：①对涉嫌从事违法广告活动的场所实施现场检查；②询问涉嫌违法当事人或者其法定代表人、主要负责人和其他有关人员，对有关单位或者个人进行调查；③要求涉嫌违法当事人限期提供有关证明文件；④查阅、复制与涉嫌违法广告有关的合同、票据、账簿、广告作品和其他有关资料；⑤查封、扣押与涉嫌违法广告直接相关的广告物品、经营工具、设备等财物；⑥责令暂停发布可能造成严重后果的涉嫌违法广告；⑦法律、行政法规规定的其他职权。

工商行政管理部门应当建立健全广告监测制度，完善监测措施，及时发现和依法查处违法广告行为。

第四节　销售推广策略

一、销售推广的概念和作用

销售推广，是指能够刺激顾客的强烈反应，以促进短期购买行为的各项促销措施。近年来，由于竞争激烈、广告成本增高等因素，新的促销工具不断地出现，企业营销推广活动中的地位越来越重要。

销售推广具有三个基本特征：①具有非规则性和非周期性；②灵活多样性；③短期效益性。

销售推广在企业的促销活动中发挥重要作用。其主要表现在：①有利于扩大企业及产品的知名度；②引起广大消费者注意，并对消费者提供有关信息，促使消费者使用；③促销活动带有奖励，或附赠优待，能够刺激消费者购买；④促销活动往往有明显的邀请赴约的作用，以利于促使消费者参与贸易活动。

二、销售推广策略

（一）销售推广目标

销售推广的目标，是增强顾客对商品的认识，培养和扩大顾客的购买欲望，最终增

加销售量。销售推广的目标主要有:

(1) 以消费者为目标。鼓励老顾客更多地使用本产品,吸引新顾客试用本产品,争夺习惯于购买其他品牌产品的顾客。

(2) 以中间商为目标。鼓励中间商大量进货,增加商品储存,特别是季节性产品;激励中间商继续经营本企业产品,建立中间商对本企业产品的忠诚等。

(3) 以推销人员为目标。鼓励推销人员大力推销新产品;促使推销人员开拓新市场;寻找更多的潜在顾客;积极推销换季或积压产品;等等。

(二) 销售推广方式

1. 对消费者的推广方式

直接对消费者的推广方式十分复杂,企业可因时、因地、因人、因物不同而作出适当的选择。常用的推销方式有如下几种。

(1) 赠送样品。在顾客购买某种产品时,免费赠送样品给消费者,以刺激消费者需求,从而增加产品销售量。赠送样品的方式主要有:①直接邮寄;②挨户登门访问赠送;③夹在同类商品包装内;④放在零售商店里,由零售商代为赠送;⑤先送样品试购优待券。

(2) 赠品。赠品是为了鼓励购买某种产品而附赠的另一种产品。赠品的目的是:增加特定区域的销售;介绍新产品;推销过季产品;做市场调查的酬报品;对抗价格竞争;以赠品支援广告,扩大广告效果;等等。送赠品的方式主要有:①随产品附赠;②以赠券、容器或包装调换赠品;③彩券定期开奖,按中奖号码发送赠品。

(3) 消费者竞赛。这种方式既可对消费者使用,又可对中间商和推销员使用。开展竞赛的目的主要有:促使消费者购买;打开淡季销路;使消费者"指名购买";介绍商品或包装的改变;引起消费者的兴趣和关心;获得消费者的好感和信赖;以现有产品开拓新顾客等。竞争常采用如下几种方式:①关于新产品短文竞赛;②为企业或产品"命名"竞赛;③广告语竞赛;④设计商标竞赛;⑤猜谜竞赛;⑥在电视(广播)上提供使用商品经验的竞赛。

(4) 实地表演。这是指对商品的用途进行操作表演,说明商品的效用、使用方法,从而刺激消费者购买。如"服装模特队"的服装表演、化妆品在柜台或超级市场实地表演等。这种表演能引起消费者的购买动机,并加强其对产品的信心。实地表演这种推广方式,越来越表现出其特殊的促销功能。

(5) 产品展销。这是指企业通过交易会、展销会、订货会邀请可能顾客前来参观,当场洽谈,并签订交易合同。

(6) 工厂开放。这是指为了使消费者能直接了解本企业,可邀请外界人士来厂参观。通过参观给消费者的印象,远胜过电视、广播等促销手段。因此,"工厂重地,谢绝参观"的观念应该改变。

(7) 商品目录。这是现代市场营销中的商品目录,已不再依赖文字说明,而是主要靠照片等图形。如果商品目录的编辑和印刷都很成功,则用图片向消费者说明,远比推销员空口讲话更有效果。

(8) 代价券（或优惠券）。这是给持有人一个证明，证明他在购买某种商品或在本企业购买一定数额的商品时，可以免付一定金额的钱。其赠送对象是：①与企业关系密切的合作者或企业的长期顾客；②社会名流、体育、电视明星等，通过他们扩大企业或产品的形象；③投入新产品的目标顾客；④对企业有直接或间接的贡献者。

2. 对中间商的推广方式

对中间商主要采取以下推广方式：①数量折扣；②经销竞赛；③价格折扣；④承担促销宣传费；⑤对中间商的经营指导；⑥购买时点广告，即 POP 广告（Point Of Purchase Advertising），是指在消费者购买场所做的各种广告，如户外招牌、海报、橱窗陈列、标价单、招贴等。

（三）捆绑销售策略

1. 捆绑销售及分类

捆绑销售已经成为企业在促销中的一种重要策略。捆绑销售有广义和狭义之分。广义的捆绑销售是指企业将两个及以上的产品或服务（无论产品或服务是否相同）结合在一起整体出售；狭义的捆绑销售是指企业将两种及以上有差别的产品或服务（存在任一差别）结合在一起出售。

从广义角度理解捆绑销售，可将捆绑销售做如下分类：①依据捆绑主体不同，分为企业内部捆绑和企业之间捆绑；②依据捆绑对象不同，分为产品捆绑、服务捆绑、产品和服务捆绑；③依据捆绑方式不同，分为融合式捆绑和物理式捆绑；④依据捆绑产品关联程度不同，分为同一产品捆绑、同类产品捆绑、相关产品捆绑和非相关产品捆绑；⑤依据捆绑产品对等程度不同，分为对等捆绑、主辅捆绑和附赠捆绑；⑥依据捆绑产品是否独立存在，分为强行捆绑和自愿捆绑。

2. 捆绑销售有效性实施条件

（1）针对相关产品或配套产品进行捆绑。
（2）针对同一目标顾客或家庭进行捆绑。
（3）针对同档次产品或同级别企业进行捆绑。
（4）避免强行捆绑。
（5）确保捆绑产品质量。
（6）提供价格优惠。

（四）销售推广方案的制定、实施与评估

1. 营业推广方案的制定

企业在进行销售推广策略时，不仅要确定目标、方式，还须制定销售推广方案。在制定方案时，要考虑奖励规模、奖励对象、发奖途径、奖励期限和总预算。

2. 销售推广方案的实施与评估

（1）销售推广方案的实施。在推广方案实施前，应先进行试点效果测试，以确定推广规模是否最佳，推广方式选择是否合适、途径是否有效、鼓励的程度能否达到最高要求，实施的方法效率如何。其次，试点成功后再组织营业推广方案的全面实施。最

后，在实施过程中，要实施有效的控制，及时反馈信息，发现问题，对原方案进行调整和修改。实施方案包括两个关键的时间因素：①从方案准备到正式公布实施的时间；②推广始末的时间间隔，应该是90%—95%商品卖完的时间。

(2) 销售推广方案的评估。评估的方法常采用：①推广前、推广期间和推广之后的营业情况进行比较；②进行顾客调查。即调查推广时购买该产品，而事后又转向购买其他牌号商品的顾客数量；③对营业推广的作用、期限等进行细致的实验。

第五节 公共关系策略

公共关系策略，是指企业处理与社会公众、顾客、中间商、政府等方面的关系，所运用的一些方法、手段和技巧。为了保证企业营销活动的顺利进行和营销目标的实现，企业应重视公共关系策略的运用，以处理好各方面的关系。

一、社会公众关系的策略

社会公众，是指与企业市场营销活动直接或间接相关的个人、群体和组织。社会公众对企业的市场营销目标和发展，存在着实际的或潜在的利益关系和影响力。社会公众主要有顾客、中间商、政府等。企业实施社会公众关系策略时必须了解社会公众的动态、意见和要求，使企业的营销活动尽可能满足其需求；同时，企业要把有关信息告诉他们，使他们能为企业的市场营销提供方便。因此，企业与社会公众关系的建立，主要是通过信息交流来实现的；企业与市场公众之间的信息传播交流主要有人际传播和大众传播，其策略如下：

1. **人际传播**

这是指人与人之间直接进行的社交活动，如推销员走访用户、座谈会、记者招待会等。其优点是：①面对面交流，给公众留下亲切感；②信息反馈、传播效率高；③可及时调整交流内容，并能做必要的解释和澄清。但是，人际传播受时间、地点和参加人数限制，传播范围较小。

2. **大众传播**

这是指通过传播媒介向社会公众提供信息。传播媒介可分为印刷手段的大众传播和视听手段的大众传播。大众传播比人际传播迅速、广泛，但传播是间接的，缺少立即反馈的反应系统。企业应从实际需要出发，综合运用这两种方法，以求达到最佳的传播交流效果。

二、顾客关系策略

在市场经济条件下，顾客的需求是企业市场营销活动的中心和出发点，也是企业生存与发展的前提。因此，良好的顾客关系是企业公共关系活动的首要目标。企业一方面要维系、巩固已有顾客；另一方面还要尽可能争取新顾客。

为了建立良好的顾客关系，企业的公共关系人员首先要明确企业顾客是谁；其次，进行企业与顾客之间的信息交流。了解顾客对企业产品的态度，往往有如下几种态度：①完全满足；②不太满足；③保持沉默；④表现出抱怨；⑤减少产品订购；⑥采用本企业竞争对手的产品。对于形成各种态度的原因，要进行分析，根据顾客要求改进工作。同时，应将企业有关信息，如质量、价格、服务、获奖情况等，通过传播手段，及时传播给顾客，使其充分了解、认识企业及产品。企业与顾客信息交流，通常采用口头交流、印刷品发放、视听手段等形式。如美国的P&G日用化学产品为公司首创"顾客免费服务电话"就是处理企业与顾客关系的一种有效策略。

处理与顾客关系时，要特别注意顾客的意见和抱怨。一般来说，企业永远不可能满足所有顾客的要求，有时顾客会写信、打电话，甚至找上门退货或提出抗议。对于正确的，企业应诚恳接受，加以改进；对于不符合事实的，也要热情接待，耐心解释。总之，不管在什么情况下，对顾客的抱怨，都要作出迅速答复、诚恳说明、及时解决。这样，能较快地使顾客平静下来，防止事态蔓延，尽量缩小影响，维护企业的信誉。

三、中间商关系策略

企业在市场营销活动中，还要与中间商（包括经销商、代理商、批发商、零售商等）发生交易关系，企业大多数产品是由中间商进行销售的。因此，企业与中间商之间必须开诚布公、友好合作，维持长期的互相协作关系。搞好与中间商的关系，有助于争取中间商的配合，而且还可促使中间商积极宣传、维护企业产品的声誉。

处理与中间商的关系，首先，企业必须向中间商提供品质优良、设计新颖、适销对路、价格合理、供货迅速、质地好的商品；其次，提供各种便利和服务。同时，要重视与中间商的信息双向交流，其交流手段可采用：①中间商信息期刊；②宣传小册子；③年度报告；④直接接触，如招待会、意见听取会、联谊会等；⑤产品展览。

四、供应商关系策略

企业为了维持生产和经营活动的正常运行，就必须通过市场的各种渠道，从供应商那里购买所需要的各种原材料、燃料、动力及零配件、工具和设备。供应商能否及时提供各种商品和原料，直接影响生产和经营活动的正常运转和经济效益。因此，维持良好的供应商关系，对促进企业销售有很大帮助。

企业与供应商之间，应建立互惠互利、密切合作的关系。具体来说企业应做到：①建立健全双方信息交流制度，双方共同负责、互相尊重。②企业应向供应商提供有关资料及要求，以便使供应商按照企业所需物质进行供应。③交易前应签订供需合同或协议，并明确处理争端的方式。如果出现争执，就有章可循，在友好的气氛中解决争端。④经常收集供应商对企业策略、采购制度的意见和建议，并通过供应商了解社会环境和市场的变化。

五、政府关系策略

社会主义国家的政府机构，具有领导组织国家经济建设的职能，任何一家企业作为社会经济大系统中的子系统，都必须服从政府对社会经济的统一管理。一个有战略远见的企业家，应该目光远大、反应灵敏、吃透政策、执行法规。在市场经济条件下，国家的管理职能主要以间接宏观调控为手段，以企业服务为中心。企业与政府的关系包括：与税收部门的关系、与工商行政管理部门关系、与公检法的关系、与经济管理综合部门的关系等。

要正确处理好企业与政府各部门的关系，应做到如下几点：①企业应遵守国家的法令、法规，在法律范围内从事经营活动；②企业应照章纳税，不偷税，不漏税；③不生产出售假冒伪劣商品；④不采取非正当竞争手段；⑤不侵犯消费者权益；⑥从管理部门获取有关信息；⑦向管理部门反映情况，取得他们的指导和帮助；⑧及时了解国家政策的发展动向及经济发展趋势，作为企业决策的参考。

六、企业内部关系策略

企业在处理好同以上公众（外部）关系的基础上，为了鼓舞士气、增强向心力、吸引力和凝聚力，还应处理好企业内部关系。开展企业内部公共关系活动，目的在于加强团结，提高素质。企业内部公共关系活动应从物质利益和精神需求入手协调，充分调动企业职工积极性。

（一）满足职工合理的物质利益

追求物质利益是人们从事某种活动的基本动力。企业应在效益提高的基础上，增加职工收入，提高职工生活水平和生活质量。

（二）满足职工精神需求

通过公共关系活动，建立、疏通各种信息传递渠道，推行民主管理，增强职工的主人翁责任感，可采用收集职工技术革新、合理化建议给予奖励等。同时，做好上情下达、下情上呈，形成一个团结、协作的氛围。

企业内部的关系包括：①领导与职工的关系；②领导之间的关系；③职工之间的关系；④部门之间的关系；⑤上下级之间的关系；⑥党、群、工、行政之间的关系。

七、营销危机及预防营销危机的公共关系策略

企业营销危机的出现是不可能完全避免的，其产生的根本原因是环境的突变，使企业的产品销售或信誉遭到了严重的威胁。

进入21世纪后，我国企业面临的营销环境发生了巨大的变化，市场竞争更加激烈，网络技术的冲击，严重得难以预料的灾难，都有可能导致企业营销出现危机。企业营销者的重要任务之一，就是要善于预警危机，并做好转化工作，在危机中寻找发展的机会。

（一）营销危机产生的原因

（1）营销决策失误。由于市场调研不科学，导致信息片面，极易造成决策失误，给企业营销带来影响，如"巨人"集团当年进入房地产行业。

(2) 营销理念错误。企业背叛"以消费者需要为中心"的营销理念，缺乏基本的营销伦理，侵害消费者利益，也将导致出现营销危机。如南京"冠生园"事件、石家庄"三鹿"奶粉事件，最终导致企业破产被拍卖。

(3) 营销策略失误导致营销危机。如过度依赖广告战、价格战，服务差、市场信息反馈不灵、产品质量问题、营销团队出走，等等，都反映了企业在营销管理方面的缺陷。

（二）预防营销危机的公共关系策略

预防营销危机，关键是要建立营销危机的预警及控制系统，并对症下药，化解营销危机给企业正常营销带来的风险。

1. 化解营销危机的策略

(1) 引导性策略。即在出现危机时，及时疏通，加以正确引导，防止危机进一步恶化。

(2) 缩减性策略。即在出现危机后，为了保存营销资源，以便东山再起，可适当先退出市场。

(3) 转移性策略。主要包括产品用途转移、市场转移和资源转移。

(4) 联合性策略。与有优势的企业进行合资、合作或组建策略联盟，有利于形成新的优势，以提高企业的生存能力，增加发展的机会。

2. 化解营销危机的公共关系策略

(1) 正视危机。当危机出现时，通过公开媒介正面迎战危机，通过新闻发布会等方式向公众道歉。

(2) 以情动人策略。同消费者进行"情感式沟通"，化解对立，使危机朝着有利于企业的方面转化。

(3) 及早觉醒，及时补正。即企业面对营销危机，应以敏锐的感觉，及早发现，及时采取措施，向消费者及公众说明真相，以获得公众的理解与原谅。

本章小结

本章介绍了促销与促销组合的概念，促销的原因与促销因素，人员促销策略，广告促销策略，销售推广策略，公共关系策略，企业在处理营销危机时的策略，等等。

关键概念

促销　营销沟通　促销组合　人员推销　广告　广告策略　广告管理　销售推广　公共关系　公共关系策略

思考题

(1) 企业促销应坚持哪些原则？

(2) 促销中的信息传递有几种方式？

(3) 试分析影响企业促销的因素。

(4) 何谓促销组合?
(5) 试分析促销策略的两种主要方式。
(6) 人员推销有什么功能?
(7) 推销人员应具备哪些素质?
(8) 如何做好推销员的绩效评估?
(9) 人员推销有哪几种主要策略?
(10) 什么是广告?它有什么作用?
(11) 广告设计的形式有哪几种?
(11) 如何选择广告媒体?
(13) 如何评价广告效果?
(14) 营业推广的目标有哪几种?
(15) 企业的公共关系策略有哪几种?
(16) 企业怎样处理顾客的抱怨?
(17) 企业化解营销危机的公共关系策略有哪些?

案例 百事可乐：独特的音乐推销

本土化管理与本土化生产是当前全球跨国公司的趋势。具体到某一种具体的产品、某一个公司的本土化，则是一个长期的过程。百事可乐在中国的本土化进展成绩斐然。百事可乐中国区的管理层70%已经由中国人担任，其中只有1个不是中国内地土生土长的。可以肯定，百事可乐与贵格的合并会加速百事可乐在中国的本土化进程。

目前，直接从事百事可乐饮料业务的中国员工近1万人，同时，拥有至少5倍于这个数字的间接雇员通过供应商、批发商和零售商等渠道参与百事可乐的有关业务。由于百事可乐公司在引进资金的同时，大力推广先进的市场和管理经验，推行本土化，参与国有饮料企业的改造和人才培训，使中国的饮料行业在短短的20年中，由工艺简单、生产粗放的落后状况，发展到今天成为世界上规模最大、竞争最激烈、专业化程度较高、充满勃勃生机的饮料市场。

一、多元化的品牌策略

目前，百事可乐国际公司在中国市场的旗舰品牌是百事可乐、七喜、美年达和激浪。此外，还包括亚洲、北冰洋和天府等著名地方品牌。国际著名的调查机构尼尔森(ACNIELSEN)公司在2000年的调查结果表明，百事可乐已成为中国年轻人最喜爱的软饮料之一。

就产品组合的宽度而言，百事可乐的产品组合远比可口可乐要丰富。可口可乐公司的经营非常单纯，仅仅从事饮料业。而百事可乐公司除了软饮料外，还涉足运动用品、快餐以及食品等。特别要指出的是，2001年8月，百事可乐公司宣布并购贵格公司。与贵格的"联姻"使百事可乐得到了含金量颇高的Gatorade品牌，并大幅提高了百事可乐公司在非碳酸饮料市场的份额。尽管就市场规模而言，非碳酸饮料与碳酸饮料相比不可同日而语，但其成长速度却是后者的3倍。

百事可乐并购贵格后，在中国的销售战略并没有改变，但业务范围扩大了，品牌资源扩大了。百事可乐在原来碳酸饮料的基础上将会很好地整合果汁和运动饮料，在时机成熟的时候，还会陆续推出其他消费者喜爱的饮料，如茶饮料、纯净水等，让中国的消费者有更多的选择。

二、传播策略

整合营销传播（IMC）的中心思想是在与消费者的沟通中，统一运用和协调各种不同的传播手段，使不同的传播工具在每一阶段发挥出最佳的、统一的、集中的作用，其目的是协助品牌建立起与消费者之间的长期关系。百事可乐的整合营销传播就是把公共关系、广告宣传、人员推销、营业推广等促销策略集于一身，在整合营销传播中，各种宣传媒介和信息载体相辅相成，相互配合，相得益彰。

名人广告众所周知，百事可乐的广告策略往往别出心裁。在与老对手可口可乐的百年交锋中，百事可乐广告常有好戏出台，使可口可乐备感压力。其中，百事可乐运用的名人广告，是它的一个重要传播手段。

1983年，百事可乐与美国最红火的流行音乐巨星迈克尔·杰克逊签订了一个合约，以500万美元的惊人价格聘请这位明星为"百事巨星"，并连续制作了以迈克尔·杰克逊的流行歌曲为配曲的广告片。"百事可乐，新生代的选择"这一宣传计划获得了巨大的成功。

百事可乐从美国市场上名人广告的巨大成功中尝到了甜头，于是在世界各地如法炮制，寻找当地的名人明星，拍制受当地欢迎的名人广告。

在香港，百事可乐推出张国荣为香港的"百事巨星"，展开了一个中西合璧的音乐营销攻势。不久以后，百事可乐更是聘得美国的世界级女歌星麦当娜为世界"百事巨星"，轰动全球。

"每一次选歌和出唱片，我都有自己的选择。追风，那不是我的性格。……每一个人都有自己的选择，我选择百事。"中国大陆的不少消费者，也许都听过这段出自刘德华之口的广告语。作为走红大陆和港台的影、视、歌星，刘德华的号召力是巨大的。

这是百事可乐为开辟中国饮料市场而做的广告。郭富城与百事可乐的合作始于1998年，其"雨中飞奔为邻家女孩买百事可乐""百事蓝罐包装上市""与国际巨星珍妮·杰克逊合作""与王菲合唱百事主题曲""为百事可乐中国足球联赛主唱首支主题曲""森林中智取可爱猩猩"等版本广告，成为百事可乐广告的扛鼎之作。在全国各地百事可乐饮料的销售点上，我们永远无法回避的是郭富城执着、坚定、热情的渴望眼神。郭富城高人一筹的号召力和感染力获得了百事可乐的一致认可，并升格成为亚洲区品牌形象代言人。

三、独特的音乐推销

1998年，百事可乐百年之际，百事可乐推出了一系列的营销举措。1998年1月，郭富城成为"百事国际巨星"，他与百事合作的第一部广告片，是音乐"唱这歌"的

MTV情节的一部分。身着蓝色礼服的郭富城以其活力无比的外型和矫健的舞姿，把百事可乐一贯的主题发挥得淋漓尽致。此片在亚洲地区推出后，引起了年轻一代的普遍欢迎。1998年9月，百事可乐在全球范围推出其最新的蓝色包装。配合新包装的亮相，郭富城拍摄了广告片《一变倾城》，音乐《一变倾城》也是郭富城新专辑的同名主打歌曲。换了蓝色"新酷装"的百事可乐，借助郭富城《一变倾城》的广告片和大量的宣传活动，以"askformore"为主题，随着珍妮·杰克逊、瑞奇·马丁、王菲和郭富城的联袂出击，掀起了"渴望无限"的蓝色风暴。

由郭富城和珍妮·杰克逊联袂演出的主题广告片《渴望无限》投资巨大，场面恢弘，是百事可乐近年力推的作品。歌曲《渴望无限》由珍妮·杰克逊作曲，音乐从慢节奏过渡到蓝色节奏，最后变成20世纪60年代的House音乐，曲风华丽。郭富城美轮美奂的表演和性感的造型，珍妮·杰克逊大气的唱功，使整个广告片充满了浪漫色彩，尤其由来自不同地区、不同肤色的两位巨星共同演绎，更加引人注目。

王菲的歌曲在亚洲乐坛独树一帜，她为百事可乐拍的广告片同样以"渴望无限"为主题，由她创作的音乐《存在》表现了王菲对音乐的执着追求和坚定信念。"渴望无限"的理念得到了很好的诠释和体现。

2002年1月，郑秀文正式加盟百事可乐家族，成为新一代中国区百事可乐巨星。2002年，F4的"百事可乐"广告成为备受中国消费者欢迎的广告。

音乐的传播与流行得益于听众的传唱，百事可乐音乐营销的成功正在于它感悟到了音乐的沟通魅力，这是一种互动式的沟通。好听的歌曲旋律，打动人心的歌词，都是与消费者沟通的最好语言。有了这样的信息，品牌的理念也就自然而然深入人心了。

四、大手笔公关

长期以来，百事可乐始终致力于建立以"百事可乐基金"为切入点的良好公共关系体系，热心赞助体育赛事以及其他公益事业。例如，赞助"八运会"、赞助中国甲A足球联赛、支持中国申奥成功，等等。

百事可乐不惜巨资赞助"八运会"，取得了"八运会"饮料的指定产品的称号，大张旗鼓地掀起了一场沟通高潮，出尽了风头，造成了一个虽在总体上不及、但在特定时期和特定环境中气势大大超过可口可乐公司的局面，不但在当时取得了明显的效益，而且还为其在中国的进一步发展打下了坚实基础。

百事可乐为庆祝中国申奥成功，把申办前的"渴望无限"和成功后的"终于解渴了"整合在一起，做成全屏广告的形式，具有很大的冲击力，与当时的气氛同频共振，不如此难表激情万丈，不如此不够痛快淋漓。相信在那一时刻，每个看到此广告的人都会心跳！短短四个小时，全屏广告点击数高达67877人。百事可乐此时与他们共同支持申奥，心灵相映，情感相通，收到了良好的社会效果，品牌的社会形象得以大大提高。

2001年12月，由百事可乐（中国）投资有限公司捐赠，中国妇女发展基金会设立的专项基金——"百事可乐基金"，向内蒙古的准格尔旗捐款。这笔资金将主要用于当地缺水家庭修建"母亲水窖"及贫困失学儿童复学等项目。此类活动大大增加了百事可乐的美誉度。

五、变化多端的营销战术

SP 又称为销售促进或营业推广，它可分为针对消费者的、针对经销商的和针对业务员的三种。百事可乐取得的成绩与它变化多端、强有力的促销是分不开的。

1. 促销

20世纪90年代初期，为了迅速打开市场，抢占制高点，初创的上海百事可乐果断采用直销模式。当时的饮料市场，计划经济的气氛还相当浓郁，销售人员在办公室里，朝南坐、听电话、接订单，商家要饮料必须到厂里来提货。但是，百事可乐一下子招聘了占公司员工相当比例的销售人员。于是，一支庞大的百事可乐销售队伍开始出现在上海的大街小巷。接着，上海百事可乐又花费巨资买进了20辆依维柯汽车，送货上门。从这一天起，客户的皇帝感觉产生了。

1992—1993年间，上海出现了"级差地租"这个新感念。重要地段、繁华区域的地价与房价同时上扬，尘封已久的黄金地段重新显示出黄金般的身价。但这些地方的零售点依然沿袭传统的饮料销售习惯，玻璃瓶装饮料大行其道。玻璃瓶的抵押与周转及瓶子的外包装占地太多，这肯定不符合"级差地租"的经济规律。上海百事可乐贷款，陆续从国外以每台数万元的价格进口了1500台散装饮料机，这种集快捷、现场配置、冷冻、一次性饮用诸多优点于一身的方式被上海市民所接受。也就是从那一年起，上海百事可乐这一业务在同行业中始终居于领先地位。20世纪90年代末期，上海百事可乐已经有了可观的市场份额和知名度，但对于先进销售理念的执着追求始终没有放弃。它推出了批发商协作这一模式，不惜贴补部分营运费用，帮助批发商服务于最终客户。

1998—1999年期间，百事可乐在中国市场分别推出了世界杯足球赛的拉环、瓶盖换领与换购足球明星奖品活动，七喜浪漫小存折换领奖品和澳门旅游活动。这些活动涉及面广、影响力大，对终端促销、提高销售量起到了积极作用。

百事可乐曾特别为消费者设计了一款马年春节限量珍藏版，新包装一反百事可乐平素以蓝色为主的风格，此次不但颜色金光闪耀，而且还印有奔腾的骏马，同时还把"祝你百事可乐"也印在了新包装上。百事马年金装共有易拉罐355mL、600mL、1.25L、2L胶瓶四种规格。除此之外，这款马年百事金装是限量发售，只在北京、天津、武汉、南京、广州和深圳6个城市的大型超市销售，具有收藏价值。

2. 管理

针对经销商，百事可乐主要采价格优惠和折扣等政策。在1999年的碳酸饮料销售中，百事可乐的批发价在各竞争品牌中最低，具有很强的竞争力。除直接价格低廉之外，百事可乐还对经销商提供了诸如一个月的赊销支持、免费旅游、季度抽奖、VCD奖励等活动。

百事可乐将广州第一线的销售人员分为WAT（批发协助员）和DSD（直销员），其中，DSD为主要力量，从事广州市场的直销工作。WAT和DSD的工作内容主要包括客户拜访、线路管理、瓶箱管理、冰箱管理、货架摆设、POP张贴、销售与进货情况登记、竞争情况的了解等。

针对业务员，百事可乐采用类似保险推销小组的团队管理方式。业务人员的奖励直接与销售业绩挂钩，在规定的基数前提下，超额完成部分奖励现金，并提供一定的福利奖励。

3.重点突破的销售策略

根据新生代市场监测机构实施的"中国市场与媒体研究（CMMS）"的连续监测，可口可乐凭借其"拉网式"的市场攻略，全国布网，层层推进，市场渗透率（饮用某品牌可乐的消费者人数与可乐消费者总数之比）一直遥遥领先于百事可乐。1999年、2000年其全国20个城市的渗透率分别是83.9%和85%，而百事可乐则分别只有65.5%和67.9%。但仔细分析我们会发现，百事可乐市场渗透率的增长略高于可口可乐，前者是3.7%，而后者只有1.3%。

百事可乐在各城市的市场表现两极分化明显，市场渗透率高者甚至超过可口可乐，而低者不足可口可乐的40%。这也恰恰是百事可乐近期所希望看到的结果，因为他们的目的就是抓住可口可乐"满天撒网"战略的弱点，集中优势兵力实施中心突破，并终于在上海、成都、重庆、武汉、深圳等城市的"两乐"之争中胜出。

针对可口可乐的大打广告牌，百事可乐将人力、财力和物力集中在几个重点城市，大肆进行立体式广告宣传进攻，所选择的重点是这些大城市中的高校、名校。年轻人中消费力较高的就是学生，因此，百事可乐在高校内设立自动售货机，出资建立公共设施等——抓住主要矛盾的主要方面，是百事可乐成功的秘密。

（资料来源：张志斌：《生意通》2006年12期）

讨论

(1) 在此案例中，百事可乐公司都运用了哪些促销策略？

(2) 你认为企业在促销策略制定中应考虑哪些因素？

第十五章　企业市场营销诊断与绩效评估

本章学习目标

通过本章学习，要求学生掌握以下内容：①了解企业市场营销诊断的概念、特点及内容；②了解企业市场营销诊断的程序与方法；③了解企业市场营销绩效评估的内容与评估方法。

引导案例　经济发展不景气下的营销诊断

你能度过"经济低迷期"并成为最终的赢家吗？

是的，这种经济环境确实构成了挑战。我们常常听见人们慨叹："现在真不容易！"在大环境不景气的情况下，应采取正确的措施来使公司顺利度过危机。

在经济衰退时期，所做的第一件事就是拿出切实的成本控制措施，并制定衰退期的业务计划。实际上，营销是维持需求的唯一主要力量，最好组建一个跨职能小组来实行战略调整。

1. 调整市场组合

你可能需要从现有的市场组合中剔除、放弃一些弱势细分市场，许多公司错误地把主要时间和精力花在了一些细枝末节的问题上。

改善公司市场组合的另外一种做法是：预先设想一下你在经济衰退结束后依然能处于支配地位的那些细分市场。从那些你处于第三、第四、第五位而不可能做到第一或第二位的市场上撤出吧！此外，寻找新的细分市场以及在优势细分市场上打败较弱的竞争对手也是很值得你去研究的事情。

2. 调整客户组合

在每个细分市场上，你可能要放弃一些无法获利的客户或提高他们的费用支出水平。从事零售服务的银行正趋向于收取手续费来应对这样一个事实：有40%的顾客无法为银行贡献利润。为了能确定这些顾客，你有必要使用ABC分析法（成本工程分析法）来进行客户分类。你必须计算用来维持各类顾客关系的花费，最重要的是，公司应通过提供"附加价值"或进行价格调整来保护自己的最佳客户。

努力使对合作伙伴和客户的工作做到量化。你可以通过外部网来与重要合作伙伴和顾客进行联络，这样，订单处理和付款事宜都不会产生太多的花费。不降低顾客服务水平就可以把成本降下来，用电话或网络，就不用每次都派人员登门拜访。

直接销售成本可以通过销售人员在家里办公而得到降低，康柏就是这样做的。今天，康柏销售人员的办公室就是他的笔记本电脑，这样做不仅减低了康柏的办公室租金和其他开支,销售人员的生产力还提高了30%。根据绩效来支付工资也是一种有效的方法,在这种情况下,工资的支付标准是利润而不是销量。这样做可以使销售人员从"销售数量导向"转为"销售利润导向"。电话营销也是一种低成本的营销手段,销售人员可以通过电话营销、直邮和网络营销来有效地接触客户。

营销不是寻求产品推广的艺术,而是创造真正顾客价值的艺术——是帮助顾客获得更多实惠的艺术。营销人的口号应该是品质、服务和价值。

3. 调整产品组合

削减颓势产品、品牌和不必要的产品线。以宝洁公司为例,它打算将营销费用由占销售额的25%降到20%。为了达到这个目的,宝洁正在确定那些销售不畅的产品并打算专注于其主要品牌。优先保护那些最有价值的产品,这一点非常重要。此外,考虑经济低迷对顾客的影响,你也可以考虑开发一些经济、实惠的产品和品牌。

拥有较宽的产品线、针对不同目标市场提供不同价格的产品是另外一种有效的营销战略。连锁酒店在危机来临前就应有不同价格层次的酒店。万豪酒店就是采用这种方法的,万豪伯爵(Marriott Marquis)的价格是350美元/晚,万豪(Marriott)的价格是180美元/晚,庭院旅馆(Courtyard Motel)的价格是80美元/晚,公平旅馆(Fairfield Inn)的价格是50美元/晚。这样,无论经济环境如何变化都可以在自己的产品系统内赢得顾客。

4. 调整营销组合

目前,许多公司面临的一大问题是:在市场份额和营业利润之间如何进行权衡和取舍。在经济不景气时企业和消费者都钟情于较低的价格并容易转向较低价格产品的供应商购买,他们会寻找较便宜的替代品。如果一家公司在经济不景气时仍然维持原价,它可能会因此丢失一部分市场份额;另一面,如果它降价,它的利润又会减少。那么,哪种战略会更好一些呢?最佳做法是保住市场份额,因为以后要再赢得这些顾客会变得很困难,竞争对手会乘机扩大自己的地盘。正因为如此,你很可能以降价的手段来保住自己的顾客。然而,在降价时,你要注意优先使用标准化手段(如回扣、批量折扣、早期购买折扣和降低信贷利息等)来保持标价,一旦你降低了价格,以后你要再调高价格将变得十分困难。批量折扣的威力不可低估。

比折扣更好的战略是为你的产品或服务提供附加价值(如免费安装、维护、培训及更长的保修期等)。例如,我不会降价,但如果你愿意,我可以为你提供和降价数目等值的咨询服务。有些公司非常了解自己顾客的业务,公司可以为自己的顾客找出省钱的方法。

必要时对分销渠道做一些调整。看你的经销商或分销商是否愿意与你共同承担利润损失。否则,你可以将一些产品(特别是实惠品牌)转移到成本较低的渠道(如折扣店),并与这些成长中的渠道共同成长,并从那些萎缩的渠道中撤出。

经济不景气为你加大营销力度提供了机遇。然而,在经济衰退期的首要目标是生存而不是盈利。

(资料来源:www.yewuyuan.com/download/source/3m)

第一节　企业市场营销诊断及其意义

一、诊断与企业市场营销诊断

"诊断"是医学用语，它是指医生在检查病人的症状之后，判定病的病症及其可能发展情况的医疗业务过程。它包含两层含义：一是"看病治疗"，二是"健康检查，早期预防"。对于人的肌体，诊断分析是保证人体健康的需要。对于一个企业，它作为国民经济的一个细胞，其"活力"如何，也就必须借助"诊断"的理论和方法，对企业进行科学的经营管理诊断。

经营管理诊断，又称企业市场营销诊断，是指诊断人员到受诊企业现场，直接进行调查研究，主动掌握第一手资料，对企业的经营状况进行综合分析，寻找企业经营中存在的问题和对社会的影响，提出改善企业经营管理的对策建议（药方），并在执行中给予指导，以达到提高企业营销绩效的目的。

企业诊断是改进企业管理的一种先进科学的方法，企业生产经营的每一环节都需要诊断。因此，企业诊断有重要意义。

二、企业市场营销诊断的意义

（一）有利于提高企业的营销管理水平

营销诊断通过对企业营销结果的分析研究发现问题，寻找原因，提出改进措施。这种诊断能够帮助企业从管理的角度，通过对现状的分析来预测未来，从各方面加强管理，以适应未来环境的变化，从而使企业的预测能力增强，提高企业的营销管理水平。

（二）有利于改善企业的素质

改善企业的素质，关键是提高营销人员的素质。通过营销诊断，可以发现企业在经营管理、人员、企业精神、企业文化等方面存在的问题，采取措施，加以改进，从总体上改善企业的素质。

（三）有利于转换机制，搞活企业

在我国发展社会主义市场经济的今天，企业的经营机制，必须转到面向市场、面向顾客的机制上。这就要求企业从营销观念到企业组织制度进行创新，以提高企业的市场适应能力和应变能力，真正搞活企业。

（四）有利于提高企业营销的经济效益

企业市场营销诊断的目的，在于保证、挖掘和提高经济效益，要实现这个目的，一方面,企业要面向市场、善于竞争、勇于开拓、扩大销路,增加利润;另一方面,需要借助营销诊断技术和方法,及时发现营销中存在的问题并加以改进,以保证经济效益的稳定增长。

第二节 企业市场营销诊断的内容

一、企业市场营销诊断的特点

(一) 战略性

市场营销属于企业经营战略的管理活动,"四大策略"与营销战略有关,因此,企业为了生存与发展,必须根据市场环境的变化,从企业长期的、综合的经济效益出发,进行战略性诊断,并提出适应环境变化的战略决策。

(二) 非确定性

市场营销活动是处在一个瞬息万变的动态环境之中,要保持与环境的相互协调,企业必须有灵活多变的战略与策略,因此,营销诊断就具有非确定性的特点。这就要求诊断必须从实际出发,具体情况具体分析,切忌"一刀切",搞固定模式。

(三) 效益性

从转换企业经营机制,建立现代企业制度出发,企业的市场营销诊断,必须以提高经济效益为中心。

二、企业市场营销诊断的内容

(一) 市场营销战略诊断

市场营销战略,是企业为了实现营销目标而制定的长远的、全面性的方针和规划,其诊断的重点主要包括:①企业的市场营销观念是否明确?②营销战略的制定是否兼顾社会、企业、消费者的利益?③为适应市场环境变化制定的战略规划是否适当?④企业的市场竞争能力如何?

(二) 营销组织诊断

营销组织是为了有效地完成企业的市场营销任务而设立的组织机构。它对企业的营销活动起着领导和协调作用,诊断的重点内容:①企业营销组织的具体结构形式是否适合?营销的职能是否具备?②营销组织的人员权限与责任是否相适应?③营销组织的信息传递渠道是否畅通?④营销组织的基本职能是否健全?⑤营销组织的环境适应能力及竞争能力如何?

(三) 市场营销组合诊断

产品、定价、分销及促销是现代企业市场营销的四大支柱,将这几个因素进行有效的组合,可以形成企业多种营销策略。市场营销组合诊断的特点,首先是对营销组合的四大策略进行诊断分析;其次,将四大策略综合起来,分析整体营销策略,是否按照不同目标市场的需求,以适销的商品、适当的价格,通过最有效的分销渠道和促销方式,把商品送到消费者手中,以获得最佳的经济效益。

三、企业市场营销诊断的步骤

(一) 企业市场营销环境的诊断分析

1. 市场
(1) 本企业的市场在哪里?
(2) 在各个市场中,哪些是本企业的主要市场?
(3) 各个细分市场的市场规模特征及利润情况如何?
(4) 是否存在其他市场机会?

2. 顾客(或消费者)
(1) 顾客对本企业经营产品的态度如何?
(2) 顾客对本企业经营产品的购买与否是如何决策的?
(3) 顾客及潜在顾客的要求是否满足?

3. 竞争者
(1) 市场上存在哪些主要竞争对手?
(2) 竞争对手的主要优势和劣势是什么?
(3) 本企业的市场占有率变化趋势如何?

4. 总体环境
影响本企业营销的宏观环境(政治、法律、经济、技术、社会文化等)和微观环境等状态如何?

(二) 企业市场营销系统的诊断分析

1. 目标
(1) 企业的长期和短期目标是什么?
(2) 企业制定的营销目标对其竞争地位、资源和机会,是否切合实际?

2. 方案
(1) 实现企业营销目标的策略重点是什么?
(2) 实现企业营销目标的人力、财力、物力的保证程度如何?
(3) 企业能否将其营销资源优化配置于各个细分市场?

3. 执行
(1) 企业是否制定了切实可行的年度营销计划?

(2) 企业是否有控制程序（年、季）来保证年度目标的实现？
4．组织
(1) 企业是否具有高素质的营销人员进行营销的分析、规划、执行与管理工作？
(2) 与营销有关的人员能力如何？有没有必要对他们进行培训？对其绩效有无考核及奖励的办法？

（三）企业市场营销组合的诊断分析

1．产品
(1) 本企业主要经营哪些产品？
(2) 产品线中某些产品是否需要停止经营？
(3) 本企业是否需要调整经营的产品结构？
(4) 本企业有无经营新产品的愿望与要求？

2．价格
(1) 成本、需求、竞争等因素对企业定价影响如何？
(2) 顾客对本企业定价水准反应如何？
(3) 本企业价格策略运用如何？
(4) 企业定价有无违反国家物价政策的行为？

3．分销渠道
(1) 分销渠道系统是否足够？
(2) 对分销商的服务是否周到？
(3) 本企业在渠道结构中所处的地位如何？

4．人员推销
(1) 推销人员是否有足够的能力，实现企业规定的目标？
(2) 推销人员的绩效如何？有无足够的训练及激励？
(3) 本企业的推销人员与竞争对手推销人员相比，其素质如何？
(4) 企业是否有强大的推销人员队伍？

5．广告及推广
(1) 企业有无明确的广告目标？
(2) 企业的广告费用预算如何？
(3) 广告的主题及内容是否有效？
(4) 企业的广告媒体选择是否合理？广告效果怎样？
(5) 企业采取了哪些促销推广策略？其效果如何？

总之，企业通过上述问题的诊断分析，可以寻找到搞活企业营销的好方法和好策略。

四、企业市场营销效率诊断

企业市场营销效率诊断如何，直接影响着企业的经济效益和资源的合理利用，因此，必须从营销观念、营销组织、营销信息等方面，对企业的营销效率诊断进行分析。

现将"美国企业市场营销诊断效率"的方法加以介绍。企业市场营销效率诊断分析一般采用问卷调查形式，具体调查内容如下：

（一）营销观念

1. 管理者是否了解，公司所举办的种种活动必须迎合目标市场的需求
（1）管理者所考虑的只是如何将公司产品卖给愿意购买的人？
（2）管理者所考虑的是如何以相同的力量来满足不同的市场上的顾客需求？
（3）管理者所考虑的是如何满足对公司长期利益最有意义的目标市场的需求？

2. 管理者是否能为不同的目标市场而制定不同的营销策略
（1）从不制定。
（2）偶然制定一些不同的营销策略。
（3）经常改变企业的营销策略，以符合目标市场需求。

3. 管理者在制定策略时，是否能考虑整个营销系统（包括供应商、经销商、竞争者）及环境
（1）没有。管理者只考虑如何推销目前商品，或者对目前的顾客提供服务。
（2）有一些。即在考虑目前顾客的同时，也考虑经销商的利益等其他因素。
（3）有。管理者所考虑的是营销系统中的任一因素的变化给公司带来的机会与威胁。

（二）营销组织

1. 营销组织是否负责协调、控制主要的营销功能
（1）不但没有，有时还产生非建设性矛盾冲突。
（2）偶然有。有营销组织负责协调、控制制度，但协调与合作方面不够理想。
（3）有。主要营销功能能够有效地协调和控制。

2. 营销管理者的其他部门经理关系是否融洽良好（如生产、采购、财务、人事）
（1）不好。其他部门经理抱怨营销部门带给他们的压力太大。
（2）良好。尽管各部门强调自身利益，但他们之间的关系良好。
（3）很好。各部门能很好协作，并且以公司整体利益为最高目标，协调解决问题。

3. 发展新产品过程是否能加以有效地规划和组织
（1）不能。制度组织很差。
（2）有。有制度但不够精细。
（3）建有良好制度，并由专人负责。

（三）营销信息

1. 最近一次有关用户、中间商和竞争者的营销研究是何时进行的
（1）多年前。
（2）近两年。
（3）最近。

2. 管理者是否掌握不同目标市场、不同地区、不同产品、不同渠道和不同订购量的潜在销售量

（1）根本不知道。
（2）大概知道。
（3）非常了解。

3. 是否建立了营销费用预算控制制度

（1）很少或无。
（2）有时候实施预算控制。
（3）建立了严格的预算、衡量、考核制度。

（四）策略观念

1. 公司是否有正式的营销规划工作

（1）没有。
（2）只有年度营销计划。
（3）不但有年度计划，还有长期规划？

2. 公司目前的市场营销策略如何

（1）策略不清楚。
（2）目前策略大致清楚，但以传统策略为主。
（3）策略有新意、创新、依据信息进行策略决策。

3. 管理者有无应变观念和计划

（1）无。很少做这方面的考虑。
（2）有一些。但未做详细计划。
（3）不但有应变观念，而且还制定了详细的应变计划。

（五）有效的执行

1. 高层制定的营销策略是否迅速有效地传到基层

（1）很差。
（2）还可传达。
（3）相当成功，渠道畅通。

2. 管理者能否有效地利用营销资源

（1）否。市场部门缺乏必要物力完成营销计划。
（2）尚可。市场部门物力足够，但利用不太理想。
（3）是。市场部门物力足够，并能有效地利用。

3. 营销管理者能否迅速适应营销环境的发展变化

（1）信息资料不足，企业适应缓慢。
（2）掌握信息，但适应不够迅速。
（3）掌握信息资料，且适应能力强，速度快。

上述仅仅是企业市场营销实践中所面临的主要问题，根据回答情况，可以对企业市

场营销效率诊断进行评估，其评估过程一般为：

第一步：选定问题回答者。一般选择营销副总经理或主管。

第二步：回答者在每一问题的三个答案中选择一个画圈。

第三步：按照每一问题所给定的三个答案括号里的标号：（1）代表得 0 分；（2）代表得 1 分；（3）代表得 2 分，然后将公司得分数相加，求出总分。

第四步：根据所得总分进行市场营销效率诊断评估（如表 15-1 所示）。

表 15-1 市场营销效率诊断评估

0—5 分	6—10 分	11—15 分	16—20 分	21—25 分	26—30 分
效率极差	效率相当差	效率不很好	效率良好	效率非常好	效率优异

第三节 企业市场营销诊断的程序及方法

一、企业市场营销诊断的程序

企业市场营销诊断的程序，一般分为预备诊断、正式诊断和诊断总结三个阶段（如图 15-1 所示）。

（一）预备诊断

预备诊断是指市场营销诊断的准备阶段，它是企业营销诊断的基础和前提条件，决定着营销诊断的成败。因此，应做好以下工作：

（1）明确营销诊断的目的。

（2）与公司经理座谈，了解现状。

（3）搞好诊断前的调查，尽量掌握有关方面的信息资料。资料收集主要包括内部资料和外部资料。内部资料包括：①企业全面的现状资料，如近几年的销售额数据、市场占有率变动资料等；②市场营销计划的资料；③市场营销组织的资料；④市场营销活动的资料；⑤市场营销组合策略方面的详细资料。外部资料包括：①政府定期公布的经济统计资料；②各市场营销研究机构发布的信息资料；③杂志、报纸有关本行业和企业记载资料；④本行业的年鉴类资料和其他途径可获得的资料。

（4）做好诊断前的"征兆"分析。"征兆"即企业将要发生何种变化的前兆。诊断的"征兆"一般表现为"病状"的前兆。它可从企业内部和外部两方面表现出的某些特征进行分析，正如"病人"的征兆，精神不振、食欲下降、发烧、头痛等。

企业内部的征兆主要有：①销售额、利润大幅度下降；②退货迅速增加；③库存积压增加；④促销费用急剧增加；⑤资金周转缓慢；⑥企业推销人员士气不高等。

企业外部征兆主要有：①市场占有率下降；②产品在市场上表现为降价销售；③本

第十五章 企业市场营销诊断与绩效评估

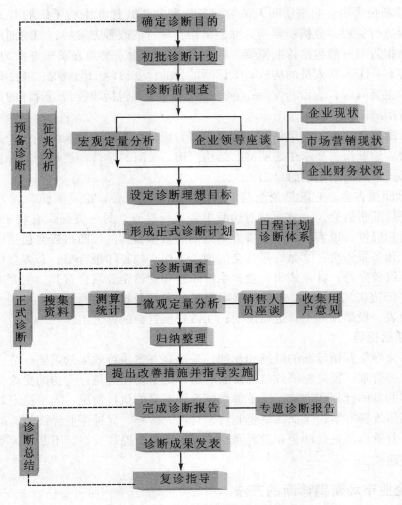

图 15-1 企业市场营销诊断的程序

公司的协作经销商拒绝销售；④流通秩序混乱；⑤企业形象、声誉下降等。

（二）正式诊断

正式诊断是营销诊断的关键，在此阶段应明确以下的主要问题：①确定诊断的主要内容；②选择诊断方法；③诊断企业的"病情"，开出诊治的"药方"，提出改进措施。

（三）诊断总结

诊断总结包括诊断报告和诊断后指导。做好诊断总结，有利于提高诊断效果，并监督改善方案的实施。

1. 诊断报告

诊断报告包括诊断报告书和诊断报告会两种主要形式。

（1）诊断报告书。它是诊断人员对预备诊断和正式诊断中所了解的有关企业营销方面的资料进行整理、分析、判断，并提出切实可行的改善方案后，归纳而形成的书面材料。诊断报告书一般包括诊断概要、现状和存在问题、改善方案三方面的主要内容。其具体内容有：①诊断人员的构成；②诊断的目的；③诊断工作概况；④受诊企业的现状和存在的主要问题；⑤诊断方面；⑥改善方案，主要包括改善营销管理的目标和实现目标的保证措施。

撰写诊断报告，必须严肃认真、实事求是，正如医生的诊断病历，它关系着企业的生存与发展。诊断报告要求主题明确，结构严谨，要有科学性和逻辑性，并且要注意报告的表现形式，要有一定的感染力。

（2）诊断报告会。它既是企业营销诊断的总结汇报会，也是实施改善方案的总动员会。开好诊断报告会，一方面是对诊断报告进行检查，另一方面又有利于统一思想，调动各方面积极性，以实现诊断改善方案提出的营销目标。诊断报告会包括以下几个主要环节：①预备报告会；②做好报告会的准备工作，如复印报告书、布置会场、下发通知、安排会议程序等；③正式报告会，由诊断组和受诊企业联合召开，主要内容为发表诊断成果（即报告），发言人介绍要简明扼要，问题及措施必须明确，防止含糊不清，尽量采用图表、投影仪等工具进行说明；④做好报告会的善后工作。

2. 诊断后指导

诊断后指导是营销诊断的继续和延伸，是提高方案执行效果的重要环节，其目的是帮助企业改善管理，提高经济效益。诊断后指导的主要任务是：①协助受诊企业制定实现改善方案的具体计划和措施；②了解掌握改善方案的执行情况；③根据宏观环境的变化，及时调整改善方案；④加强对企业营销管理的指导，促进企业经济效益的提高。

总之，营销诊断是帮助企业发现问题，改进营销，提高效益，不断壮大实力的一条切实有效的途径。

二、企业市场营销诊断的方法

（一）现状调查方法

现状调查常用的方法主要有：①资料法；②职工意见调查法；③瞬时观测法；④写实测定法；⑤面谈法；⑥统计分析法；⑦现场观察法；⑧知识测验法等。

（二）研究改善方案的方法

研究改善方案的方法可采取如下几种方法：

（1）头脑风暴法。它是一种无任何约束条件，诊断人员依据自己的知识和经验，经过独立思考，充分发挥自己的聪明才智，畅所欲言，设计并提出改善方案的方法。

（2）特性列举法。列举理想营销特性，启发改进方案构成，做到最佳改进。

（3）缺点列举法。列举需改进的缺点，启发改进方案构成，求得最佳方案。

（4）希望点列举法。对现有营销问题，列举希望点来启发以求得最佳改进方案。

（5）现场试验法。通过现场实际试验，验证改进方案的效果。

(6) 模拟试验法。通过模拟的形式验证改善方案。
(7) 培训示范法。通过示范,主要是提高培训效果。

(三) 评价选择改进方案常用的方法

1. 要素比较法

要素比较法是一种对几个不同或并列方案,按照改善方案所要求的各种特性因素和满足这些特性因素的优劣顺序进行打分评价的选优方法。要素比较法的程序为:①选择几个改进方案的重点,作为比较方案优劣的要素;②根据改进要点的重要程序,确定各要素在改进方案中的优位系数;③根据评价标准,对每一种方案的每一要素,都进行评分;④优位系数乘上评价值,求出各要素的得分数;⑤求出各方案的得分合计,得分合计最高者为最佳方案。

例如:某企业要建立一个新的营销网点,需要对网点布局方案进行评价,现提出A、B、C、D四种方案,可应用要素比较法评价(如表15-2所示)。

表 15-2 要素比较法评价

编号	要求	优位系数	方案 A	B	C	D
1	服务方便	6	0/0	2/12	2/12	3/18
2	管理方便	7	1/7	4/28	3/21	3/21
3	物流费低	10	1/10	0/0	2/20	3/30
4	建筑物费低	8	1/8	1/8	2/16	3/24
5	扩大销售力	6	4/24	1/6	0/0	3/18
6	利用空间	5	1/5	2/10	1/5	1/5
7	通用性	9	1/9	3/27	2/18	3/27
得分合计			63	91	92	143

最优方案:D 方案。

2. 顺位法

顺位法一般适合于评价三个以上的方案,这是按照每个要素的优劣特点,为各个方案评定程序,然后统计每个方案所得的顺序分数,总分数最小为最佳方案。

顺序法的步骤如下:①选择方案要素;②决定优劣顺序,假设以序数小为佳;③以单个要素依次评价各方案的优劣顺序;④统计各方案所得顺序分数,总分最低为最优方案。

例如:某公司要建立一个新的经营网点,初步有 A、B、C、D 四个方案,比较各方案所需投资、人数、实现后预计经营周期等三个要素,规定顺序为:1——最好;2——好;3——一般;4——不好。从表15-3可看出,B方案最好。

表15－3　顺序法评价

方案 要素	A	B	C	D
投资	1	2	4	3
人员	3	1	2	4
生产周期	2	2	1	3
合计	6	5	7	10

评价结果：最佳方案B。

3. 优缺点比较法

优缺点比较法也是比较几个方案优劣时常采用的一种方法。它是全面收集方案的优点和缺点，从定性角度来评价，优点多而缺点少的方案，应作为最佳方案。如从表15－4中可知，A方案最佳。

表15－4　优缺点比较法评价

方案 特点	A	B	C
优点	多	较多	少
缺点	少	较少	多

4. 成本比较法

这是一种比较常用的诊断评价法，它以每个方案的投资额与维持费为要素，选择最小值为最佳方案。比较时可用顺位法，也可采用工程经济计算法。采用此种方法，关键是收集全面、准确的信息资料，以保证数据的真实性。

5. 综合评价法

综合评价法和要素评价法一样，先规定评价标准（如表15－5所示）；再评价要素一般有两类，第一类是技术性能，第二类是经济效果，分别如表15－6、表15－7所示。

表15－5　规定评价标准

程　度	理想方案	好的方案	一般方案	较差方案	很差方案
得分	4	3	2	1	0

表15-6　第一类要素评价（技术性能）

序号	技术指标	A方案	B方案	C方案	D方案
1	灵敏感	1	3	2	4
2	选择性	2	3	1	4
3	音质	3	2	1	4
4	图像	2	4	2	4
5	寿命	3	3	2	4
得分合计		11	15	8	20

表15-7　第二类要素评价（经济效果）

序号	方案	改善后成本	原成本	降低成本
1	A	250	350	100
2	B	280	350	70
3	C	300	350	50

从表15-6和15-7中可见，A方案为最佳方案。

第四节　企业市场营销绩效评估

企业从事市场营销活动的最终目的是要通过满足用户需求，从而实现企业的利润目标。企业盈利的多与少，反映了企业营销的绩效。因此，企业必须对营销绩效进行定期评估，以便对企业营销活动实施有效的管理和控制。

一、企业市场营销绩效评估的程序和指标

（一）企业市场营销绩效评估的程序

为了对企业的市场营销绩效实施有效的评估，就必须建立起一种市场营销绩效评估程序。企业市场营销绩效评估的程序如图15-2所示。

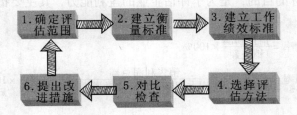

图15-2　企业市场营销绩效评估的程序

1. 确定评估范围

其评估范围有：①营销人员的工作绩效；②市场调查的效果；③新产品开发的效果；④广告效果等。

2. 制定衡量标准

评估衡量标准有利润、销售量、市场占有率、产品保护、增长率等。

3. 建立工作绩效标准

这是指对衡量标准定量化。如规定每一营销人员应发展10个新用户、每次访问用户的公关费不得超过50元等。企业制定工作绩效标准时可以参考外部的一些调查资料，同时必须考虑每一推销员的具体情况，区别对待，防止"一刀切"。建立绩效标准应考虑如下因素：①每个推销员所推销产品的差异性；②每个推销员所管辖区域内的市场潜量大小；③每个推销员所面对的竞争产品的竞争力；④推销员所推销产品的广告强度；⑤推销人员推销费用不同等。

确定绩效评估标准的依据主要有：①本公司计划期的营销计划；②公司的基期营销绩效；③公司的同期营销绩效；④主要竞争者的营销绩效或计划；⑤全行业的营销绩效。

4. 选择评估方法

绩效评估方法的选择，主要依据所掌握资料的程度。一般通过企业的市场营销信息系统，取得评估的信息资料，采取科学的方法进行评估。

5. 对比检查

对比检查是指用绩效标准对比检查实际的营销绩效，主要采用对比分析法，发现实际营销绩效与标准之间的差距，并寻找分析产生差距的原因。

6. 提出改进措施

对未能完成绩效标准的，应进行绩效分析，提出相应的改进措施，供领导决策，以帮助推销员提高推销效率。

（二）企业市场营销绩效评估的指标

企业的市场营销绩效分析评估是一项复杂的系统工程，主要评价企业营销的经济效益，它是检验企业营销效果的一种有效工具，也是促使企业营销规模不断壮大的重要手段。

企业市场营销绩效评估的主要指标如下：

1. 收益性指标

分析收益性指标的目的，是为了评估企业的盈利能力，其主要指标有销售利润率和资金利润率等指标。

$$销售利润率 = \frac{销售利润}{销售额} \times 100\%$$

$$资金利润率 = \frac{销售利润总额}{固定资金平均占用额 + 定额流动资金平均占用额} \times 100\%$$

2. 安全性指标

分析安全性指标的目的，是评估企业资金的营运状态是否安全。主要指标有负债比率、流动比率和速动比率。

$$负债比率 = \frac{总负值}{总资产}$$

$$流动比率 = \frac{流动资产}{流动负债}$$

$$速动比率 = \frac{货币资金 + 各种应收账款}{流动负债}$$

3. 流动性指标

分析流动性指标的目的，是对企业资产的利用进行动态分析，评估其有效运用资产的效率。其主要指标有流动资产周转率、固定资产周转率和全部资产周转率等。

$$流动资产周转率 = \frac{销售收入}{流动资产}$$

$$固定资产周转率 = \frac{销售收入}{固定资产净值}$$

$$全部资产周转率 = \frac{销售收入}{流动资产 + 固定资产净值}$$

4. 生产性指标

分析生产性指标的目的，是评估企业员工的劳动效率。主要指标有人均创利率、全员劳动生产率等。

$$人均创利率 = \frac{税后利润}{职工平均人数}$$

$$全员劳动生产率 = \frac{净产值}{职工平均人数}$$

5. 成长性指标

分析成长性指标的目的，是评估企业发展变化的情况，以预期企业的发展趋势。其主要指标有销售额增长率、资本增长率、利润总额增长率、利税增长率和创汇增长率等。

二、企业市场营销绩效评估的方法

（一）获利分析法

获利分析法可以分析企业营销活动各方面的获利情况。表15-8为三种产品获利分析实例。

表15-8 产品获利分析

单位：元

项　目	产品A	产品B	产品C
销售收入	10000	200000	160000
减：生产成本	70000	160000	100000
边际贡献	30000	40000	60000
减：销售成本	40000	28000	50000

续表 15-8

项　目	产品 A	产品 B	产品 C
净利润	-10000	12000	10000
投资额	150000	100000	200000
投资收益率	-6.7%	12%	5%
销售收益率	-10%	6%	6.3%

从表 15-8 分析可以看出，产品 A 亏损 10000 元，产品 B 和 C 是企业的获利产品。假设公司规定投资收益率为 10% 以上，A 产品为负数；C 产品为 5%，而小于 10%；只有 B 产品实现计划目标。又假设该公司规定销售收益率不得低于 6%，则产品 B 和 C 都完成了计划。采用这种方法，企业发现哪些产品存在问题，哪些产品未实现盈利目标，并且采取措施，加以改进，以提高投资收益率和销售收益率。

（二）20/80 原理分析法

20/80 原理分析法是指占较小百分比的产品品种、顾客、销售人员，却占较大比例的销售额和利润的情况下进行分析的方法。许多企业根据大量的统计数据分析发现，某些产品品种（或用户或销售人员或订单）只占全部品种（或全部用户或全部销售人员或全部订单）的 20% 以下，而其销售量、利润却分别占总销售量、总利润的 80% 左右。采用 20/80 分析，可以帮助企业识别关键产品、关键用户、关键销售量和关键订单，以便针对关键问题，采取特殊营销策略，实现企业营销的目标。

（三）百分比分析法

百分比分析法，是对企业营销绩效进行评估经常采用的一种重要的控制方法。它是指确定某项市场业务量占全部业务量的百分比。可用于确定企业市场营销活动的效果，并预测未来一定时期的发展趋势，如表 15-9 所示，反映了某企业 2013—2016 年各项营销费用支出占全部市场营销支出的百分比。

表 15-9　百分比分析举例

单位：（万元）

项　目	金额与百分比			
	2013 年	2014 年	2015 年	2016 年
广　告	20（20%）	40（26.7%）	60（33.3%）	80（40%）
市场调查	10（20%）	15（10%）	18（10%）	20（10%）
包　装	10（10%）	15（10%）	18（10%）	20（10%）
实体分配	30（30%）	50（23.3%）	50（27.7%）	45（22.5%）

续表 15-9

项目	金额与百分比			
	2013 年	2014 年	2015 年	2016 年
人员推销	30（30%）	30（20%）	32（17.8%）	35（17.5%）
营销费用总额	100（100%）	150（100%）	180（100%）	200（ %）

从表 15-9 分析可以看出，该企业费用支出有两个明显趋势：一是广告费支出占全部费用支出的百分比从 2013 年的 20% 上升到 2016 年的 80%。说明在市场销售疲软情况下，企业广告费增加，但企业应分析检查广告费的增加给企业带来多少经济效益；二是人员推销支出占全部营销支出的百分比从 2013 年的 30% 下降到 2016 年的 17.5%，说明该企业在市场环境变化的情况下，忽视了人员推销的作用，企业应进一步分析人员推销力量减弱给企业带来的后果，是否需要重新调整促销策略。

（四）效率测量法

效率测量法，是指在一定的资源范围内检查企业投入的营销资源的产出效果，以便确定企业如何有效地使用某一营销资源。从图 15-3 中可以看出，当企业的推销员规模为 15 人时，销售额最高为 9 万元；而当规模扩大到 20 人时，销售额反而下降到 7 万元。所以，使用 15 名推销人员效果最佳。说明在目标市场销售量既定条件下，推销人员的增加，并不一定带来销售额的增加。

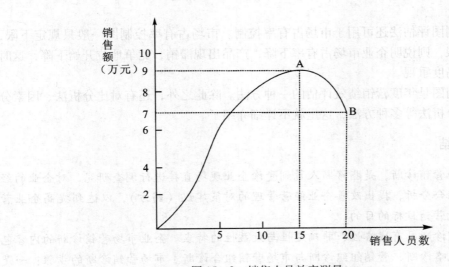

图 15-3 销售人员效率测量

效率测量法在企业营销的各职能中都可广泛地利用。例如，在广告促销中，可以评定广告效果；在定价中，可作出需求曲线与成本曲线，供定价决策参考；在分销中，通过计算新增经营点的销售量，以衡量新设网点的经济性等。所以，利用效率测量法，可以分析一定的营销资源可以产生的经济效益，帮助企业进行营销资源的投资决策。

（五）统计控制图评估法

营销绩效评估可能会出现两种情况：一种是营销结果优于原制定的营销目标，这是理想的结果；另一种是营销绩效差。因此，企业可通过统计控制图，对某一经济指标或比率规定一个基准值，然后再确定一个合理的上、下浮动界限，如果超出这个范围，企业就应进行分析，寻找原因，及时纠正偏差，以保证营销目标的实现。

例如，某一企业要控制广告费对销售额的比例，根据有关资料，规定正常情况下广告费为销售额的5%，浮动界限为3%~7%之间，如图15-4所示。

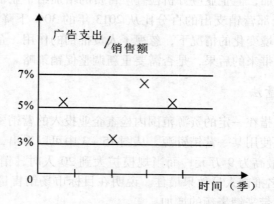

图15-4 广告费与销售额比例示意

统计控制图评估法还可用于市场占有率控制。市场占有率控制图一般只规定下限，如果低于下限，则说明企业市场占有率下降，产品出现滞销，竞争地位开始下降，这时企业应予以高度重视。

统计控制图是年度营销绩效评估的一种方法。除此之外，还有对比分析法、因素分析法、比率分析法等多种方法，这里就不详细介绍了。

本章小结

企业市场营销诊断，是指诊断人员到受诊企业现场直接进行调查研究，对企业的经营状况进行综合分析，提出改善企业经营管理的对策建议（药方），以达到提高企业营销绩效，实现营销目标的目的。

市场营销诊断具有战略性、非确定性与效益性的特点。企业市场营销诊断的内容包括市场营销战略诊断、营销组织诊断与市场营销组合诊断。市场营销诊断的步骤：一是企业市场营销环境的诊断分析，二是企业市场营销系统的分析诊断，三是营销组合的分析诊断。企业市场营销的效率如何，直接影响着企业的经济效益和资源的合理利用。因此，必须从消费者观念、整体的营销组织、准确的营销信息、策略观念与有效的执行进行诊断分析。

企业市场营销诊断的程序一般分为预备诊断、正式诊断和诊断总结。企业市场营销诊断，在不同的阶段应采取不同的方法。企业市场营销绩效评估的步骤主要有：确定营销业务评估范围，制定评估衡量标准，建立工作绩效标准，选择绩效评估方法，对比检查和提出改进措施。企业的市场营销控制主要包括产品营销计划控制、利润控制和策略控制。市场营销绩效评估常用的主要指标有收益性指标、安全性指标、生产性指标、成长性指标。企业市场营销绩效评估的主要方法有获利分析法、20/80原理分析法、百分比分析法、效率测量法和统计控制图评估法。

关键概念

市场营销诊断　要素比较法　综合评价法　营销绩效　20/80原理分析法

思考题

(1) 企业为什么需要进行市场营销诊断？
(2) 企业市场营销诊断包括哪些内容？
(3) 试述企业市场营销诊断的基本程序。
(4) 试述市场营销诊断的主要方法。

案例　是什么原因让铱星陨落

铱星移动通信系统是美国摩托罗拉公司设计的一种全球性卫星移动通信系统，它通过使用卫星手持电话机，透过卫星可在地球上的任何地方拨出和接收电话讯号。其使用的过程是当地面上的用户使用卫星手机打电话时，该区域上空的卫星会先确认使用者的账号和位置，接着自动选择最便宜也是最近的路径传送电话讯号。

如果用户是在一个人烟稀少的地区，电话将直接由卫星层层转达到目的地；如果是在一个地面移动电话系统（GSM或CDMA移动通信系统）的邻近区域，控制系统则会使用现在的地面移动通信系统的网络传送电话讯号。目前，我们使用的GSM和CDMA地面移动通信系统只适于在人口密集的区域使用，对于覆盖地球大部分、人烟稀少的地区则根本无法使用。也就是说，铱星计划的市场目标定位是需要在全球任何一个区域范围内都能够进行电话通信的移动客户。

铱星移动通信系统是美国于1987年提出的第一代卫星移动通信星座系统，其每颗卫星的质量670千克左右，功率为1200瓦，采取三轴稳定结构，每颗卫星的信道为3480个，服务寿命58年。铱星移动通讯系统于1996年开始试验发射，计划1998年投入业务，预计总投资为34亿美元，卫星的设计使用寿命为5年。铱星移动通信系统为用户提供的主要业务是：移动电话（手机）、寻呼和数据传输。从技术角度看，铱星移动通信系统已突破了星间链路等关键技术问题，系统基本结构与规程已初步建成，系统研究发展的各个方面都取得了重要进展，在此期间有全世界几十家公司都参与了铱星计划的实施，应该说铱星计划初期的确立、运筹和实施是非常成功的。

1998年5月，布星任务全部完成，11月1日，正式开通了全球通信业务。然而，当摩托罗拉公司费尽千辛万苦终于将铱星系统投入使用时，命运却和摩托罗拉公司开了一个很大的玩笑，传统的手机已经完全占领了市场。由于无法形成稳定的客户群，使铱星公司亏损巨大，连借款利息都偿还不起，摩托罗拉公司不得不将曾一度辉煌的铱星公司申请破产保护，在回天无力的情况下，只好宣布即将终止铱星服务。

摩托罗拉公司正式通知铱星电话用户，到1999年3月15日，如果还没有买家收购铱星公司并追加投资，铱星的服务将于美国东部时间3月17日23点59分终止。1999年3月17日，铱星公司正式宣布破产。从正式宣布投入使用到终止使用不足半年时间。

摩托罗拉公司"铱星计划失败"给予人们的思考是多方面的，高技术带来的高风险即使在摩托罗拉这种跨国巨人面前也显得这样残酷无情，任何产品最终都要接受市场的检验，盲目发展以及对市场错误估计的代价是惨重的。

（作者依据有关资料整理）

讨论

(1) "铱星计划"存在着哪些市场机会？又是什么原因最终导致了它的失败？

(2) "铱星计划"市场运营构架存在哪些问题？应该如何改进？

主要参考文献

[1] 贾生鑫. 中国社会主义市场学 [M]. 西安：陕西人民出版社，1988
[2] 郝渊晓. 物资市场学 [M]. 北京：中国物资出版社，1991
[3] 郝渊晓，马源平. 市场营销学 [M]. 北京：中国物资出版社，1996
[4] 马健平，郝渊晓. 交通运输市场营销学 [M]. 北京：中国商业出版社，1997
[5] 杨鑫. 市场营销学 [M]. 西安：陕西人民出版社，1993
[6] 周建民，等. 市场营销学 [M]. 兰州：甘肃人民出版社，1995
[7] 邓胜梁，许绍李，张庚淼. 市场营销管理—理论与策略 [M]. 上海：上海人民出版社，1997
[8] 何永祺，傅汉章. 市场学原理 [M]. 广州：中山大学出版社，1997
[9] 甘碧群，盛和鸣. 市场学通论 [M]. 武汉：武汉大学出版社，1996
[10] MBA 必修课程编译组. 市场营销 [M]. 北京：中国国际广播出版社，1998
[11] （美）Philip Kotler. 市场营销管理—分析、规划、执行与控制 [M]. 何永祺，等，译. 北京：科学技术文献出版社，1991
[12] 付路阳，等. 关系营销 [M]. 北京：企业管理出版社，1996
[13] 郑学益，高博原. 思考的懒蚂蚁 [M]. 北京：中国财政经济出版社，2004
[14] 杨东龙. 营销沟通 [M]. 北京：中国经济出版社，2003
[15] 高登第. 科特勒谈营销 [M]. 杭州：浙江人民出版社，2002
[16] （美）菲利浦·科特勒，等. 科特勒营销新论 [M]. 高登第，译. 北京：中信出版社，2002
[17] 闫涛蔚，郝渊晓，等. 电子商务营销 [M]. 北京：人民邮电出版社，2003
[18] 卢泰宏. 行销中国 [M]. 成都：四川人民出版社，2002
[19] 吴健安. 市场营销学 [M]. 北京：高等教育出版社，2000
[20] 吴健安. 市场营销学 [M]. 北京：高等教育出版社，2004
[21] 万后芬，汤定娜，杨智. 市场营销教程 [M]. 北京：高等教育出版社，2003
[22] 李先国. 营销管理 [M]. 大连：东北财经大学出版社，2002
[23] 郭国庆. 市场营销学 [M]. 武汉：武汉大学出版社，2000
[24] 郭国庆. 市场营销学通论 [M]. 北京：中国人民大学出版社，2003
[25] 仇向洋，朱志坚. 营销管理 [M]. 北京：石油工业出版社，2003
[26] （美）Michael Czinkota, Ilkka Ronkainen. 国际市场营销（第6版）[M]. 陈视平，译. 北京：电子工业出版社，2004
[27] （美）Philip kotler, Gary Armstrong. 市场营销原理（第9版）[M]. 赵平，王霞，等，译. 北京：清华大学出版社，2003
[28] （美）菲利普·科特勒. 营销管理（第9版）[M]. 北京：中国人民大学出版社，

2001
[29] （美）迈克·波特. 竞争战略 [M]. 陈小悦，译. 北京：华夏出版社，1997
[30] 樊而峻，等. 市场营销——理论与实务 [M]. 北京：中国商业出版社，2000
[31] 刘宝成. 现代营销学 [M]. 北京：对外经济贸易大学出版社，2004
[32] 林建煌. 营销管理 [M]. 上海：复旦大学出版社，2003
[33] 孔伟成，陈水芬. 网络营销学 [M]. 重庆：重庆大学出版社，2004
[34] （美）杰克·特劳特. 什么是战略 [M]. 火华强，译. 北京：中国财政经济出版社，2004
[35] 董千里. 物流市场营销学 [M]. 北京：电子工业出版社，2005
[36] （美）菲利普·科特勒. 水平营销 [M]. 北京：中信出版社，2005
[37] 刘子安. 中国市场营销 [M]. 北京：对外经济贸易大学出版社，2006
[38] （美）唐·E. 舒尔茨，菲利普·J. 凯奇. 全球整合营销传播 IGMC [M]. 北京：中国财政经济出版社，2004
[39] （美）罗伯特·J. 多兰，戴维·格伦·米克. 营销战略 [M]. 北京：中国人民大学出版社，2003
[40] 郝渊晓，张鸿，等. 市场营销管理学（第4版）[M]. 西安：陕西人民出版社，2004
[41] （美）卡尔·迈克丹尼尔，等. 营销学精要（第5版）[M]. 北京：电子工业出版社，2007
[42] （美）菲利普·科特勒，等. 市场营销原理（亚洲版）[M]. 北京：机械工业出版社，2006
[43] 吕一林. 市场营销学 [M]. 北京：科学出版社，2005
[44] 郝渊晓，张鸿. 市场营销学（第2版）[M]. 西安：西安交通大学出版社，2013
[45] 张鸿. 市场营销学 [M]. 北京：科学出版社，2009
[46] 费明胜，郝渊晓. 市场营销学 [M]. 广州：华南理工大学出版社，2005
[47] 王德章，周游. 市场营销学 [M]. 北京：高等教育出版社，2005
[48] 吕一林，李蕾. 现代市场营销学 [M]. 北京：清华大学出版社，2007
[49] 聂元昆. 商务谈判学 [M]. 北京：高等教育出版社，2009
[50] （美）菲利普·科特勒，等. 营销管理（第16版）[M]. 北京：中国人民大学出版社，2016
[51] （美）菲利普·科特勒，等. 市场营销原理（亚洲版·第3版）[M]. 北京：机械工业出版社，2014
[52] 秦陇一. 市场营销学 [M]. 北京：清华大学出版社，2014
[53] 倪自银. 新编市场营销学（第2版）[M]. 北京：电子工业出版社，2013
[54] 杨洪涛，等. 市场营销——超越竞争，为顾客创造价值 [M]. 北京：机械工业出版社，2015
[55] 吴键安，钟育赣. 市场营销学 [M]. 北京：清华大学出版社，2015
[56] 符国群. 消费者行为学（第3版）[M]. 北京：高等教育出版社，2015

后　记

2008年，我组织全国近20所高校从事营销学教学的教师和部分企业营销人员，编写了一套"普通高等学校'十一五'市场营销专业规划教材"（10本）。这套教材在我国高校市场营销教学及企业营销人员中产生了一定的影响。

《市场营销学》（第一版）是由我组织编写，是"普通高等学校'十一五'市场营销专业规划教材"中的一本。出版至今已6年多了，由于营销理论及实践都出现新的情况，为了适应教学和营销实践的需要，我们在第一版的基础上，重新编写《市场营销学》（第二版）。该书与第一版相比，主要做了以下修订：①更换案例。这些案例对本章的学习有一定的启发作用。②每章均增加了引导案例。通过引导案例，使读者对本章内容有所了解，并激发学习兴趣。③在本次修订过程中，吸收了近年来国内外在营销理论及实践中的一些新的、成功地经验。④对教材中的一些数据、资料进行了更新。⑤对国内外企业营销成功经验或失败教训，在本教材中也加以介绍，以便让读者开阔视野，了解营销动态。

《市场营销学》（第二版）由我国市场营销学学科创始人之一、中国高等院校市场学研究会首任会长、西安交通大学教授贾生鑫担任主审；陕西现代经济与管理研究院副院长、西安交通大学经济与金融学院郝渊晓教授，五邑大学管理学院费明胜教授担任主编；郑州航空工业管理学院邹晓燕、五邑大学管理学院李社球、西安石油大学王张明、西安财经学院薛颖、西安交通大学经济与金融学院杨江萍担任副主编。

本书各章编写分工如下：郝渊晓编写第一、二章；费明胜编写第三、四章；邹晓燕编写第十、十一、十二章；李社球编写第五、六章；杨江萍编写第九章；薛颖编写第十三、十四章；西安石油大学王张明编写第七章；西安培华学院华慧婷编写第八章；西安交通大学郝思洁、黄茜彤、史苏欣编写第十五章。在分工编写的基础上，由主编郝渊晓、费明胜进行了统稿，最后由郝渊晓定稿。

在本教材编写及修订过程中，西安交通大学、西北大学、西安邮电大学、五邑大学、郑州航空工业管理学院、西安石油大学、西安财经学院给予了大力支持；北京大学光华管理学院营销系符国群教授、上海海事大学李连寿教授、西安邮电大学经济与管理学院院长张鸿教授、广东金融学院周建民教授、浙江财经大学靳明教授、云南大学胡其辉教授、广州大学秦陇一教授、重庆工商大学靳俊喜教授、云南财经大学聂元昆教授等提出了重要的修改意见；中山大学出版社蔡浩然编审为本书出版付出了艰辛的劳动。作者在此一并表示诚挚的谢意。

本书在编写修订过程中，参考了国内外近年出版的营销学教材的有关资料，作者特向这些学者、专家表示感谢。由于编写时间仓促，本书如有不当之处，希望读者提出意见，以便再进行修订。

郝渊晓

2016 年 10 月于西安交通大学经济与金融学院